KEVIN DEANE
ELISA VAN WAEYENBERGE

경제학에서 묻고 싶은 질문으로 본
경제학사

김남수 옮김

RECHARTING
THE HISTORY OF
ECONOMIC
THOUGHT

서울경제경영

목차

상세목차

표 목차

그림 목차

이 책에서 다루는 주요 경제학자들의 연대표

성	이름	출생	사망	주요 논문 및 저서
스미스 (Smith)	아담 (Adam)	1723	1790	• 1759 도덕감정론(The Theory of Moral Sentiments, or, Anessay towards an analysis of the principles by which men naturally judge concerning the conduct and character, first of their neighbors, and afterwards of themselves) • 1776 국부론(An Inquiry into the Nature and Causes of the Wealth of Nations)
리카도 (Ricardo)	데이비드 (David)	1772	1823	• 1810 높은 가격의 지금, 은행권 평가절하를 증명(The High Price of Bullion, A Proof of the Depreciation of Bank Notes) • 1817 정치경제학과 과세의 원리에 대하여(On the Principles of Political Economy and Taxation)
밀(Mill)	존 스튜어트 (John Stuart)	1806	1873	• 1844 정치경제학에서 해결하지 못한 몇 가지 문제에 관한 비평(Essays on Some Unsettled Questions of Political Economy) • 1848 정치경제학의 원리들(Principles of Political Economy)
맑스 (Marx)	칼(Karl)	1818	1883	• 1859 정치경제학 비판을 위하여(A Contribution to the Critique of Political Economy) • 1848 엥겔스와 함께 공산당 선언(The Communist Manifesto with F. Engels) • 1867 자본론 I권(Capital, volume I)
발라스 (Walras)	레옹(Léon)	1934	1910	• 1874 순수경제학의 요소들, 또는 사회적 부의 이론(Éléments d'économie politique pure, ou théorie de la richesse sociale)
제본스 (Jevons)	윌리엄 스탠리 (William Stanley)	1835	1882	• 1871 정치경제학이론(The Theory of Political Economy) • 1875 화폐와 교환의 메커니즘(Money and the Mechanism of Exchange)
멩거 (Menger)	칼(Carl)	1840	1921	• 경제학원리(Principles of Economics) • 1888 자본이론(The Theory of Capital) • 1892 화폐의 기원에 대해(On the Origins of Money)
마샬 (Marshall)	알프레드 (Alfred)	1842	1924	• 1890 경제학원리(Principles of economics)
베블렌 (Veblen)	소스타인 (Thorstein)	1857	1929	• 유한계급론(The Theory of Leisure Class) • 1898 '왜 경제는 진화과학이 아닌가?'(Why is Economics Not an Evoluionary Science?, Q.J.Econ. 12
피구 (Pigou)	아서 세실 (Arthur Cecil)	1877	1959	• 1912 부와 후생(Wealth and Welfare) • 1914 실업(Unemployment) • 1932 후생경제학(The Economics of Welfare) • 1933 실업이론(The Theory of Unemployment)

성	이름	출생	사망	주요 논문 및 저서
케인즈 (Keynes)	존 메이너드 (John Maynard)	1883	1946	• 평화의 경제적 결과(The Economic Consequences of the Peace) • 1921 확률론(Treatise on Probability) • 1923 화폐개혁론(A Tract on Monetary Reform) • 1930 화폐론(Treatise on Money) • 1936 일반이론(General Theory)
슘페터 (Schum- peter)	죠셉 (Joseph)	1883	1950	• 1934 경제발전의 이론(The Theory of Economic Development: An Inquiry Into Profits, Capital, Credit, Interest, and the Business Cycle) • 1939 경기순환(Business Cycles) • 1994 자본주의, 사회주의 그리고 민주주의(Capitalism, Socialism and Democracy)
호텔링 (Hotelling)	해롤드 (Harold)	1895	1973	• 1931 '고갈자원경제학'(The economics of exhautible resources, *Journal of Policitcal Economy* 39, 137-75) • 1932 '에지워스 조세 패러독스와 수요공급의 본질'(Edgeworth's Taxation Paradox and the Nature of Supply and Demand Functions', *Journal of Policitcal Economy*) • 1947 위락의 경제학(The economics of public recration, The Prewitt Report)
스라파 (Sraffa)	피에로 (Piero)	1898	1983	• 1960 상품에 의한 상품생산(Production of Commodities by Means of Commodities)
하이에크 (Hayek)	프리드리히 (Friedrich)	1899	1992	• 1929 화폐이론 및 경기순환(*Monetary Theory and Trade Cycle*) • 1931 물가와 생산(*Prices and Production*) • 1944 노예의 길(*Road to Serfdom*) • 1960 자유헌정론(*The Constitution of Liberty*)
칼레츠키 (Kalecki)	미하우 (Michał)	1899	1970	• 1938 '소득분배 결정요인'('The Determinants of Distribution of Income', *Econometrica*) • 1939 경기변동이론(*Essays in the Theory of Economic Fluctuations*) • 1943 완전고용의 정치적 측면(Political Aspects of Full Employment, *The Political Quarterly*, Vol. 4) • 1954 경제동학론: 미하우 칼레츠키의 저작집에서 자본주의 경기순환 및 장기 변화에 대한 논문(Theory of Economic Dynamics: An Essay on Cyclical and Long-Run Changes in Capitalist Economy in *Collected Works of Michał Kalecki*(1990))

성	이름	출생	사망	주요 논문 및 저서
해로드 (Harrod)	로이 (Roy)	1900	1978	• 1931 '비용감소의 법칙'('The Law of Decreasing Costs', *The Economic Journal*) • 1936 경기변동:시론(The Trade Cycle: An essay) • 1939 '동학론에 대한 소고'('An Essay in Dynamic Theory', *The Economic Journal*) • 1948 동태경제학을 향해: 경제이론의 최근 발전과 그 정책적용에 대해(Towards a Dynamic Economics: Some recent developments of economic theory and their application to policy)
프레비시 (Presisch)	라울 (Raúl)	1901	1985	• 경제성장의 이론 및 현실 문제들(*Theoretical and Practical Problems of Economic Growth*) • 라틴 아메리카 경제개발 및 주요 문제들(The economic development of Latin America and its principal problems)
로젠스타 인 로단 (Rosen- stein Rodan)	폴 (Paul)	1902	1985	• 1943 동유럽 및 남동유럽의 산업화 문제들(Problems of Industrialisation of Eastern and South-eastern Europe, *Economic Journal*, vol. 53) • 1944 '경제적 낙후지역의 국제개발'('The International Development of Economically Backward Areas', *International Affairs* v 20) • 1961 '"빅 푸시(big push)" 이론에 대한 해석'('Notes on the theory of the "big push" ', in H.S. Ellis and H.C. Wallich (eds), *Economic Development for Latin America*)
로빈슨 (Robin- son)	조안 (Joan)	1903	1983	• 불완전경쟁경제학(*The economics of imperfect competition*) • 1956 자본축적론(*The Accumulation of Capital*) • 1962 경제성장론에 대한 소고(*Essays in the Theory of Economic Growth*)
칼도 (Kaldor)	니콜라스 (Nicholas)	1908	1986	• 1940 '경기순환 모형'('A model of the trade cycle', *Economic Journal* 50(197), March, pp.78-92) • 1954 경제성장과 경기순환 파동간의 관계(The Relation of Economic Growth and Cyclical Fluctuations. *The Economic Journal* 64(253), March, pp.53-71) • 1955 '대안적 소득분배론'('Alternative Theories of Distribution', *Review of Economic Studies* 23(2), February, pp.83-100) • 1957 '경제성장모형(A model of economic growth, *Economic Journal* 67(268), December, pp.591-624) • 1966 영국 경제성장 둔화의 원인: 취임강연(*Causes of the Slow Rate of Economic Growth of the United Kingdom: an Inaugural Lecture*, Cambridge: Cambridge University Press)

성	이름	출생	사망	주요 논문 및 저서
바란 (Baran)	폴 알렉산더 (Paul Alexander)	1909	1964	• 1957 성장의 정치경제학(*The Political Economy of Growth*) • 1965 독점자본:미국경제 및 사회질서에 대한 소고(*Monopoly Capital:An Essay on the American Economic and Social Order*)
코스 (Coase)	로널드 (Ronald)	1910	2013	• '회사의 성질'('The nature of the firm', *Economica*, Volume 4, Issue 16) • '사회비용 문제(The Problem of Social Cost. in Gopalakrishnan C. (eds.) *Classic Papers in Natural Resource Economics*)
프리드만 (Friedman)	밀턴 (Milton)	1912	2006	• 1953 실증경제학에 대한 소고(*Essays in Positive Economics*) • 프리드만이 편집한 책 '화폐수량설연구'에 있는 '화폐의 수량설:수정설명'('The Quantity Theory of Money: A restatement', in Friedman, editor, *Studies in Quantity Theory of Money* • 1963 안나 슈바르츠와 함께 펴낸 '미국의 화폐사:1867-1960'(*A Monetary History of the United States, 1867-1960* with Anna J. Schwartz) • '통화정책의 역할(대통령 연설)'('The Role of Monetary Policy(Presidential Address)', 1968, *American Economic Review*
도마 (Domar)	에브시 (Evsey)	1914	1997	• '부채부담과 국민소득'(The Burden of the Debt and the National Income, *American Economic Review*) • 1948 '자본축적 문제'(The Problem of Capital Accumulation, *American Economic Review*) • 1957 경제성장론에 대한 소고(*Essays in the Theory of Economic Growth*)
루이스 (Lewis)	아서 (Arthur)	1915	1990	• 1954 '노동의 무제한 공급상황에서 경제발전'('Economic Development with Unlimited Supplies of Labor' *The Manchester School of Economic and Social Studies*, May 1954) • 1955 경제발전이론(*The Theory of Economic Growth*) • 1965 서아프리카에서의 정책들(*Politics in West Africa*)
민스키 (Minsky)	하이먼 (Hyman)	1919	1996	• 1982 다시 발생할수 있을까?(*Can 'it' Happen Again?*) • 1986 불안정한 경제의 안정화(*Stabilising an Unstable Economy*)
노스 (North)	더글라스 (Douglas)	1920	2015	• 1989 제도와 경제성장('Institutions and Economic Growth: A Historical Approach', *World Development*, Vol 17, issue 9, September 1989, pp.1319-1332)) • 1991 제도(Institutions, *The Journal of Economic Perspectives*, 5)

성	이름	출생	사망	주요 논문 및 저서
애로우 (Arrow)	케네스 (Kenneth)	1921	2017	• 1951 사회선택과 개인가치(*Social Choice and Individual Values*)) • 1954(드브루와 공저) '경쟁경제에서 경쟁적 균형의 존재', (Existence of a Competitive Equilibrium for a Competitive Economy', *Econometrica* 22, no.3: 265-290)) • 1962 행위하면서 배우는 것의 경제적 함의(The Economic Implications of Learning By Doing, *Review of Economic Studies* 29)
드브루 (Debreu)	제라드 (Gerard)	1921	2004	• 1954 (애로우와 공저) '경쟁경제에서 경쟁적 균형의 존재', (Existence of a Competitive Equilibrium for a Competitive Economy', *Econometrica* 22, no.3: 265-290)) • 1959 가치이론: 경제학 균형에 대한 공리적 분석(*The theory of value: an axiomatic analysis of economic equilibrium*)) • 수리경제학: 제라드 드브루의 20개의 논문들(*Mathematical Economics: Twenty Papers of Gerard Debreu*
솔로 (Solow)	로버트 (Robert)	1924		• 1956 '경제성장론의 기여들'('A Contribution to the Theory of Economic Growth', *Quaterly Journal of Economics* 70)) • 1957 '기술변화와 총생산함수'('Technical Change and the Aggregate Production Function', *Review of Economics and Statistics* 39)) • 1958 (로버트 도르프만(Robert Dorfman), 폴 사무엘슨(Paul Samuelson)과 공저) 선형계획법 및 경제분석(*Linear Programming and Economic Analysis*) • 자본이론과 수익률 (*Capital Theory and the Rate of Return*)
베르그만 (Bergmann)	바바라 (Barbara)	1927	2015	• 1971 고용차별이 백인소득에 미치는 영향(The Effect on White Incomes of Discrimination in Employment, *Journal of Political Economy*)) • 1980 군나르 엘리아손(Gunnar Eliasson), 가이 오컷(Guy Orcutt)과 공저한 "미시시뮬레이션- 모형, 방법, 그리고 적용"(*Micro simulation- models, methods, and applications*)) • 여성의 경제적 등장(*The Economic Emergence of Woman*)) • 1993 (바바라 베르그만(Babara Bergman), 낸시 폴브르(Nancy Folbre), 비나 아가왈(Bina Agarwal), 마리아 플로로(Maria Floro) 공동작업으로) 세계경제에서의 여성노동 (*Woman's work in the world economy*)

성	이름	출생	사망	주요 논문 및 저서
프랑크 (Frank)	안드레군더 (Andre Gunder)	1929	2005	• 1967 자본주의와 남미의 저개발(*Capitalism and Underdeveloment in Latin America*)) • 1975 자본주의 저개발에 대해 (*On Capitalist Underdevelopment*)) • 1978 종속축적과 저개발(*Dependent Accumulation and Underdevelopment*)
베커 (Becker)	게리 (Gary)	1930	2014	• 1975 인적자본(*Human Capital*)) • 1976 인간행태에 대한 경제학적 접근(*The Economic Approach to Human Behavior*) • 1981 가족에 관한 논문(*Treatise on the Family*)
넬슨 (Nelson)	리차드 (Richard)	1930		• 1982 시드니 윈터(Sidney G. Winter)와 함께 '경제변화의 진화적 해석'(*An Evolutionary Theory of Economic Change*)) • 2002 시드니 윈터(Sidney G. Winter)와 함께 '경제학에서 진화이론화'('Evolutionary Theorising in Economics', *Journal of Economic Perspective* 16)) • 2004 경제변화의 진화이론(*An evolutionary theory of economic change*)
오스트롬 (Ostrom)	엘리노 (Elinor)	1933	2012	• 1990 공유재 관리: 집단행동 제도의 진화(*Governing the Commons: The Evolution of Institutions for Collective Action*)) • 1997 '합리적 선택 집단행위에 대한 행태주의적 접근'('A Behavioral Approach to the Rational Choice Theory of Collective Action', *The American Political Science Review* vol. 92)
카네만 (Kahne-man)	다니엘 (Daniel)	1934		• 1979 (아모스 트베르스키(Amos Tversky)와 공저로) '전망이론: 위험하에서 의사결정분석'(Prospect *Econometrica*)) • 2003 제한적 합리성 지도: 행태경제학의 심리학(Maps of Bounded Rationality: Psychology for Behavioral Economics, *American Economic Review*, 93) Theory: An Analysis of Decision under Risk,
칙 (Chick)	빅토리아 (Victoria)	1936		• 1973 통화정책론(*The Theory of Monetary Policy*)) • 1983 케인즈이후 거시경제학 (*Macroeconomics After Keynes*)
루카스 (Lucas)	로버트 (Robert)	1937		• 1967 '계량적 정책 평가: 비판'(Econometric Policy Evaluation: A critique)) • 1984 낸시 프토키(Nancy Stokey)와 공저로 '다수의 소비자가 존재하는 최적 성장' ('Optimal Growth with Many Consumers' *Journal of Economic Theory* with N. L. Stokey) • 1988 '경제발전의 역학에 대해'('On the Mechanics of Economic Development', 1988, *Journal of Monetary Economics*)

성	이름	출생	사망	주요 논문 및 저서
바두리 (Bhaduri)	아미트 (Amit)	1940		• 1990 '자본이 부유한 국가에서 가난한 국가로 흘러가지 않는 이유' ('Why Doesn' t Capital Flow from Rich to Poor Countries?', 1990, *American Economic Review*) • 1993 파격적 경제론(*Unconventional Economic Essays*)
파인 (Fine)	벤(Ben)	1948		• 1976 맑스의 '자본'(*Marx's 'Capital'*)) • 경제이론과 이데올르기(*Economic Theory and Ideology*)) • 2009 디미트리스 밀로나키스 (Dimitris Milonakis)와 공저로 '정치경제학에서 경제학으로'(*From Political Economy to Economics*)) • 디미트리스 밀로나키스 (Dimitris Milonakis)와 공저로 '경제학 제국주의에서 괴짜경제학으로'(*From Economic Imperialism to Freakonomics*)
도우 (Dow)	셰일라 (Sheila)	1949		• 2002 경제학방법론: 연구(*Economic Methodology: AnInquiry*)
로머 (Romer)	폴(Paul)	1955		• 1986 수익체증과 장기성장(Increasing Returns and Long-Run Growth, *Journal of Political Economy*, 93) • 1990 내생적 기술변화 (Endogeneous Technological Change, *Journal of Political Economy* 98)
장 (Chang, 張)	하준 (Ha-Joon, 夏準)	1963		• 2002 사다리 걷어차기: 앞선 나라는 따라잡고 뒤쫓는 나라는 따돌리던 선진국 경제 발전 신화 속에 감춰진 은밀한 역사(*Kicking Away the Ladder: Development Strategy in Historical Perspective*) • 2013 그들이 자본주의에 대해 말하지 않는 23가지(*23 Things They Don't Tell You About Capitalism*) • 2014 장하준의 경제학강의: 지금 우리를 위한 경제학 사용 설명서(*Economics: The User's Guide*)

사사(謝辭, Acknowledgement)

우리는 모든 논의자들이 한 훌륭한 논평에 대해 고마움 마음을 전하고 싶다. 이 책은 여러사람들의 집단적 노력의 결과물로 참여자의 노력과 열정에 감사드린다. 우리는 우리의 독창적 생각이 담긴 이 책을 의뢰해준 커스티 리드(Kirsty Reade)의 지원에 감사드린다. 베리티 리머(Verity Rimmer)와 욘 핀치(Jon Finch)는 우리가 모든 것을 마무리하는 데 많은 지원과 격려를 해주었고 크리스티나 라스카리디스(Christina Laskaridis)의 훌륭한 연구보조로 우리는 마지막 쟁애를 극복할 수 있었다. 케빈(Kevin)은 듀크대학교 HOPE 센터의 브루스 칼드웰(Bruce Caldwell), 2014년 듀크대학 경제사 하계연구소의 모든 참석자들, 그리고 레드크로스 출판사에 이 책을 위한 최초 자료 제출에 도움을 준 마크(Mark)와 린다 쿠퍼(Lynda Cooper), 그리고 마지막으로 노샘프턴 대학의 경제사상사 강의(ECN2011)개설에 도움을 준 관계자와 수강자에게 감사를 드리고 싶다. 그리고 이 책, 강의 접근방식, 그리고 각 장의 생각에 대해 논의해준 최초 학술회의를 위한 기금을 조성해준 킹스톤 대학(Kingston University)에도 아울러 감사드린다. 이 책의 모든 모든 저작권료는 경제학의 다양한 접근방식 교육을 위해 경제학 재교육 모임에 기부할 것이다.

출판사의 사사(Publisher's Acknowledgements)

출판사는 카네만(Kahneman, 2003)논문에서 가져온 '세 가지 인지 체제'의 사용을 허용해준 미국경제학회에게 감사드리고 싶다.

기고자들(Contributors)

- **샤키 아리프(Shawky Arif)**는 노샘프턴 대학(University of Northampton)의 국제개발학과 부교수(Senior Lecturer)이고 경제학 재교육(Reteaching Economics) 학회 회원이다. 샤키 (Shawky)는 주요 경제사상가에 대한 소개, 경제사상사, 발전의 정치경제, 개발경제학을 강의하고 있다. 그의 연구 관심은 중동과 북아프리카 지역 중심의 신자유주의, 민주주의 그리고 제국주의에 있다.

- **한나 바르가위(Hannah Bargawi)**는 런던대학 동양 아프리카 연구 학원(School of Oriental and African Studies, SOAS)경제학과 부교수이다. 그녀는 학부생 및 대학원생 대상으로 페미니스트 경제학과 개발경제학을 강의를 개설하고 있다. 한나의 연구 영역은 거시정책 및 고용문제와 더불어 젠더와 노동쟁점도 다루고 있다. 그녀의 연구는 동아프리카 및 중동 그리 유럽에도 관심을 보인다. 한나는 아시아개발은행(ADB), 국제노동기구(ILO), 유엔개발계획(UNDP), 그리고 유엔여성기구(UN Women)에도 참여하여 수많은 연구와 프로젝트 자문을 하고 있다. 유럽에서 최근에 한 거시경제 정책 및 젠더 문제에 대한 연구를 공저로 '유럽에서의 경제학과 긴축: 성적 영양 및 지속 가능한 대안들(*Economics and Austerity in Europe: Gendered Impacts and Sustainable Alternatives*)'이란 제목으로 출판하였다.

- **브루노 보니찌(Bruno Bonizzi)**는 하트퍼드셔 경영대학원(Hertfordshire Business School) 재무론 부교수이다. 그는 예전에 윈체스터 대학(University of Winchester)에서 경제사상사를 강의하였었다. 그는 특히 개도국 경제 및 기관투자자들을 중심으로한 금융통합과 금융위기에 대해 연구하고 논문을 발표하였다.

- **챠킵 보라유(Chakib Bourayou)**는 영국 런던대학 동양 아프리카 연구학원(School of Oriental and African Studies, SOAS) 거시경제학 및 수량방법론 과목의 대학원 강의조교이자 개발경제학 박사과정 학생이다. 그의 박사과정 논문은 경기변동이 학습과 혁신체제를 통해 지역 및 산업 발전에 어떤 영향을 끼치는지에 대해 연구하는 것이다. 이러한 주제는 구조 및 진화경제학을 바탕으로 하고 영국을 사례연구로 하고 있다.

- **케빈 딘(Kevin Deane)**은 런던 퀸메리 대학의 세계보건학과 조교수이다. 그는 경제학 재교육학회회원이고 정치경제학 진흥을 위한 국제발의(International Initiative for the Promotion of Political Economy(IIPPE))의 정치경제학 교육추진단 공동위원장이다. 그의 연구관심은 주로 동남부 아프리카의 후천성면역결핍증(HIV) 감염을 다루면서 보건과 발전의 정치경제학에 관심을 기울이고 있다.

- **우라니아 디마코우(Ourania Dimakou)**는 런던대학 동양 아프리카 연구학원(School of Oriental and African Studies, SOAS) 경제학과 조교수이다. 그녀는 학부생 및 대학원생들에게 거시경제학 뿐만 아니라 경제정책 및 계량경제학을 강의하고 있다. 그녀의 연구 관심은 거시경제학 및 그 비판, 중앙은행론 및 거시경제론에서 국제금융기관의 역할에 관련한 것이다. 그녀는 이러한 주제로 몇개의 논문을 발표하였고 벤 파인(Ben Fine)과 공저로 '거시경제학: 비판 지침서(*Macroeconomics: A Critical Companion*)'(2016)을 저술하였다.

- **벤 그룸(Ben Groom)**은 런던 정경대 지구환경학과 환경 및 개발경제 교수이다. 그는 그랜텀 기후변화연구소(Grantham Research Institute on Climate Change)의 주임연구원이다. 그의 연구는 장기적으로 후생에 영향이 있는 공공정책의 후생 분석이 관심이 있다. 특히, 그는 사회적 할인율(SDR)의 결정과 세대간 세대내 공평성에 관한 실증적 측정관련 연구를 해왔다. 최근 하고있는 연구과제는 기후변화정책에 대한 세대간 공평성에 대한 다른 입장들의 영향에 대한 연구, 소득 불평등을 내부화하거나 회피하는 것을 반영한 경제적 성과측정의 새로운 방법 개발, 환경개선에 대한 소득별 회피성향 분석, 그리고 벌채와 종 다양성 소멸의 원인 및 방지정책의 효과를 인도네시아, 볼리비아, 이디오피아의 사례를 통해 연구하는 것이다. 벤의 연구는 세계은행, 경제협력개발기구(OECD), 아시아개발은행(ADB), 그리고 세계야생생물기금(WWF)같은 국제기구 정책제안에 사용되어왔다. 그는 또한 영국, 미국, 노르웨이, 프랑스, 중국, 파키스탄 등에 환경정책이 갖는 여러가지 측면을 조언해왔다.

- **피터 휴즈(Peter T. Hughes)**는 리즈대학 경영대학원의 경제학 조교수이다. 그의 연구 관심은 신뢰경제학(economics of trust), 화폐이론, 경제사상사이다.

- **랍 칼버트 점프(Rob Calvert Jump)**는 정치경제, 지배구조, 금융 및 책임체제 연구소에 자리를 잡은 그리니치 대학 연구교수이다. 그는 경제학 재교육 학회 회원으로 사회경제학회지(*Review of Social Economy*)와 진화 정치경제학회(Review of Evolutionary Political Economy) 편집위원이다. 랍 연구의 대부분은 거시경제학과 공공정책에 관련된 것이다. 그는 특히 금융순환, 자기실현적 기대 및 이력현상(hysteresis) 관련 경제불안정성의 원인과 그러한 영향을 줄여주는 제도변화에 관심을 갖고 있다. 그는 이러한 문제와 관련한 뉴케인지언 및 포스트케인지언 접근방식을 취하고 있고 일반균형 및 임금 공시모형(wage posting model)의 안정성에 관한 연구도 발표하였다.

- **아니나 칼텐브루너(Annina Kaltenbrunner)**는 리즈 대학(Leeds University) 경영대학원의 글로벌국제경제학과 조교수이다. 그녀의 연구는 개도국 경제의 금융과정 및 관계에 대한 것이다. 그녀는 캠브리지 경제학회지(*Cambridge Journal of Economics*), 개발과 변화학회지(*Development & Change*), 환경 및 계획학회지(*Environment and Planning A*), 포스트케인지언 경제학회지(*Journal of Post Keynesian Economics*), 신 정치경제학회지(*New*

Political Economy)에 금융통합, 통화 국제화, 금융화, 그리고 거시경제정책 등과 관련한 논문을 게재하였다. 그녀는 여러 외부 기금의 연구과제에도 참여하고 있는데 주로 통화 지역화와 지역 결제 체제에 대한 브라질 중앙은행 연구과제에 참여하고 있다.

■ **에바 카르보브스키(Ewa Karwowski)**는 하트퍼드셔 대학(University of Hertford- shire) 경영대학원 경제학과 조교수이자 요하네스버그 대학 선임연구위원이다. 그녀는 남아프리카 공화국 재무부 경제학자로 근무했었고 국제노동기구(ILO) 및 경제협력개발기구(OECD)에서 정책자문관으로 일했었다. 그녀의 연구주제는 기업금융, 금융화 및 경제개발이다.

■ **조 미첼(Jo Michell)**은 브리스톨 더 웨스트 오브 잉글랜드 대학(UWE Bristol)의 경제학과 조교수이다. 그는 런던대학 동양 아프리카 연구학원(School of Oriental and African Studies, SOAS)에서 경제학 박사를 받았다. 그의 현재 연구 관심은 거시경제학, 화폐 및 은행(money and banking), 소득분배, 그리고 브렉시트에 관한 것이다. 그는 은행금융검증 판단요소(modules on Banking and Finance)와 경제사상사를 강의하고 있다. 캠브리지 경제학회지(Cambridge Journal of Economics)와 측정경제학회지(Metroeconomica)에 거시경제학 및 금융관련 논문을 게재하였다. 그는 영국의 학술진흥단체인 경제·사회 연구협의회가 기금을 제공한 거시경제학 연구과제인 '슈퍼사이클(Supercycle) 운영: 글로벌화와 제도변화'를 수행중이다. 그는 유엔 무역개발회의(UNCTAD), 국제노동기구(ILO), 유럽진보연구연맹(FEPS)와 자문연구 작업을 수행하였다. 그는 2012년에 얀토포로프스키(Jan Toporowski)와 '금융 주요문제 안내서(*Handbook of Critical Issues in Finance*)를 발간하였다. 그리고 그는 두개의 큰 유럽집행위원회 후원 연구 과제인 2030년 유럽금융 통합을 위한 AUGUR와 금융화, 경제, 사회 및 지속 가능발전 과제인 FESSUD 연구과제에 참여하고 있다. 그는 블로그를 운영하고 정기적으로 가디언지와 쟈코뱅지에 수많은 컬럼을 기고하고 있다. 그는 포스트 케인지언 경제학회 총무이자 경제학 재교육학 회의 설립자이다.

■ **사토미 미야무라(宮村總, Satoshi Miyamura)**는 런던대학 동양 아프리카 연구 학원(School of Oriental and African Studies, SOAS)에서 일본경제론 부교수이다. 그의 연구 관심은 His research interests are in the political economy of development in India and Japan, the economics of labour and institutions. He is a co-editor of Class Dynamics of Development (2017). His recent publications include: 'Rethinking Labour Market In-stitutions in Indian Industry: Forms, Functions and Socio-historical Contexts', Journal of Peasant Studies, 43(6) (2016); and 'Diverse Trajectories of Industrial Restructuring and Labour Organising in India' and (with Liam Campling, Jonathan Pattenden, and Benjamin Selwyn) 'Class Dynamics of Development: A Methodological Note', Third World Quarterly, 37(10) (2016).

서론

Kevin Deane and Elisa Van Waeyenberge

1.1 배경

최근 경제학 역사에서 가장 중요한 순간을 꼽으라면 2007~08년 금융위기였다. 정책당국자, 학자, 학생, 일반대중 그리고 심지어 영국여왕까지 지난 수십년간 경쟁적인 다른 학파를 성공적으로 제거하고 지배적 지위를 갖게 된 신고전학파에 대해 의문을 제기하였다. 신고전학파 경제학은 위기가 왜 발생하였는지 내지 어떻게 위기로 인한 나쁜 영향을 어떻게 해결할 수 있을지에 대해 아무 말도 하지 못한 것으로 인해 비난을 받았다. 신고전학파에 대한 한계를 노출시키는 것은 (아마 일시적이나마) 대안이 될 만한 경제학 접근방식에 대한 고려를 할 수 있는 여지를 가져다 줄 것이고 학계나 학생들 모두에게 높은 수준의 경제학 교육 교과 과정에서 다양한 교육을 도입할 수 있을 것이다. 지금까지 영국의 맨체스터 대학이나 소규모 대학의 경제학과에서 위기 이후 경제학 연구 운동으로 발전된 학생 움직임이 존재하여 교과 과정 개혁을 시도하였으나 변화의 속도는 매우 느린 편이다.

다양한 경제학 교육에 대한 이러한 요구들은 수많은 도전에 직면한다. 이러한 것 중 주요한 것은 주류경제학이 실제 경제 상황 변화에 참여할 수 있는 기법을 제공하기 위한 학제로 이행하는 것에 대해서는 별로 관심을 보이지 않으면서 변화에 강하게 저항한다는 것이다. 사실, 세계경제 혼돈에도 불구하고 학부 경제학 커리큘럼의 대다수 및 특히 미·거시경제학의 핵심강의는 거의 변하지 않았다. 학생들은 계속해서 (우리가 신고전학파 경제학이라고 부르는) 특정 버전의 경제학을 교육받고 있지만, 그 일부 주요 원리에 대해 이의를 제기하는 다른 접근방식이 있다는 것을 거의 인정하지 않고 있다. 이러한 다른 접근방식은 예를 들어 금융, 생산과 무역의 국제화 소득과 부의 분배 등을 포함하여 현대 자본주의의 더 나은 핵심적 특징을 수용하고자 한다.

주류경제학자들은 종종 경제학은 학생들이 특정한 수학적 개념과 기법에 집중해야 하는 기술관료 분야이며 (현실 경제의 지저분한 세계에서 많은 정책 당국자들의 거부감을 극복해야 한다는 점에서) 대안적 관점 도입은 대학원 수준에 맡기는 것이 최선이라고 주장하면서 다원주의적 강의 도입을 반대한다. 때로는 그들은 이러한 불만을 수용하기 위한 방법으로 경제사상사

(History of Economic Thought(HET))를 (결국 많은 경제학 과목중 그 자체를 한계화시킬 수 있는) 선택과목으로 포함하는 것을 지지한다. 그런 다음 경제사상사 강의는 추가적 강의로 제공될 수 있으나, 나머지 교과 과정의 실질적 내용에는 거의 영향을 미칠 수 없게 만들려고 한다. 이렇게 되면 경제사상사가 기존 경제학과 교과 과정 중 방법론이나 범위에 영향을 미칠 수 있도록 하는 비판적 조명을 통해 주로 경제학에 문제를 제기할 수 있는 도전이 제한되게 된다.

경제학과 주류들의 다원주의에 대한 반대를 뛰어넘어서 주류경제학이 일류 경제학회지에 실리는 것과 같은 다른 요소들로 인해 다원주의 경제학 연구 및 교육 도입에 대한 제도적 의욕은 떨어지게 된다. 더구나 강의실에 다원주의 경제학을 소개하게 되면 학계는 더 많은 도전에 직면하게 된다. 이러한 도전에는 학부강의에 적합한 교과서를 포함한 다원주의 경제학 강의자료의 부족과 시간압박이 존재할 것이다. 그래서 이 책을 이러한 도전을 위해 준비하였고 이 책이 다원주의 강의를 지원하기 위한 학술적 강의자료로 활용될 수 있을 것이다.

경제학에서 다원주의라는 개념은 많은 형태로 나타나지만, 이 책에서 다루고 있는 접근방식들을 학생들은 세상에 대한 다른 가정에 기반을 둔 다양한 경제관점으로 파악해야 하는 것이다. 우리 주장은 하나의 학파가 경제교육과정을 지배해서는 안된다는 것이다. 때로는 모순되는 명제의 스펙트럼을 파악함으로써 학생들은 서로 다른 이론적 명제들의 강점, 약점, 그리고 관련성을 평가할 수 있게 된다. 소수의 연구에서 나타난 증거는 교과 과정에 다원주의가 도입되었을 때 학생들의 긍정적인 성과를 얻게 된다는 결과가 있다(Deane et al., 2019; Harvey, 2011). 더구나 경제학 교과 과정을 더 다원적으로 접근하기 위해 운동하는 학생단체인 '경제학 다시 생각하기(Rethinking Economics)'의 탄생으로 경제학 교수들이 강한 변화를 요구받고 있다.

1.2   이 책의 기원

주제별로 본 경제학사(*Recharting the History of Economic Thought*)라는 이 책은 경제사상사(HET; History of Economic Thought)를 강의하는 편집인들 중 한명이 다시 설계하자는 제안으로부터 시작했다. 2013년 노샘프턴 대학(University of Northampton)에서 새로운 역할을 맡으면서, 케빈 딘(Kevin Deane)은 표준적인 주류경제학 교과 과정과 나란히 사용할 수 있는 새로운 경제사상사 강의를 해 달라고 부탁을 받았다. 통상적인 (연보) 방식으로 이 강의를 하려고 한 시도를 실패한 이후 공동 편집자인 엘리사 반 웨인 버그(Elisa Van Waeyenberge)와 논의후에 강의를 완전히 재점검할 수 있었다. 연도별로 강의내용을 정리하여 제공하는 대신에 새로운 강의 방법을 주제별 접근방식으로 택하였다. 예를 들어 '우리는 모두 합리적으로 최적화하는 경제주체인가?' 내지 '경제에서 국가의 역할은 무엇인가?'라는 중요한 경제적 질문을 강의의 시작으로 하여 진행하고자 하였다. 첫째, 이러한 질문에 신고전학파 경제학은 어떤 답변을 하는가? 둘 째, 이러한 접근방식의 피판은 무엇인가? 그리고 셋째, 경제사상사를 통틀어 다른 학파들은 이러한 문제에 어떤 답을 하고 있는가? 하는 문제이다.

이러한 접근방식은 경제사상사(HET)를 보다 광범위한 교과 과정에 대한 검토 없이 다원주의 교육을 주류 교과 과정에 도입할 수 있는 수단을 사용하였다. 이를 통해 '정통적인(canonical)' 경제학자와 사상을 포괄하는 이점을 가지지만, 지금은 경제사상사라는 비판적시각을 통해서 더 그럴 수 있을 것이다. 이러한 접근방식에 내재되어 있는 것은 이론 개선과정(Kurz, 2006)으로 과거의 상호작용을 통해 이루어진 이론의 발전으로 경제사상사 발전을 누적된 이론으로 보는 견해 명시적으로 거부하는 것이다. 차라리 이 접근방식은 '경제학에 다른 접근방식이 존재한다는 생각을 가진 학생들과 대면하여 그러한 접근방식에 대한 개념적 토대를 제공하는 것(Roncaglia, 2014, p.7)'을 추구하는 경제사상사에 대한 경쟁적 입장을 취하는 것이다. 표준적인 미·거시경제학의 틀을 넘어선 경제이론을 접하지 않았던 학생들이 이러한 새로운 접근방식을 받아 들일 수 있을 것이다.

이 책은 영국 대학에서 5년 이상(2013-2018) 강의해 온 케빈 딘(Kevin Deane)이 해온 강의 방식으로 구성한 것이다. 이 책은 주제에 대해 논의할 수 있는 신고전주의 경제학을 포함한 일련의 관점에 대해 논의하는 주제별로 구성된 장으로 되어있다. 서로 다른 사상이 생겨난 역사적 맥락은 어느 정도 상실되지만, 우리는 경제학에 대한 다원주의 접근을 위한 교육을 위해 이러한 절충안을 선택했다. 이 책의 주요한 목적은 다음과 같다.

- 경제사상사에서 도출한 경제 문제와 사상을 생각할 수 있는 다양한 방법에 대한 개략적 설명을 제공하고,
- 대학내 주류경제학 풍토에서 강의되는 경제사상사 강의과정의 관련성을 높일 수 있는 자료를 만들고,
- 경제학 전공 학생들의 비판적 사고 기법을 개발하기 위해

이 책은 장하준의 경제학 사용설명서: 경제학에 대한 재고를 위한 다원주의 경제학 교육입문서(*Economics: A User's Guide, the Introductory Pluralist Economics Textbook by Rethinking Economics*)와 경제학 탐구 웹사이트(https://www.exploring-economics.org/en/) 등과 같이 다른 학파를 비교하고 대조하는 다른 연구들을 보완하고자 한다. 우리는 신고전주의 경제학에 대한 비판에 초점을 맞추기보다는 경제사상사를 통해 특정한 경제 문제에 대한 다양한 관점을 탐구하는데 관심이 있다. 신고전학파 경제학의 비판에 대해서 자세히 살펴보려면 킨(Keen)의 '경제학의 오류 탐구(Debunking Economics)'(2001)와 힐(Hil)의 '반(反) 교과서 경제학(Economics Anti-Textbook)'(2011)을 참고하라.

1.3   고려사항

이 책을 쓰고 편집하면서 두 가지 도전에 직면하였다. 첫째는 신고전학파 경제학이 무엇인지에 대한 이해를 명확히 하는 것으로 신고전학파 경제학이라는 용어는 주류경제학이라는 용어와 서로 호환되게 사용하고 있다. 경제사상사 입장에서 신고전학파를 비판할 때 '허수아비'를 제공하는 것이 주된 관심사는 아니다. 학부 교과서가 획일적이고 특히 기업과 개인과 같은 다른 경제주체들의 선택을 최적화하는 초점을 맞추는 방식으로 이루어진 미시경제학과 밀접하게 일치된 주제들부터 다루는 것이 어느정도 더 쉽다. 이러한 방식은 비록 거시경제학의 범위와 의미는 종종 최적화나 개별 경제주체를 중심으로 한 주류접근방식에서 사라진 케인즈와 같은 다른 경제학자들의 개념에 의존한 거시경제학 교과서에 근거한 경제사상사 접근방식과는 대조된다.

이러한 문제를 해결하기 위해 우리는 개별경제주체가 경제를 최적화시키는 원칙에 대해 언급하는 신고전학파의 일반적 개념을 선택하였다. 그 경제주체들은 가계, 개인, 기업, 정부 등으로 그들의 최적화 행동을 그들이 가진 합리성을 표현하는 것이라고 주장할 수 있다. 이러한 최적화는 여러 제약조건을 따르며 이러한 제약조건이 명시하는 방식에 대한 주류 내지 신고전학파 경제학내의 차이가 나타난다. 고려하는 주류경제학 학파별로 달라지는 일련의 특징을 경제주체들은 부여받게 되어, 고려하는 학파가 무엇인가에 따라 경제주체의 특징도 달라지게 된다(주류경제학에서 분명한 차이는 완전한 합리성을 불완전 정보와 비교하거나 경제주체가 제한적 합리성 내지 무제한적 합리성으로 특징되어지는 것과 관련되어 있다). 마찬가지로, 경제주체들이 최적화하는 경제환경에 대한 설명과 관련하여 주류경제학 내의 차이가 존재한다. 즉, 교환을 완전경쟁시장 대신에 불완전 경쟁시장으로 특징지을 것인가 혹은 규모수익불변보다 규모수익체증으로 생산을 특징지을 것인가 등과 같이, 이러한 문제를 해결하는 방식에 따라 신고전학파 경제학을 다른 학파들로 나눌 수 있다.

그러나, 모든 주류 내지 신고전학파 경제학을 특징짓는 근본적 방법론적 원칙은 경제적 결과를 (특성이 무엇이든 간에) 개별 경제주체의 (어떤 제약조건하에서 이루어진) 최적화 행위 결과로 이해한다는 것이다. 신고전학파 경제학의 이러한 방법론적 신조를 방법론적 개인주의라고 말할 수 있다. 그 핵심은 경제적 결과(그리고 경제 체제 내 경제 주체의 행위)를 이해하려고 할 때 고려해야할 체계적 관계나 효과를 만드는 경제에는 구조적 특징은 존재하지 않는다는 것을 의미한다. 이는 또한 단위 분석(미시)에서 전체 분석(거시)으로 이동하려고 경제주체간 관계나 이들간 상호의존성을 고려할 필요가 없다는 것을 의미한다. 그리고, 결국 경제주체의 (아마 제한된) 합리적 행위의 결과로 이해되는 경제 결과와 함께 이러한 결과는 맥락이나 역사적 경로에 영향을 받지 않는다는 생각이 반영된 것이다. 신고전학파 경제학에서는 맥락과 역사는 최적화 행위에는 부수적인 것으로 경제현상에 대한 우리 이해에 근본적인 것이 아니라고 생각한다.

신고전학파 경제학의 이러한 특징은 뚜렷한 방법론적 특징에 주의를 기울이게 하고 그렇지만 (보다 고전학파 사상이라고 일컬어지는) 완전히 작동하는 시장을 지원하기 위한 패러다임과

제휴하는 사람들과(이 책의 여러 장들에서 언급하여 알아보니 다소 부적절한 명칭이긴 하지만 가끔 케인지언 경향성을 갖고 있다고 일컬어지는) 시장의 불완전성을 이론화하려는 사람들간 분리를 통해 주류경제학의 지평을 넓히기도 한다. 신고전학파 경제학의 전통적 정의는 시장의 완전한 작동을 지지하는 집단을 포함하는 경향이 있는 반면 시장의 불완전성을 이론화하려는 집단도 그 영역밖에서 기여를 인정하고 있다. 시드니 웨인트라웁(Sydney Weyntraub, 2002)이 제안한 신고전학파에 대한 일반적 정의의 예는 다음과 같은 세상에 대한 세 가지 근본 가정으로 특징지운다.

1. 사람들은 결과에 대한 합리적 선호를 가지고 있다.
2. 개인들은 효용을 극대화하고 기업은 이윤을 극대화한다.
3. 사람들은 완전하고도 적절한 정보의 바탕하에서 독립적으로 행위한다.

이러한 특성화를 통해 정보 불완전성을 이야기 하는 일부 경제학자들의 공헌을 신고전학파 내지 주류경제학의 일부로 간주될 수 없다는 것을 알 수 있을 것이다. 앞에서 분명히 밝혔듯이, 이리는 이러한 특성에서 벗어나 우리가 방법론적 개인주의 및 합리성으로 구별되는 이론의 첫 번째 원칙에 기초하여 주류 내지 신고전학파 경제학을 식별하는 더 근본적인 (그리고 더 포괄적인) 정의를 선택하였다.

신고전학파 내지 주류경제학은 연역적 논리로 특징지어지는데, 여기에서 연역적 논리란 (예를 들어 최적화같은) 초기 공리에서 보다 (경제에서 자원이 어떻게 배분되는가 같은)구체적인 명제로 진행된다는 것을 의미한다. 이러한 사고는 논리가 증거를 압도하고 증거는 순수한 연역적 추론이라는 전통에서 원래 (공리적) 명제를 반증하기 위해 참조한다는 것이다. 첫 출발점으로 경험적 관측치를 취하기보다는 (전형적으로 수학적 방식인) 추론과 논리를 통해 경제를 작동시킨다고 여겨지는 가설을 도출한다. 이것은 관측을 출발점으로 삼고 (먼저 선험적 명제나 공리보다는) 증거로부터 더 일반적이고 이론적 명제를 도출하고자 하는 귀납적 논리와는 대비된다.

주류경제학의 연역적 논리는 특히 존재론적 가정과 연계되어 있다. 이러한 존재론이란 세상이 조직된 방식에 대한 가정으로 이루어져 있다. 주류경제학에서는 '원자론(atomism)'을 통해 세상을 잘 파악할 수 있다고 가정하는데 존재론적 입장으로 원자론이란 세상자체가 원소의 집합으로 구성되어있다고 이해하는 것을 말한다. 그것은 서로에 대한 그들의 관계가 부수적으로 이러한 관계를 이해하기 위해서는 세계를 구성하는 다른 요소들을 이해할 필요가 없다는 것을 의미한다. 이러한 이해방식은 세상이 특정한 방식으로 되어있고 그것을 이해하려면 내부관계(혹은 구조적 특성)를 이해할 필요가 있다고 생각하는 존재론적 입장과는 대비되는 방식이다. 신고전학파 경제학은 세상을 종종 '닫힌 체제(closed system)'이라고 제안하는데, 이 의미는 합리성과 최적화 원칙을 채택함으로써 법과 같은 규칙성을 준수하고 있는 세상을 의미하는 것이다. 이러한 규칙성이 시간과 공간에 거쳐 언제든지 유지된다고 가정하여 이론을 보편적이고도 몰역사적인 상태인 것으로 만든다. 이러한 특징을 포착하는 또 다른 방법은 신고전학파 경제학 가정이 갖고 있는 (상당한 기간이 지난 후, 하나의 체계가 최초의 상태와 거의 비슷한 상태로 돌아가는 조건 하에 있는) '에르고딕(ergodic)' 특성을 언급하는 방식이다. 이러한 시각은 세상을 '열린 체제(open system)'로 보는 가설과 대비된다. 세상을 '열린 체제'로 본다는 것은 특정한 규칙성 내지 '(체계적) 폐쇄(closure)'가 가능하지만 인간 주체와 구조간의 상호작용으로 인해 이러한 규칙성은 부분적이고 예측가능하거나 일반적일 필요는 없다는 생각이다. '열린체제'의 세상에서는 '규칙적인 사건'이 없다.

이러한 광범위한 관찰을 통해 우리가 경제학에서 신고전학파(혹은 주류)라고 부르는 것의 본질을 포착하려고 한다. 경제적 결과를 고려해보면 시스템적 특성과 역사적 궤적을 인식하려는 종종 '비주류' 경제학으로 묶인 다른 접근법과는 대조적이다. 간단히 말해, 브라운(Brown)과 스펜서(Spencer)(2014, p.945)가 요약한 것처럼 비주류경제학은 맑스, 케인즈, 베블렌과 같은 구 제도주의자들 또는 성별 쟁점에 특정한 관심을 가지고 있는 사람들을 포함한 뚜렷한 이론적 전통을 포함하여 '사회구조와 관계의 중요성을 인식하고 경제작동방식에 대한 분석을 통합'하여 인식하고 있다. 그리고 나서 이 책의 목적은 신고전학파 전통이 경제학을 항상 독점해온 것은 아니라는 것과 경제사상사 강의를 통해 알 수 있는 대안적 분석이 신고전학파의 근본적 실패를 뛰어넘어 앞으로 나아가도록 할 수 있다는 것을 강조하기 위한 것이다.

이 책이 기여하는 점을 준비하는 동안 우리가 직면한 두 번째 도전은 주제를 선정하는 문제와 각 주제와 관련하여 경제학자들 또는 학파들을 선정하는 것이다. 주제 선정과 관련해서는 경제사상사 강의를 재설계하면서 부분적으로 안내했었다. 새로운 접근법을 시범시행하면서 먼저 학생들에게 주제를 제안하라고 요청했었다. 이러한 것들은 교육 접근법이 점점 발전되면서 수정되었고, 그래서 여기서 선택된 주제들은 학생들과 다양한 대화와 학생들의 반응으로 선정된 것이다. 이 책의 목적을 위해 원래의 주제 목록을 수정하였다. 이 책에서는 신고전학파 경제학에서 주요한 방법론 및 개념적 쟁점을 반영한 많은 주제들을 포함하고 있어 학생들이 통상적인 미시경제학과 거시경제학 과목에서 강의되는 것에 대해 비판적으로 생각할 수 있도록 한다. 따라서, 경제학에서 수학의 역할, 합리성, 소비, 생산, 균형, 소득분배, 가치, 화폐의 역할 그리고 국가의 역할에 대해 다룬다. 여기에 더해 경제위기, 경제성장 및 개발, 환경 그리고 성별 문제와 같은 현대 세계적 이슈와 관련 있는 주제를 추가하였다. 환경이나 성별문제 같은 경우에는 전통적인 경제사상사내에서 다루어지지 않았다. 물론, 포함될 수 있는 다른 주제들이 많이 있고 우리는 이 교과서가 강의자들이 적합하다고 생각하는 경제적 질문에 대한 접근방식을 개발하기를 바란다.

어떤 경제학자(또는 학파)를 포함할지 결정과 관련해서는 우리는 주로 경제사상사 자료의 핵심적 '고전'에서 도출하였고, 각 질문에 대해 구체적으로 답변이 존재하는 경제학자를 선정하였다. 일반적으로, 신고전학파와 더불어, 세 가지 대안이 될만한 주요 학파로서 고전주의 정치경제학(Classical Political Economy), 케인즈, 맑스의 관점을 포함하였다.

이러한 재설계가 경제사상사 강의에 계속 적용되도록 보장할 수 있다(물론, 이러한 장들은 표준 경제 교과 과정의 거의 모든 경제학 강의에 대해 유용할 수 있다). 우리는 앞에서 여러장에서 언급한 주요저서와 함께 주요 경제학자 목록을 제공하고 있다.

1.4   책의 구성

이 책은 대체로 두 부분으로 구성된다. 2장과 3장으로 구성된 제 1부에서는 학부교과서에 존재하는 표준적 신고전학파 틀에서 중심적이라고 여기는 두가지 기본적 관심사를 다룬다. 이것에 이어서 두 번째 부분에서는 특정주제에 대해 다루는 장으로 구성한다. 각 장에서는 주어진 문제에 대한 신고전학파 접근을 출발점으로 하여 시작하는 경향이 있다. 그리고 나서 경제사상사로부터 나온 대안적 경제전망에 대해 논의한다. 이 절의 나머지 부분에서는 각장의 의미를 간략히 요약해본다.

'우리는 모두 합리적이고 최적화하는 경제주체인가?'라는 제목의 2장에서는 합리성의 개념과 경제학자들이 경제주체들의 행동을 어떻게 이해하고 있는가 하는 문제를 다룬다. 신고전학파 경제학의 특징인 합리적이고 최적화하는 경제주체는 경제주체가 '제한적으로' 합리적인 방식으로 행위한다는 관념을 펼치고 있는 행태주의 접근방식과 대비되고 지관, 습성, 그리고 관습과 같은 다른 요인들로 구성된다는 생각과도 대비된다. 이 장에서는 도덕감정론과 국부론과 같은 스미스의 저서에 보이는 이기적 개인에 대해서도 뉘앙스를 강조하며 사회적으로 스며든 이기심 개념에 대해 논의한다. 경제 주체와 관련한 의문은 소비나 생산 그리고 행태 양식을 형성한 사회, 경제 시스템의 역사적 특수성을 다룬다. 케인즈가 미래에 대한 불확실성으로 경제행태를 어떻게 이해하였는지를 논의하기 전에 맑스, 베블렌 저서에서 분자화된 개인들이 고립된 최적화 행위보다 거시경제의 구조적 동학을 우선하였다.

'경제학에서 수학의 역할은 무엇인가?'라는 3장에서는 두 번째 쟁점인 경제학에서 수학의 역할과 중요성에 대해 다룬다. 대부분 학부 표준 교과 과정에서 계량경제학과 수학적기법이 적절히 제공되고 있는 상황에서 이 장에서 강조하는 것처럼 수학이 항상 경제학의 핵심이었던 것은 아니다. 이 장에서는 1870년대의 한계혁명에서 1950년대의 형식주의 혁명 및 애로우와 드브루가 일반균형 존재에 대한 '증명', 그리고 더 나아가 수학적 접근 통합에 이르기까지의 경제학의 수학화과정을 다루고 있다. 이것은 수학이 중심적 역할을 하지 않고 신고전학파 경제학의 연역적 방법보다 귀납적이고, 역사적이고 철학적인 접근방식을 사용하였던 스미스, 리카도, 맑스, 그리고 케인즈의 저서와는 대비된다.

'물건은 어떻게 생산되는가?'라는 제4장과 '물건들은 어떻게 그리고 왜 소비되는가'라는 제5장에서 신고전학파 틀에서 중심적인 수요와 공급이라는 두가지 주된 힘에 대해 살펴본다. 4장에서 공급을 결정하는 신고전학파 생산함수와 기업의 의사결정절차는 기업의 기능과 계약 기반 이론과는 대비된다. 이러한 접근방식은 아담 스미스가 생산성을 확장하고 경제성장을 가져오는 노동분업의 역할을 강조하기 위해 분석의 토대로 사용했던 핀공장의 예에서 한 생산과정에 대한 스미스의 분석에 거의 의존한다. 마찬가지로 생산영역은 보다 일반적으로 자본집중과 같은 자본주의체제와 자본주의 동학에서 맑스의 착취론의 중심이다. 5장에서는 특정한 소비집합과 주어진 예산제약하에서 개인은 자신의 효용을 극대화하기 위한 소비의사결정을 한다는 신고전학파 소비이론에 대한 설명으로 시작한다. 우리에게 소비를 이해시키는 신고전학파 접근방식의 가정과 시사점에 대한 몇가지 비판적인 의견에 뒤 이어, 이러한 비판들은 한편으로는 행태주의 경제학 내지 다른 한편으로는 베블렌의『유한계급론(*Theory of Leisure Class*)』의 관점에 따라 어떻게 소비를 달리 이해할 수 있는 지를 발전시킬 수 있다. 베블렌의 경우 소비 습관(consumption habits)은 경제적 불평등에 대한 문화적 굴절에 의해 형성되고 사회적 지위에 대한 인식과 이미지에 영향을 받는다고 주장한다. 소비를 형성하는 구조적 힘에 대해서는 맑스의 상품 물신성을 통해 더 탐구된다. 그리고 특정상품이 제공되는 물질적 상황과 활동의 사슬에서 나타나는 문화적으로 부여되는 규범이 소비를 형성하는 공급체계 접근처럼 보다 최근 이론적 발전은 생산과 소비간 격차를 메우고 있다.

'경제는 균형에 도달하는가?'라는 6장에서는 마샬과 발라스에서 현대 신고전학파 경제이론에 이르는 균형이론발전에 대해 추적하고 수요와 공급의 힘이 어떻게 시장을 조정 하는지에 대해 초점을 맞춘다. 다른 경제학자들에게는 균형이 이론을 구성하는 주요한 개념이 아니다. 균형과 유사한 개념의 생각이 있는 맑스의 경우에는 그것은 틀림없이 경제가 도달할 가능성이 있는 상태는 아니었고, 케인즈의 경우에는 균형을 달성했을 때 경제는 정태적으로 안정적인 상태가 아니었다. 두 가지 접근방식은 경기변동이 균형으로 향하지는 않지만 균형주변으로 파동한다는 것을 강조하기 위한 접근이다. 결국 이 장에서는 일반 균형과 부분균형모형을 통해 분석을 하고 있는 신고전학파 경제학과 다른 대안적 접근방식이 이론적 수단으로서 균형의 역할에 대한 의문을 제기하고 있다.

'어떻게 소득이 분배되는가?'라는 7장에서는 다른 이론적 견해의 입장에서의 분배결과에 대해 논의한다. 이 장에서는 다른 '생산요소'가 생산에 상대적인 기여분에 의해 소득분배이 결정된다는 한계주의자의 주장에 바탕한 신고전학파 견해에 대해 비판적으로 논의한다. 한계주의자들의 주장에 따르면, 임금은 노동의 한계생산물이고 이리하여 노동자들은 그들이 '마땅히 받아야 할 만큼' 지불받는다. 이러한 견해는 소득의 기능적 배분과 초기 노동가치론 견해를 통한 (불완전한) 해석을 제공하였던 고전학파 견해와 대비된다. 노동자가 마땅히 받아야 할 몫과는 차이가 있도록 하는 자본주의 착취를 통해 자본가들이 잉여가치를 착취하면서 노동자가 생산하는 가치보다 적은 것을 받도록 한다는 주장을 한 맑스가 노동가치론을 더 발전시켰다. 포스트 케인지언 접근방식은 경제내에서 이윤률과 임금률을 결정하는데 있어서 사회정치적 요소 뿐만 아니라 기업의 시장지배력을 지적한다. 결국, 이 장에서는 경제 불평등 증가로 특징되는 세상의 현재 분배 현실에 대한 한계주의 이론의 설명능력에 문제가 있다고 지적한다.

'경제학에서 화폐의 역할은 무엇인가?'라는 제8장에서는 이후 위기에 대해 다루고 있는 10장에서 다루는 주요 주제와 연계한 경제내 화폐의 역할에 대한 쟁점을 살펴본다. 이 장에서는 화폐란 무엇인가?, 화폐는 어디에서 오는가?, 왜 화폐가 필요한가?, 화폐의 기능은 무엇인가? 같은 쟁점을 살펴본다. 신고전학파 견해에서 화폐의 역할은 거래를 편하게 하기 위한 교환 수단과 관련된 것이다. 이런 주장에 따르면, 화폐의 도입은 분석에 실질적 영향을 미치지 않으며 화폐경제는 단지 베일처럼 존재하며 물물교환 경제와 같이 기능한다. 그러나 화폐가 역사적으로 운영된 경제에서 신용으로 역할한다는 것에 관심을 기울인 케인즈나 슘페터가 주장하는 화폐견해와 대비된다. 슘페터에 있어서, 생산물이 팔리기 전에 투입재를 구입하기 위해 필요하기 때문에 생산과정을 용이하게 하려면 화폐가 필요하다. 케인즈의 경우에는 화폐는 엄청난 불확실성을 직면했을 때 기업가 실물투자를 미룰 수 있는 궁극적인 유동자산이다. 화폐의 역할은 자본주의 시스템 작동방식과 그것의 중심역할을 인식하기 위해 필요한 이론화 시도의 중심에 있다. 자본주의 경제는 사실상 화폐생산경제이다.

'경제학에서 재화와 서비스는 어떻게 가치를 매기는가?'라는 9장에서는 경제학에서 가치문제로 넘어간다. 이 장에서는 주어진 선호집합을 가진 개인들의 주관적 견해에 재화와 서비스의 가치가 의존한다는 주관적 가치접근과 스미스가 처음으로 제안하고 이후 리카도와 맑스가 발전시킨 노동가치론을 대조한다. 고전학파 가치개념은 주관적 측정에 반대하여 가치의 객관적 측정 방식으로 생산과정에 지출된 인간노동을 반영한 것이다. 최종적 생각의 가닥은 가치를 생산하는 데 필요한 에너지와 관련시킨다. 다른 장들처럼 가치문제에 대한 연구는 고려해야 할 다른 이론적인 차이-분석수준(미시(micro), 중간(meso), 거시(macro))과 각 이론적 접근이 초점을 맞추고 있는 경제영역(교환, 생산, 생태계)-를 알 수 있게 한다.

이 책의 나머지 부분은 대부분의 이론적 접근방식에서 공통적인 개념적 쟁점과는 다른 쟁점을 비교하고있다. '무엇이 경제위기를 야기시키는가? 그리고 우리는 경제위기를 어떻게 할 수 있을까?'라는 제 10장에서는 2007~08년 금융위기 논쟁으로 촉발된 경제위기 현상을 더 자세히 살펴본다. 이 장에서 내버려두면 더 효율적인 방식으로 자원배분이 되었을 경제위기를 시장에 대한 정부개입의 결과(즉, 경제위기는 외생적이다)라고 보는 신고전학파 경제학과 자본주의 체제 내 경제위기가 내재적으로 존재하는 것이라고 보는 케인지언 내지 맑스주의 접근 방식과 대비해본다. 이 장에서 이러한 접근방식에서 현재 위기에 대한 세 가지 핵심 견해-실현의 위기, 이윤가능성 위기, 그리고 금융불안정성 위기-를 발전시킨 생각의 여러 가닥을 종합해본다. 이렇게 다른 견해는 '나쁜' 제도들의 실패를 허용하고, 시장실패를 시정하며, 시장 및 혹은 공공부분을 위한 다른 역할을 안정시키려는 급진적인 시도에 이르기까지 위기시에 무엇을 해야하는지 하는 생각에 영향을 주게 된다. '경제는 어떻게 성장하는가?'라는 제 11장에서는 경제성장에 대한 견해를 비교해본다.

이 장은 먼저 경제학에서 시간문제를 어떻게 다루는 지를 논의함으로써 상황을 설명하는데, 이는 변화의 과정으로서 성장을 어떻게 이해하는 지에 대해 중요한 결과를 가져오기 때문이다. '구' 및 '새로운' 신고전학파 성장이론 같은 주류경제학 접근방식과, 고전학파, 포스트 케인지언, 그리고 슘페터주의 접근방식을 대조한다. 이러한 대안적 접근방식은 주류 이론이 가진 일부 한계를 조명하는데, 이 장에서는 시간을 어떻게 다루는지, 균형이 수행하는 역할, 수요의 역할 그리고 성장과정을 어떻게 이해한 지에 대한 이론간 차이에 대해 설명한다.

'국가는 어떻게 발전하는가?'라는 제12장은 개발을 어떻게 이해할 지에 대해 밀접하게 관련되어 있지만 그럼에도 불구하고 구별되는 질문에 대해 초점을 맞춘다. 이 장에서는 워싱턴 컨센서스 원칙에서부터 시장실패개념과 관련한 포스트 워싱턴 컨센서스에 이르는 주류경제학의 개발에 대한 접근방식의 변화에 대해 다룬다. 그리고 발전을 촉진하기 위한 일련의 산업정책에 대한 린이푸(林毅夫)의 신구조경제학까지 살펴본다. 이것은 경제내부 구조변화에 초점을 맞춘 개발과정과 특히 생활수준 향상에는 필요하지만 (충분조건은 아닌) 산업화과정에 대한 설명과는 대조된다. 그러나 많은 개도국들이 직면하고 있는 난제(難題)들을 비추어 대안적인 사상들은 발전의 장벽을 강조해왔다. 남미의 구조주의자들은 중심 자본주의 경제가 주변국 발전을 방해하면서 경제체제가 개도국에 대해 불리하게 작동한다고 보고 있다. 중심부-주변부 비유는 불균등한 발전패턴을 형성하는 데 있어 불 평등하고 추출해내는 관계 역할에 대한 분석을 더욱 심화시키는 종속 학파의 저서들에도 나타난다.

'경제학에서는 어떻게 성별 문제를 다루고 있는가?'라는 제목의 제 13장에서는 경제학이 성별 문제에 어떻게 관계하여 왔는지를 다루는 것으로 경제사상사와는 전혀 다른 주제를 다룬다. 이 장이 지나치게 추상적으로 제시되지 않도록 하고, 또한 경제학이 성별 문제에 대해 단편적 접근을 하고 있다는 점을 반영하기 위해 일반적 주제들에 대해서는 두드러진 연구저서 주제를 적용하여 설명한다. 신고전학파 경제학에서는 성별 문제를 주로 합리적 선택이라는 언어로 다루며, 노동시장에서의 성별 격차를 남성과 여성의 선택 차이를 통해 설명한다. 인적자본 이론을 통합한 베커(Becker)의 연구는 노동의 성적 분할이 통일된 단위로서 가구가 내린 효용 극대화 결정의 결과라고 설명한다. 이 장에서는 이러한 신고전학파 경제학 접근에 대해 비판적으로 살펴본 후 구 제도주의 경제학과 최근의 연구성과 등과 같은 다른 접근방식에 대해 살펴본다. 이들은 가부장제, 권력, 성역할론 같은 성별 규범, 그리고 성불평등을 발생시키고 재생산하는 노동시장과 같은 제도의 성적 특성을 강조한다.

'경제학에서는 환경문제를 어떻게 다루는가?'라는 제14장에서는 비록 성별 문제보다는 경제학자들에게 오랜 관심이 되어 왔던 환경 및 자연자원이지만 경제사상사에서는 거의 관심을 받지 못했던 환경문제의 현대적 중요성 문제를 다루고 있다. 이 장에서는 (환경차원의) 외부 효과, 경제성장, 그리고 자원의 최적 추출 및 기술변화가 후생에 미치는 영향에 대한 문제를 다루기 위한 한계주의자 및 신고전학파 이론의 적용을 포함한다. 이는 주요 행성 경계를 다루고 경제활동이 특정한 맥락속에서 발생하며, 생물물리학적 한계에 따르는 것을 강조한 '경제-사회-환경'을 통합한 생태경제학파와 대조된다. 이 장에서는 또한 신고전학파와 생태경제학간 학제간 특성이나 방법론적 접근방식의 차이에 대해서도 강조한다.

　'경제학에서 국가의 역할은 무엇인가?'라는 끝에서 두 번째 장은 경제에서 국가의 역할에 관해 중요한 고려사항을 포함하고 있다. 이 장에서는 국가는 시장실패를 시정하기 위해 필요하다는 국가에 대한 신고전학파 접근방식을 설명하면서 시작한다. 앞서 설명하였지만 시장실패만 없다면 국가개입을 시장에 의한 결과보다 차선이라고 신고전학파 경제학자들은 보고 있다. 이러한 견해를 국가가 이기적 개인보다 더 잘 알지 못하여 국가역할의 한계가 존재한다고 보았던 관점을 가졌던 스미스(Smith)나 밀(Mill)과 먼저 대조해본다. 여기에는 시장이 기능할 수 있도록 하는 조건을 제공하고 유지하는 것을 포함하며, 개인들이 항상 자기 이익을 위해 자유롭게 행동할 수 있는 상황으로 확장될 수도 있다. 국가가 최적으로 안정적 균형을 달성하지 못하는 경제를 바로잡아야 한다는 케인즈의 개입주의 입장은 국가를 지배적인 (자본가)계층의 이익을 반영하는 억압의 도구로 파악하는 맑스주의 관점과는 더욱 대조된다.

　'경제학이 모든것을 설명할 수 있고 모든 우리 경제문제를 해결할 수 있는가?'라는 마지막 장은 경제학의 설명능력과 케인즈가 '경제문제'라고 칭한 것을 해결하기 위한 경제학의 능력에 대해 되돌아 본다. 이 장은 합리적 선택이라는 신고전학파 분석 틀이 경제학 제국주의처럼 다른 사회과학의 영역을 침범하고 거의 모든 것을 설명할 수 있다 고 주장하는 등 경제학이 고유 영역을 넘어 확자하고 있는 것에서 동기를 부여받았다. 이렇게 강력한 주장은 경제체제(자본주의)가 자신의 이미지를 주변세계에서 형성한다는 다른 관점에서 맑스주의 문헌에서 나온 유사한 견해와 대조된다. 이를 설명하기 위해 토대-상부구조라는 비유를 제시한다. 이어서, 경제학이 경제문제를 해결할 수 있을 지에 대한 의문을 케인즈 저서와 탈 성장관점의 판단을 통해 탐구한다. 케인즈의 경우, 생산성 향상을 통해 경제문제를 완전히 해결할 수 있고, 인류가 생산에 필요한 모든 것을 쉽게 생산할 수 있게 됨에 따라 생활 수준이 향상되고 노동시간이 단축된다고 보았다. 그러나 이러한 관점과는 반대로 일부에서는 지속적인 경제확장을 추구하는 것이 장기적 환경 악화의 주요 원인으로 보고 있으며, 경제의 방향을 바꾸고 회복하기 어려운 환경 피해를 방지하기 위해 탈성장 프로그램이 필요하다고 보고 있다.

참고문헌

Brown, A., & Spencer, D. (2014). Understanding the global financial crisis: Soci- ology, political economy and heterodox economics. *Sociology*, 48(5), 938-953.

Deane, K., van Waeyenberge, E., & Maxwell, R. (2019). Recharting the history of economic thought: Approaches to and student experiences of the introduction of pluralist teaching in an undergraduate economics curriculum. *International Journal of Pluralism in Economics*

Education, 10(2), 137-154.

Dow, S. (2002). *Economic methodology: An Inquiry*. Oxford: Oxford University Press.

Fischer, L., Hasell, J., Christopher Proctor, J., Uwakwe, D., Ward Perkins, Z., & Watson(2018). *Rethinking economics. An introduction to pluralist economics*. London: Routledge.

Harvey, J. T. (2011). Student attitudes toward economic pluralism: Survey-based evidence. *International Journal of Pluralism and Economics Education*, 2(3), 270-290. https://doi.org/10.1504/ijpee.2011.044271.

Hill, R., & Myatt, T. (2011). *The economics anti-textbook*. London: Zed Books.

Keen, S. (2001). *Debunking economics*. New York: Zed Books.

Kurz, H. D. (2006). Whither the history of economic thought? Going nowhere rather slowly? *The European Journal of the History of Economic Thought*, 13(4), 463-488. https://doi.org/10.1080/09672560601063929.

Lawson, T. (2004). Modern economics: The problem and a solution. In E. Fullbrook

(Ed.), *A guide to what's wrong with economics*. London: Anthem Press.

Roncaglia, A. (2014). Should the history of economic thought be included in under-graduate curricula? *Economic Thought*, 3(1), 1-9.

Weintraub, E. R. (2002). *Neoclassical economics. The concise encyclopedia of economics:. Library of economics and liberty*, https://www.econlib.org/library/Enc1/Neoclassical Economics.html

우리는 모두 합리적이고 최적화하는 경제주체인가?

사토시 미야무라(諭史宮村)

저자는 초창기 초안에 대해 유용한 논평을 해준 편집자와 조나단 파텐덴(Jonathan Pattenden)에게 고마움을 전한다.

2.1 서론

이 장에서는 경제사상사에서 특정한 방법론 측면, 즉 개별 경제주체의 행동과 행태가 어떻게 개념화되는 지에 대해 중점적으로 다루고 있다. 이 장에서 더 자세히 논의한 바와 같이 신고전학파 경제학은 개인이 합리적으로 의사결정한다는 가정을 포함한(상자 2 참고), 특정한 방법론적 개인주의 형태(상자 1참고)에 기초하고 있다. 그들이 소비자든, 기업이든, 다른 사람들이든 사회내에서 의사결정자의 행태는 사회적으로 최적의 결과로 이어진다고 알려진 특정한 객관적 기능으로 모형화한다. 개별 경제주체의 행태에 대한 신고전학파 개념에 대해 오늘날 일부 주류경제학자들도 문제를 제기하고 있지만 그럼에도 불구하고 '점점 다원화되는 주류경제학'(Santos, 2011, p.705)으로 묘사되는 토대를 구성하고 있으며 전부 그렇지는 않지만 대다수 미시경제학 교과서의 주요 원칙중 하나로 취급받는다.

이 장에서는 신고전학파가 가지고 있는 합리성 개념에 대한 논의로 시작한다. 그리고 나서 신고전학파 경제학과, 스미스(Smith)와 맑스(Marx)의 고전학파 경제학뿐만 아니라 베블렌(Veblen)과 케인즈(Keynes)와도 대조해본다. 각각의 대안적 접근방식이 갖는 경제주체의 동기와 행태에 대한 이해방식은 매우 다른 방식이다. 이것을 통해 경제학이나 사회변화에서 인간 주체들의 역할을 어떻게 인식하는 방식에 대한 것을 알 수 있다. 이 장에서는 이 논의주제와 관련한 더 많은 읽을거리와 제안들과 친밀하도록 할 것이다.

2.2 신고전학파 경제학 방법

경제와 사회에서 인간 행태와 인간의 역할을 경제학이 어떻게 이해하고 있는지에 대한 이 장의 논의 목적상 신고전학파 경제학의 주요 방법론적 특징을 강조하여 살펴본다. 첫 번째는 개별 의사결정자의 선택문제로 경제모형을 틀 지우는 신고전학파 경제학이다. 이것은 개별 경제주체의 행태가 제한조건하에서 최적화의 형태를 띠는 미시경제학에서는 명백한 것이다. 그러나 신고전학파 경제학 분석 틀 내에서 일관성을 유지해야 한다는 요구는 거시경제학이 경제 전반에서 소비, 저축, 수요, 실업, 가격 및 임금도 원자화된 개별 경제주체의 행동에 기초하여 설명될 수 있도록 "미시적 기반(microfoundation)"을 준수하도록 만드러졌다. 신고전학파 경제학의 이러한 방법은 전체를 개별 구성원이라는 관점에서 설명된다는 측면에서 "방법론적 개인주의 (methodological individualism)"이라고 불릴 수 있다(Milonakis and Fine, 2008, p.98; 상장 1참고).

상자 1: 방법론적 개인주의(Methodological Individualism)

많은 사회과학과 경제학이론들은 이 장에서 논의되는 어떤 저자들 뿐만 아니라 데이비드 흄(David Hume) 같은 사람(Infantino, 2014)들까지 포함하여 경제적, 사회적 질서를 이해하는데 개인들의 이해와 동기에 중점을 두어 설명하면서 다양한 형태의 개인주의 모형을 채택하고 있다. 사실상, '방법론적 개인주의'라는 개념이 다양한 방식으로 정의되고 사용되고 있다(Hodgson, 2007). 그렇지만, 신고전학파 경제학이 채택하는 방법론적 개인주의는 경제 및 사회 현상에 대한 설명을 개인의 행동모형으로 축소하는 특정유형이다. 방법론적 개인주의는 좁은 정의에 따르면 '분석의 궁극적 단위는 항상 개인'인 방법론이다(Brennan and Tullock, 1982, p.225; 또 6장 참고).

실제로는 많은 주류경제학자들은 사회질서, 제도, 구조를 발생시키는 개인들간 상호 작용의 역할을 인정하고 있다. 게임이론과 신 제도주의 경제학을 포함한 주류경제학내 이론적 접근방식의 분파들은 사회적 상호 작용과 제도를 합법화하려는 시도를 하려고 등장했지만, 여전히 개인의 행태에 기반을 두고 있다. 또한, 방법론적 개인주의는 신고전학파 경제학을 넘어 사회과학 전반에 침투해 있다.

상자 2: 합리성(Rationality)

호지슨(Hodgson, 2012, p.94)이 설명하듯이, 합리성이란 다중적이고 중복적 의미를 가지고 있어 '파악하기 힘든(slippery)' 개념이다. 합리성이란 일상적 용어로 단순히 개인들이 합리적 결정을 한다는 것을 의미할 수도 있다. 이러한 사고를 발전시키면서 합리성을 개인들이 주어진 상황이나 환경에서 '최선을 다하는' 것으로 볼 수도 있다(Hodgeson, 2012, p.95). 그러나 이러한 형태의 합리성은 행태와 신고전학파 이론의 요소들을 설명할 수도 있지만, 의사결정과정을 심도깊게 이해하기 어렵고 '최선'을 식별하는 방법이나 의사결정이 이루어지는 방식과 같은 많은 문제를 다룰 수 없게된다. 신고전학파 경제학에서 합리성이란 개념은 일련의 수학적 조건과 가정(제4장, 제5장, 제6장 참고)에 부합되는 '엄격하게' 합리적 결정이라는 특정한 기술적인 측면이 있다.

표준적인 미시경제학 교과서에서 경제주체를 전형적으로 소비자와 기업이라고 언급한다. 기업이 기술 능력 제약하에서 이윤을 극대화하는 것으로 상상하는 반면 소비자는 예산 제약하에서 자신들의 '효용'을 극대화하도록 모형화하고 있다. 그러나, 같은 논리적 원칙을 노동조합 뿐만 아니라 정책당국, 국가, 그리고 기타 등과 같은 제도의 행태를 모형화를 확대함으로써 파인(B. Fine)은 '경제학 제국주의'라는 개념을 주장하고 있다(5장과 16장 참고). 또한 표준적인 미시경제학 교과서에서 자주 언급되는 것처럼 경제주체를 '로빈슨 크루소'처럼 다른 사람으로부터 독립적이라고 가정하고 있다. 이것은 맑스(Marx), 베블렌(Veblen), 케인즈(Keynes)와 대조되는데, 그들은 다른 방식으로 경제 시스템의 작동이 원자화된 개인의 의사결정으로 환원될 수 없다고 생각하고 경제주체들 간 관계가 경제적 결과를 결정하는 핵심요인이 된다는 것을 강조한다(아래 참고).

신고전학파 경제학의 방법론의 두 번째 특징은 경제주체가 '도구적으로 합리적'이라는 가정이다. 방법론적 개인주의(상자 3 참고)와 마찬가지로, 사회과학과 경제학에서는 합리성을 다양한 방식으로 개념화한다. 신고전학파 경제학의 선택이론적 틀은 '사람의 목표를 가장 잘 달성할 수 있는 행동 선택'으로 정의되는 '도구적 합리성'과 관련있다(Hargreaves-Heap et al., 1992, p.4). 이것은 개인들은 예를 들어 소비자가 구매한 상품바구니(5장 참고), 투자자가 투자한 자산과 증권의 포트폴리오, 또는 근본노리가 다른 역사적 시기와 사회적 환경에 걸쳐서 보편적으로 적용되는 다양한 목표 또는 목적의 '묶음'에서 얻는 만족도 또는 '효용'을 비교할 수 있다는 것을 의미한다. 이것은 스미스(Smith), 맑스(Marx), 베블렌(Veblen)이 비록 다른 방식으로 개인의 동기와 행동이 사회적, 역사적으로 구성되어 사회경제적 과정과 구조에 대해 영향을 받는 것이라고 가정하는 것과는 대조된다. 이론 (모형)과 그것이 '모습'(오늘날 우리가 '정형화된 사실'이라고 부르는 것)과 얼마나 잘 일치하는지에 대한 예측을 사용하고 판단하는 것은 그러한 모습을 뒷받침하는 진정한 사회관계를 발견하려고 몰두하기 보다는 예측력에 초점을 맞춘다는 것을 의미한다(파인 (Fine), 1980).

그럼에도 불구하고, 경제분석에서 이러한 접근방식은 '경제학은 어떻게 그렇게 수학적이 되었는가?'라는 절에서 설명한 것처럼 신고전주의 경제학, 실물경기변동론(RBC), 동태적 확률 일반균형(DSGE) 모형의 등장과 더불어 극단으로 치달았다. 앞에서 논의한 비판의 전부는 아니어도 대부분은 지배적 패러다임이 부적절하다는 것을 강조하게 된 2007~2008년 글로벌 금융위기(GFC)로 인해 주로 나타나게 되었다.

표 2.1에서 묘사한 게임에서 죄수에게 최선의 결과는 공범의 죄를 시인하지만 자신의 죄는 자백하지 않는 것이며, 따라서 6의 보상을 얻고 공범은 -1의 보상을 받는 것이다. 차선의 결과는 둘다 죄를 자백하지 않고 각각 5의 보상을 받는 것이다. 세 번째로 좋은 결과는 둘다 죄를 시인하고 각각 0의 보상을 받는 것이다. 그리고 최악의 결과는 동료를 배신하지 않고 자신만 죄를 시인하는 것이다. 다른 고려사항이나 협력을 위한 어떤 메커니즘이 없다면 예측결과는 공범자의 죄

상자 3: 게임이론(Game Theory)

게임이론의 현대적 접근방식은 폰 노이만과 모르겐스테른(1944)에 기인하고 그 이론을 대륙간 핵전쟁 전망에 적용한 것은 미국의 랜드 연구소와 밀접히 관련되어 있다(Hargreaves-Heap and Varoufakis, 2004, pp.49-50). 보다 일반적으로 게임이론은 주체의 행위 결과가 다른 주체의 행동에 의해 영향을 받는 다는 것을 이해하려는 사회주체들간 다양한 상호작용에 적용된다(Hargreaves-Heap and Varoufakis, 2004, pp.1-2). 가장 유명한 예가 죄수의 딜레마로 분리된 취조실에서 조사받는 두명의 공범이라는 가설적 상황을 묘사하고 있다(Kreps, 1991, pp.37-38). 수사관은 범죄에 대한 물증을 확보하지 못했기 때문에 처벌을 위해서는 자백이 필요하다. A와 B는 상대에게 의리를 지키기 위해 '침묵'하거나 수사관에게 죄를 자백하고 동료를 '배신'할 수 있다. 둘 중 한명이 범죄 사실을 시인하지 않았는데 다른 공범이 범죄사실을 시인하면 범죄사실을 시인한 사람은 판결을 관대하게 받게되고 범죄사실을 시인하지 않은 사람은 더 중한 처벌을 받을 수 있다. 이러한 상황에서는 네 가지 결과가 나타날 수 있다(표 2.1). 첫 번째 그림은 죄수 A의 '보상'을 나타내고 두 번째 그림은 죄수 B의 '보상'을 나타낸다.

표 2.1   죄수의 딜레마

		죄수B	
		죄수 A 죄를 진술	죄수 A죄 인정거부
죄수 A	죄수 B죄 진술	5,5	-1.0
	죄수 B죄 인정거부	6,-1	0.0

는 시인하지만 자신의 죄는 시인하지 않는 것이고 그 결과 각각 (0,0)의 보상을 받게 될 것이다. 이것이 각자에게 '우월적 전략'이라고 불려진다.

게임들에는 많은 차이가 있고 상호작용의 보다 복잡한 과정을 고려할 수 있는 반면에 앞서 설명한 것을 통해 게임이론도 궁극적으로는 교과서에 언급된 신고전학파 경제학의 기본 가정에 근거하고 있다는 것이다. 환원주의 방법론적 개인주의(Reductionist methodological individualism)와 도구적 합리성(instrumental rationality)은 개별 행동을 이해하는 방식을 뒷받침한다. 이러한 면에서 (다음 절에서 보게될) 행동경제학의 경우처럼 게임이론이 신고전학파 경제학에 대한 근본적인 도전을 구성하는지 아니면 대신에 신고전학파 경제학이 수용할 수 있는 기술적 접근방식으로 구성되어 있는지 하는 의문이 발생한다.

2.3   행동경제학(Behavioral Economics)

인간 행태에 대한 신고전학 경제학의 전통적 모형은 다른 선택에 따른 비용과 편익을 계산하는데 인지적인 한계를 갖지 않은 자기 이익에 충실한 개인이 효용을 극대화한다는 가정에 기반하고 있다. 최근 수십년간, 행동경제학은 실험 심리학의 통찰력을 적용하여 합리적 선택모형에서 행태적 일탈(behavioral deviations)을 강조하면서 이러한 가정에 도전해왔다. 가장 주목할 것은 사이먼(Simon, 1979)이 정보처리 능력의 제한으로 인하여 의사결정이 항상 최적이 아닐 수 있다는 점을 강조하려고 '제한적 합리성(Bounded Rationality)' 개념을 제안한 것이다. 이것은 반드시 사람들이 비이성적이거나 형편없는 추론에 근거하여 의사결정을 한다는 것을 의미하는 않는다. 차라리, 행동경제학은 사람들이 기대 효용의 신중한 계산에 근거하기보다는 직관적으로 행동하는 경향이 있다고 주장한다.

심리학자들은 자동적인 '지각'과정에 더해 인지과정에 두 가지 별도의 체계에 대해 구별하고 있다(Kaheman, 2021, pp.20-21).

시스템 1은　거의 또는 전혀 노력하지 않고 자발적 제어 감각없이 자동으로 빠르게 작동하는 상태

시스템 2는　복잡한 계산을 포함하여 그것을 요구하는 노력이 필요한 정신활동의 주의가 요구되는 상태로, 시스템 2의 활용은 가끔 힘, 선택, 집중이라는 주체의 주관적 경험과 관련 있음

그림에서 개략적으로 설명하듯이 카네만(Kahneman)은 직관에 기반한 시스템 1을 '인식의 자동연산과 추론이라는 의도적 연산 사이'에 위치시킨다(Kaheneman, 2003, p.1452). 인식과 마찬가지로 시스템 1을 통해 이루어지는 직관적 판단은 느리고, 심사숙고하여 통제하며, 노력이 필요한 시스템 2의 판단에 비해 빠르고, 자동적이며, 쉽게 이루어진다. 그러나 시스템1은 현재

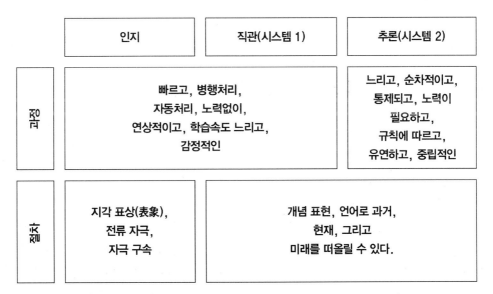

그림 2.1 상사시스템의 예(출처: Kahneman, 2003, p.1451)

자극에 대한 반응을 넘어서고, 시스템 2처럼 기억된 개념표현(stored conceptual representations)을 다룬다. 정신적 노력, 직관 혹은 상대적으로 적은 노력이라는 제한된 능력으로 인해 시스템 1은 사람들의 의사결정에 큰 역할을 하는 경향이 있다. 나아가 신고전학파 경제학은 개인이 의사결정을 할 수 있는 능력을 시스템 1의 속도와 시스템 2의 계산능력으로 간주하면서 두 가지 체제가 융합되어 있다고 주장한다.

카네만(Kahneman)과 트베르스키(Tversky)는 도구적 합리성에 대한 행태가정을 약화시키는 일련의 실험 결과들은 제시하고 있다(Kahneman, 2003, 2012; Kahneman and Tversky, 1979; Tversky and Kahneman, 1981). 예를 들어, 다음과 같은 두가지 문제를 실험에 참여한 응답자에게 제시한다(Kahneman, 2003, pp.1455-1456).

문제 1:
이 도박을 받아 들일 것인가?
$150을 딸 수 있는 확률이 50%
$100을 딸 수 있는 확률이 50%
문제 2:
어떤 도박을 선택할 것인가?
확실히 $100을 잃음
혹은
$50을 딸 수 있는 확률 50%
$200을 잃을 수 있는 확률 50%

두 문제에 나오는 도박의 기대보상이 같음에도 카네만(Kahneman)과 트베르스키(Tversk)는 대부분의 사람들이 문제 1의 도박을 거부하는 반면 응답자 대다수가 문제 2의 도박에 매력을 느끼고 있다는 것을 알게되었다. 신고전학파 경제학의 기대 효용함수 분석 틀로는 위험 기피적인 성향이 위험 추구적 성향으로 그러한 감작스런 변화를 설명할 수 없다. 저자들은 이러한 관측을 통해 전망이론(prospect theory)이라고 알려진 위험에 대한 대안적 이론을 제안하였다. 이러한 전망이론은 사람들의 손실 기피 성향은 인식된 잠재적 이득 또는 손실에 따라 위험 기피/추구 성향에 대한 다양한 선호로 이어진다는 것이다. 그들의 연구는 사람들이 가능한 모든 결과의 가능성을 계산하는 '최적' 의사결정을 추구하기보다는 직관적으로 행위한다는 것을 주장하고 있다.

사이먼(Simon), 카네만(Kahneman), 그리고 트베르스키(Tversky)의 공헌이 신고전학파 경제학의 기본 가정들에 대해 도전하는 것처럼 보이지만, 행동경제학의 정책 적용을 통해 살펴보면 궁극적으로 두 가지 신고전학파 근본원칙 '합리성과 효율성'을 유지하고 있다는 것을 알 수 있다(Santos, 2011, p.707). 행동경제학의 정책 적용을 구조적인 근본적 문제를 해결하지 않고 개별 경제주체들에게 더 나은 선택을 유도하는 미묘하고 '맥락상 조그만 변화'라는 차원에서 가끔 '넛지(nudge)'라고 부른다(Fine et al., 2016, p.642). 그러나, 행동경제학 지지자들 조차

행동경제학에서 파생된 정책결정에 대해 '너지(nudge)'접근 방식과 반대로 '때로는 좋은 추진력이 개인과 사회복지를 상당히 발전시킨다'(Loewenstein et al., 2012, p.24)는 인식을 하고 있으며, 이 이론적 접근법에 한계가 인정되고 있다는 것을 시사하고 있다. 이것은 행동경제학이 잠재적으로 신고전학파 경제학으로부터 이탈할 수 있는 변화의 지점이 될지와 신고전학파 경제학을 대체할 대안적 분석 틀을 개발할 수 있을지 아니면 단지 개인이 최적 의사결정을 위해 고안된 개입을 통해 안정적 상황이 되도록 하는 것을 통해 개인이 엄격하게 합리적인 행동을 하지 않는다는 사례를 인식하는 역할을 하는 것인지에 의문이 발생하게 된다.

2.4　스미스, 도덕성, 그리고 이기심

스미스(Smith)를 오늘날의 신고전학파 경제학의 지식 창시자라고 생각한다. 특히 스미스(Smith)는 이기심을 가진 개인의 최적 의사결정이 의도와 관계없이 사회적으로 최적인 결과를 가져온다는 '보이지않는 손(invisible hand)'라는 사상과 밀접히 관련되어 있다. '국부론(*The Wealth of Nations*)'에서 자주 인용되는 문구에서 스미스는 다음과 같이 쓰고 있다(Smith, 1776, p.9).

> 모든 개인들은 … 국내 산업을 지원하기 위해, 그리고 큰 가치가 있는 상품을 생산하는 산업을 향해 자신의 자본과 자신이 할 수 있는 많은 노력을 기울이고, 모든 개인은 그 사회의 연간 수입을 가능한 한 크게 하려고 반드시 노력한다. 그는 일반적으로 공익을 증진시킬 의도도 없고, 자신이 얼마나 공익을 증진하고 있는지도 모른다. 외국 산업을 지원하기보다는 국내 산업 지원을 선호하면서, 그는 자신의 안전만을 의도하고, 생산물의 가치가 큰 가치를 생산하는 산업으로 향하면서, 그는 자신의 이익만을 추구하고 다른 많은 경우와 마찬가지로 그는 자신의 의도가 아닌 목적을 달성하기 위해 보이지 않는 손에 이끌리고 있는 것이다. 그렇지만 그가 공익의 일부가 아니라는 것이 항상 사회에 나쁜 것만도 아니다. 그는 자신의 이익을 추구하면서 사회를 진정으로 위하고자 할때 보다 더 효과적으로 사회의 이익을 증진시킨다. 나는 공익을 위해 거래하는 사람들이 한 선행이 무엇인지를 알지 못한다. 공익을 위한다는 것은 실제로 상인들 사이에 흔하지 않은 위장술이며, 그들이 공익을 위하지 않는다는 것을 말을 할 필요가 없다.

　　표면적으로 위 인용문은 자신의 이기심을 따르는 개인들이 개인차원뿐만 아니라 사회 전체를 위해서도 최적화하고 있음을 암시하는 것으로 보인다. 마찬가지로, 같은 책의 또 다른 유명한 구절에서 스미스(Smith, 1776, p.119)는 다음과 같이 주장한다.

> 우리가 저녁식사를 할 수 있는 것은 정육점 주인, 양조장 주인, 제빵사의 자비가 아니라 그들 자신의 이익에 의한 것이다. 우리는 그들의 인간성이 아닌 그들의 이기심에 우리자신의 어려운 문제를 호소한다.

　　(스미스(Smith)가 '보이지 않는 손'이 시장이라고 명시한 적은 없지만) 시장 메커니즘의 근거로 자주 인용되고, 개인의 이익의 경제의 유일한 지침임에도 불구하고, 위의 두 인용구는 (서

로에 대한 신뢰와 확신과 같은 정상적 거래를 지속하능하게 하는 것이라기 보다는) 스미스 사상
의 일부, 특히 '거래의 밑바탕에 깔려있는 동기'에 대한 그의 논의를 반영한 것일 뿐이다(Sen,
2010, p.55). 실제, 스미스의 저작은 인간 행동을 형성하는 이기심을 넘은 다양한 동기에 대해
광범위하게 다루고 있으며, 이러한 의미에서 오늘날 주류경제학과는 크게 다른 것이다.

   (그 당시 다른 많은 경제학자들처럼) 스미스는 도덕 철학(moral philosophy)를 배경으로
하여 나타났으며, 오늘날 주류경제학자들보다 더 미묘한 방식으로 인간 행동을 보았던 것에 주
목할 필요가 있다. 예를 들어, '도덕 감정론(*The Theory of Moral Sentiments*)'라는 초기 저서
에서 스미스(Smith, 1759, p.83)는 개인의 규범과 행동을 지배하는 더 폭넓은 제도적 규칙과
관행이 존재한다는 것을 인식하고 있었다.

> 이러한 행위의 일반준칙(一般準則)들에 대한 고려는 의무감(sense of duty) 이라고 적절히 불릴 수
> 있는 것으로, 이 의무감각은 인간의 생활에서 가장 중요 한 하나의 원칙이며, 대다수 사람들이 이것을
> 기준으로 자신의 행동을 지도할 수 있는 유일한 원칙이다. 많은 사람들은 대단히 예의바르게 행동하
> 고, 평생 동안 어떤 심한 비난도 받지 않는다. 그러면서도 그들은 그들의 행위의 적정성을 시인할
> 때 갖게되는 그런 감정을 결코 느끼지 못하고, 단지 그들의 눈에 이미 확립되어 있는 것으로 보이는
> 행위 준칙들을 존중해서 그대로 따라서 행동한 것일 뿐일 수도 있다.

   이러한 '확립된 행위 준칙'의 바탕에는 개인의 '이기심'을 구속하는 사회의 다른 구성원들에
대한 '공감(sympathy)'의 역할이 있다(Smith, 1759, p.44).

> 그는 다른 모든 경우서처럼, 앞서 말한 바와 같은 자신의 자애(自愛: self-love)의 오만함을 꺾고, 이를
> 다른 사람들이 공감할 수 있는 수준으로 끌어내 려야 한다. 부와 영예와 높은 지위를 향한 경주에서
> 사람들은 다른 경쟁자를 이기기 위해 자신의 온힘을 다하여 달리고, 자신의 정신적, 육체적 노력을
> 다 기울일 것이다. 그러나 만약 어느 누구를 밀치거나 넘어뜨린다면, 방관자들의 관용은 거기에서 완
> 전히 끝나게 된다. 그것은 정정당당한 시합을 위반한 것으로 지켜보는 사람들은 그것을 용납할 수
> 없다. 즉, 지켜보는 사람들에게는 그의 방해를 받는 사람도 모든 면에서 보면 그와 마찬가지로 중요하
> 다. 즉, 지켜보는 사람들은 이 방해자가 자신을 남보다 훨씬 중요하게 여기는 자애(自愛)에 공감하지
> 않으며, 그가 다른 사람을 해치게 된 동기(動機)에 공감할 수 없다. 따라서, 그들은 피해자가 느끼는
> 자연스런 분개의 감정에 기꺼이 공감하고, 가해자는 그들의 증오와 분개의 대상이 된다. 가해자 역시
> 자신의 지켜보는 사람들의 증오와 분개의 대상이 된다는 것을 느낄 수 있을 뿐만 아니라 그러한 문제
> 의 감정들이 사방팔방에서 터져 나오리라는 것도 느끼고 있다.

   독일 역사학파는 '도덕감정론(The Moral Sentiments)'에서의 동감(同感; sympathy)에 대
한 강조와 '국부론(The Wealth of Nations)'에서의 이기심(self-interest)에 대한 강조가 모순된
다는 것에 주목하였다. 이러한 문제로 인해 '아담 스미스 문제(Das Adam Smith Problem)'라고
불려졌다. 그러나, 오늘날 많은 사람들은 스미스 사고내에서 이 두 가지 측면을 그의 인간행동이

론에서 내부적으로 한결같이 일관된 것으로 간주한다(Tribe, 2008). 실제로, 스미스는 동정심이 '어떤 의미에서도 이기적 원칙으로 간주될 수 없다'고 강조하였고, 개인이 다른 사람의 관점을 공유하는 '상상의 상황변화'의 중요성을 강조했다. 스미스는 다음과 같이 제안하면서 이에 대해 요약했다(Smith, 1759, p.164).

> 당신외 외동아들을 잃은 데 대해 내가 조의를 표할때, 당신의 슬픔을 이해하기 위해 내 아들이 있고 불행히도 내 아들이 죽는다면 무엇을 겪어야 할지 고려할 수 없는 당신의 슬픔에 빠져든다. 하지만 내가 정말 너라면 내가 어떤 고통을 겪어야 할지 생각하고 너와 상황을 바꿀 뿐만 아니라 심지어 역할과 성격도 바꿀것이다. 그러므로, 나의 슬픔은 전적으로 너를 고려했기 때문이지 내입장을 고려해서 그러한 것은 아니다.

스미스의 저서가 오늘날의 신고전학파 경제학에 엄청난 영향을 주었지만 신고전학파 경제학에 반대하는 현대 비판의 일부를 형성하기도 하였다. (다음 절에서 살펴보겠지만) 비록 다른 방법으로 역사화적으로 설명하려했던 맑스나 베블렌과는 반대로 인간 성격에 대한 행동논리를 찾으면서 스미스는 경제주체의 동기와 행동을 도입하였다. 스미스는 모든 경제·사회적 현상을 개인행동으로 축소하였던 것은 아니지만 그러나 그의 많은 저술들이 부분적으로 '방법론적 개인주의'의 변형을 반영하고 있다(Box 2.1과 밀로나키스(Milonakis)와 파인(Fine), 2008, p.109 참고). 그럼에도 불구하고 센(Sen)과 같은 저자들은 신고전학파 경제학을 비판하는 방법으로서 사회에서 인간의 역할뿐만 아니라 인간의 동기와 행동에 대한 스미스의 개념을 받아들였다. 예를 들어 센(Sen)은 앞서 설명한 합리적 선택에 대한 신고전학파 논리가 선택과 복지를 혼동하고 동정과 헌신을 포함한 개인의 선택에 대한 동기를 무시하고 있다고 지적했다. 센은 다음과 같이 추가로 지적했다(Sen, 1977, pp.335-336).

> 어떤 사람에게 한가지 선호순위가 주어지고, 필요할때 이것은 그의 이익을 반영하고, 그의 복지를 대표하며, 무엇을 해야 하는지에 대한 그의 생각을 요약하고 그의 실제 선택과 행동을 묘사하도록 되어 있다. 한가지 선호순위가 이러한 모든 것을 할 수 있는가? 이렇게 묘사된 사람이 그의 선택행동에 모순이 없음을 드러내는 제한된 의미에서는 '합리적'일 수 있지만, 만약 그가 꽤 다른 개념들간 이러한 구별을 사용하지 않는다면 그는 약간 바보임에 틀림없다. 순수히 경제적 인간은 정말로 사회적으로는 바보에 가깝다.

2.5 맑스, 작용 그리고 계급

맑스의 방법론은 신고전학파 경제학의 특징인 연역적 논리에 기반한 실증주의 방법론과는 다르다. 맑스에게서 인간 시간이 지나면서 변화하는 특정 사회적 맥락에서만 개인들이 행동하고 다른 사람들과 관련되어 있다는 것을 이해할 수 있다는 점에서 사회적 동물이다. 더구나, 맑스는 생산과 그것이 어떻게 발전하는지를 그의 역사에 대한 유물론적 개념의 기초로 파악했다. 경제적 내지 기술 결정론과는 거리가 먼 생산은 사회적, 정치적 역사적 과정을 동시에 아우르는 시스템의 중심에 있는 것으로 이해된다는 것을 언급하고 있다. 이러한 관점에서 개인을 계급관계로, 전체 사회생산 시스템의 집단적 표현, 그리고 그 내에서 개인이 속한 집단을 어떻게 파악하는지에 따라 정의하고 있다. '자본론 1권(Capital Vol. I)' 서문에서 맑스는 자신이 개인을 다루고 있다고 말했다(Marx, 1976, p.92).

그것들이 경제적 범주화의 의인화인한, 보유자 특별한 계급관계와 관심사에 대해서 사회의 경제적 형성 발전을 자연사의 과정으로 보는 나의 관점은 사회적으로 말하자면, 그가 존재하는 관계에 대한 개인적 책임이 덜할 수 있다. 그러나 다른 것보다 그들을 주관적으로 더 부각시킬 수 있다.

또한 '정치경제학 비판 요강(A Contribution to the Critique of Political Economy)' 서문에서 맑스는 다음과 같이 쓰고 있다.

그들의 존재에 대한 사회적 생산에서 인간은 필연적으로 그들의 의지와는 독립적인 즉, 그들의 물질적 생산의 발달에 있어서 주어진 단계에 적합한 생산관계에 들어간다. 이러한 생산관계의 총체는 법적 정치적 상부구조를 형성하고 그에 대응하는 사회의식에 해당하는 실질적 토대인 사회경제구조를 구성한다. 물질적 삶의 생산양식은 사회적, 정치적, 그리고 지적 삶의 일반과정을 조건으로 한다. 인간의 존재를 결정하는 것은 인간의 의식이 아니라 자신들의 의식을 결정하는 자신의 사회적 존재기반이다.

이러한 구절들을 가끔 인간행위를 순수하게 경제범주로 의인화와 경제시스템 작동법칙을 반영하는 것으로 축소시킨 기술결정론적이고 목적지향적 역사 인식으로 잘못 해석하고 있다. 그러나 맑스의 유물론적 역사관은 개인이 행동할 수 있는 선택권 내지 '자유'가 없다는 것을 의미할 필요가 없으며, 실제로 개별 행위는 그들을 형성하게 하는 물질적 조건을 적극적으로 만들어 내는 것이다. 실제로, 맑스는 과거와 현재의 인간활동 결과인 물질적 조건이 어떻게 행동을 구속하는지에 대해 강조한다. 계급에 대한 변증법적 개념은 '루이 보나파르트의 브뤼메르 18일(Eighteenth Brumaire of Louis Bonaparte)'에 나온 아래의 인용문에 반영되어 있다(Marx, 1973, p.146).

인간은 그들만의 역사를 만들지만, 그들은 자신들이 원하는 대로 만들수는 없다. 그들은 스스로 선택한 상황에서 역사를 만드는 것이 아니라, 과거로부터 존재하고 주어지고 전달된 상황에서 역사를 만드는 것이다.

상품생산 사회에서는 직접 생산하는 계급과 맑스가 '잉여가치(surplus value)'(4장과 7장 참고)라고 불렀던 '다른 사람의 노동 생산물의 일정부분을 전유하는 계급'이 존재한다. 자본주의 사회에서는 이 관계가 본질적으로 자본가계급과 임금노동계급 간에 일어난다. 그에 따라 자본가 계급은 생산수단과 조건 뿐만 아니라 생산물을 통제한다. 이 본질적 계급간계는 전형적인 사회 관계와 비전형적인 사회관계라는 포괄적 형태에 의해 영향받는 잉여가치 생산의 토대위에서 있다. 그리하여 제도, 관습 그리고 계급적 지위와 입장에 대한 주관적인 인식을 포함한 특정 사회적, 정치적, 이데올르기적, 그리고 문화적 표현을 만들게 된다.

맑스는 경제를 평등한 당사자들간의 자발전 교환이라고 표현하는 그 당시 경제학자들을 '상품의 물신주의'라는 이름표를 붙여 비판하였다(Marx, 1976, p.163). 물론 이러한 비판은 현대 주류경제학에도 적용된다(5장 참고). 그 대신 맑스는 상품 형태 이면에 존재하는 사회적 관계를 뒷받침하고 개인을 계급적 지위내에서 강제하게 하는 구조적 힘을 폭로하였다. 맑스에 있어서 생산이나 소비가 어떻게 조직되고 따라서 사람들이 어떻게 행동하는지는 (아무리 제약받거나 수정된다 하더라도) 단지 개인 선택과 최적화 행위의 결과로 이해할 수 있는 것이 아니라 사회체제의 구조와 역사적 특수성을 검토함으로써 설명될 수 있는 것이다. 소비 패턴이나 생산과정의 성격은 초역사적인 '합리적 인간본성'에 의해 이루어지는 것이 아니라 특정한 역사적 순간에 특정사회에서 사람들이 서로 어떻게 관계를 맺는가하는 것에 따라 뒷받침된다. 따라서 사회에서 개인역할에 대한 맑스 접근방식은 신고전학파 경제학이 가진 방법론적 개인주의 및 초역사적인 합리적 선택이라는 분석 틀과는 뚜렷한 대조를 보인다.

2.6   베블렌과 제도

베블렌은 제도주의 경제학 및 진화경제학의 발달과 관련있는 인물이다. 방법론적 개인주의에 기초한 합리적 선택 분석 틀을 흡수하고 있는 오늘날의 신제도주의 경제학(13 장과 15장 참고)과는 달리, 20세기 초의 (구) 제도주의 경제학자들은 신고전학파 경제학에 대해 비판적이었다. 베블렌(Veblen, 1898, p.389)은 19세기말과 20세기초의 경제학에 대한 일반적 접근방식을 고려하여 그들이 인간행동과 인간행위의 역할로 사회변화를 인식하는 방식에 대해 불만스러움을 표현하였다(5장 참고).

> 모두가 인정하는 일반적 경제이론 서술에서 영국의 경제학자든 유럽 대륙의 경제학자이든, 쾌락주의적 용어로 연구의 소재인 인간에 대한 내용을 상정하고 있다. 즉, 인간의 성격을 수동적이고, 불활성하며 불변으로 주어진 것으로 인간의 본질을 보고 있다. … 인간에 대한 쾌락주의적 개념은 쾌락과 고통에 대한 빠른 계산을 하기 위한 개념으로 그는 자신의 영역에서 자신을 움직이게 하는 자극에 의해 행복에 대한 동질적 욕망의 공처럼 튀어 파동하지만 자신은 삶의 영역에서 변화가 없다. 그 자신은 결코 선례도 결과도 아니다. 그는 한방향 내지 다른 방향으로 자신을 대체하는 충격의 힘을 완충하는 작용을 제외하고는 안정적 균형속에 있는 고립되어 존재하는 최종적으로는 인간 자료이다.

대신, 베블렌은 습관, 전통, 그리고 관습등이 인간행동개념을 형성한다고 자기의 생각을 피력하였다.

단순히 적절한 힘의 영향을 통해 기쁨과 고통을 겪는 것이 아닌 무언가를 하는 것이 인간의 특징이다. 인간을 단순히 환경 속에서 욕망을 충만하는 개체로서가 아니라 전개된 행위를 구현하고 표현하는 성향과 습관을 지속적으로 가진 구조로 보아야 한다.

이것은 인간이 욕망을 가지고 있다는 것을 부정하는 것이 아니지만, 베블렌(Veblen, 1898, pp.390-391)의 경우 다음과 같이 표현하고 있다.

자신의 유전적 특성과 과거경험, 전통, 관습, 그리고 물질적 환경속에서 누적적으로 만들어진 것들의 산물들: 그리고 그것들은 그 과정의 다음단계를 위한 출발점이 된다. 개인 경제적 삶의 역사는 그 과정이 진행되면서 누적적으로 변화하는 수단의 적응과정이고, 그 과정에서 하게 되는 개인의 행동과 행동을 둘러싼 환경은 어느시점에서든 과거 과정의 결과이다. 자신의 오늘날 삶의 방식은 과거부터 수행해온 자신의 삶의 습관과 과거의 삶의 기계적 잔류 물처럼 남겨진 환경에 의해 이루어진다.

선호나 합리적 선택이 아닌 열망, 제도 그리고 문화 등등이 인간행동을 구성한다는 사고는 신고전학파 경제학이 깊이 가지고 있는 합리적 선택이라는 관점과는 대조적이다. 더구나, 베블렌은 이전 절에서 논의한 맑스의 유물론적 역사관에 비해 진화론적으로 사회 경제 변화를 해석하고 있다는 특징이 있다. 베블렌에 있어서, 경제과정을 설명하는 것이 주로 물질적 변화가 아닌 그가 '산업 공동체의 인간 물질(human material)'이라고 부른 것이다. 이러한 인간물질이 그의 사회에 대한 진화론적 해석의 토대이다(Veblen, 1898, p.387).

누적된 변화과정 내지 인생계획에서 항목들을 얻거나, 이러한 생산적 재화는 인간지식, 기술, 그리고 선입관적 애호라는 사실이다. 즉, 그것들은 실질적으로 보편적 사고습관이며 그것이 산업발전 과정에 들어가는 것이다.

베블렌이 인간이 '효용'을 '합리적으로' 극대화한다는 것에 대해 반대한다는 것은 그의 '과시소비'개념으로 알 수 있다(5장 참고). 그의 '유한계급론: 제도진화에 대한 경제적 연구(*Theory of the Leisure Class: An Economic Study in the Evolution of Institutions*)'에서 베블렌(Veblen, 1997, p.24)은 19세기 상류계급의 출현을 개인적인 '합리적' 행동에 근거한 부의 축적보다는 자신들의 사회적 평가나 권력을 보여주기 위한 소비패턴으로 설명하였다.

부를 축적하고 추구하려는 목적은 금전상의 권력이라는 점에서 공동체내의 다른 사람에 비해 높은 지위를 차지하는 것이다. 그러한 비교가 분명히 자신에게 불리한 한, 평균적인 보통의 개인은 현재 운명에 대해 만성적인 불만을 가지고 살아갈 것이다. 그리고 그가 공동체내의 보통정도의 금전전 기준 내지 공동체내의 자신의 계급이라고 할 수 있는 수준에 도달했을 때, 이런 만성적 불만은 자신과 이 평균적 기준사이에 더 넓은 금전적 간격을 두려는 (돈을 더 벌려는) 지속적인 긴장을 초래하게 될 것이다. 시샘을 받을만한 비교는 금전적 명성을 위한 투쟁에서 자신의 경제자에 비해 더 높게 평가하지 않을 정도로 개인적으로는 호의적일 수 없는 것이다.

　　베블렌은 비록 '경쟁심'이 이것들을 형성하고 있지만 재생산을 위한 물질적 필요는 여전히 소비를 위한 주요 동기이다라는 것을 인식한다(Veblen, 1997, pp.24-25).

　　현대 산업 공동체의 모든 축적과정 단계에서 비록 금전적 경쟁이라는 습관이 이러한 측면에서 충분하
　　다는 기준에 크게 영향을 주지만, 결핍으로부터 편안함과 안정감을 더하려는 욕구가 동기가 된다. 이
　　러한 경쟁을 통해 개인적으로는 편안함과 괜찮은 생계를 위한 방법과 지출대상을 만든다.

2.7　케인즈, 불확실성, 그리고 거시경제

케인즈를 현대 거시경제학의 설립자라고 한다. 그렇지만 케인즈의 거시경제 개념은 오늘날 신고전학파 경제학이 추구하는 '미시적 토대'와는 매우 다르고 또한 이후에 일어난 케인즈를 '재해석' 하려는 움직임(6장 참고)과도 다르다. 사회를 개별 구성원의 합 이상의 의미로 해석하지 있는 새고전학파 거시경제학에 비해, 케인즈는 개인들은 고립되어 행동하지 않고 경제주체를 분자화 된(주체들로 모형화할 수 없는 상호작용 동학을 만들어내는 방식으로 서로 상호작용한다고 주장 한다. 케인즈의 신고전학파 경제학에 대한 비판은 미시적 차원으로 추론하고 개념을 잘못 적용 할 때 발생되는 '구성의 오류'[1]라고 알려진 관점을 부분적으로 형성한다. 미시경제학에서 거시경 제학으로의 바뀌면서 경제주체간 상호의존성으로 인하여 경제학적 추론과 개념도 바뀐다. '고용, 이자 그리고 화폐의 일반이론(*General Theory of Employment, Interest and Money)*' 프랑 스판 서문에서 케인즈는 다음과 같이 명시하고 있다(Keynes, 1936, p.xxxii).

　　나는 주로 전체 경제체제의 행태 -특정 산업, 기업 내지 개인들의 소득, 이윤, 산출, 고용, 투자 및 저축
　　보다는 총소득, 총이윤, 총산출, 총고용, 총 투자, 총 저축-에 관심이 있다. 그리고 고립시켜 부분으로
　　분석하면서 전체 체제로 확대하여 만들어지는 주요한 실수를 해결할 수 있다.

　　특히 구성의 오류에 해당하는 유명한 예가 후에 '저축의 역설'이라고 불려졌던 것이다. 케인 즈는 각각의 공급행위는 생산량에 대한 동등한 수요 창출을 포함하고 있다는 소위 세이의 법칙 (Say's Law)에 문제를 제기했다. (현대에도 영향력이 남아있는) 케인즈 시대에 널리 받아들여졌 던 주장은 개인의 저축행위만이 '항상 투자와 관련있다'는 것이었다. 일반이론에서 케인즈는 다

1　개인적으로는 가장 합리적인 의사결정이지만 전체로 보면 합리적이지 않은 결론에 도달하게 되는 일을 가리키는 경제학 용어이다. 예를 들어, 가계의 저축 등이 이에 해당한다. 소득이 일정한 경우 한 가정이 소비를 줄이면 저축액이 증가한다. 이는 한 가정의 지출감소는 경제 전체에 영향을 미치지 않고, 그 가계의 수입을 감소시키는 효과도 없기 때문이다. 하지만 모든 가정이 소비를 줄인다면 상황은 달라진다. 모든 가정이 소비를 줄인 경우 저축률은 상승하지만 저축액은 변하지 않는다. 한쪽의 지출은 반대쪽의 경제주체에게는 수입이 되는데, 모든 가정이 소비를 줄이면 각 가정의 수입도 줄어들기 때문이다. 수입이 줄기 때문에 저축액의 비율은 높아지며 저축률도 올라간다. 결국 지출감소의 노력은 수입감소의 결과를 초래한다. 특히 불황기에 소비자가 저축에 열을 올려 소비에 돈을 쓰지 않으면 불황은 한층 심각하게 되어 소득도 줄어 반대로 저축을 무너뜨리게 될지도 모른다. 이를 "저축의 역설"이라고 한다.

음과 같이 썼다(Keynes, 1936, p.84).

> 비록 자신의 저축 규모가 자신의 수입에 큰 영향을 주지는 않겠지만, 다른 사람의 수입에서 소비 규모
> 는 모든 사람에게 영향을 주게되어 모든 사람이 일정한 금액을 동시에 저축하는 것이 불가능하다.
> 모든 사람이 소비를 줄이려는 시도는 오히려 소득을 줄이게 될 것이다.

마찬가지로 '화폐론(*Treatise on Money*)'에서 케인즈는 고전학파의 '제욕설(制慾說; Abstience theory)'을 버렸다. 그는 개인의 절제로 인한 저축의 존재만으로 '도시를 건설하거나 울타리를 허물 수 있는 것이 아니라' 그 보다는 '세계의 소유물을 건설하고 개선하는 기업'이라고 주장했다. 케인즈는 계속해서 다음과 같이 주장했다(Keynes, 1930, pp.148-149).

> 기업이 활성화되기 위해 …. 이윤을 기대할 수 있어야 한다 … 그러나 그들이 매력있다고 여기는 조건
> 으로 프로젝트를 실행하는 그들의 힘은 거의 전적으로 은행 및 통화체제의 작동에 달려있다. 일반적으
> 로 '구성의 오류(fallacies of composition)' 주장은 다른 수준의 경제동학과 그들간 상호의존성을
> 요구하고 있다. 앞서 요약한 절약의 역설은 개별 주체에게는 '최적'일 수 있는 저축의 증가가 총 지출
> 과 총수요의 감소, 나아가 생산과 감소로 이어질 수 있다는 것을 보여준다. 개별기업의 경우 비용
> 절감과 생산확대를 가져올 수 있는 임금 하락의 경우에 대해서도 비슷한 주장을 할 수 있다. 그러나
> 케인즈의 경우에는 임금은 생산 비용뿐만 아니라 근로자 소득이라는 의미도 존재한다. 임금이 낮은
> 근로자는 소비에 대한 지출이 줄어들기 때문에 총수요와 그에 따른 생산이 위축될 가능성이 크다.

케인즈는 또한 위험에 대한 신고전학파 접근방식에 대하여 불확실성하에서 경제적 의사결정을 모형화하기 위한 지침으로 불충분한 확률이론을 제시했다. 그는 경제의 향후변화들에 대해 '어떤 계산 가능한 확률을 형성할 어떠한 과학적 근거도 없다. 우리는 단순히 모른다'고 주장했다. '합리적이고 경제적 인간으로서 우리의 모습을 살리는 방식으로 행동하게'하는 '다양한 기법'을 제안하면서, 케인즈는 계속해서 다음과 같이 주장하고 있다(Keynes, 1937, p.214).

> 빈약한 토대위에서는, 갑작스럽고 극심한 변화를 겪기 쉽다. 확실함과 안점함이 가져다 주는 평온과
> 고정된 관행이 갑자기 무너진다. 환상을 깨뜨리려는 힘이 갑자기 전통적 평가기준으로 도입될 수 있
> 다. 잘 관리된 임원실과 잘 규제되는 시장을 위해 만들어진 이렇게 멋지고 세련된 기법들은 무너지기
> 쉽다. 항상 막연한 공황에 대한 공포와 마찬가지로 모호하고 비합리적인 희망은 무뎌지지 않고 항상
> 수면아래에 숨어있다.

케인즈의 '합리적 경제인(rational, economic man)'은 신고전학파 관점에서처럼 알 수 없는 미래사건에 확률을 부과하면서 기대수익을 극대화할 수 있는 사람들은 아니다. 위험이나 불확실성에 직면하여 '무리 행동'에 의지하거나 자신이 이익을 집단행동에 맞추어 조정하는 개인들은 마찬가지로 '합리적'이다. 이것은 다시 한번 원자화된 개인들이 고립되어 최적행위를 하는 것보다 거시경제속에서 케인즈의 전체적 동학에 대한 강조를 보강하게 하였다.

2.8　결론

이 장에서는 엄격한 수학적 가정에 부합하도록 개별 경제주체가 합리적이고, 최적의 의사결정을 한다는 신고전학파 모형에서부터 스미스, 맑스, 베블렌 그리고 케인즈에 근거한 다른 접근방식들을 비교하면서 인간행동을 이해하려는 서로 다른 접근방식을 개관해 보았다. 스미스, 맑스, 베블렌 그리고 케인즈는 행동에 대해 맥락적, 도덕적, 문화적, 제도적, 그리고 역사적인 영향을 강조한다. 행동경제학과 같은 어떤 접근방식은 계속해서 신고전학파 경제학에서 사용하는 어떤 개념과 도구를 계속활용하는 반면에 다른 접근방식들은 신고전학파 경제학이 다루지 않는 다양한 측면을 살펴보기 위해 보다 근본적인 출발점을 택하고 있다. 여기에서는 경제학을 구성하는 틀로서 합리적 개인이라는 신고전학파의 어떤 한계를 강조할 뿐만 아니라 보다 현실세계에 적절한 경제적 의사결정이나 행동에 대한 대안적 사고방식을 살펴본다.

토론거리 및 세미나 활동

더 많은 연구를 위해서는 다음과 같은 주제에 대해 논의할 수 있을 것이다.

- 선호는 어디에서 오는가?
  - 쇼핑할때 당신 이익에 바탕한 선택을 하는가? 선거에서 투표할 경우는 어떠한가?
  - 지난주에 복권을 구입하였는가? 복권을 구입할때 당첨금액을 계산하여 의사결정하는가?
- '인간은 사회적 동물이다'라는 것은 무엇을 의미하는 것인가?

다른 경제사상 학파들은 인간주체를 어떻게 이해하는가?

더 읽을 거리

신고전학파 합리적선택 분석 틀에 대한 훌륭한 개관과 비판에 대해서는 숀 하그리브스 힙 등(Hargreaves-Heap *et al.*)(1992)에서 살펴볼 수 있다. 호지슨(Hodgson, 2007)은 주류경제학에서 개인주의적 방법론이 갖는 다른 관념에 대한 유용한 개요를 제공하고 있다.

대안적인 경제사상의 가닥을 잡기 위해서는 원문을 읽는 것이 가장 좋다. 자료의 핵심출처는 메데마(Medema)와 사무엘스(Samuels)가 편집한 읽기교재 (2003)에 모아두었다. 이 장에서 논의되는 많은 문서는 온라인을 통해서도 읽어볼 수 있다.

- 스미스(Smith), '국부론(*The Wealth of Nations*)'
  http://www.econlib.org/library/Smith/smWN.html
- 스미스(Smith), '도덕감정론(*The Theory of Moral Sentiments*)'
  http://www.econlib.org/library/Smith/smMS.html
- 맑스(Marx), '자본론 1권(*Capital, Vol I*)'

https://www.marxists.org/archive/marx/works/1867-c1/index.htm
- 맑스(Marx), '정치경제학요강(*A Contribution to the Critique of Politial Economy*)'
  https://www.marxists.org/archive/marx/works/1859/critique-pol-economy/index.htm
- 베블렌(Veblen), '유한계급론(*The Theory of the Leisure Class*)'
  http://www.gutenberg.org/ebooks/833
- 케인즈(Keynes), '일반이론(*The General Theory*)'
  http://www.hetwebsite.net/het/texts/keynes/gt/gtcont.htm

센(Sen, 1977, 2010)은 스미스와 호의적으로 관계를 맺고 주류경제학과 그 너머의 합리성에 관한 현대 논쟁에서 스미스의 유산에 대해 논의한다. 벤파인(Ben Fine)과 알프레도 사드피호(Alfredo Saad-Filho)(2010)는 맑스의 방법론과 정치경제학 분석을 간결하게 제시하고 있다. 발전에 초점을 맞춘 계급분석 접근방식에 대한 토론을 위해서는 캠플링 등(Campling *et al.*)(2010)을 참고하기 바란다. 스노우돈 등(Snowdon *et al.*)(1994)은 거시경제학의 학파별 사상에 대해 훌륭한 개관을 제공하고 있다. 거시경제학에 대한 케인즈 접근방식에 대한 상세한 설명은 트레비식(Trevithi3c4k)(1992)을 참고하라. 하일브로너(Heilbroner, 2000) 책 9장 '케인즈가 가진 다른 생각들(the Heresies of John Maynard Keynes)'을 통해 케인즈의 삶과 사상에 대해 제공하고 있다.

참고문헌

Arrow, K.J., & Debreu, G. (1954). Existence of an equilibrium for a competitive economy. *Econometrica*, 22(3), 265-290.

Backhouse, R. (2002). *The Penguin history of economics*. London: Penguin. Blaug, M. (1998). Disturbing currents in modern economics. *Challenge*, 41(3), 11-34. Blaug, M. (2003). The formalist revolution of the 1950s. *Journal of the History of Economic Thought*, 25(2), 145-156.

Chick, V., Dow,S. (2005). The meaning of open systmes. *Journal of Economic Methodology*, 12(3), 363-381.

Debreu, G. (1959). *Theory of value: An axiomatic analysis of economic equilibrium*. New York: Wiley.

Fine, B. (1980). *Economic theory and ideology*. London: Edward Arnold.

Fine, B., & Dimakou, O. (2016). *Macroeconomics: A critical companion*. London: Pluto Press.

Friedman, M. (1953). *Essays in positive economics*. Chicgo/Cambridge: Chicago University Press/Cambridge University Press.

Harcourt, G.C. (1992). On Keynes's method in economic theory. In M. Sebastiani(Ed.) *The notion of equilibrium in the Keynesian theory*. London: Palgrave Macmillan.

Keynes, J.M. (1936). *The general theory of employment, interest and money*. London: Palgrave Macmillan.

Krugman, P. (2009). How did economists get it so wrong? *The New York Times*. www.nytimes.com/2009/09/06/magazine/06Economc-t.thml?_r=1&emc=eta1.

Lawson, T. (2015). *Essays on the nature and state of modern economics*. London: Routledge.

Milonakis, D. (2017). Formalising economics: Social change, values, mechanics and mathematics in economic discourse. *Cambridge Journal of Economics*. 41(5), 1367-1390.

Milonakis, D. & Fine, B. (2009). *From political economy to economics: Method, the social and the historical in the evolution of economic theory.* London: Routlege.

Mirowski, P. (1991). The when, the how and the why of mathematical expression in the history of economic analysis. *Journal of Economic Perspectives*, 5(1), 145-157.

O'Donnell, R.M. (1990). Keynes on mathematics: Philosophical foundations and economic applications.*Cambrdige Journal of Economics*, 14(1), 29-47.

Pilling, G. (1980). *Marx's capital: Philosophy and political economy.* London/ Boston: Routledge & Kegan Paul.

Screpanti, E., & Zamagni, S. (2005). *An outline of the history of economic thought*(2nd ed.). Oxford: Oxford University Press.

von Neumann, J. (1947). The mathematician. In R. Heywood(Ed.), *Works of the mind*. Chicago : University of Chicago Press.

RECHARTING THE HISTORY OF **ECONOMIC THOUGHT**

경제학에서 수학의 역할은 무엇인가?

Ourania Dimakou

3.1 서론

오늘날 경제학은 매우 수학적 요소로 연구되고 교육된다. 경제학 공부를 시작할 때부터 학생들은 경제학을 수학에 대한 이해없이 습득할 수 없는 기술적 분야로 인식하도록 배우고 있다. 예를 들어, 거의 모든 영국 대학에서 수학 상급수준은 경제학 상급수준보다 학부에서 경제학 졸업장를 받기 위한 필수조건이다.

학부 입문수준부터 학생들은 미시경제학 입문을 배우면서 수요와 공급공선, 소비자 선호 및 기업의 생산함수에 대한 대수적 내지 그래프로 표현하는 것을 배우게 된다. 미시경제학 교과서는 개인의 최적행위로 시작한다. 개인 혹은 교체할 수 있는 소비자 내지 가계는 가격에 대해 자신들의 효용을 극대화한다고 전제한다. 이것은 소비재와 노동력 공급에 대한 수요를 발생시킨다. 기업들은 우세한 기술과 투입재 및 산출재 가격에 따라 이익을 극대화한다. 이것은 재화의 공급과 노동수요를 발생시킨다.

비록 몇년간 주로 미시경제학 원칙을 중심으로 한 거시경제학을 통합하려는 시도들을 보여왔었지만 최근 몇년간 눈에 띄는 변화를 보이고 있으나 거시경제학 교과서도 기술적이고 모형구축이라는 측면에서 보면 유사한 성격을 띠고 있다. 예전의 학부수준 교과서는 경제시스템과 고전적인 IS-LM모형의 총량 변수로 시작하지만, 새로운 학부 교과서들은 처음부터 거시경제학의 미시경제적 기초를 강조한다.

그 수준이 올라가면 올라갈수록 수학적으로 더 진전되고 복잡해진다. 현재는 기술적 / 수학적으로 구성되지 않는 경제학 분야가 없다. 이러한 경제학 교육과정의 추세는 수리경제학에 전념하는 과정을 수반하게 된다. 동시에 통계학과 계량경제학은 경제학 교육과정 내에 현저하게 중요해졌다. 예를 들어 다음과 같은 유명학 학부 미시경제학 교과서에서 인용된 문구를 살펴보자(H. Varian, 중급 미시경제학(*Intermediate Microeconomics*), 7th edition, 2005).

> 통상적인 미시경제학 교과서의 첫 번째 장은 경제학의 '범위와 방법'에 대해 말하는 것이다. 이러한 소재가 재미있지만 경제학 공부를 시작하는데는 거의 적절하지 않아 보인다 …

대신 배리안(Varian)은 '경제학은 사회현상 모형을 개발함으로서 발전하므로'(같은 책), 시장에 대한 모형을 예로 들어 시작한다. 모형이 현실을 적당히 단순화하는데 반해서, 경제학 교과서내에서 강조는 두 번째인 현실보다는 첫 번째 단어인 단순함을 강조하고 있다. 달리 말해, 그러한 모형, 단순성, 그리고 가정을 통한 현실에 대한 관계를 인정하거나 알리는 것은 매우 드물다. 그리고 나서 배리안(Varian)은 대학가의 아파트 가격을 결정하는 것을 설명하기 위한 모형을 세운다.

배리안(Varian)의 유명한 책 첫 구절에서 (미시)경제학을 (모형을 통해) 주제를 연구하는 방법이라고 정의하고, (하위)학제의 범위와 방법에 대한 논의는 부차적으로 간주하고 있다. 우리는 여기에서 그러한 의견에 반대 입장을 취하고 경제학에서 수학의 중요성에 대해 논의하면서 경제학 연구 방법, 범위, 그리고 내용에 대한 여행을 떠나본다.

이 장은 두가지 목적이 있다. 첫째는 경제학 수학화되는 과정을 추적해보는 것이다. 경제학의 수학화는 언제 어떻게 발생했고 어떻게 기하급수적으로 그렇게 되고 있는가? 우리는 수학이 항상 경제학이라는 학제의 핵심이었던 것은 아니라는 것을 알 수 있다. 예를 들어, 그 차이는 있지만 고전학파 경제학에서는 자신들의 생각을 표현하기 위해 드물게 수학을 사용하였다. 그리고 오랫동안 이 분야에서는 경제학을 수학적으로 표현하는 것에 대해 납득하지 않았고 심지어 적대적이기까지 했다. 둘째, 경제학 수학형식화가 가지는 시사점과 비판에 대해 논의하기 위한 것이다. 경제학의 개념화, 우리의 경제현상이해 및 경제정책을 위한 처방을 위해 이것은 무엇을 의미하는 것인가? 본질적으로 우리는 수학과 같은 특정 형태 추론의 승리가 내용을 대체하고, 실질을 줄이고, 다른 조사방법을 배제하는 방법에 대해 설명한다.

계속하기 전에 방법이 무엇을 의미하는지에 대한 간단한 논의부터 시작하는 것이 유용할 것이다. 경제조사방법이란 주제에 접근하여 분석하는 체계적 방법 및 기술을 말한다. 비록 다른 방법들이 이론이나 학파들의 전체적 연구의제와 독립적으로 사용될 수 있지만 그것들은 필연적으로 연구영역을 어떻게 인식하는지에 대한 입장을 반영하고 있다. 즉, 비록 우리가 내용과 방법를 구분할 수 있지만, 두가지 영역 모두 복잡하고 상호적으로 연관되어있다. 둘 사이의 근본적 관계는 우리 연구주제의 본질과 우리가 그것을 연구할 수 있다고 생각한 연구방법과 관련되어 있는 것이다.

경제학에서 수학의 중요성은 경제학의 연역적 추론방식과 밀접히 관련되어 있다. 이러한 조사 논리에 따라 (예를 들어, 주어진 선호구조를 가진 개인들을 극대화한다는) 일련의 가정 / 공리로부터 시작하고 논리적 추론을 통해 결론을 도출한다. 이것은 귀납적 추론방식과 다르다. 귀납적 추론방식에서는 현실에 대한 면밀한 관찰이 우선이다. 귀납적 추론방식에 있어서는 현실을 역사적이고 사회적으로 고려한다. 그러나 거듭 강조하지만 수학을 사용해야만 논리적 추론이 가능한 것은 아니다(예를 들어, 리카도(Ricardo)와 멩거(Menger)). 그렇지만, 수학은 논리적 추론과 유사하며 이것은 실제 한계주의 혁명을 통해 주류경제학 내에서 나타난 특정한 방법이었다. 이것은 1950년대 이후 형식주의 혁명과 함께 절정에 달했다. 이러한 학제 발전은 경제학에서의 개념 변화가 없었다면 발생하지 않았을 것이다.

이 장의 나머지 부분의 진행은 다음과 같다. ('현대 경제학에서 수학의 역할'이라는 절에서) 오늘날 경제학 교육과 연구에서 수학의 역할에 대해 간략히 논의하면서 시작한다. 다음 절인 '경제학은 어떻게 수학적이 되었나?'에서 수학적 정형화에 의지하지 않은 스미스 (Smith), 리카도 (Ricardo), 맑스(Marx), 그리고 케인즈(Keynes) 접근방식과 방법에 대해 개관을 통해 비교하면서 역사적으로 경제학 내 수학 사용의 증가를 추적해 본다. '끝맺는 말: 경제학에서 수학의 통합과 그 함의'라는 마지막 절에서 수학화가 경제학이라는 학제에 가지는 함의에 대해 논의한다.

3.2 현대 경제학에서 수학의 역할

수학은 이제 교육과 연구 모두에서 경제학과 통합된 분야이다. 경제학 학부과정은 통상적으로 경제학자를 위한 수학 뿐만 아니라 계량경제학 전용 강의도 존재하고 수학이 경제학이라는 학제-미시경제학과 거시경제학-의 필수 과목이 되었다.

경제학을 위한 수학의 입문과정에는 함수 및 대수 분석이라는 주제를 다루며, 미분과 적분, 미적분, 최적화, 확률이론과 분포에 초점을 맞추고 있다. 더 상급과정에서는 행렬 대수, 게임이론 동태최적화 문제를 다루고 있다. 이러한 수학적 기법을 미시경제학이나 거시경제학 뿐만 아니라 통계학과 계량경제학에 다양하게 적용하고 있다.

기존의 미시경제학은 소위 소비자이론과 생산자이론으로 가득차 있다. 효용 극대화라는 중요한 문제를 다루기전에 공리적인 선호이론을 분석한다. 효용 극대화문제를 예산 제약하에서 두 재화들간 효용 극대화, 휴가와 소비 내지 소비와 저축간 효용 극대화 상황 등 많은 다른 경제적 상황을 통해 배울 수 있다. 어느 쪽이든, (가구 또는 개인 모두 동일하게 취급되는) 소비자가 근본적으로 사로잡혀 있는 것은 설정된 제약 조건을 고려한 일종의 효용 최적화이다. 효용 극대화를 수학적으로 구별할 수 없기 때문에 원칙적으로 특정 시점(정태적) 내지 시간에 걸친(동태적) 서로 다른 두 항목간 결정 모두에 적용된다. 생산자 측면에 대해 미시경제학은 이윤 극대화 (혹은 그 쌍대문제로 생산함수에 대한 비용최소화 문제)를 가르치고 있다. 기업은 현실의 기술과 환경에 따른 생산함수를 갖게되고 이윤(즉, 총수입-생산비용) 극대화를 목적으로 생산요소(통상적으로 자본과 노동)를 최종재화로 바꾼다고 가정한다.

미시경제학(사실상 거시경제학도 해당)을 중심적으로 체계화하는 개념은 균형개념이다(6장 참고). 소비자와 기업의 최적화 행동을 결합하면 해당 거래의 균형을 제공하고, 개인과 기업에 걸쳐 집계하면 시장 내지 경제의 균형을 도출할 수 있다. 예를 들어, 레저나 소비에 관한 효용 극대화는 재화의 수요와 노동의 공급을 도출할 수 있는 반면 이윤 극대화는 재화의 공급이나 노동시간표에 대한 수요를 제공해 준다. 이러한 모든 명세서는 상대가격 함수들이고 수요와 공급곡선의 교차를 통해 노동시장이나 재화시장에서 균형을 얻을 수 있다. 즉, 노동의 수요와 공급을 일치시키는 실질임금수준과 재화의 수요와 공급을 일치시키는 실질가격수준을 얻게 된다. 균형의 설정은 시장을 청산시키고 가격을 조정하는 메커니즘에 필수적이라고 균형을 이해하고 있다. 이렇게 보면 미시경제학의 두 가지 근본적인 원칙은 최적화와 균형이라고 할 수 있다.

미시경제학은 서로 다른 시장구조에 대해 관심을 갖고 (완전경쟁에서 독점, 그리고 과점 등등에 이르는) 특징적인 경쟁환경 설정을 통해 기업의 최적화 행위가 어떻게 차이가 있는지를 살펴본다. 이러한 경쟁환경 설정을 통해 게임이론과 같은 다른 수학적 기법이 필요하게 된다. 달리 제도적 상황을 설계하면서 나온 결과는 희소한 자원이 최선으로 배분되는 상황을 설명하는 경제적 효율(파레토 효율)이라는 기준으로 통상적으로 비교한다. 미시경제학의 추가적인 주제는 불확실성과 보험 행동뿐만 아니라 파레토 개선을 끌어 내기 위한 규제 개입(예, 과세)에 대해 논의한다. 의사결정에 불확실성을 고려하게 되면 경제학에 확률이론과 확률분포 이론을 도입하게 된다. 보다 고급과정인 미시경제학 교과목은 통상적으로 같은 주제에 대해 심도있는 설명을 하는 것이다. 특히 미시경제학 강의를 진전시킨다는 것은 보다 정형화되고 복잡한 수학을 사용하는 것을 진전시킨다는 말과 같은 의미이다.

거시경제학도 배우는 수준에 부합하는 필수적인 수학적 요소를 포함하고 있다. 거시경제학 입문 교육과정에서는 예를 들어, 신조전학파 내지 IS-LM모형을 분석할 때 주로 대수적이거나 그래프 차원의 도구를 사용하여 총량적인 행동들과 총량변수에 집중한다. 앞에서 설명한 동일한 원칙과 수학적 기법을 1970년대 이후 연구에서 주요한 추세가 되었던 특히 미시경제학 원칙으로부터 거시경제학 모형을 만들때 활용한다. 동태확률일반균형(DSGE; Dynamic Stochastic General Equilibrium) 모형이 발전한 부분인 동태 계획법은 수리적 해법 및 많은 복잡한 모형에서 사용되는 수리적 해법 및 이것을 사용하기 위해 개발된 특별한 소프트웨어(예를 들어, Dynare[프로그램 다운로드는 https://www.dynare.org/download/]) 같은 것을 포함하여 고급과정에 널리 확산되어 있다.

거기에 더해 계량경제학에 필요한 통계수학(확률론, Probability Theory)과 측도론(Measure Theory), 확률분포, 적분과 수학적 기대값, 행렬 대수학, 집합론과 복소해석학, 확률과정론 뿐만 아니라 통계적 방법론(연관성 척도(measures of association), 추정(estimation), 통계적 추론(statistical inference), 회귀분석과 관련된 고급기법(advanced techniques of regression analysis))도 경제학자 교육에 필요한 주제가 되었다.

그렇지만 경제학을 분석하고 가르치기 위해서 이러한 양식을 사용한 것은 최근 들어서 이다. 이하 절에서 경제학적 추론에 수학 사용이 많아지게 되는 발전과정에 대해 살펴본다.

3.3 어떻게 경제학은 점점 수학이 되었나?

3.3.1 고전학파 경제학에서 한계혁명까지

경제사상사와 경제학의 수학화 역사는 특히 현대 경제학 교육과정에 대해 특별히 살펴볼 필요가 있다. 또한 거기에 대해서는 전통적 학술지 내에서는 거의 논의되지 않으며, 그럴때 전통적으로는 '누적적이고, 불가피하며, 실제로, 자연스러운' 과정으로 설명하고 있다(미로브스키(Mirowski), 1991, p.145). 그것은 또한 몰역사적 용어로 설명을 진행한다. 수학화 과정을 그 자체로 경제학 분야의 발전과 동의어처럼 사용한다. 구 이론에서 신 이론이라는 구절(예를 들어, 신성장론, 신 제도주의 경제학, 신 슘페터주의, 신 케인지언...)이 뜻하는 바는 수학적 형식주의의 증가, 기법의 향성, 따라서 우아함과 엄밀함으로 특징지을 수 있다. 실제적 내용은 부차적인 것이다. 역으로, 오래된 이론의 부족함을 특히 엄밀함이 부족하다고 묘사한다. 게다가 발전의 가장 큰 장애물을 수학적(또는 심지어 계산적) 기법 부족으로 설명한다.

그러나 이것은 경제사상사를 적절하게 반영하지 못한 것이다. 경제학이 수학화하는 발전은 자연적이고도 불가피한 과정이 아니다. 한계주의 혁명이전의 기간인 고전학파 경제학의 시대를 스미스(Smith), 리카도(Ricard), 맬더스(Malthus), 밀(Mill)과 맑스(Marx)의 기여로 특징지을 수 있다. 그들간에도 큰 차이가 있지만, 경제이론화와 주제 문제에 대한 그들의 접근방식에는 공통적인 특징이 있다. 고전학파 경제학자들은 더 넓은 사회적, 경제적, 그리고 역사적 맥락에서 장기발전과 경제체제의 동학적 성격에 관심을 가졌다. 그리고 그들의 결론, 개념, 그리고 방법은 달랐지만, 그들은 전체론적이고 (계급에 기반한) 집단주의적인 분석양식을 공유하고 있었다.

이것이 고전학파 경제학이 자연과학과 특히 뉴튼의 사상, 그리고 자연과학을 포함한 다른 과학의 발전에 영향을 받지 않았다고 할 수는 없다. 리카도(Ricardo), 밀(Mill), 그리 고 맑스(Marx)를 포함한 많은 고전학파 경제학자들은 자본주의 사회법칙을 확인하려고 하였다. 예를 들어, 스미스(Smith)는 그의 최고역작인 국부론에서 국부의 특징과 성격을 이해하려고 하였다 (밀로나키스(Milonakis), 2017). 그리고, 비록 스미스가 자유방임사상과 개인주의 원칙의 아버지처럼 알려졌지만, 그의 저서 많은 부분에서 역사적이고 계급에 기반한 분석을 선호하면서 이러한 원칙에서 벗어나고 있다.

고전학파 경제시대에도 (케네(Quesnay), 나콜라 프랑수아 카나르(Nicolas François Canard), 콩도르세(Condorcet), 그리고 쿠르노(Cournot, Auguste) 같은) 경제학에서 수학적 추론을 주장하는 산발적인 목소리가 있었다. 이러한 선구자들은 특히 가격비율 및 가치와 관련하여 경제학과 유사성을 유도하기 위해 운동의 물리학(역학)에 주목했다. 그러나 그들의 시도는 대부분 실패했고 잊혀졌다. 뉴튼의 영향에도 불구하고 고전학파 경제학자들은 경제학과 관련하여 물리학의 기법이나 방법을 고려하지 않았다. 달리 표현하자면 프랑스 계몽주의 뿐만 아니라 자연과학이 고전학파 경제학에 미치는 영향은 사회적 법칙이 사회적 우주를 지배하고 있는가 하는데 대한 생각과 대부분 관련되어 있다. 그러나 이것은 경제학 분야로 (역학법칙과 같은) 기법을 도입하는 것과는 다른 것이다.

3.3.2 한계혁명과 주요 기여자들

19세기 마지막 수십년은 한계혁명으로 알려지게 된 것을 목격했다. 이러한 움직임은 독립적으로 동시에 경제탐구에 대한 다른 접근방식을 제안하는 일련의 개척자들에 의해 이루어졌다. 이 과정의 선두에는 영국 제본스(Jevons), 프랑스 발라스(Warlas), 오스트리아 멩거(Menger)가 있었다. 그들을 뒤따르는 사람들로는 유럽 에지워스(Edgeworth)와 파레토(Pareto) 그리고 미국 피셔(Fisher)가 포함된다. 이러한 경제학자들은 오늘날 경제학, 특히 미시경제학에서 친숙한 개념과 방법을 도입하였다. 그 결과, 1870년 이후 물리학의 예를 따라 경제학 내에서 수학적 분석이 널리 사용되었다. 경제학은 과학적 근거를 열망했고 그에 따라 '정치경제(political economy)'라는 개념은 급속히 배제되어졌다. 어떻게 이러한 과정이 발생했는지를 이해하려면 그 이행을 통해서 수학적 표현을 가능하게 한 개념적이고 실체적 수준에서 폭넓은 변화가 발생하였다는 것을 살펴볼 필요가 있다.

이러한 단절의 특징은 무엇일까? (고전학파 시대의 선구자들도 마찬가지였지만) 한 계주의자들은 모두 자연과학에 대해 훈련을 받았다. 그러나 경제학을 '자연과학과 동등한 수학과학으로 바꾸려는 학제차원의 선언'을 목표로 한 것은 처음이었다(밀로나키스(Milonakis), 2017, p.1374). 이것은 첫째, (주제를 어떻게 연구할 수 있는지 하는) 분석 방식이 전체론적이고 집단주의적이며 포괄적인 역사적 추론방식에서 보다 개인주의적이고 추상적이고 연역적 방식으로 전환되는 것을 수반하게 되었다. 둘째, ('마땅히 해야할 일이 무엇인가')하는 규범적인 이론에서 ('그것이 무엇인가')하는 실증이론의 분리를 수반하였다. 셋째, 경제적 문제와 비경제적 문제의 분리를 수반하였다. 경제학에서 실증 분석에 몰두하는 것이 '순수과학'의 본질이며 가치 중립성과 동의어처럼 취급되어졌다(밀로나키스(Milonakis), 2017).

결과적으로, 이러한 경제학의 상상 방법 변화는 본질적으로 자본주의의 역사적, 사회적 본질에서 성장과 변화라는 고전학파적 주제를 배제하는 학문적 주제와 이러한 주제들이 (시스템의 역동성과 선두에 있는 사회조직을 고려해야 하는 계급 기반 분석방식에서) 연구되어야 하는 방법 모두에 중요한 영향을 미쳤다. (도덕에서, 정의, 분배, 후생에 이르는) 비경제적 요소는 과학 혹은 '순수'경제학에서는 더이상 주제로 고려되지 않게 되었다. 이에 반해 개별 경제행동에 초점을 맞춘다는 것은 인간으로부터 사회 역사적 맥락을 탈각시키는 것이며 주어진 자원에 대한 최적 배분문제로 경제문제를 한정 짓는다는 것을 의미한다. 경제학의 범위는 경제를 특히 개인 최적행동(2장과 5장 참고)에 의한 수요와 공급에 따른 시장의 결과와 함께 시장관계로 보려는 것으로 바뀌게 된다. 더구나, 한계주의자들은 자유방임이라는 고전학파의 주장을 지지한다. 그러나

고전학파와는 달리 현재 이러한 방식은 자본축적대신 효율성이라는 관점으로 추진되고 있다.

분석 단위와 방법, 그리고 과학 경제학이라는 목적에서 앞에서 간략히 설명한 변화는 추상적, 특히 수학적 분석 기초를 마련하기 위해 필수적인 것이다. 역동성, 장기 발전, 분배, 사회적 동기, 그리고 계급의 이해같은 개념을 수학적 표현으로 적절히 고려하기에는 매우 어렵지만 한계론자들이 도입한 새로운 개념 같은 경우에는 그렇지 않다. 이하에서 한계혁명의 주요 선구자들에 대해 간략히 논의해보고자 한다.

3.3.3 제본스(Jevons)

제본스(Jevons)는 밀(Mill)이나 리카도(Ricardo) 경제학을 거부한 기상학자이자 화학자였다. 그는 수량을 다룰때 경제학이 내재적으로 수학적일 수 있다고 믿었다. 그의 근간은 벤담의 공리주의 철학의 특별판이었다.

그의 '정치경제론(*Theory of Political Economy*)'에서 언급하듯이 그의 목적은 '경제를 기쁨과 고통을 계산하는 것으로 다루고', '과학이 궁극적으로 가져야할 형태'를 개략적으로 쓰는 것이었다. 이러한 생각의 전제는 가치(가격)은 전적으로 효용, 특히 개인이 소비하는 마지막 단위로 부터 얻게 되는 이익에 의존한다는 주관적인 것이라는 그의 믿음에 기반한 것이다. 이것이 핵심적인 한계학파의 원칙이며 고전학파경제학과 다른 점이다. 가치를 개인적이고 주관적인 것으로 이해하고 있다. 사물의 가치는 그들이 원하는지 여부와 얼마나 원하는지에 달려있다. 그래서 사물의 가치를 개인의 목적으로 간주되고, 선택과정에서 발생되기 때문에 그렇게 된다. 이러한 입장은 개인의 선택(수요)에 상관없이 생산비용과 조건에 기반한 스미스(Smith), 리카도(Ricardo), 그리고 맑스(Marx)가 가진 객관적 가치이론과 대조적인 입장이다.

한계론자들에게 개인은 두 가지 특성을 가지고 있다. 첫째, 경제적 인간(homo economicus)은 재화의 소비로부터 효용을 얻고, 둘째, 그들은 효용을 극대화할 목적 내지 일반적으로는 자기이익을 극대화하려는 목적을 가지고 합리적으로 행동한다. 그러한 효용가치론에서는 재화의 가격은 교환환경에서 결정된다. 한 단위 추가 구입에 따른 지불 의사가 우리에게 주는 즐거움이 늘어나는 정도로 결정된다. 이리하여 균형가격 결정은 일련의 근본적인 동기의 힘 내지 '효용과 자기이익의 메커닉스'에 의해 결정된다. 이것은 경제학이 도입한 작용 - 반작용의 힘이 0이 되는 정역학(static mechanics)논리와 직접적으로 비유되는 것이다. 게다가, 한계효용이라는 개념은 수학적으로는 미분에 해당한다.

제본스는 생산에도 유사한 개념을 도입하였고 그를 통해 생산투입재의 대체가능성 가정에 근거하여 한계수익체감개념을 가져왔다. 그의 노동공급이론에서도 동일하게 개인이 노동으로부터 비효용을 얻는다는 것에 기초하여 노동량 공급 증가는 노동임금 상승을 가져온다고 하고 있다. 이러한 입장들로 인해 수학적으로는 미적분학과 자연과학의 정역학을 적용하고 있다.

이러한 점에서 수학적 방법에 대한 노트는 의미가 있다. 이것이 신고전학파 및 주류경제학의 정형화 내지 우월성이 존재하는 상황에서는 일반적으로 나타나기 때문이다. 제본스(Jevons)는 한계론에 따른 (연속성과 급속한 변화 불가능한 속성이 필요한) 미적분을 적용하기 위해 필요한 노동의 분할성을 보장하기 때문에 노동자가 (생산수단 때문에) 자율적으로 일한다고 가정하고 있다. 그러므로 자본주의 노동관계의 일반적 형태임에도 불구하고 그것이 미분을 적용할 수 없기 때문에 노동시간의 이산적 변화를 나타내는 임금 고용을 배제한다. 이것은 때로 수학적 표현이 연구 대상인 경제적 현상에 제한을 가하고 있다는 것을 보여주며, 비록 간과되고 있지만, 수학적 용이성 대 현실성이라는 해법은 반드시 균형적이거나 만족스러운 것은 아니라는 것이다(비록, 제본스가 이러한 한계를 인식하고 있었지만 현대 경제학은 여전히 이러한 관계속에서 작동하고 있다).

3.3.4 발라스(Warlas)와 멩거(Menger)

발라스는 전체로서의 경제를 일반경쟁균형이론으로 정형화하였다. 그는 전체 경제를 구성하는 모든 시장으로 확대하여 이 시장들간을 연결하여 최초의 추상적이론의 일반적 원형을 만들었다(순수경제학 *Elements of Pure Economcis*, 1874-1877). 시장은 상호 연계 되어 있어 모든 선택사항이 호환되도록 보장한다. 모든 상대가격에서 시장 내에 존재하는 모든 경제주체들이 자신의 목적을 동시에 극대화하는 상황에서 일반균형이 달성된다. 이리하여 연립방정식 체계는 반드시 풀려진다. 그는 자신의 개념속에서 경제는 모든 (소비자 혹은 생산자 및 기업가로 활동하는) 경제주체로 구성되어 있고 사회적 비용이라는 관념을 상정할 여지가 없다고 생각한다. 본질적으로 살펴보면 소비자와 기업가들간에는 확률적으로 지위가 부여될 뿐 근본적인 차이가 없고 노동자들이 자본을 소유하고 있기에 자본가들도 존재하지 않고 경쟁으로 인해 자본수익률 이상이 되는 모든 이윤이 제거된다. 이러한 설정속에서는 발라스(Warlas)는 순수하게 이상적 체제속에 균형의 존재에 매달리고 있다. 모든 수요와 공급을 동시에 균형이 되게하는 일련의 (상대)가격이 존재할 것인가? 제본스(Jevons)와는 다르게, 발라스(Warlas)는 공리주의자가 아니고 모형을 지탱하려고 마지막에 효용을 도입하였다.

멩거(Menger)도 한계효용의 원리로 회귀하면서 같은 결론에 도달한 한계혁명 선구자 중 한명으로 간주되며, 추상적이고 개인주의 방법론의 지지자인 동시에 수학 사용에 반대하는 예외적 사람이었다. 그는 주로 독일역사학파에 반대하는 '방법론 논쟁'에서 주요한 역할을 하였다.[1]

한계혁명은 수학적 표현과 추론에 적절한 방법론적 개인주의, 균형, 그리고 한계분석 이라는 원칙에 기초하여 경제학에 대해 과학으로서의 토대를 설정하고 있다. 그럼에도 수학적 표현

---

1 방법논쟁(*Methodenstriet*)은 1880년대에 시작되어 20년간 지속된 (오스트리아 학파의) 칼 멩거(Carl Menger)와 (독일 역사학파의) 구스타프 폰 슈몰러(Gustav von Schmoller)간에 있었던 경제학 논쟁이다. 이 논쟁의 주요 주장은 경제이론은 역사적 사회적 조건과 데이터(역사적 경험론)에 대한 상세한 설명과 함께 연역적, 가정적 아니면 귀납적으로 구축되어야 하는지에 대한 방법론에 관한 것이다.

이나 추론이 즉시 적용된 것이 아니고 경제학 수학화의 잠재성이 완전히 발현된 것은 그 이후 7-80년 이후인 (1950년대 시작된)형식주의 혁명에 이르러서 수학이 경제학의 핵심이 되는 패권적 패러다임이 되었다.

3.3.5 다원주의에서 애로우(Arrow)와 드브루(Debreu)까지

19세기 말과 20세기 전반에 들어 사회주의 이데올르기의 등장 뿐만 아니라 대기업, 노동조합과 노동법, 집단적 운동 및 기술발전의 역동주의(technological dynamism)도 두드러졌다. 제1차 세계대전과 볼셰비키 혁명을 통해 자유시장으로부터 후퇴하게 되었고 타의 추종을 불허하는 수준의 중앙계획과 국가통제에 자리를 내주게 되면서 국가 역할을 바꾸어 놓았다. 1929년 위기와 그에 따른 대공황으로 인해 자유시장이라는 이상에 추가적 충격이 발생하였다. 실물경제는 잘 작동하는 시장과 반사회적 개인들의 조화로운 균형과는 거리가 멀어 보였다.

지성적으로는 20세기 전반을 다원주의 시대라고 생각할 수 있다. 한계주의 (신고전학파) 원칙과 방법을 확립하는 과정과 동시에, 경제학에 대한 다른 접근방식도 만연했다. (미국의) 구제도주의와 (특히 독일의) 역사학파는 경험적이고 귀납적인 방법에 근거하여 효율적인 자원배분 문제에 주로 집착하기보다는 독점화, 소득분배 그리고 노동관계 같은 사회적 문제에 관심을 갖고 있었다. 그리고 신고전학파 내에서도 한계주의 경제학의 수학화에 대한 반대의견이 존재했다. 마셜(Marshall)은 신고전학파 경제학의 기초를 세우는 그의 역작 '경제학원리(*Principles in Economics*, 1890)'의 영향을 통해 특히 영국에서 이과정을 주도하였다. 신고전학파 경제학자일 뿐만 아니라 수학자임에도 불구하고, 그는 수학적 표현을 그의 저서 부록에 한정지어 사용하면서, 본문에서는 언어적 담론과 도해적 설명을 선택하고 있다.

대공황의 여파로 케인즈의 일반이론(1936)은 대규모 실업에 대한 대응방안을 제시하였고 동시에 그것을 설명할수도 해결할 수도 없었던 당시 지배적인 한계주의 이론에 대해 공격할 수도 있었다. '스미스(Smith), 리카도(Ricardo), 맑스(Marx)와 케인즈(Keynes)를 주류경제학 접근방식과 차이를 비교하기'라는 절에서 케인즈에 대해 논의하겠지만, 그러나 여기에서 주목할 것은 그가 보다 귀납적 추론을 채택하고 경제를 구성요소로 분해하거나 파생시킬 수 없는 전체로서의 실체로 봄으로써 뚜렷한 초점과 방법론을 제시했다는 점이다. 이 시기의 다원적 접근방식에도 불구하고 신고전학파 원칙에 대한 비판과 미시경제학과 구분되는 거시경제학의 설립을 케인즈가 주도하였고, 1930년대 초 비엔나의 일부 수학자들이 발라스의 일반균형이론을 재발견하면서 과학적 경제학의 수학화가 다시 유행하였다. 이것은 공리적이고 논리적 기초위해 수학을 재정립하려고 한 힐베르트 프로그램(Hilbert's programme, 1918)[2]에 따라 (특히 물리학으로부

---

2 1920년대 초 독일 수학자 다비드 힐베르트(David Hilbert, 1862-1943)는 고전수학 기초에 대한 새로운 제안을 제시하였다. 그것은 수학의 이러한 공리화가 일관성이 있다는 증거를 가지고 모든 수학을 공리적 형태로 공식화할 것을 요구한다. 일관성 증명 자체를 힐베르트가 "관계적(finitary)" 방법이라고 부르는 것만을 사용해서 수행하였다. 관계적 추론의 특별한

터) 수학을 분리하면서 자연과학 광범위한 발전의 일부가 되었다. 칼 멩거(Carl Menger)의 아들인 수학자 칼 멩거(Karl Menger), 헝가리 출신으로 미국에서 활동한 경제학자, 컴퓨터과학자, 수학자로, 양자 역학, 함수 해석학, 집합론, 위상수학, 컴퓨터 과학, 수치해석, 경제학, 통계학 등 여러 분야에 걸쳐 다양한 업적을 남긴 폰 노이만(von Neumann), 헝가리 수학자 에이브러험 왈드(Abraham Wald), 그리고 모르겐슈테른(Morgenstern)을 포함한 이런 그룹의 저자들은 경제적 문제적 용보다는 순수한 수학기법에 전념하였다. 이를 위해서 발라스 일반균형 존재문제가 좋은 출발점이 되었다. 수학자들 외에도, 일부 경제학자들은 일반 균형문제에 관심을 가졌다(예를 들어, 호텔링(Hotelling)과 힉스(Hicks)).

수학적 표현에 따른 수학화 과정은 현재 대서양 반대편의 두 번째 프로그램 선언을 수학적 기반으로 경제를 개혁하기 위한 것이라고 하는 1930년에 설립된 계량경제학회와 1932년에 설립된 콜스 위원회(Cowles Commission)라는 두 기관의 설립과 더불어 한층 강화되었다. 이러한 기관들에는 프리쉬(Frisch), 피셔(Fisher), 호텔링(Hotelling), 틴버겐(Tinbergen), 쿠프만스(Koopmans), 애로우(Arrow), 드브루(Debreu), 그리고 나찌를 피해 미국으로 이주한 비엔나 학파의 많은 다른 사람들과 같은 연구자들이 포함되어 있다. 계량경제학회의 선언을 통해 특히 미국 제도주의(그리고 제도주의의 경험적 접근방식)에 반대하려는 경제학 목적 설정을 말하고 있다.

> … 통계와 수학과 관련한 경제이론의 발전을 위한 국제 학회로서… 주요 목적은… 경제 문제에 대한 이론적 - 수량적 접근사이의 통일을 목적으로 하는 연구를 촉진하는 것이다. 자연과학을 지배하는 것과 유사한 건설적이고 엄격한 사고방식이 경제학 내에 파고들게 할 것이다.
>
> 1930년 계량경제학회 선언

1940년대 동안의 발전은 경제학의 지속적인 수학적 표현화 과정이었을 뿐만 아니라 체계적인 데이터 수집과 통계적 분석과정이었다. 전쟁중 다른 과학자 중에서도 경제학자들의 참여는 새로운 수학적 기법 개발로 이어졌는데, 특히 자원이 민간에서 군사적 생산으로 이동하는 계획의 일부로서 정보와 군사전략을 분석하여 경제를 경영효율성을 높이기 위한 조직관리(OR)나 조직관리공학에 더 가깝게 만들었다. 경제학의 군사화를 통해 데이터의 체계적 수집을 더 강화하게 되었고 이를 통해 국민계정체계 수립의 첫 단계를 이끌게 되었다. 후에 시카고로 옮겨진 콜스

인식론적 특성은 고전수학에 필요한 정당성을 가져왔다. 힐베르트는 1921년에 이러한 형태 프로그램을 제안했지만, 그것의 다양한 측면은 그가 처음 분석의 직접적인 일관성 증명이 필요하다고 지적하였던 1900년경까지 거슬러 올라가는 근본적인 뿌리가 존재하였다. 1920년대에 폴 버네이스(Paul Bernays), 빌헬름 아커만(Wilhelm Ackermann), 존 폰 노이만(John von Neumann), 그리고 쟈크 헤르브란트(Jacques Herbrand)등 논리학자들의 기여로 이 프로그램에 대한 연구가 크게 진전되었다. 그것은 또한 불완전성 정리에 관한 연구가 힐베르트 프로그램으로 동기를 부여받은 쿠르드 괴델(Kurt Gödel)에게 큰 영향을 미쳤다. 괴델(Gödel)의 연구는 일반적으로 힐베르트 프로그램이 수행될 수 없다는 것을 보여 주는 것으로 받아들여진다. 1930년대 게르하르트 겐첸(Gerhard Gentzen)의 연구를 시작으로 소위 상대적인 힐베르트 프로그램(Relativized Hilbert Program)에 대한 연구는 증명이론의 발전에 중심적 역할을 하였다.

위원회는 새로운 통계분석 기법에 관심을 기울였다. 통계적 기법의 이론적 기초가 제공되면서 경제체제를 확률분포로 묘사했고, 개인주체의 최적화로부터 도출된 연립방정식 체계(연립방적식 추정방법, 2SLS 등)로 일반 균형을 묘사하면서 데이터를 가지고 이론을 검증하였다. 그리고 1940년대 후반에 이르게 되면 이러한 연구는 합리적 선택문제에 초점을 맞춘 수학적 분석연구를 하는 시스템 분석뿐만 아니라 게임이론에 대한 연구작업을 하는 RAND 연구소[3]가 주로 수행하게 된다.

폰 노이만(von Neumann)과 모르겐스타인(Morgenstein)이 쓴 '게임이론과 경제행태(*Theory of Games and Economic Behaviour*)'라는 책에서는 이 시대 공리적 수학의 전형을 반영하고 있다(로저 백하우스(Roger Backhouse), 2002). 사무엘슨(Samuelson)의 '경제분석의 토대(*Foundations of Economic Analysis*)'(1947)도 경제학의 마샬 전통을 목적으로 출판되었다. 그러나 폰 노이만과 모르겐스테른의 저서와는 달리 사무엘슨의 중요한 수학적 영향은 이전 세기의 물리학(열역학)으로부터 왔고, 이리하여 '19세기 물리학을 부러워하는 방향으로 한발짝 뒷걸음친 것을 나타내는'것이라 할 수 있다(Milonakis, 2017, p.1382). 사무엘슨이 도입한 제약하의 최적화라는 수학은 향후 수십 년 동안 경제학에서 중심적 역할을 하였다.

형식주의 혁명의 절정은 (폰 노이만이 처음으로 도입한) 브라우어르 고정점 정리(Brouwer Fixed-Point Theorem)를 활용한 1954년에 애로우(Arrow)와 드브루(Debreu)의 일반균형 존재 증명과 함께 왔다. 경제학의 수학적 표현의 절정기에 '일반균형 이론은 실제 경제 체제에 대한 어떠한 묘사적 주장도 하지 않고 준 경제에 대한 순순히 수학적 표현의 형태가 되었다'(블로그(Blaug), 1998, p.14). 그러나 이것이 약점으로 인식되기보다는 경제의 수학적 표현이 정확한 목표였다. 사실, (프랑스를 중심으로 활동한 수학자들의 단체가 사용한 가명인 부르바키 그룹의 멤버였던) 드브루는,

> 공리화된 이론은 먼저 초기 개념을 선택하고, 수학적 대상으로 각각을 나타낸다 … 다음으로 초기 개념을 나타내는 대상에 대한 가정이 만들어지고, 그것으로부터 결론을 수학적으로 도출한다. 이렇게 얻은 정리를 경제적으로 해석하는 것은 분석의 마지막 단계이다. 이러한 윤곽에 따라 공리화된 이론은 경제적 내용과 완전히 분리된 수학적 형태를 갖게된다. 초기 개념, 가정에 대한 경제적 해석을 제거한다면 … 완전히 수학적 구조만 여전히 남아있게 된다(드브루(Debreu, 1986, p.1265).

예를 들어 드브루의 경제에 대한 묘사를 블로그(Blaug)는 그 내용보다 경제적 주장이나 개념의 형태를 절대적으로 선호하는 것으로 묘사하고 있다.

---

3 랜드 연구소는 미국의 대표적 싱크탱크 중의 하나로, 항공기를 만드는 미국의 방위산업 재벌 맥도넬더 글러스의 전신 더글러스 항공이 1948년에 설립했다. 군사문제에 대한 연구에서 세계적 권위가 있다.

드브루의 경제 묘사

경제 E에 대한 완전한 묘사는 가능하다. 경제는 다음과 같이 구성된다.

> 각 소비자에게는 자신의 소비집합 X_i와 자신의 선호 원순서(pre-ordering) $< i$.
> 각 생산자에게는 자신의 생산 집합 Y_i
> 총 자원 ω

경제 E의 상태는 각 경제주체의 명세서이다. 예를 들어 각 소비자는 상품공 간에서 자신의 소비 x_i라는 명세서이다. 이리하여 E의 상태는 실수공간 R^l의 한점인 $(m+n)-((x_i),(y_i))$이 된다. 그것을 $R^{l(m+n)}$의 한 점으로 나타낼 수 있다. 수학적 표현으로 하면,

> 경제 E를 다음과 같이 정의할 수 있다. 각각의 $i=1,...,m$에 대해 $< i$로 완전히 원순서화된 R^l의 공집 합이 아닌 부분집합 X_i와 각각의 $j=1,...,n$에 대해 RI의 공집합이 아닌 부분집합 Y_j와 R^l의 한 점 ω에 대해 E의 상태는 R^l의 $(m+n)$순서쌍인 점들이다.

[드브루(Debreu), 1959, p.75]

전후 경기호황기 동안, 지속적인 방법론적, 맥락적 불협화음의 공존을 허용하는 동시에 교육에 정신 분열적 표현을 반영하면서 한편으로는 케인즈 거시경제학과 다른 한편으로는 (수학적 표현으로 이루어진 신고전학파) 미시경제학이 분리되어 발전해왔다. 그럼에도 일반 균형 미시경제학과 케인즈 혁명의 통합으로 1970년대 초 이후 케인즈주의 종말은 시간문제였다.

1970년대의 통화주의와 신고전학파 경제학의 부상과 함께 강의나 연구 모두에서 경제학의 수학화는 보다 체계적이 되었다. 거시경제학은 몇 가지 이론적 요소, 특히 합리적 기대를 추가하고 일반균형 미시경제학으로 통합되었다. 합리적 기대는 개인주의적이고, 미래를 계산 가능한 위험으로 보는 관념에 근거하여 모형 일관성을 유지할 수 있었다. 1980년대에 실물경기변동론(RBC; Real Business Cycle)으로 인해 거시경제학은 미시적 거시경제학과 단기적 거시경제학 사이에서 더 극단적인 형태가 되게 되었다. 형식주의가 더 진행되면서 연구프로그램은 협소하지 않다면 더 수량적이고 더 독특하게 되었다. 거시경제학의 궁극적 목표는 (즉, 거시경제적 총량변승에 대한 관측된 통계적 특성인) '정형화된 사실에 맞추는' 것으로 바뀌었다. 그리고 몇 가지 뉴 케인지언 요소(시장 불안전성)가 추가되면서 실물경기변동론 패러다임을 수정하면서 1990년대 이후 나타난 합의에서 이러한 의제를 강화하게 되었다. 동태 확률적 일반균형(DSGE)패러다임의 규정하에서 거시경제학을 분석되었다.

동태 확률적 일반균형(DSGE)모형은 미시적 토대와 특정시점 뿐만 아니라 시간에 걸쳐서도 경제적 인간의 효용 극대화가 가능하도록 하게 하는 '동태적'맥락에서 신고전학파 원칙에 의한 일반균형으로 완전히 수렴하게끔 하는 수학모형을 비호하는 것이다. 장기 균형은 본질적으로

정태적인 반면(확률적 교란에 의해 움직여질 수 있지만), 단기 변동은 외적인 확률적 충격에 따른 최적 반응의 결과로 나타난다. 어떤 의미에서는 동태 확률적 일반균형(DSGE) 분석 틀을 그때까지 본질적으로 정태적이었던 1950년대 일반균형론의 균형의 동학적 성격으로 확장으로 볼 수 있다(파인(Fine)과 디마쿠(Dimakou), 2016, 1장). 학문 발전과 병행하여, 발전된 수학적이고 정량적인 기법은 특히 더 높은 수준의 경제학 강의에서 핵심이 되었고, 여기에는 재귀적 모형(recursive model)과 확률과정 분석뿐만 아니라 동태 계획법(수학적 최적화와 계산 방법 모두)이 포함되었다.

3.4 주류경제학 접근방법과 스미스(Smith), 리카도(Ricardo), 맑스(Marx) 및 케인즈(Keynes) 비교하기

일반적 믿음과는 반대로 수학적 형식주의는 경제이론화를 가져오는 유일한 방식이 아니다. 이것을 증명하는 다양한 학파와 경제학자들의 오랜 전통이 있다. 다음에서 우리는 고전학파 경제학자인 스미스(Smith)와 리카도(Ricardo), 맑스(Marx)와 케인즈(Keynes)의 접근방법을 간략하게 제시해본다.

3.4.1 스미스(Smith)

스미스를 고전학파 정치경제학의 개척자라고 간주하고 있다. 모든 고전학파 저자들은 정치경제가 다른 사회과학과 구분이 되지 않는 시대에 저술하였고 그 결과 정치경제라는 주제를 사회, 사회학적, 정치적, 역사적 그리고 심리적 차원과 분리하여 고려할 수 없다. 고전학파 저자들은 경제적이고, 비경제적인 담론, 역사적인 서술과 이론적인 논의 간의 구분을 쉽게 하기 위한 방법을 찾았고 그들의 주장 내에 사회적인 차원과 다른 차원을 담아내었다. 정치경제에 대한 이러한 이해(즉, 경제과학으로 협소하게 이해하는 것이 아닌 사회과학으로서의 경제학에 대한 이해)는 강조점은 다르지만, 그들이 취한 분석방법에도 반영되었다(밀로나키스(Milonakis)와 파인(Fine), 2009).

경제이론에 대한 스미스(Smith)의 접근방식을 다원주의라고 볼 수도 있고, 그렇지 않다면 동시에 절충주의라고 볼 수도 있다. 그는 연역적인 방법과 귀납적인 방법을 모두 사용해왔고 그의 논의에는 역사적, 이론적, 철학적이고도 사회적인 내용이 담겨있다고 인식되어왔다. "역사와 이론이 분리되어 있는 '국부론(The Wealth of Nations)'는 거의 한 페이지도 없다"(밀로나키스(Milonakis)와 파인(Fine), 2009, p.19). 그는 통합된 저서를 통해 사회과학에 대해 더 포괄적인 탐구를 하였다. 그리고 이것은 경제발전의 거시적 동학과 시장교환에 대한 미시적 이론뿐만 아니라 개인주의적(시장교환 이론) 및 전체론적(상품 분배)에 대한 추론 방식, 그리고 연역적이고 귀납적인 방법에 대한 다양하고도 명확한 시각을 조합하였다. 스미스는 추상적 / 연역적 방법을 사용했지만 수학을 사용하지도 공리적이지도 않았고 회히려 경험적 분석에 바탕하고 있었다. 동시에, 그는 실증적이고 역사적 기록들을 예시적 목적으로 사용하기도 했다.[4]

예를 들어, 노동 분업에 대한 자신의 연구주제를 주장하면서 스미스(The Wealth of Nations, p.10)는 핀 제조공정을 방문하여 자신이 관찰한 것에 관해 서술하고 있다.

> 한 명이 철사를 꺼내고, 다른 사람은 펴고, 세 번째 사람은 철사를 자르고, 네 번째 사람은 … ; 핀 머리를 만들기 위해서는 두세 가지 다른 조작이 필요하고; 그것을 한다는 것은 특별한 일이고, 핀을 표백하는 것은 또 다른 일이다; 그것을 포장하는 것 그 자체로 무역이다. 그리고 핀을 만드는 데 중요한 사업은 약 18개 별도의 작업으로 나누는 방식이다 … [평균 10명의 노동자로 구성된 공장]에서는 하루에 48,000개 이상의 핀을 만들었다. 그러므로, 각 사람들이 … 하루에 4,800개의 핀을 만드는 것으로 여길 수 있다. 그러나 만약 그들이 독립되어 개별적으로 일했고, 이 특별한 사업을 통해 교육받지 못했다면, 그들은 분명히 하루에 한 개의 핀도 만들지 못했을 것이다.

3.4.2 리카도(Ricardo)

다른 한편, 리카도는 스미스의 정치경제를 계승하면서 발전시킨 것으로 알려졌지만 최초로 방법론 상의 분열을 제공하면서 경제학의 추상적 / 연역적 방법을 발전시키는 동시에 전체론적 계급기반 접근법에 대한 헌신을 유지하였다. 리카도의 주요저서는 역사적, 경험적 언급이 거의 없으며, 연역적 방법을 통해 자신의 결론을 도출할 수 있는 추상화와 가상 사례들에 의해 과도하게 뒷받침되었다. 이러한 수치적 예 중 하나는 포르투갈이 잉글랜드에 비해 와인과 천의 생산에서 (비교적이 아닌) 절대적 우위를 점하고 있다는 것을 보여주는 가상 무역 환경설정이다. 슘페터는 제한적 가정을 통해 만들어진 단순한 가상 모형의 결과를 실제 문제에 해결하려는 이러한 경향을 '리카도주의자들의 해악(Ricardian Vice)'이라고 불렀다(밀로나키스(Milonakis)와 파인(Fine), 2009).

3.4.3 맑스(Marx)

맑스는 가치이론을 혁명적으로 재구성하면서 스미스와 리카도의 방법론에서 전체론적이고 추상적 측면을 끌어내고 있는 것으로 보여진다. 이와는 반대로, 한계주의는 고전적 정치경제학을 단절시키겠다는 목적을 가지고 스미스에게서 개인주의적 측면이 나왔고 리카도에게서는 연역적 접근방식(그리고 벤덤의 개인주의적 공리주의)이 탄생되었다고 보고 있다.

명시적으로 언급된 맑스 저작의 목적은 많이 인용된 문구 '철학자들은 다양한 방식으로 세상을 해석하기만 하였다. 그러나 문제는 '**세상을 어떻게 변화시킬 것인가**' 하는 것이다'(밀로나키

---

4 스코틀랜드 역사학파 일원으로서, 스미스의 역사적 접근은 예시적 성격뿐만 아니라 '철학적' 성격도 띠고 있었다.

스(Milonakis)와 파인(Fine), 2009, p.33에서 인용)를 통해서 살펴볼 수 있다. 이러한 목적을 달성하기 위해 맑스의 주요한 공헌은 자본주의 체제의 작동방식과 그 운동법칙을 설명한 것이었다. 맑스의 접근방식과 방법은 세 가지 체계 -고전학파 정치경제학, 독일철학, 그리고 프랑스 유토피아적 사회주의- 위에서 만들어진 것이다. 첫 번째인 고전학파 정치경제학에서 계속하여, 맑스는 노동가치론과 집단주의 추론방식을 취했고, 리카도의 추상모형을 확장하고 재개발했다. 두 번째인 독일철학을 통해 헤겔의 변증법과 포이에르바흐의 유물론을 가져왔지만 그것의 최종적 영향은 사회정의와 집단 소유의 대안 형태에 대한 그의 강조를 반영한 것이다. 맑스 이론화와 방법론이 가진 풍부한 근거들을 고려할 때, 우리는 그의 방법을 통상적인 귀납법 대 연역법이라는 분할로 설명하기 어렵다. 이것이 맑스주의 사상과 방법이 많은 분야의 연구 -예를 들어, 예술사, 문화연구, 철학, 사료편찬, 그리고 (경제학을 제외한) 모든 사회과학-에 영향을 준 이유일 것이다.

맑스는 변증법을 헤겔처럼 사상의 형성과 과정뿐만 아니라 전 세계에 대해 적용하였다. 즉, 자연, 역사, 그리고 의식이라는 세계를 경향과 반경향의 모순으로 인해 연속적 움직임으로서 변화하고 바뀌는 과정으로 설명한다. 이리하여 그의 방법론을 유물 변증법이라 하고 어떻게 세상의 진정한 본질이 정(正)-반(反)-합(合)의 과정을 보여주는지를 설명하고자 하였다(밀로나키스(Milonakis)와 파인(Fine), 2009).

맑스(맑스(Marx), 철학의 빈곤(*Poverty of Philosophy*), 제프리 필링(Geoff Pilling)이 인용한 것, 1980)는 (스미스나 리카도 모두에 대해) 고전학파 정치경제학의 이론적 구성이 (자연법으로 취급하는) 경제법칙과 그 범주에 부과되는 즉각성과 보편이라는 관점에서 '비역사적으로' 인식하고 있다고 비판하였다.

경제학자들은 부르주아 생산관계, 노동분업, 신용, 화폐 등을 고정된 불변, 영원한 범주로 표현한다 … 경제학자들은 앞서 언급한 관계에서 생산을 어떻게 하는가를 설명하지만, 그것을 탄생시킨 것은 역사적 운동이기에 이러한 관계 자체가 어떻게 만들어지는지를 설명할 수 없다. 이러한 범주들은 그들이 표현하는 관계처럼 영원한 것이 아니다. 그것들은 역사적이고 일시적 산물이다.

그는 자신의 저서에서 경험주의에 대해서도 비판하였다. 맑스는 특정시대 핵심에 있는 다양한 개념 및 관계 출현과 발전을 추적하고 설명할 필요가 있다는 전제에서 출발하였다. 따라서, 그는 탐구의 중요한 기법으로 추상화를 수용하지만, 그러한 추상화는 나중에 경험적 규칙성에 추가되는 '순수한' 혹은 형식적 일반화보다는 현실에 해당하는 실제 및 구체적 자료에서 나온 것이다.

맑스는 '가장 단순한 사회적 형태(가치형태)'인 상품으로부터 시작하여 모든 경제적 범주를 천천히 전개하고 이것들이 어떻게 성장하는지, 그리고 나서 낮은 수준의 추상화로 현실에 접근한다(제프리 필링(Geoff Pilling), 1980). 그는 전체론적, 유기적, 동태적 접근법을 따르며, 따라서 개념을 조직하기 위해 개인주의적 비역사적 분석뿐만 아니라 균형도 거부한다. 맑스의 분석은 사회를 서로에게뿐만 아니라 (구조, 관행, 제도 등으로 성된 자체인) 사회 전체적으로도 내적으로 관련된 총체적 시스템으로 보는 유기적 접근방식에 바탕하고 있다. 그러한 관계는 발전하고 있고, 기본적인 경제개념을 낳게 된다. 예를 들어, 맑스에게 '동태적(Dynamic)'이라는 단어는 (신고전학파) 주류경제학에서와는 꽤 다른 의미를 갖는다. 그것은 단순히 논리적 시간 경과나 균형의 변화를 의미하는 것이 아니다. 오히려 그것은 지속적으로 변화하고 발전하는 역사적 존재를 의미한다.

그의 (유물) 변증법적 논리는 특히 그 한계를 드러내는 수학적 형식논리와는 대비된다. 예를 들어, (어떤 진술이 참일 수도 동시에 거짓일 수도 있는) 모순 원칙과 관련하여, 형식논리는 그러한 오류를 배제하기 위한 것이다. 이와 대조적으로, 변증법적 논리는 현실의 발전을 배제시키기보다는 반영하면서 모순을 표현하고 이해하는 것을 목적으로 한다(제프리 필링(Geoff Pilling), 1980). 개념은 유동적이고 지속적으로 변화하여 추상화 역시 고정되어 있을 수 없다. 경제학에 대한 수학적 연역적 접근방식이 (그 자체로 현실에 대한 추상화가 하닌 형식논리에서 파생된) 형식논리와 고정된 범주에 기초한 만큼, 수학적 기법은 맑스의 구조와 방법을 포착하는데 적절하지 않다. 그렇지만, 맑스 경제학이 합리적 선택 원칙을 준수하는 분석 맑시즘(analytical marxism)의 수학과는 양립할 수 있다고 할 수 있을 것이다.

3.4.4 케인즈(Keynes)

케인즈의 경우에, 수학과 균형은 그리 중요하지 않다. 수학과 통계 / 계량경제학에 대한 그의 접근방식과 광범위한 이론적 생각은 (경제적, 사회적) 세계에 대한 그의 철학적 입장과 그것에 대해 그릴 수 있는 주장과 경제분석 목표에 대한 그의 견해와 관련되어 있다.

> 확실한 답을 제공할 기계나 맹목적 조작방법을 제공하는 것이 아니라 특정 문제를 생각하는 체계적이고 질서있는 방법을 우리 자신에게 제공하는 것이다 … 그것이 경제 분석 시스템을 공식화하는 상징적인 유사 수학적 방법이 가진 큰 잘못이다 … 그들이 관련된 요소들 사이에 엄격한 독립성을 분명히 가정 하고 만약 이 가설이 허용되지 않는다면 모형이 가진 모든 설득력과 권위를 잃게 된다 … 최근 '수학적' 경제학의 너무 큰 비중은 그들이 의존하고 있는 초기 가정만큼 부정확한 결합일 뿐이며, 이는 저자가 가식적이고 도움이 되지 않는 상징의 미로 속에서 현실 세계가 가진 복잡성과 상호 의존관계를 놓치게 된다(케인즈(Keynes), 1936년, pp.297-298).

달리 말하면, 케인즈는 경제이론화를 (발라스주의자 처럼) '순수'이론보다는 '목적 기반 이론으로서 보았다. 그리고 동시에 그는 비논리적인 수학적 분석 적용과 경제적 추론의 가장 많은 형태로서 수학적 분석이 늘어나는 것에 대해 비판적이었다(시릴 오도넬(Cyril J. O'Donnell), 1990). 케인즈의 이론적 혁신은 잘 알려져 있지만, 그에 비해 그의 철학적 토대에 대해서는 상대적으로 덜 알려져 있다. 간단히 말해, 케인즈는 부분의 합이 전체가 아니라는 전제로부터 그의 일반이론(GT)을 시작한다. 즉, 부분들의 행동을 전체 관계로 제약될 수 있고 전체는 그 자체로 분리된 활력이 존재한다는 것이다(하코트(Harcourt), 1992). 이리하여 그의 거시경제학적 관계는 개인들을 최적화하는 관계에 기반을 두지 않고 케인즈의 전체적이고 유기적인 방법은 케인즈가 공격하는 신고전학파 경제학보다는 고전학파 정치경제학자들뿐만 아니라 역사학파와 더 많은 것을 공유한다. 마찬가지로 중요한 것은 확률, 기대, 그리고 더 포괄적으로는, 계산 가능한 위험이 아닌 (세상 속에서 불가피하게 나타날 수밖에 없는) 근본적인 불확실성과 관련되어 있다는 것이다. 케인즈(J. M. Keynes, *Collected Writings* 1973 XIV 112와 122)는 비수치 확률을 진지하게 고려한 최초의 사람 중에서 이것들이 실제의 삶에서 나타나는 주요 확률형태라고 생각한 사람이었다.

> 확률의 계산은 … 불확실성을 확실성 자체와 동일하게 계산 가능한 상태로 바꿀 수 있어야 한다 … 이렇게 잘못된 유리화는 벤담 미적분학(벤담의 쾌락계산법(Felicific calculus))의 계통을 따른 것이다. 미래를 계산 가능하다고 하는 가설은 우리가 채택해야 하는 행동원칙에 대해 잘못된 해석으로 이어지고 있다.

달리 말해 경제가 불확실한 미래를 향한 역사적 과정이라 할 때 최적화 행위는 부적절하고 의심할 나위 없이 중요한 기대는 개인적일 수도 합리적일 수도 없다. 차라리 그것은 집단적 신념, 관습 그리고 과학적인 방법보다 오히려 경험적인 방법에서 도출된 일반적인 수단이나 방침을 반영한다. 결국, 이렇게 개인적인 (현재와 미래에 관련한) 최적행위를 반영한 수학적 기법이나 모형은 거의 쓸모가 없다.

특히 케인즈가 일반이론(GT)을 저술하는 동안, 철학과 자신의 방법론에 대한 이해와 변화를 통해 케인즈의 사상을 살펴볼 수 있다(밀로키스(Milonakis)와 파인(Fine), 2009). 케인즈 부친과 마샬의 영향을 차치하더라도, 케인즈는 캠브리지 철학자 집단(버틀란드 러셀 (B. Rusell), 조지 에드워드 무어(G.E. Moore), 루드비히 비트겐슈타인(L. Wittgenstein), 피에로 스라파(P. Sraffa), 프랭크 램지(F. Ramsey))으로부터 많은 영향을 받았다. 케인즈 철학적 입장 변화는 1930년대 특히 러셀의 (원자론적이고 연역적 방법론에 기초한) 분석철학을 점차 거부하고 멀어지면서 철학적 문제의 대부분은 언어의 일상적 용법을 명확히 알지 못해서 생기는 것이라고 보는 무어의 상식철학과 비트겐슈타인과 더 많이 관련되면서 그의 사고에 상당한 변화가 발생했다. 그렇게 하면서, 케인즈는 (일상 언어와 비교하여) 정확성을 얻기 위한 기호로 환원한 분석능력과 복잡한 실체를 단순한 수준으로 환원시킬 가능성에 대해 의구심을 제기한다. 동시에, 그는 인생의 모호성과 불확실성을 반영하는 수단으로 개념이 모호하다는 생각을 수용한다. 이러한 견해는 경제학에서 수학과 계량경제학 적용 가능성에 대한 그의 회의론, 변함없는 의미에 대한 그의 불신, 공간적이고 시간적으로 동질 하다는 것, 그리고 (일반이론에서) 경제개념의 모호성과 근본적 불확실성에 대한 그의 반복되는 언급을 모두 반영하고 있다. 예를 들어, 수학에서 요구하는 단순화와 정확성은 결국 개념을 무의미하게 만들 수도 있다. 그리고 그에게 '엄격하게 형식을 갖추려고 하는 저자들이 그렇게 실질적인 것을 갖고 있다'고 하는 반면 경제학을 연구하는 사람들은 수학적 증명이나 법률적 문서를 쓰는 것이 아니다'(밀로나키스(Milionakis)와 파인(Fine), 2009, p.277에서 인용).

케인즈는 자신의 담론에서 공통적이고 추상적인 개념, 귀납적이고 경험적인 증거, 경험으로부터 얻은 사실과 상식적 논리로부터 얻어 된 수사적 주장을 사용한다. 그는 또한 수학적 표현(그리고 도표)을 사용하여 명확하게 설명하지만, 수학이 본질을 대체하거나 정확한 수치 크기를 나타내는 것이 아니라 '주'가 되는 것을 허용하지 않았다. 수학적 추론은 수치적 성격보다 상징적 성격이 도움이 되기 때문이다(오도넬(O'Donnell)에서 인용, 1990, p.43, 케인즈(Keynse), 1932).

> 이 [유동성 선호에 대한 방정식]과 앞의 방정식은 ρ 등이 숫자의 복합체를 나타내며 그 자체가 숫자가 아니기 때문에 객관적이 방정식이 아닌 기호이다.

그런 의미에서, 일반이론에서는 그의 철학적 관심과 상호의존이라는 유기적 통합이라는 경제에 대한 그의 견해를 드러낸다. 이와 같이 정책 권고안에서 중요한 의미가 있는 열린 체제를 이론화하는 것으로 볼 수 있다(칙(Chick)과 도(Dow), 2005). 이런 개방성은 내부적 정합성을 만족시키면서 균형해법을 제공하는 것을 목적으로 하는 폐쇄형 체제에 기반한 주류경제학 내에서 개발되고 있는 모형에서는 부재한 비경제적 요인, 미시적 요인과 거시적 요인 간 상호작용 및 시간의 처리와 같이 많은 차원을 가지고 있는 것으로 볼 수 있다. 그렇게 함으로써 (케인즈(Keynes), 1936, p.3)

> 신고전학파 이론의 … 성격은 우리가 실제로 살고 있는 경제사회의 성격에 부합되지 않는다. 그리하여 결국 우리가 그것을 경험의 사실에 적용하려 한다면 경제에 대한 가르침은 오해의 소지가 있고 재앙을 야기할 수 있다.

3.5　결론: 경제학에서 수학 통합과 그것이 갖는 함의

경제학의 수학화 과정은 오랫동안 경제학의 성격에 영향을 미쳐왔다. 주류경제학이 경제사상의 지배적 학파로 등장했다는 사실은 역설적으로 적용 범위는 좁지만 적용 가능성은 더 넓어졌다는 것을 의미한다(16장 참고). 다음으로 경제분석에서 수학적 추론이 우세해진 것과 관련하여 제기되는 다양한 비판을 내세우면서 이러한 함의에 대해 살펴본다.

첫째, 경제학은 보다 기술적이고 연역적인 반면, 경제학이라는 학제의 정통성은 조사 방법의 어떤 형태나 방법에 대해서도 적대적이어서 경제학 연구의 타당성 기준을 형식적인 수학적 추론 방법에 따를 경우 만으로 설정하고 있다[**경제학의 성격과 학제 연구방법의 괴리 발생**]. 모형의 형태로 엄격한 이론을 생각하고 가르쳐야 한다. 경제이론을 모형 구축과 동의어가 되었다. 모형구축은 먼저 일련의 가정을 설정하고, 원초적 개념과 개인행동에 관해, 다소 한계주의 원칙에 기초하여 결과를 도출하기 위해 논리적 수학적 추론을 사용한다. 다른 형태의 조사를 (경제적이거나 비경제적이거나) 수학적 형태로 수정할 수 없는 요소와 함께 '비과학적'이라 하여 제외한다.

둘째, 경험적 검증에 대한 독특한 접근법과 함께 수학적인 형식 이론과 증거 사이의 분리 또는 절충적 연관성이다. 연역적 이론에 기반한 모형은 주로 사후적 방식으로 '데이터에 대응'되는 것이어야 한다. 데이터 수집과 데이터 분석을 통해 명확해질 수 있다. 이것은 (주로 정량화 가능한 측정의 관점에서) 관찰이 진행되는 방식과 이론 관련한 방식을 모두 포착하여 어떤 형태의 오류 실험을 하게 된다. 이것은 모형을 단순히 실험 가능한 가설을 생산하기 위한 도구로 생각한 프리드만(1953)의 실증경제학 방법론의 영향에 따른 반향이다. 단지 수단으로서 가설이 가진 사실성은 중요한 것이 아니다. 중요한 것은 사후 실험을 통한 실증적 논박에 적절한 가하는 것이다. 이것은 프리드만의 유명한 격언으로 설명될 수 있다. '진정으로 중요하고 의미 있는 가설은 현실을 부정확하게 묘사하고 있는 "가정"을 통해 발견할 수 있고, (이러한 면에서) 일반적으로 의미있는 이론일수록 가정은 더 비현실적이다'(프리드만(Friedman), 1953, p.14).

이러한 두 가지 주요한 시사점은 (i) 가정의 비현실성, (ii) 개인 행동 / 동기가 현실적이지 못함, 그리고 (iii) 현실세계 문제와의 연관성, 따라서 적절성을 고려하게 되면 경제학 수학화에 대한 근본적 비판 토대를 형성하게 된다.

1950년대 이후 수학적 모형 구축은 현실을 표현하지 않을 뿐만 아니라 관심도 없어졌고, (현실을 도외시한) 모형 자체적인 요구나 의문사항만을 다루게 되었다. 모형 내부적인 (수학적인) 일관성이 현실이라는 외부요인과 일치하는 것보다 더 중요하게 다루어지게 되었다. 이러한 면에서 독특하지는 않지만 애로우(Arrow)와 드브루(Debreu)는 일반균형 존재를 증명하면서 일반균형이 다룰 수 있는 것과 일반균형에서 배제하는 것, 일반균형을 요구하는 것과 필요로 하지 않은 것 모두에 대해 증명하고 있다는 것은 시사하는 바가 있다. 규모수익 체증이 존재하지 않고, 모든 상품 및 용역에 대한 높은 수준의 대체 가능하고, 모든 상품 및 용역에 대한 선물시장의 존재하는 등과 같은 엄격한 가정하에서 이러한 증명이 이루어지게 된다. 그럼에도 내용을 지배하는 형태를 절대적으로 선호하는 우아한 해를 다루기 용이하다는 점으로 인해 해가 존재하는 것을 보장하는 데 필요한 조건이 현실적이지 않다는 점을 가려버리게 된다. 더구나, 일반 균형해를 찾으려는 노력에 따른 두 가지 추가적인 내적 문제인 발견된 일반균형의 **유일성**과 **안정성** 문제는 제한적으로만 성공적이었다. 특히 안정성에 대해서는 분석이 균형이 역사적인 시간을 무시하면서 발생할 수 있다는 것이 무시되었다. 특히 안정성의 경우, 이 분석은 역사적 시간 속에서 균형이 어떻게 발생할 수 있는지를 고려하지 않는다. 그럼에도 불구하고, 일반 균형 존재에 대한 증명은 전제가 경험적으로 타당한지 혹은 현실에 적용하는 것이 유용한지 여부보다는 (수학적 형식 및 추론이 가진) 엄밀성 때문에 경제학의 과학적 방법 중에서 가장 높은 순위를 차지하고 있다는 것이다(즉, 현실을 설명하는 능력보다는 논리적 정합성을 우선시하고 있다는 의미이다). ((있다면) 어떤 조건에서 모든 시장을 청상하는 해(상대가격 벡터)가 존재하는가?)라는 탐구에 대한 몰두로 인해 그 질문과 답변이 현실 경제 체제나 과정과 어떻게 관련되어 있는지에 대해서는 관심이 부족하게 된다.

현실 설명능력이 부족한 상황에서 수학적 형식주의를 유지해야 한다는 부담 외에도 경제학을 '과학적'지위로 부각시키려는 점점 더 협소해진 방법으로 인하여 다른 사회과학과 구별되게 하는 동시에 경제학의 주제와 실체적 내용을 협소하게 되는 대신 보편적으로 적용될 가능성을 증가시켰다(16장 참고). 그러나 경제학이 다루는 주제가 협소해지는 것은 수학적인 연역적 추론의 결과 때문만은 아니다. 수학 자체는 정말로 설명과 메커니즘을 명확히 할 수 있는 측면이 있지만, 수학 모형을 통해 분석할 수 있는 것에는 한계가 있다. 이것은 개념, 분석 범주화 및 개념들 간 관계에도 동일하게 적용된다. 주류경제학의 수학적 공식화는 사회현상과 개념을 엄밀한 이론적 전제에 맞도록 축소할 것을 요구하며 이에 대해 구체적이고, 보편적이며 측정 가능한 정의를 부과한다. 또한, 체계적 요인, 사회적 동기, 계급적 이익 및 과정을 모형화하는데 있어서 이러한 요소를 제거하고 본래 의도한 의미의 내용을 협소하게 하지 않고서는 본질적으로 어려움이 존재한다. 반면, 케인즈는 개념의 '모호성'을 정확한 측정이 불가능한 것이 아닌 경제적 삶의 불확실성과 시간, 공간, 맥락에 따라 개념이 의미 변화되는 것을 통합하는 수단으로 받아들였다. 그리고 맑스는 개념과 관계가 보편적 본질이 있다는 것을 거부하였고, 그것들은 생산양식의 사회적 관계에 따라 역사적으로 결정되는 것이라는 사실을 도입하였다.

그 이상의 비판은 주류경제학의 초역사적이고 보편적 전제 및 수학 모형을 통한 주류경제학 표현과 관련 있다. 수학 함수는 체계적 과정과 사회변화가 특징이 열린 체계에서 발생하는 사회현상과 관계에서 발견될 가능성이 낮은 보편성과 안정성을 의미한다. 그러나 사회 현상의 이론적 전제는 오로지 개인의 최적화 행동에서 파생된 것이기 때문에 수학적 분석을 통해 분석하는 것이 실용적이다. 형식주의 혁명의 경우, 특정형태의 수학 모형에 대한 헌신은 특정형태의 이론적 개념적 내용이라는 것을 나타낸다(로손(Lawson), 2015). 실증적 도구주의 확대와 관련하여, 많은 측면에서 (추정과 가설검증을 통해) 이론적 예측을 실증적으로 검증하는 토대에 문제가 존재한다. 첫째, (데이터라는) 증거는 이론에서 자유롭다고 가정한다는 것이다. 그러나 이것은 이론적 진공 상태에서 증거가 수집되지 않았기에 정확한 것이 아니다. 이론적으로 자유로우려면 이론적 편견과 상상이 존재하지 않는 상태에서 증거를 수집해야 한다. (명시적이거나 암묵적인) 분석 범주를 기반으로 하여 측정 틀이 만들어진다. 예를 들어, GDP에 포함되거나 포함되지 않는 것은 무엇인가? 어떻게 부패, 신뢰 (혹은 행복, 고통) 지수를 수량화하고 구성하는가? 측정 문제를 넘어 계량경제학의 발전에도 불구하고, 예를 들어, 거시경제 데이터의 특성을 드러내기 위해 적용되는 통계적 방법은 그러한 방법으로 연구할 것을 요구하는 이론에 의존한다. 예를 들어, 시간 경과에 따른 GDP 변화가 장기적이고 지속적인 특성을 갖는 추세와 순환적 특성을 갖는 요소로 분해할 수 있다는 전제에서 시작하여 우리는 어떻게 순환적 변화로부터 장기적인 추세를 도출할 수 있을까? 그렇게 할 필요성과 방법은 모두 단기와 장기에 대해 간주한 이론적 차이와 그 관계에 달려있다. 간단히 말해, 데이터는 당연한 것도 객관적인 것도 아니고 외생적으로 주어진 것도 아니다. 이러한 점이 '순수'경제학 내에서의 실증적 성격과 규범적 성격을 구분하는 것과 관련되어 있다. 둘째, 보다 근본적 차원에서, 주류경제학이 전면으로 끌어올린 이러한 실증적 경험주의는 어떤 측면에서 리카도의 접근방식과 그것에 대한 맑스의 비판과 관련되어 있다('주류경제학 접근방식과 스미스, 리카도, 맑스 및 케인즈 접근방식 대조하기'라는 절 참조). 이론(모형)과 그것이 '나타남'(오늘날 우리가 '정형화된 사실'이라고 부르는 것)과 얼마나 잘 일치 하는지에 대한 예측을 사용하고 판단하는 것을 그러한 모습을 뒷받침하는 진정한 사회 관계 발견에 대한 선입견보다 예측력에 집중하고 있다는 것을 의미한다.

그럼에도 경제분석에 대한 이러한 접근은 '경제학이 어떻게 그렇게 수학적이 되었는가?'라는 절에서 설명한 것처럼 신고전주의 경제학, 실물경기변동론(RBC), 동태적 확률 일반균형(DSGE)모형 등장과 더불어 극단으로 가게 되었다. 앞서 논의한 비판의 전부는 아니더라도 대부분은 지배적 패러다임이 부적절하다는 것을 강조한 2007~2008년 글로벌 금융위기(GFC)가 크게 작용하였다. 실제로 동태적 확률 일반균형(DSGE)모형은 위기발생 가능성이나 영향은 고사하고 위기 발생확률에 대해서도 아무것도 말하지 못했다. 신 합의 거시경제학(NCM)이 금융위기 관련 문제에 해답을 제시하지 못한 이유는 간단하다. 구성상, 뉴케인지언 동태 확률적 일반균형(DSGE)모형은 파산, 지불능력, 심지어 유동성 문제 발생 가능성을 배제하고 있다. 금융부문을 수동적인 중개역할을 하는 것으로 가정하고, 거시경제 안정성은 단순히 인플레이션 안정성(소위 신에 의한 우연성)의 결과라고 가정하였다. 신 합의 거시경제학(NCM)의 가정은 위기가 전면에 제기한 관련 문제 전부는 아니더라도 제기된 많은 것들에 대해 배제하고 있다. 보다 일반적으로 말하면, 주류경제학에서 채택된 개념과 방법은 주류경제학 이론의 시사점과 결론, 그리고 그러한 접근방식으로 도출할 수 있는 권고의 범위와 성격 모두에 있어 중요한 것이다. 혹은, 폴 크루그먼(P. Krugman)의 말을 인용할 수 있다. '경제학자들이 집단적으로 아름다움을 인상적으로 보이는 수학이라는 외피를 입고, 진실로 착각했기 때문에 경제학자들은 길을 잃었다...'(크루그먼(Krugman), 2009).

그럼에도 불구하고, 그리고 '경제학의 위기'에 대한 학계 일부의 비판적인 성찰에도 불구하고, 더 면밀한 검토는 글로벌 금융위기(GFC)에 대한 대응으로 기껏해야 가벼운 재고려만 보여줬을 뿐이며, 동태적 확률 일반균형(DSGE)모형에 추가시킴으로써 이전에 무시되었던 현실의 일부, 특히 금융부문, 혹은 불평등 및 실물부문의 경직성을 포함하려는 시도가 있었다. 더욱이, 방법론적 입장에서는 복잡해지더라도 수학적인 연역적 추론방식에 대한 헌신은 바뀌지 않았으며, 본질보다는 기법을 우선시하는 것은 그대로였다. 이러한 것은 (특히 경제학에 대한 재판단을 통해) 학생들의 불만과 교과 과정을 부분적으로 조정하였지만, 수학적 해결이 경제에 대한 본질적 이해에 비해 더 관심을 받고 있는 교육현장에서 여전히 두드러진다.

토론거리 및 세미나 활동

■ 논의

  수학을 어떻게 하는지 이해하지 못하고 경제학자가 되는 것이 가능할까?

■ 토론거리

  • 여러분은 경제학이 수학을 진리라고 오인하였기 때문에 잘못되었다는 크루그먼의 말에 동의하는가?
  - 경제학의 수학적 접근방식이 가진 주요한 한계는 무엇인가?

참고문헌

Arrow, K.J., & Debreu, G. (1954). Existence of an equilibrium for a competitive economy. *Econometrica*, 22(3), 265-290.

Backhouse, R. (2002). *The Penguin history of economics*. London: Penguin. Blaug, M. (1998). Disturbing currents in modern economics. *Challenge*, 41(3), 11-34. Blaug, M. (2003). The formalist revolution of the 1950s. *Journal of the History of Economic Thought*, 25(2), 145-156.

Chick, V., Dow,S. (2005). The meaning of open systmes. *Journal of Economic Methodology*, 12(3), 363-381.

Debreu, G. (1959). *Theory of value: An axiomatic analysis of economic equilibrium*. New York: Wiley.

Fine, B. (1980). *Economic theory and ideology*. London: Edward Arnold.

Fine, B., & Dimakou, O. (2016). *Macroeconomics: A critical companion*. London: Pluto Press.

Friedman, M. (1953). *Essays in positive economics*. Chicgo/Cambridge: Chicago University Press/Cambridge University Press.

Harcourt, G.C. (1992). On Keynes's method in economic theory. In M. Sebastiani(Ed.) *The notion of equilibrium in the Keynesian theory*. London: Palgrave Macmillan.

Keynes, J.M. (1936). *The general theory of employment, interest and money*. London: Palgrave Macmillan.

Krugman, P. (2009). How did economists get it so wrong? *The New York Times*. www.nytimes.com/2009/09/06/magazine/06Economc-t.thml?_r=1&emc=eta1.

Lawson, T. (2015). *Essays on the nature and state of modern economics*. London: Routledge.

Milonakis, D. (2017). Formalising economics: Social change, values, mechanics and mathematics in economic discourse. *Cambridge Journal of Economics*. 41(5), 1367-1390.

Milonakis, D. & Fine, B. (2009). *From political economy to economics: Method, the social and the historical in the evolution of economic theory*. London: Routlege.

Mirowski, P. (1991). The when, the how and the why of mathematical expression in the history of economic analysis. *Journal of Economic Perspectives*, 5(1), 145-157.

O'Donnell, R.M. (1990). Keynes on mathematics: Philosophical foundations and economic applications.*Cambrdige Journal of Economics*, 14(1), 29-47.

Pilling, G. (1980). *Marx's capital: Philosophy and political economy*. London/ Boston: Routledge & Kegan Paul.

Screpanti, E., & Zamagni, S. (2005). *An outline of the history of economic thought*(2nd ed.). Oxford: Oxford University Press.

von Neumann, J. (1947). The mathematician. In R. Heywood(Ed.), *Works of the mind*. Chicago : University of Chicago Press.

RECHARTING THE HISTORY OF **ECONOMIC THOUGHT**

상품을 어떻게 생산하는가?

Susan Newman

4.1 들어가며

아담 스미스는 국가 부의 기원을 **노동 분업(the division of labour)**이라는 조직에 근거한 생산의 규모와 범위의 확장을 통해 가능해진 자본의 빠른 축적에서 찾았다. 그러므로 자본주의 발전에 대해 스미스, 밀, 맑스와 같은 초기 정치경제학자들이 상품이 어떻게 생산되는지에 대한 문제에 관심을 갖는 것은 놀랍지 않다. 실제로 경제학 내에서 다른 학파 사상을 다음과 같은 질문에 대한 답변의 정도와 답변 모두를 통해 구분한다.

상품을 어떻게 생산하는가? 무엇이, 어떻게, 얼마나 생산되는지를 누가 결정하는가? 이러한 결정을 어떻게 내리는가? 경제에서 생산은 어떤 역할을 하는가?

1870년대 한계주의 혁명은 기존 경제사상과 단절시켰고 이와 함께 신고전학파 경제학의 부상으로 관심이 생산과정에서 시장 교환으로 옮겨지게 되었다. 우리가 더 논의하겠지만, 경제이론의 중심개념이 생산조직과 관련된 노동의 사회적 분업(social division of labour)에서 선택(choice), 계약(contract), 교환(exchange)으로 바뀌게 되었다. 경제학을 공부하는 학생들은 점점 더 기업이 조직으로 표현되기보다는 비용과 수익곡선의 집합으로 표현되는 것을 보게 되었다. 더구나, 한계주의 혁명은 가치가 (상품 생산에 사용된 노동력에 의해 상품 가치가 만들어진다고 보던) 노동과정을 통해 가치가 형성된다고 보았던 것을 (상품은 누군가가 기꺼이 지불한 만큼의 가치가 결정된다는) 소비자의 주관적 판단에 의해 가치가 결정된다고 보았다(5장 참고). 이러한 경제사상의 방향전환은 시장교환과 소비자 선택이론에 대한 17장에 달하는 설명이 상품이 어떻게 생산되는지에 대한 논의보다 앞서 나오는 배리안(Varian)(2010)의 중급 미시경제학(*Intermediate Microeconomics*)과 같은 미시경제학 표준 교과서를 살펴보면 분명해진다. 생산이라는 주제를 다루면서, '기술(Technology)(18장)', '이윤 극대화(Profit Maximisation)(19장)', '비용 최소화(Cost Minimization)(20장)', '비용 곡선(Cost Curve)(21장)', '기업 공급(Firm Supply)(22장)', 그리고 '산업 공급(Industry Supply)(23장)'을 통해 논의한다. '생산(Production)'이라는 제목이 붙은 배리안 책(2010) 32장에서는 생산과정에 대한 실질적 논의를 담고 있지 못하고 그보다는 일반균형 틀 속에서 생산수준에 대한 고려만 다루고 있다.

고전학파 정치경제학자들과 신고전학파 경제학자들 간 생산에 대한 이해와 경제에서 생산의 역할에 대해 극명한 차이가 존재하는 것뿐만 아니라 정통이론에 대한 이론적 비판뿐만 아니라 생산조직의 변화에 대응하기 위해 기업과 생산에 대한 다른 많은 이론들이 나타났다. 국부론을 집필할 당시 영국의 산업혁명은 여전히 태동기였고 스미스는 주로 개인 소유권을 중심으로 조직된 소규모 기업들의 생산 구조조정을 관찰했을 것이다. 주식회사가 지배적 형태의 산업 기업으로 되기까지는 그 이후 100년이 더 걸렸을 것이다. 이러한 생산 집중은 맑스의 생산과 자본주의 기업 분석에 영향을 미쳤다. 글로벌 생산 조직에서 수직적으로 통합된 다국적 기업(MNCs)이 지배적인 현재는 이 장에서 검토할 기업의 계약이론과 이후 역량이론의 맥락을 형성했다. 1990년대 이래 생산 및 글로벌 무역 조직에서 다국적 기업의 지속적인 우위에 따른 생산이 전 세계 수많은 소기업들을 포함할 수 있도록 생산공정의 분해와 아웃소싱이 증가하면서 생산 리스트럭처링의 새로운 흐름을 보였다. 초국적 공급망 증가를 통해 생산은 여러 국가의 국경을 넘어 확장되는 것을 보았다. 이러한 변화로 인해 세계 경제 생산을 이해할 수 있는 '새로운' 개념 출현을 촉진하게 되었다. 이 장에서 생산을 이해하기 위한 다양한 이론적 접근방식의 내적 논리와 더불어 생산 자체가 글로벌 경제 수준에서 구조조정이 되고 있을 때 새로운 사상이 어떻게 나타났는 지를 살펴볼 것이다.

4.2   신고전학파 생산이론

상품이 어떻게 생산되는가에 대한 신고전학파 접근은 멩거(Menger), 클라크(Clark), 그리고 이후의 빅셀(Wicksell)과 같은 한계주의 학자들 연구에서 기원한다. 이러한 이론가들은 기업이 활용된 투입재의 양과 생산된 산출재 양을 어떻게 결정하는지를 나타내는 생산함수라는 생각을 개발하였다. 신고전학파 생산이론에 따르면, (무언가 뚜렷한 제도적 형태로서 기업이 구성되는지에 대한 문제는 향후 다시 다루겠지만) 기업만이 이윤을 극대화하기 위해 생산을 하고 그렇게 한다. 기업을 뚜렷이 구분되는 단일한 개체로서 취급하는 방법론적 개체주의(methodological individualism)이라는 접근방식으로 진행하기 위해 유일한 소유권이 형성되어 있는(주식회사 형태가 아닌) 소기업으로서의 기업을 보는 시각을 가지고 접근한다. 이러한 견해가 고전학파 경제학자들이 이론화한 역사적 맥락을 반영하고 있는 반면에, 그러한 주장의 목적은 개별기업을 아무 문제없이 산업 부문차원으로 통합시키려는 데 있다. 이러한 방식으로 전체적인 경제를 대표적인 기업처럼 행위하는 총생산함수로 모형화할 수 있다.

　　기업은 이윤을 추구하기 위한 생산을 끊임없이 할 수 없다. 수많은 제약에 직면하게된다. 우선, 투입재와 생산요소의 비용과 생산에 따른 상품의 가격을 결정하는 시장의 힘에 의해 제약받는다[**시장의 힘에 의한 제약**]. 다음으로, 경쟁기업의 행태로 인해 의사결정이 영향을 받기도 제약되기도 한다[**경쟁자의 행태로 인한 제약**]. 신고전학파 생산 이론을 소개 차원으로 개관하는 대부분의 교과서에서는 완전경쟁을 강조하기 위해 이러한 두 가지 제약을 제쳐두고 있다. 기업은 투입물이나 자신의 산출물 시장에서 모두 가격수용자이다. 만약 경쟁자보다 높은 가격을 부과한다면 모든 매상을 상실하게 되고 낮은 가격을 부과하면 잠재적 이윤이 줄어들게 된다. 이리하여 신고전학파 이론은 제3의 제약인 '기술'문제에 관심을 갖게 된다.

4.2.1　생산함수

자연상태는 투입재로부터 산출물을 생산할 수 있는 실행 가능한 방법인 제약을 부과한다. 그리고 가능한 기술선택이 존재한다(Varian, 2010, p.332)

지배적인 '기술'이 모든 가능한 투입과 산출의 조합을 가져오고 이것이 바로 **생산 집합**(production set)이다. 이 집합의 바깥 면이 생산함수로 주어진 투입재로 최대의 산출물의 조합을 의미한다. 생산 집합은 외생적으로 결정되지만 **생산 기술**(technique of production)이라고 알려진 주어진 산출물 수준을 생산하기 위한 특정한 투입재 조합을 선택하는 것은 기업이 자유롭게 한다. 사용 가능한 생산기술을 등량곡선(isoquants)으로 표현한다. 도표상의 등고선은 같이 증가하는 경도와 위도의 조합으로 그려지는 방식으로, 등량곡선은 주어진 산출수준(y)를 생산하는데 충분한 투입재 (x_1, x_2, ...)의 다른 조합을 연결한다. 그림과 그림에서는 모양 상으로는 볼록하고 어떤 점에서도 교차하지 않는 '잘 형성된(well-behaved)' 등량곡선을 묘사하고 있다.[1] 등량곡선상의 각 점은 주어진 산출량 수준을 생산하는 생산기술을 나타낸다. 예를 들면, $f(x_1, x_2) = f(z_1, z_2) = y_1$ 같은 것이다. 방정식 (4.2)과 그래프로 표현된 그림 4.1의 많이 인용되는 '잘 형성된' 등량곡선의 예는 콥더글라스 생산함수로부터 얻어진 것이다.

$$f(x_1, x_2, x_3, ...) = y \tag{4.1}$$

여기서 x_i는 특정기간에 사용되는 투입재 수준이고 y는 생산된 산출물 수준이다.

$$f(x_1, x_2) = Ax_1^a x_2^b \tag{4.2}$$

여기에서 a와 b는 각 투입재의 변화에 따른 산출량 수준을 나타낸 것이고 A는 생산의 규모이다.

---

1 이것은 5장을 읽으면 명확하게 되는데 여기서 말하는 등량곡선은 신고전학파 소비자선택이론에서 중요한 무차별곡선과 유사하다. 마찬가지로 생산함수는 효용함수와 유사하고 기업의 이윤 극대화 과정은 개별 소비자의 효용 극대화와 분석상 구분이 되지 않는다. 신고전학파 이론은 소비와 생산이라는 문제에 같은 기술적 장치를 사용한 것이다. '잘 형성된' 등량곡선과 선호라는 개념에는 어떠한 규범적인 내용도 포함하지 않고 있다. 단순히 이론 작동방식에 대해 잘 형성되었다는 것이다.

결국, 각 투입재 한 단위를 사용하여 얼마나 많은 산출물을 얻게 되는 것으로 A는 주어진 투입재 규모에 대한 산출물의 비율적 증가를 나타내는 계수로 정성적인 기술변화를 나타낸다.

보통, a와 b는 $a + b = 1$에서 선택된다. 이러한 방식의 생산함수를 (모든 투입재를 일정한 비율로 늘릴 때 산출량도 일정한 비율 증가하는 생산기술인) 규모수익 불변(constant returns to scale)과 단일 생산요소에 의한 수익체감(즉, 다른 생산요소는 일정하기 유지하

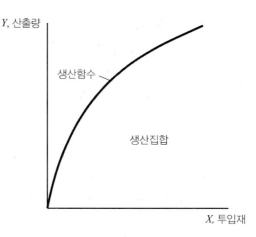

그림 4.1 신고전학파 생산함수

는 반면 한 생산요소를 증가시키면 언급한 투입재 양을 증가시키면 산출물의 증가가 감소된다는 의미)이라고 한다.

현실에서 규모수익 불변(constant returns to scale)이라는 가정을 많은 기업들에게 존재하는 고정된 생산요소와 고정비용 때문에 유지할 수가 없다. 특정한 기술마다 가능한 최소 생산량이 존재하고 일반적으로 이러한 최소 생산량 이하로 생산을 줄이는 것은 불가능하다.

예를 들면, 기업이 두 개의 공장을 하나로 줄이는 것은 가능할런지 모르지만 한 개의 공장을 절반의 공장으로 줄이는 것은 불가능할 수도 있다. 현실에서, 생산공정은 흔히 규모수익체증을 보이거나 어떤 경우에는 체감하는 경우도 있다. 이론의 여지가 존재하는 비현실적이긴 하지만, 규모 수익불변이란 가정은 다른 생산량

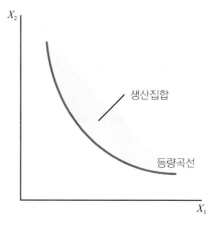

그림 4.2 볼록한 등량곡선은 생산자가 사용할 수 있는 생산 집합을 보여줌

에 대한 등량곡선이 단순히 각각 생산 규모에 따르는 동조적인 생산 집합을 허용한다.

신고전학파가 생산을 이해하는 방식에서 기술이 중심인 반면, 우리는 일반적으로 기술에 대해 매우 다른 방식으로 이해하고 있다. 신고전학파 모형 내에서는 기술 혹은 기술변화가 모두 협소하게 생산성을 향상시키는 산출물의 수량적 변화를 가져오는 것으로 이해하고 있지만, 공학이나 과학적 지식을 넘어서는 폭넓은 변화도 존재한다. 예를 들어, 여기에서 기술은 노동자와 경영자간의 관계, 노동자 간의 관계, 그리고 최저임금제, 보건 및 안전, 노동시간에 대한 제약, 그리고 노동조합이나 노동자조직에 대한 법적 인식을 포함한 기업이 작동되는 제도적 틀을 포함하는 것이 보다 일반적이다.

기업은 수입(가격 × 생산물 판매량)과 생산비용 간의 차이인 이윤을 극대화하는 산출수준에서 생산을 선택한다. 개념상의 완전경쟁 환경에서 기업을 가격 수취자라 할 수 있고 그것은 이윤을 극대화한다는 것은 비용을 최소화한다는 것과 유사하다는 의미이다. 이러한 문제를 수학적으로는 다음과 같이 나타낼 수 있다.

$$\min_{x_1,\ x_2} w_1 x_1 + w_2 x_2$$

생산함수가 부과하는 기술적 제약에 대해

$$f(x_1,\ x_2) = y$$

여기에서 x_1와 x_2는 두 개의 생산요소(예를 들어, 자본과 노동)이고 w_1과 w_2는 그 가격 (예를 들어, 임금과 이자율)이다.

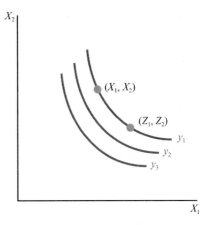

그림 4.3 주어진 생산물 수준을 생산할 수 있도록 다양한 투입재 조합을 제공하는 잘 행동하는 등량곡선 조합. $f(x_1,\ x_2) = y_1$ 및 $y_1 > y_2 > y_3$.

이러한 활동을 통해 생산요소 가격이 $(w_1,\ w_2)$일 때, 산출물 y단위만큼 생산하기 위한 최소비용을 측정한 비용함수 $c(w_1,\ w_2,\ y)$를 산출한다. 콥더글라스 생산함수(Cobb-Douglas production function)의 평균 및 한계비용곡선은 그림 4.4처럼 나타낼 수 있다. 한계비용곡선은 상품 한 단위를 더 생산하기 위한 비용을 말하는 것으로 비용함수 $(\partial c / \partial y)$의 1차 도함수로 구할 수 있다. 모형에 더 복잡성을 도입하면, 예를 들어 독점 혹은 과점 시장구조가 되도록 완전경쟁 가정을

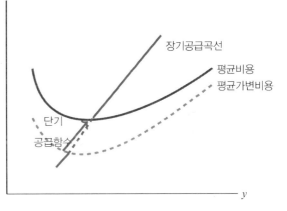

그림 4.4 완전경쟁시장의 비용곡선과 공급곡선 $f(x_1,\ x_2) = y_1$ 및 $y_1 > y_2 > y_3$.

제거하면, 기업의 결정을 최소비용과 관련된 기술선택과 생산량 선택으로 요약할 수 있다. 이렇게 되면 자유주의 이데올로기가 옹호하는 역동적이고 혁신적이며 위험을 감수하는 기업가라는 개념과는 거리가 멀어지게 된다.

4.2.2 신고전학파 경제학에서의 가치와 분배

5장과 9장에서 더 논의하겠지만, 한계혁명은 맑스와 고전주의 정치경제학이 옹호하는 다양한 노

동가치 이론을 개별 소비자가 기꺼이 지불할 의사가 있는 만큼 상품에 가치가 존재한다는 주관적 가치이론으로 바꾸었다. 따라서 생산이론은 생산비용에 초점을 맞추게 되었다. 생산자는 균형을 이루기 위한 수요 및 공급계획에 따라 구매자와 판매자가 모인 상황에서 생산비용이 사람들이 지불 의사가 있는 가격보다 낮으면 생산할 것이다. 또한, 한계주의 가치이론은 상품가격을 절대적 희소성과 연결시키고 있다. 멩거(Menger)는 한계학파 논리를 투입재 가격문제에 적용한다. 최종재는 최종 소비자에게 미치는 효용을 기준으로 직접적으로 가치를 평가하는 반면, 중간투입재는 소비제품 생산에 미치는 효용을 기준으로 가치를 평가한다. 공급망의 가장 위에 공급이 고정되어 있는 투입물(예를 들어, 토지 및 노동력)은 리카도 이론에서의 지대처럼 희소성을 기준으로 결정된다. 노동의 경우, 각 개인은 노동 최대공급량을 가지고 있으며 자신의 선호에 따라 일과 여가 중 하나를 선택할 수 있어 시장에 얼마나 많은 노동력을 투입할지 결정할 수 있다고 설명되고 있다. 반대로, 개인이 여가를 선택한다는 것은 본질적으로 시장균형임금율로 자신의 노동시간 중 일부를 다시 구매하는 것을 의미한다. 클라크(Clark)가 한계학파 임금율 결정에 대한 설명을 제시하고 있다(7장 참고). 경쟁적 시장경제에서 다른 투입재처럼 노동은 생산에 기여한 비율 -노동의 한계생산물- 만큼 보상을 받는다. 물론, 현실적으로는 하나의 필수 투입재가 없다면 다른 투입재를 사용하는 것과 관계없이 생산량이 0이 되기 때문에 하나의 투입재가 생산에 기여한 바를 분리시키는 것은 불가능한 것이다. 자본가의 노동자 착취를 전제로 하는 맑스의 가치이론과 달리, 한계학파 / 신고전학파의 분배이론은 가치판단에서 자유롭다. 자본가에게 돌아가는 이윤 흐름은 자본가가 선택한 기술을 고려하여 자본의 한계 생산물을 반영한 것일 뿐이다. 기업이 저비용기술을 선택하면 노동과 자본의 한계생산물이 임금 및 평균이윤율과 같아진다. 이것은 임금과 이윤율이 노동과 자본의 희소성에 의해 결정된다는 것을 의미한다(소득분배의 유력한 이론에 대한 상세한 설명에 대해서는 7장을 참고).

4.3   대안적 접근방식

4.3.1   **기업의 거래비용**(Transaction costs)**이론** / **계약이론**(contract theory)

로널드 코스(Ronald Coase)는 1937년에 발행한 자신의 논문 '기업의 본질'에서 신고전학파 생산자 선택론이 설명력이 심각하게 부족하다는 것을 설명하기 위해 기업에 대한 대안적 이론을 제시하였다. 코스의 주요한 비판은 신고전학파 생산자이론이 기업의 기원을 설명하지 못한다는 것이다. **왜 기업이 존재하지? 왜 시장이 생산을 조직하지 않고 기업이 조직하지? 기업이 시장에서 직원을 계약하는 방식보다 고용하는 이유가 뭘까? 대기업이 생산과 분배를 조정하는 것이 시장경제만큼 잘 작동할까?** 이 문제에 대한 코스의 답변은 시장에서 조달하거나 판매할 경우 재화 자체 가격 이상의 비용이 발생한다는 그의 관찰에 근거했다. 이러한 '거래'비용에는 검색 및 정보비용, 협상 비용, 감독 및 계약집행 비용, 그리고 경쟁업체가 영업 기밀을 알아내는데 드는 비용 등이 포함되고 모두 합쳐져 시장에서 생산비용이 증가한다는 것이다. 따라서 기업가는 비용최소화 추구자로서 검색 및 정보비용, 계약체결 및 이행 관련 비용이 기업 운영의 상쇄비용을 초과할 경우 노동자를 직접 고용하고 생산의 여러 단계를 수직 통합하여 이러한 비용을 '내부화'하려고 노력한다. 코스는 거래비용 내부화의 이점이 간접비 증가로 인한 효율성 손실이나 기업가의 의사결정 능력에 의해 극복되지 않고 기업규모가 커질수록 자원을 효율적으로 배분할 수 있는 최적 기업규모가 존재한다고 가정했다.[2]

기업 규모가 커질수록 더 많은 비용을 지불해야 한다는 코스의 설명과 예측은 당시 현실과 맞지 않는 것처럼 보였다. 코스는 포드주의(Fordism)가 한창일 때 글을 썼다. 포드주의(Fordism)는 복잡한 기술적 분업과 대량 소비를 위한 표준화된 제품생산의 수직적 통합에 기반한 생산조직을 일컫는다. 이 용어는 헨리 포드(Henry Ford)와 1908년에서 1927년 사이에 포드자동차회사에서 제작한 최초의 대량생산 자동차 모형 T의 이름을 따서 지었다. 우리는 노동의 분업이 생산과 경제에서 그 역할을 이론화하는 데 기여한 아담 스미스의 업적을 살펴보면서 노동분업에 대해 논의해 볼 것이다. 코스는 미국과 서유럽의 대량 생산이 생산적이거나 생산의 부수적 활동의 외주화가 거의 없는 대규모 통합 다국적기업 (MNCs)이 생산을 조직하던 시기에 글을 썼다.

4.3.2 **기업의 역량기반이론들**(Competence-based theories)

펜로즈(Penrose, 1959)와 넬슨과 윈터(Nelson and Winter, 1982)연구와 가장 밀접히 관련된 기업이론의 역량기반 접근법은 신고전학파 생산자 선택이론과 코스의 기업계약 이론에 대한 비판에서 출발하였는데, 그 비판은 비교정태에 대한 분석적 의존, 방법론적 개인주의, 생산과정 자체보다는 교환에 대한 계속적인 초점을 맞춘다는 점에서 신고전학파 이론과의 단절이 아닌 연속으로 간주했다. 이러한 생각은 1970년대와 1980년대 산업조직학과 전략경영학에서 인기를 얻었으며, 경제학보다는 해당 분야의 표준적 교과서에서 더 잘 설명되어 있다. 그러나 이 접근방식을 지지하는 사람들은 아담 스미스의 연구, 즉 (역동적 규모경제라고 알려진)분업이 가능하게 한 경험학습을 통한 생산성 향상으로 역동적 성장과 발전이 이루어진다는 생각에서 지적 유산을 찾을 수 있다고 주장한다. 다음 절에서 스미스의 생산분석에 대해 요약하고 개발하면서 우리 논의를 할 것이다. 여기서는 기업의 역량기반 접근방식과 진화적 접근방식의 주요개념에 대해 개관하고 현대 자본주의 사회에서 생산이 왜, 그리고 어떻게 조직되는지에 대한 질문에 어떻게 접근하는 지를 살펴본다.

역량 및 진화적 접근방식을 지지하는 많은 사람들은 기업의 존재가 거래비용관련 문제를 해결한다는 점을 인정하지만, 그 자체만으로는 기업의 온전한 상태(integrity), 결합적 성격

---

2 코스는 이러한 경향을 '기업가 역할의 수확체감(decreasing returns to the entrepreneur function)'이라고 부른다.

(cohesiveness) 그리고 지속성(enduarnce)을 설명하기에는 불충분하다고 주장한다. 법률 및 정보시스템이 더욱 발전하여 신뢰할 수 있게 되면, 점점 더 많은 생산 관련 활동을 외부화(아웃소싱)하는 것이 더 저렴해질 것이라고 예상할 수 있다. 이는 1990년대 이후 다국적 기업들이 소위 '핵심 역량에 점점 더 초점을 맞추고 생산 및 부수적 활동의 상당 부분을 외주화하면서 실제로 우리가 목격하고 있는 현상이다. 이에 대해서는 이 장의 글로벌 가치 사슬(GVC)절에서 상세히 설명한다. 역량 이론가들은 또한 대표적 기업이라는 개념에 반대하며 기업의 규모, 소유권 및 조직구조 측면에서 기업간 이질성을 강조한다.

역량접근법 관점에서, 기업은 조직학습을 통해 습득한 기술과 암묵적 지식의 보고 (寶庫)로 존재한다. 아담 스미스는 노동의 기술적 분업이 제공하는 전문화 관련 손재주 향상에 초점을 맞춘 반면, 역량기반 이론가들은 생산성과 국가의 생산 잠재력을 향상시키는 비물질적이고 교환불가능한 요소와 지식 자체의 중요성을 강조한다. 19세기 경제학자 리스트(List)는 '국가의 생산력은 국가 인프라와 문화가 제공하는 생산적 혜택으로 인해 개별적으로 고려할 때 국가 내에 존재하는 개인의 생산력 합보다 크다'고 주장했다(호지슨(Hodgson), 1998, p.40). 기업의 역량기반 이론은 이러한 주제를 조직에 적용한다. 이후 이론가인 나이트(Knight)와 그 후의 펜로즈(Penrose)는 불확실성의 만연과 지식이 기업 내부 조직과 밀접히 연관되어 있다는 점에서 기업 이론에서 지식의 역할을 강조했다. 나이트(Knight, 1921, pp 268~269)가 주장하기를, '불확실성이 존재할 때, 무엇을 어떻게 할 것인가를 결정하는 과업이 실행과업보다 우위를 차지하게 되면, 생산 집단의 내부의 적은 더이상 무관심이나 기계적인 세부사항이 아니다. 이러한 의사결정 및 통제기능의 중앙집중화는 필수적이며, 생물학적 진화와 같은 이유로 유기체의 진화가 발생한 것과 같은 "중요한 감각기관의 머리로 집중경향(cephalization;頭化)"은 불가피한 것이다.' 더 넓은 경제 환경에 대응하여 기업조직이 진화하면서 형성되는 역량에 대해서는 시장가치로 평가할 수 없다. 거래비용이론보다 이러한 이유로 기업의 존재, 온전한 상태(integrity), 결합적 성격(cohesiveness), 지속성(endurance), 그리고 기업간 이질성(heterogeneity)을 설명할 수 있다.

펜로즈(Penrose)는 불확실성에 대응하는 데 있어 기업조직이 수행하는 역할을 강조하며 지식과 기술의 암묵적이고 파악하기 힘든 특성에 대해 강조한다. 매뉴얼을 통해 기록으로 전달하거나 학교 교육을 통해 교육받을 수 없는 지식이 많이 존재한다. 그보다는 차라리, 개인 경험으로 배우게 된다. '경험은 그 자체로 전달될 수 있는 것이 아니라 개인에게 미묘한 변화를 일으키며 개인과 분리할 수 없다.' 이는 '습득한 지식의 변화와 지식을 사용하는 능력의 변화라는 두 가지 방식으로 나타난다'(펜로즈(Penrose), 1959, p.53). 이는 지식에 금전적 가치를 부여하고 교환하고 축적할 수 있는 자본으로 취급하는 신고전학파 경제학의 입장과는 완전히 대조적이다.

코스(Coase)의 아이디어가 당시 경제현실과 관련하여 만들어졌듯이, 1990년대 이후 다국적 기업들이 자본금과 생산 능력을 줄이고 생산은 물론 부수적 활동을 '적시생산(just-in-time)' 원칙에 따라 운영되는 공급 기업에게 외주화하여 생산이 글로벌 규모로 재편되면서 기업의 역량

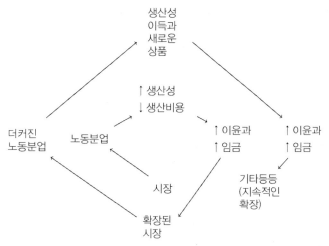

그림 4.5 자본주의 축적: 경제발전의 선순환 고리

이론도 점점 더 영향력을 발휘하게 되었다. 또한 갈수록 경쟁이 치열해지는 글로벌 환경에서 기업의 경쟁우위를 형성하기 위해 기술과 지식에 대한 관심이 높아지고 있다. 이에 대해서는 글로벌 가치 사슬(GVC;Global Value Chain)에 대한 마지막 절에서 자세히 설명할 것이다.

4.3.3 스미스(Smith) - 국부의 원천으로서의 노동분업

스미스가 생산을 개념으로 만든 측면, 경제 및 사회생활에서 생산의 조직과 역할은 이 장에서 다른 각 접근방식에 영향을 미쳤다. 예를 들어, 신고전학파 생산자이론은 교환과 시장의 역할을 강조하는데, 스미스(Smith)는 이를 경제의 역동성에 매우 중요한 것으로 이해하였다. 지식과 기술의 역할에 대한 그의 견해는 또한 기업의 역량기반 모형의 출발점이 되었다. 다음 절에서는 맑스도 스미스의 영향을 많이 받았으며, 스미스 사상에 비판적으로 참여하여 자신의 이론을 발전시켰다는 사실에 대해 살펴볼 것이다. 또한, 스미스는 글로벌 가치 사슬, 글로벌 상품 사슬, 글로벌 생산 네트워크 분석의 중심에 있는 생산의 지리적 조직을 강조했다.

스미스는 '국부(the wealth of nations)'의 기원 -'어떻게 국가가 부유해지는가?'와 '어떻게 흑자를 창출하여 부와 물질적 복지를 확대하는데 사용할 수 있을까?'-에 관심이 있었다. 그의 답은 분업과 이를 통해 얻을 수 있는 생산성 향상에 있었다. 스미스(Smith)는 핀 공장의 유명한 예를 사용하여, 생산을 '세부 분업'이라고 부르는 전문화된 작업으로 어떻게 나눌 수 있는지를 설명했다. 스미스는 이를 통해 생산성을 높일 수 있는 세 가지 방법을 찾아냈다. 첫째, 한가지 작업을 전문으로 하는 노동자는 실행을 통한 학습을 통해 숙련도를 높일 수 있다. 둘째, 한 작업에서 다른 작업으로 넘어가는데 소요시간이 줄어든다. 그리고 셋째, 특정작업에 특화된 기계의 발명을 통해서이다. 스미스(Smith)는 분업이 공장 울타리 안에만 국한된 것이 아니라 여러 회사,

심지어는 여러 지리적 위치에 걸쳐 복잡한 생산지 점의 다양한 측면이 서로 다른 방식으로 이루
어지는 과정으로 보았으며, 이것을 그는 **사회적 분업**이라고 불렀다. 이러한 방식으로 그는 향후
국제간 공급체인이 발생할 것을 기대하고 있었다.

　　신고전학파 경제학과는 달리, 스미스 설명에 따르면 기술과 혁신은 분업의 내생적 요소이
다. 또한 스미스는 그림 4.5에서 설명하는 자본주의 축적의 역동적 이론을 제시했다. 시장의 규
모가 분업을 결정하고 뒷받침한다. 산업 제품에 대한 잠재적 소비자 수는 인구 증가와 무역을
지원하는 교통 발전 및 기술 발전에 따라 증가하여 더 많은 사람들이 제품을 이용할 수 있게
한다. 그러나 중요한 것은 경제발전 과정에서 임금이 증가하고 대량 생산품에 대한 노동자의 수
요 패턴이 시장을 확대하고 더 많은 사회적 분업, 자본의 확대 및 잠재적 자본축적률 증가의
조건을 제공하는 것처럼 경제성장과정은 누적적이고 인과적인 특징을 갖는 자립적인 것이다. 자
본주의적 생산은 이윤추구를 위해 조직되어 있지만, 임금과 이윤간 소득의 기능적 배분이 중요
하다. 스미스는 개인과 사회에 모두 도움이 되는 자본주의적 이익을 장려하는 것이 중요하다고
주장한다. 그는 임금을 결정할 때, 자본가가 노동자보다 구조적으로 유리하다는 점과 임금이 시
장확대와 노동분업을 가능하게 하는 중요한 역할을 한다는 점을 인식했다. 실제로, 스미스는 높
은 임금과 근로자의 높은 생활수준이 자본을 증가시킨다는 점을 연관시켜 설명했다.

　　스미스는 사용가치(value-in-use)와 교환가치(value-in-exchange)를 구분하였다. 스미스
의 노동가치론은 상품 간 교환비율을 각 상품 생산에 소요되는 평균 노동시간 비율을 반영하는
것으로 설명했다(9장 참조). 시장에서의 경쟁과 생산에 필요한 노동력 전환 능력에 따라 생산량
이 달라진다. 하지만 스미스에 따르면, 모든 노동이 '생산적 노동'은 아니다.[3] 생산확대에 재투자
할 수 있는 잉여(이윤) 창출에 기여하기 위해 유형재와 무형재 형태로 노동이 보태져야 한다.
따라서, 즉시 소비되는 서비스에 고용된 노동은 '비생산적'이며 잉여를 창출할 수 없다.

　　스미스는 국가의 부를 확대하는데 시장의 역할을 강조했지만, 사회 대다수의 삶을 개선한
데는 한계가 있다는 점도 인식했다. 그는 현대의 많은 논평자들이 말하는 자유방임 정책의 도그
마된 옹호자가 아니었다. 또한, 그는 일상적이고 반복적인 업무가 많은 공장 생활의 폐해를 막기
위해 국가가 제공하는 노동자 교육이 필요하다는 것을 주장했다.

4.3.4　**맑스(Marx) - 착취로서의 자본주의적 생산**

생산자를 임금 노동자로 변화시키는 역사적 운동은 한편으로는 농노와 길드의 속박으로부터의 해방으
로 나타나며, 부르주아 역사가들은 이 측면만 본다. 그러나, 다른 한편으로 이 새로운 자유민들은 자신의
모든 생산수단과 과거의 봉건제도가 제공하는 모든 생존 보장을 빼앗긴 후에야 스스로를 노예로 삼았다.
그리고 이 수용의 역사는 피와 불의 문자로 인류의 연대기에 기록되어 있다.[맑스 자본론 1권 26장]

---

3 스미스는 임금, 지대, 이윤 분배에 기초한 두 번째 가치이론을 제시했는데 이를 생산비설(*the addingup theory of
value*)이라고 한다. 이 두 이론 사이에는 모순이 있는데, 리카도는 이후 투하노동가치설을 제시하면서 이를 비판했다(7장
및 9장 참조).

맑스에게, 제품이 생산되는 방식에 대한 질문의 답변은 역사적으로 우연적인 것이다. 맑스 분석의 출발점은 제품을 생산하기 위해 사회를 어떻게 조직할까 하는 문제이다. 모든 사회는 인간의 필요와 욕구를 충족하기 위해 생산하지만, 생산이 조직되는 방식은 사회시대별로 차이가 있다. 맑스는 사회에서 생산이 조직되는 구체적 방식을 '**생산양식 (modes of production)**'이라고 부른다. 맑스는 원시 공산주의, 아시아적 생산양식, 고대 노예제, 봉건주의 등 다양한 역사적 생산방식을 구분한다. 이들 각각은 계급관계 (예를 들어, 봉건제하의 지주와 농노)에 따라 조직되고, 이에 해당하는 적절한 분석 범주를 덧붙일 수 있다.

자본주의적 생산양식과 그 이전의 생산양식간 역사적 차이를 설명하기 위해 맑스는 사용가치와 교환가치를 구분한 스미스의 개념을 발전시켰다. 사용가치는 사물의 유용성과 관련있으며, 모든 사회는 사용가치를 창출한다. 모든 사회는 사용가치를 생산하지만, 자본주의 사회는 시장을 통한 교환을 위해 노동이 생산하는 상품인 재화를 생산할 때 노동자와 자본가 간 뚜렷한 계급적 구분에 따라 생산이 조직되기에 이전 사회와 차이가 존재한다. 교환가치는 한 상품을 다른 상품과 교환할 수 있는 능력으로 사물의 물리적 특성과 관련있는 사용가치와는 다르다(9장 참고). 또한, 8장에서 논의하는 것처럼, 맑스는 보편적 등가물로서의 체계적인 시장교환의 기초를 제공할 수 있는 사회적 관계로서 화폐의 출현을 설명한다. 사회 내와 사회 간 항상 교환이 있었지만, 주로 교환을 위한 생산이 자본주의의 특징이다.

자본주의 관계에서 생산자는 맑스가 자본이라고 불렸던 생산수단인 토지와 생산에 필요한 기계를 소유하고 있을 수도 없을 수도 있다. 영국의 경우, 봉건제하에서 토지가 없는 농민들이 경작과 축산업을 위해 공유지를 자유롭게 이용할 수 있었다. 1604년에서 1914년 사이의 인클로저 운동(Inclosure Acts; 폐쇄법)은 이전에 공동으로 소유하고 있던 토지를 사적 소유로 바꾸게 되면서 사유재산권을 창출했다. 이로 인해, 농민들은 공유지에서 쫓겨나 임금노동으로 내몰렸고, 생산수단에 대한 통제력 또는 부족에 따라 정의되는 노동자와 자본가로 사회구조가 재구성되었다. 노동자는 계약기간 내지 계약 유형같은 노동조건에 대한 통제권이 거의 없고, 노동과정이나 생산물에 대한 통제권이 거의 없는 상태에서 자신의 노동력을 소유하고 판매한다. 오늘날 소위 임시직 선호경제(gig economy)에 종사하는 노동자들은 스스로 제로 아워(zero hour) 계약을 선택한 것이 아니라 어쩔 수 없이 제로 아워 계약을 맺게 된다. 그들은 노동력 판매를 거부할 자유가 있지만, 이는 굶주림과 사회적 박탈이라는 대안을 고려한다면 진정한 자유라기보다는 부분적인 자유일 뿐이다. 반면, 자본가는 생산수단을 독점하고 임금지급에 대한 명령과 도구 및 원자재에 대한 소유권 내지 지휘권을 통해 노동자와 노동 결과물을 통제한다. 노동과 생산수단을 이렇게 분리하는 것은 신고전학파 모형에서는 노동을 다른 투입재와 마찬가지로 취급한다는 점에 유의해야 한다.

> ▶ **제로아워계약**
> 고용주가 직원에게 최소한의 노동 시간을 제공할 의무가 없는 고용주와 직원 간의 고용 계약 유형으로 고용주가 필요할 때 근로를 요청하는 형태의 계약

자본주의에서는 개인의 일할 수 있는 능력을 상품으로 취급한다. 노동자는 임금을 대가로 자신의 노동력을 자본가에게 판매한다. 다른 상품처럼, 노동력도 다른 사용가치를 창출하는 사용가치를 갖는다. 맑스는 스미스의 노동가치이론을 바탕으로 이를 자본주의 착취이론으로 발전시켰다. 노동력이 노동으로 활용될 때, 노동력은 자본가가 잉여를 수취할 수 있는 새로운 가치를 만들어낸다. 자본가들은 사회에서 구조적으로 유리한 위치에 있기 때문에 이런 일을 할 수 있다. 자본가가 잉여를 추출하는 가장 간단한 방법은 노동자가 임금의 가치를 생산하기 위해 필요한 시간보다 더 많은 시간을 일하도록 하여 착취를 하는 것이다. 한계학파 분배이론과는 완전히 대조적으로, 자본과 노동사이의 분배는 요소생산성이 아닌 권력관계에 의해 결정된다. 절대 잉여는 임금의 증가없이 노동일을 연장하거나, 감독 벌칙을 통한 규율적용을 통해 노동을 강화하거나, 간접적으로 단가에 기반한 임금체계를 통하거나, 노동시간의 '숨구멍'을 없애는 등 노동과정을 재조직하는 기술 변화의 부산물로 증가될 수 있다. 13장에서 논의되듯이, 사회적 재생산의 경우 노동 계급 가족 전체로 노동을 확대함으로써 이를 달성할 수도 있다.

맑스 분석은 이윤율이 경향적으로 저하하기 때문에 자본이 집중되고 독점이 증가하는 경향을 설명한다. 절대 잉여를 전유하는 것이 한계에 달하면, 자본가들은 노동력을 증대를 하기 보다는 기계와 같은 형태의 기술변화를 확대하면서 생산성 향상을 누리고 노동력 가치를 감소시켜 이윤수준을 유지하려 한다. 이것은 자본의 유기적 구성(예를 들어, 노동자당 자본장비율)을 증가시킨다. 그러나 잉여가치를 생산하는 것은 오직 (살아있는) 노동이기 때문에 노동의 비중이 낮아질수록 이윤율도 떨어진다. 자본가들은 이윤을 확보하기 위해 더 크게 합병하려 한다. 어떤 자본가는 폐업하고 다른 자본가는 그 자산을 인수할 것이다. 이 과정이 자본주의 역사를 장식하는 인수합병의 흐름을 설명하는 것처럼 보인다.

맑스는 스미스보다 자본주의 발전이 대다수 인구에 미치는 영향에 대해 덜 낙관적이었다. 스미스는 공장시스템이 노동자의 삶의 질에 잠재적으로 부정적 영향이 있을 것이라 인식했지만, 19세기 후반 맑스가 글을 쓸 무렵에는 공장의 착취정도가 더욱 심해졌다. 노동은 위험하고 만족스럽지 못한 직업이었다. 맑스는 노동자들의 곤경에 대한 유일한 지속 가능한 해결책은 자본주의 생산양식과 그 계급구조를 해체하고 '각자의 능력에 따라, 각자의 필요에 따라'라는 원칙에 의거한 민주적이고 평등하며 계급없는 사회로 변화시키는 것이라고 보았다.

4.3.5 글로벌 가치 사슬: 글로벌 노동분업

1990년대 이후 전 세계적으로 생산이 조직되는 방식에 극적 변화가 있었다. 이러한 변화는 표준화된 제품을 대량소비를 위해 수직적으로 통합된 공장에서 생산하는 포드주의적 생산형태에서 기업이 적은 재고를 보유하고, 적은 수준의 자본량, 적은 설비 투입, 높은 제품 차별화, 짧은 생산주기를 통해 시장 수요변화에 신속하게 대응하는 '유연 전문화'를 특징으로 하는 포스트 포드주의적 생산으로 전환이다. 이러한 생산 시스템은 각 회사가 단일 생산단계에 전문성을 갖는 수

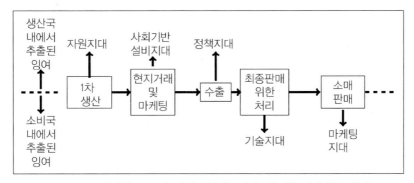

그림 4.6 간단한 글로벌 가치 사슬을 따라 가능한 지대 분포예시

직적으로 해체된 공급망이 특징이다. 이러한 사슬에 따라 다국적 기업이 생산의 대부분을 공급업체에 외주화를 통해 조직하고 관리한다. 이처럼 국경을 넘어서는 체인망이 확산되고 있다. 중간재, 부품 및 구성품 무역은 증가추세에 있으며, UNCTAD(2013)에 따르면 현재 전 세계 무역의 80%가 다국적 기업과 연결된 가치 사슬을 통해 이루어지고 있다.

　　경제학자들은 글로벌 가치 사슬의 부상을 무역자유화, 복잡한 생산공정을 원거리에서 조정하는데 드는 비용과 위험을 줄인 정보통신기술(ICT) 혁명, 생산의 특정 구성요소를 이전하는 것이 수익성이 높아진 국가 간 임금 격차의 결과로 설명하는 경향이 있다. 기업들이 경비를 절감하기 위해 생산·용역 그리고 일자리를 해외로 내보내는(off-shoring) 생산에 대한 주류경제학 이론은 헥셔 올린 모형(Heckscher-Ohlin Model)을 확장하는데 기반하고 있다(Krugman et al., 2014).

　　생산의 수직적 특성을 강조하고 초국적 공급망에 따라 경제주체 또는 대리인 간의 상호작용의 특성에 주목하는 주류경제학에서 벗어나 글로벌 가치 사슬(GVC)로 통칭되는 분석이 발전했다.[4] 일관된 접근방식이라기 보다는 상품시장 연구에 적용된 체인 개념은 일반적으로 경제학 이외의 많은 학문분야에서 활용되고 발전되어 왔다. 여기에는 지리학, 사회학, 사업연구, 경영연구, 그리고 개발연구등이 포함된다. 따라서, 질문의 성격에 따라 접근방식이 달라지며 이는 연쇄관계의 특정유형과 그 결과에 초점을 맞추는 것을 결정하게 된다. 예를 들어, 경영 및 사업 연구는 주요 주체들의 공급망 조정과 통제와 이것이 생산 및 마케팅 시스템의 효율성이 미치는 영향에 관심을 갖는다. 이들은 거래 비요에 관심을 가지며 공급망 접속점에서의 교환을 주로 다룬다. 다른 접근법에서는 사슬을 통한 소득 또는 '가치'의 분배와 같은 사슬의 결과를 결정하는 데 있어 권력과 거버넌스 구조의 역할을 강조한다(그림 4.6). 경제지리학의 하위 분야에서 개발된 글

---

4 체인 관련 문헌은 매우 다양한 종류가 존재한다. 접근 방식에 따라 이론적, 분석적 입장이 다르기 때문에 공급망 연결과 운영에 있어 서로 다른 측면을 강조한다. 다양한 체인 분석에 대한 자세한 설명에 대해서는 Bair(2006)논문과 Newman(2011)논문을 참고하라.

로벌 생산 네트워크 접근방식이 체인이 작동하는 사회 및 제도적 환경에 내재되어 있는 것으로 이해해야 한다는 점을 강조한다.

현상을 설명하고 산업발전 및 개선을 위한 정책을 파악하기 위해 광범위하고 다방면에 걸친 이론에서 여러 연쇄적 접근방식을 도출하였다. 일부 접근 방식은 앞서 설명한 기업의 거래비용이론 및 역량기반 이론의 어떤 측면을 통합했다. 다른 사람들은 사슬을 따라 소득이 불평등하게 분배되는 것을 설명하기 위해 구조주의나 종속학파와 같은 보다 급진적인 정치경제학적 접근방식을 기분으로 분석을 수행했다.

4.4   결론

이 장에서는 생산이론으로서 신고전학파 기업이론을 소개하고 이를 경제학사 전반에 걸쳐 대안이 되는 개념 및 생산이론과 비교했다. 표 5.1은 논의된 몇 가지 주제와 접근방식을 요약한 것이다. 신고전학파 경제학에서 기업이 주요 분석단위로 취급되긴 하지만, 기업의 출현이나 기업의 조직형태를 설명하지는 않는다. 분석이 교환을 중심으로 협소하게 이루어진다. 기업의 계약이론은 거래비용의 만연에 대한 대응으로 기업이 출현하였다는 것을 설명하기 위해 신고전학파 이론을 비판하려고 등장하였다. 이러한 접근방식은 신고전학파 경제학에서 벗어나지 않고, 여전히 신고전학파 분석의 핵심 틀과 범주를 남겨두고 있다. 기업의 역량기반이론은 스미스 연구에 그 지적 뿌리를 두고 있으며, 기업의 조직과 시장에서 교환할 수 없는 지식 및 기술과 같은 기업고유의 특성간 관계를 강조한다. 이러한 기업이론과는 대조적으로, 스미스나 맑스와 같은 고전학파 정치경제학자들은 자본주의 경제 전반에 대한 이해속에서 생산과 생산이 어떻게 조직되었는지를 밝혀내고 분석했다. 스미스는 자본주의 성장이 모든 사람의 생활수준을 향상시킬 수 있는 발전의 잠재력으로 보았지만, 맑스의 자본주의 분석은 생산조직에 계급적 기반이 있으며 그 중심에 노동자에 대한 착취가 있다는 사실을 밝히고 있다. 스미스와 맑스는 특정 역사적 시기에 경제가 어떻게 작동하는지에 대한 동시대 관찰을 바탕으로 이론을 정립했지만, 생산 연구에 대한 역사적이고 체계적인 접근방식을 취하면서 기술발전의 본질과 생산에 기술을 채택, 생산조직에서 다국적 기업의 중요성, 다국적 공급망의 부상 등 오늘날 생산조직에 나타나는 많은 추세를 예측할 수 있었다.

표 **4.1** 이 장에서 다루는 상품이 어떻게 생산되는지에 대한 접근방식 요약

	분석단위	분석대상	분석접근법	포함된 핵심개념	추천 문헌
신고전학파 기업이론	개별기업	교환	비교정태분석	이윤극대화	Varian(2010)
기업 계약이론	개별기업	교환	비교정태분석	거래비용	Coase(1937, 1992), Williamson(1979)
기업 역량이론	개별기업	생산 조직 및 거버넌스	경로의존성 및 역동적 변화 강조	조직적 학습	Hodgeson(1998), Nelson and Winter(2002)
아담 스미스	개별기업 및 전체 경제	생산 및 교환	실제역사적 경험을 통한 일반화	노동분업	Foley(1999)
맑스	구성요소 관련 경제시스템 전체	거시적으로 일관된 경제체제	사적 유물론 / 변증법적 유물론	자본주의적 착취	Fine and Saad-Filho(2010)
GCC/GVC/GPN	투입 - 산출 관계를 통해 연결된 개별기업	생산조직 및 거버넌스	다양한 강조점을 가진 절충주의: 부가가치 회계, 비판 사회학 및 정치경제학	거래비용, 조직학습, 구조, 산업개선	Bair(2005), Dicken(2015)

질문에 대한 토론 및 세미나 활동

• 이 장에서 설명된 각 접근방식으로부터 다음을 답변하시오.
  – 경제에서 기업은 어떤 역할을 하는가?
  – 기업은 어디에서 와서 왜 존재하는가?
  – 기업행태 동기는 무엇인가?
  – 기업을 성공적이게 하는 것은 무슨 요인인가?

• 기업 성공은 규모와 어떤 관련이 있을까? 스미스는 경제성장과 발전에 대한 기여도에 따라 생산적 노동과 비생산적 노동을 구분했다. 최근의 GDP 계산에 포함된 활동을 고려해보라. 이 중 어떤 것이 생산적으로 간주되고 어떤 것이 비생산적인 것으로 간주될까? 또한 한 국가의 성장과 발전에 기여하는 GDP측정에서 누락된 경제활동이 있을까?(힌트: 맑스의 분석 틀에서 사회적 재생산문제를 고려해보라)
  – 선택한 국가의 국민계정을 살펴보라. 여러분이 스미스라면, 그 나라에 다른 물건을 생산하라고 조언하겠는가? 이를 신고전학파 경제학의 관점과 대비해보라.

• 파노라마 시청- '아마존: 클릭뒤에 숨겨진 진실(*Amazon: The Truth Behind the Click*)' 아마존 쇼핑에 관한 BBC다큐멘터리(2013), https://www.youtube.com/watch?v=UQAtFbLvIHk에서 시청할 수 있다. 고 전학파 및 맑스주의 이론을 이용하여 이 작업장에 대한 정보를 제공하고 해석한다.

• 아르헨티나 부에노스아이레스에서 노동자들이 한때 일했던 폐쇄된 포르자(Forja)자동차 공장의 통제권을 되찾아 노동자 협동조합으로 바꾸는 이야기인 나오미 클라인과 아비루이스의 2004년 다큐멘터리 '더 테이크(The Take)'를 (일부)시청하라. 이 장에서 소개된 각 관점(신고전학파 경제학, 스미스, 기업의 계약이론, 기업의 역량이론, 맑스)의 지지자들은 경제성장과 발전에서 노동자가 운영하는 기업의 역할을 어떻게 설명하고 평가할 것인가?

4.5   더 읽을 거리

Bair, J. (2005). "Global capitalism and commodity chains: Looking back, going forward." *Competition & Change* 9 (2): 153-180.

Coase, R. H. (1937). "The nature of the firm." *Economica* 4(16): 386-405.

Coase, R. H. (1992). "The institutional structure of production." *The American Economic Review* 82(4): 713-719.

Dicken, P. (2015). *Global Shift: Mapping the changgin conours of the world economy*. London Sage.

Fine, B. & Saad Filho, A. (2010). *Marx's Capital*. London, Pluto Press.

Foley, D. (1999). *Notes on the theoretical foundations of political economy*. Mimeo.

Hodgeson, G. (1998). "Evolutionary and competence-based theories of the firm." *Journal of Economic Studies* 15(1): 25-56.

Knight, F. H. (1921). *Risk, uncertainty and profit*. New York, Houghton Miffin. Krugman, P. R., Obstfeld, M., & Melitz, M. J. (2014). *International economics*. Harlow, Pearson.

Nelson, R. R., & Winter, S. G. (1982). *An evolutionary theory of economic change*. Cambridge, Belkap Press/Harvard University Press.

Nelson, R. R., & Winter, S. G. (2022). "Evolutionary theorizing in economics." *Journal of Economic Perspectives* 16(2): 23-46.

Penrose, E. (1959). *The theory of the growth of the firm*. Oxford, Oxford University Press.

UNCTAD (2013). *World Investmetn Report 2013: Global value chains: investment and trade for development*. New York/Geneva, United Nations.

Varian, H. (2010). *Intermediate Microeconomics: A Modern Approach, 8th edition*. London, W.W. Norton.

Williamson, O. E. (1979). "Transaction-cost economics: The governace of contractual relations." *The Journal of Law and Economics* 22(2): 233-261.

물건을 어떻게 그리고 왜 소비하는가?

Mary Robertson

5.1   서론

소비는 거의 모든 경제활동의 궁극적 목적이다. 우리는 소비할 것을 생산하거나 어떤 방식으로든 소비를 쉽게 하려고 일한다. 이는 직접적으로 재화 생산 관련한 일을 하는 경우 더욱 명확하다. 그러나 소비할 물건의 구매를 조직하는 역할을 하는 소매업과 물류업, 소비를 촉진하는 금융서비스 부문도 마찬가지이다. 예를 들어, 학생들을 교육서비스 소비자로 간주하는 등, 공공서비스와 돌봄 서비스를 소비라는 시선으로 바라보는 경향이 점점 더 커지고 있다.

경제에서 소비가 차지하는 중심적 지위를 고려한다면 경제학자들의 소비를 경제학의 주제로서 거의 주목하지 않는 경향이 있다는 것이 놀랍다. 고전학파 경제학자들 중 소비의 내용에 대해 실질적으로 언급한 사람은 맑스뿐이다(아래 참조). 스미스(Smith, 1999)는 '자연적으로 풍부함으로의 발전(natural progress of opulence)'을 설명했는데, 이는 자본주의하에서 생계에서 편의와 사치에 이르기까지 소비욕구가 점진적으로 충족되는 것을 의미했다. 하지만 소비는 국부론(*The Wealth of Nations*)의 색인에 포함되지 않았다. 리카도는 경제성장에 미치는 영향이라는 프리즘으로 소비를 연구했고, 따라서 전체 투자 대비 소비규모와 소비가 생산적인지 비생산적인지 여부에 대한 질문에만 국한하였다. 마찬가지로 케인즈의 일반이론(*General Theory*)에서 소비는 거시경제 유량변수로서 총량으로만 나타난다.

주류경제학에서는 소비를 소비의 대상, 과정, 그리고 결과를 인간선택이라는, 기능은 알지만 작동 원리를 이해할 수 없는, 일종의 블랙박스에 맡기는 특정한 모형에 포함한다. 이 모형의 핵심 가정은 인간은 합리적이고 이기적이라는 것으로, 몇 가지 보조적인 가정을 통해 최적화를 위한 학계학파 기법을 사용하여 선택을 모형화할 수 있다(2장 참조).

이러한 인간 행동모형은 신고전학파 경제학의 이론 틀 속에서 중식적 역할을 해왔다. 그러나 소비와 무관해 보이는 무수히 많은 일상과 삶에서의 결정을 설명하기 위해 이 모형을 확장하는 것, 즉 '경제학 제국주의(economics imperialism)'로 묘사되는 과정은 신고전학파 소비자이론이 근본적으로 소비가 아닌 선택이론이라는 점을 강화시킨다(16장 참조).

신고전학파 전통 밖에서도 소비에 대한 다양한 대안적 접근방식이 존재한다. 이 중 일부만

이 신고전학파 모형의 단점에 대한 직접적 대응이며, 다른 일부는 신고전학파 모형이 발명되기 전부터 존재했다. 그렇지만, 그 모형과 어떻게 다른지에 따라 유형화하는 것이 도움이 된다. 하나의 대안이 되는 유형은 소비를 선택으로 환원하자는 주장을 고수하지만 합리성가설에 따른 인간의 의사결정에 대해 구체적 의문을 제기한다. 두 번째 대안이 되는 유형은 소비를 보다 총체적으로 이론화함으로써 선택문제를 넘어서는 방법을 모색한다.

이 장에서는 신고전학파 소비자이론을 소개하는 것으로 시작하여, 이론적 구성요소, 최근 발전 및 비판에 대해 다룬다. 그런 다음 다양한 대안을 살펴보고 신고전학파 접근방식에서 누락된 일부 측면을 어떻게 통합하거나 초점을 맞출지에 대해 강조해본다.

5.2   신고전학파 소비자이론

신고전학파 경제학의 표준적인 접근방식은 소비결정을 사람들이 자신의 선호에 따라 내리는 선택으로 간주한다. 이러한 결정을 내릴 때 소비자는 효용을 극대화하기 위해 가격과 예산제약에 따라 상품을 선택하는 합리적 효용 극대화자로 간주한다(2장 참조).

5.2.1   신고전학파 이론의 공리주의적 근원

신고전학파 소비자이론을 뒷받침하는 행동가정의 기원은 공리주의로 알려진 19세기 도덕철학에 있다. 공리주의는 도덕적으로 가장 좋은 상태는 최대 다수의 최대행복을 보장하는 상태라고 주장한다. 쾌락주의는 인간 본성에 대한 특정한 인식, 즉 근본적으로 행복이나 효용추구를 구현하는 윤리적 관점이다. 공리주의 창립자중 한명인 벤담(Bentham, 1907, p.4)은 다음과 같이 말했다.

> 자연은 인류를 고통과 쾌락이라는 두 가지 주권적 문제의 지배하에 두었다. 우리가 해야 할 일을 지적하고 우리가 무엇을 해야 할지를 결정하는 것은 그들만의 몫이다.

이러한 인간 본성에 대한 개념을 이해하려면 먼저 행복은 전적으로 주관적인 것으로 간주된다는 점을 강조하는 것은 중요하다. 개인은 무엇이 자신에게 유용한지를 절대적으로 결정하며, 개인이 선호하는 이유나 방법을 설명하려는 시도는 하지 않는다. 따라서 개인이 선호도를 결정할 수 있도록 신뢰해야 한다. 이 이론은 개인이 자신에게 가장 좋은 것이 무엇인지 스스로 결정할 수 있도록 신뢰되어야 하며, 행복의 극대화를 넘어서는 무엇이 인간에게 좋은 것인지에 대한 실질적 주장을 하지 않는다. 둘째, 공리주의는 개인주의 이론으로 각 개인의 효용이 반드시 개인이 이기적이라는 것을 의미하지는 않는다. 개인이 타인의 행복으로부터 효용을 얻는다는 것은 완벽하게 양립할 수 있는 이론이다. 경제학자들은 이것을 '타인 배려 선호(other-regarding preferences)'이라고 부른다.

개인이 효용을 극대화하는 존재라는 공리주의 논리를 밀과 같은 초기 사상가들이 경제학에 도입했다. 그러나, 경제학자들은 효용 극대화를 소비이론의 기초로 삼으면서 효용 원천을 소비재라고 하고, 비물질적 효용원천과 다른 사람 배려 효용을 사실상 배제하는 경우가 많다. 그 결과, 효용 극대화가 다양한 상품 묶음에 대한 선택의 관점에 따라 정의된다.

　　신고전학파 소비자 이론이 공리주의에서 가져온 두 번째 가정은 인간은 자신의 효용을 추구하는데 있어 도구적으로 합리적이라는 것이다(2장 참조). 목적을 달성하기 위해 최선의 수단을 사용한다면 그 사람은 도구적으로 합리적이라고 한다. 이러한 맥락에서, 적어도 **합리성이라는 가정**은 사용 가능한 선택범위에 대한 **완벽한 정보**와 이러한 선택에 대해 최적선택을 할 수 있는 **완벽한 능력**을 **모두 포함**한다. 효용을 전적으로 주관적으로 취급하는 것과 마찬가지로, 도구적 합리성은

▶ 합리성 가정= 완벽한 정보 + 완벽한 능력

사람들의 선택에 대한 실질적인 비판이나 판단의 근거를 배제한다. 이러한 선택이 얼마나 효과적으로 추구되었는지에만 관심이 있다.

　　주관적 효용 극대화와 도구적 합리성은 신고전학파 소비자이론의 개념적 토대를 형성한다. 이 접근방식에 따르면 소비자는 주권자이다. 선호와 효용 개념을 파악하는 것은 지출 능력 분석에 국한된 경제학자의 업무로 간주되지 않는다. '사람들은 자신이 좋아하는 것을 선택하고, 자신이 선택한 것을 좋아한다'는 같은 말을 반복하는 것이 소비에 대한 신고전학파 접근방식의 핵심이다. 같은 말을 반복하는 앞부분은 사람들이 항상 자신의 효용을 극대화하기 위해 합리적으로 행동할 것이라는 가정에서 나온 것이다. 같은 말 반복의 두 번째 부분은 효용이 주관적으로 정의되고, 개인은 항상 도구적으로 합리적이라는 명제에서 비롯되는데, 이는 사람들의 실제 선택을 '현시 선호'로 간주할 수 있다는 것을 의미한다.

　　이러한 기본 분석 틀은 밀과 같은 초창기 경제학자들의 연구에서 미발달된 형태로 발견할 수 있다. 그러나 이러한 가정이 공식 공리를 통해 명시적이고 구체화된 1870년 한계혁명을 거치면서 본격적인 신고전학파 소비자이론으로 발전하게 되었다.

5.2.2 **모형**

한계혁명으로 인해 경제학자들의 관심이 인간본성에 대한 윤리적 논쟁에서 소비자 의사결정에 대한 수식 모형을 추구하는 것으로 바뀌게 되었다. 문제는 선호 및 합리성이란 특성에 대해 추가적인 가정이 필요한 i번째 소비자와 상품 $x_1, x_2, x_3, \dots x_n$에 대한 효용 함수 $u^i(x_1, x_2, x_3, \dots, x_n)$를 정하는 것이었다.

　　앞절에서 개관했던 행태 가정을 i번째 소비자와 상품 $x_1, x_2, x_3, \dots x_n$에 대한 효용함수 $u^i(x_1, x_2, x_3, \dots, x_n)$ 형태로 전환하면서 선호와 합리성의 본질을 만들려면 수많은 가정들이 요구된다.

1. 선호는 완전해야 한다. 이 의미는 선호는 어떤 서로 다른 두 개의 상품묶음도 비교할 수 있어야 한다는 것이다.

2. 선호는 반드시 이행적이어야 한다. 이 의미는 어떤 사람이 y보다 x를 선호하고 z보다 x를 선호하면, x를 z보다 더 선호한다는 것이다. 이를 통해 각 상품에 대해 순위를 정할 수 있게 된다.

3. 소비자는 물리지 않고(비포화적) 단조적 선호를 갖는다고 가정한다. 그러므로 소비자는 항상 더 많은 재화를 원한다.

4. 그러나 소비자는 각 재화에서 한계효용이 감소하는 즉, 재화 추가 한 단위에서 생겨나는 효용이 수량이 증가함에 따라 감소한다고 가정한다. 이는 소비자들이 한 가지 상품이 많고 다른 상품이 적은 것보다 여러가지 상품을 골고루 혼합하는 것을 선호한다는 것을 의미한다.

이러한 가정을 종합하면 잘 정의된 효용함수를 도출할 수 있으면 이는 (x_1, x_2)공간에 그려진 무차별 곡선의 형태로 그래프로 표현할 수 있다. 무차별한 곡선은 무차별한 소비자간 x_1, x_2의 다양한 조합을 나타낸다. 다르게 표현하면, 무차별 곡선은 소비자가 동일한 효용을 얻을 수 있는 x_1, x_2의 다양한 조합을 나타낸다. 따라서 효용은 그림 5.1의 각각의 곡선을 따라 동일하다. 무차별 곡선 모형은 앞의 가정 1-4에 나와 있다. 완전성 및 이행성 가정은 무차별 곡선이 매끄럽고 연속성임을 보장한다. 단조성을 반영하여 곡선이 바깥쪽으로 갈수록 효용이 증가한다. 그리고 곡선이 볼록한 이유는 한계효용이 감소한다는 가

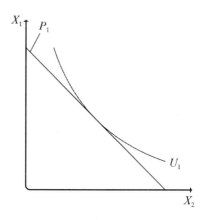

그림 5.1 무차별곡선

정과 한가지 재화만 대량으로 보유하는 것보다 여러가지 재화를 혼합하는 것이 더 낫다는 의미 때문이다.

모형을 완성하려면 소비자가 주어진 가격과 예산으로 구매할 수 있는 다양한 상품조합을 정의하는 예산제약조건을 도입해야 한다. 이것은 그림 5.1에서 직선으로 나타난다. 기울기는 x_1, x_2상대가격에 의해 결정되는데, x_2에 비해 x_1이 저렴할수록 기울기는 가파르게 된다. 기울기는 x_1의 가격이 쌀수록 주어진 x_2의 양을 대체하면 x_1을 더 많인 구매할 수 있다는 사실을 반영하는 것이고, 기울기가 더 가파르게 나타난다.

개인이 도구적으로 합리성을 추구하는 효용극대자라는 가정에 따르면, 개인은 예산제약 내에서 가능한 가장 높은 무차별 곡선에 따라 소비할 것이다. 그림 5.3에서 소비자가 얻을 수 있는 가장 높은 무차별 곡선은 A점에서 예산제약 조건에 접하는 곡선이라는 것을 알 수 있다. 따라

서, 소비자는 해당 접점에서 상품 묶음을 소비하도록 선택할 것이다. 접점은 소비점에서 묶음에 포함된 상품의 상대적 한계효용이 상대가격과 동일하며, 완전 경쟁시장이라는 가정하에 소비자가 2장에서 설명한 최적화 조건을 충족하고 있다는 것을 의미한다.

이것이 바로 신고전학파 경제학이 소비에 대해 말하는 본질적 내용이다.[5] 첫째, 소비자는 전적으로 주관적인 것으로 취급되는 선호와 예산에 따라 다르지만 사람들이 소비결정을 내리는 방식은 형식적으로 동일하다. 각 개인의 효용함수와 무차별곡선은 사람마다 다르지만, 모형내에서 각 개인은 상대가격 이 상대 한계효용이 동일한 곳에서 소비한다. 둘째, 이 모형은 4장에서 제시한 생산함수과 대칭적으로 기업은 효용수준을 대신하는 생산함수를 나타내는 등 이윤선을 극대화한다. 신고전학파 소비이론과 생산이론의 수학적 유사성으로 인해 신고전학파 경제학의 내용은 주제가 갖는 특징보다는 그 분석 기법의 기술적 특징이 주도한다는 주장이 나타났다(Fine and Milonakis, 2009).

셋째, 이 모형은 본질적으로 선택 또는 의사결정이론이지만, 소비이론의 기초가 된 이 모형의 부산물은 이론적 틀에서 효용이 비물질적으로 나타날 수 있다는 것을 없애 버렸다는 점은 앞서 언급했었다. 즉, 경제학자들은 효용을 구입한 상품이나 서비스로 인해 생겨난다고 생각하는 경향이 있었다. 그러나 1970년대부터 경제학자들이 이 모형을 비소비적 의사결정에 적용하기 시작하면서 이론범위가 넓어졌다. 이에 대해서는 다음 절에서 살펴보겠다.

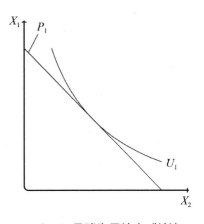

그림 5.2 무차별 곡산과 예산선

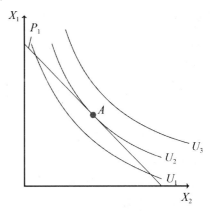

그림 5.3 주어진 예산제약하 효용 극대화

5.2.3 모형의 범위 - 경제학 제국주의

시장영역이 아닌 의사결정에 대해 신고전학파 소비자이론의 이론적 틀을 확장한 선구자는 모든 사회과학에 대한 '경제적 접근방법'을 주장하고 실천한 베커(Gray Becker)로 합리적 효용 극대화라는 분석 틀을 사용하여 모든 범위의 의사결정을 설명하고자 노력했다. 하나의 유명한 예는 교육을 투자로 특징짓는 것이다. 그는 교육에 시간과 돈을 투자하면 고용가능성이 높아지고 잠

---

5 잘 정의된 효용곡선에 필요한 가정을 완화하여 이 분석 틀에 대한 적응과 발전에 대해서는 Varian(2003)을 참조하라.

재적 소득이 커지기 때문에 교육을 '인적 자본'을 만들어내는 것으로 이해해야 한다고 주장했다 (7장 참조). 그는 앞서 설명한것과 같이 동일한 수학적 기법을 사용하여 개인의 교육 수준이 교육에 추가시간과 비용을 지출하는데 드는 한계비용과 해당 교육으로 인한 한계 임금 증가가 동일하게 되는 지점[**한계비용(Marginal Cost)=한계수익(Marginal Benefit)**, $MC = MB$]까지 교육에 투자한다는 모형을 만들었다.

베커는 범법의사 결정, 결혼의사 결정, 임신의사 결정, 심지어는 자녀와 얼마나 많은 시간을 보내야하는지에 이르기까지 인간 생활의 점점 더 광범위한 영역에 합리적 효용 극대화 행동을 적용하려 하였다(Becker, 1976). 그의 노력으로 1992년 '사회학, 인구학, 범죄학 등 다른 과학분야에서는 거의 다루지 않았던 인간 행태 측면으로 경제이론의 영역을 확장'한 공로를 인정받아 노벨 경제학상을 수상했다(Becker, 1992).

그러나, 신고전학파 설명 체계는 베커가 다루는 주제를 전통적으로 다루어 온 다른 학제 방법론과 상충되는 경우가 많았다. 예를 들어, 사회학, 범죄학, 인류학은 개인의 행태보다는 권력, 계급, 국가 같은 사회구조에 훨씬 더 중점을 두는 경향이 있다. 이러한 주제에 대해 지극히 개인주의적인 합리적 경제주체를 강요하는 것은 결과적으로 다른 학제 전문가들의 적대감을 불러 일으켰고, 일부에서는 베커의 경제적 접근방식의 범위확장을 '경제학 제국주의'라고 부르기도 했다(Fine and Milonakis, 2009).

이러한 반발에도 불구하고, 최근에는 '모든 것에 대한 경제 이론'을 제시하는 '괴짜경제학 (*Freakonomics*)'(2009)과 같은 책을 통해 이러한 접근방식이 대중화되었다. 괴짜경제학 (*Freakonomics*)은 회원등록율이 낮은 헬스장 회원권과 같이 모호하게 관찰되는 현상을 설명하는 사용하면서 합리적이고 효용을 극대화하는 접근방식을 대중화했다. 이 과정에서 직관과 반대되는 모든 종류의 행동을 최적행동으로 나타내는 역할을 했다. 괴짜경제학은 합리적이고 효용을 극대화하는 분석 틀을 사사한 영역까지 확장한 것이다(16장 참조).

5.2.4 신고전학파 모형 가정에 대한 고찰

이 설명을 통해 신고전학파 소비자이론이 여러가지 가정에 의존하게 있다는 것을 명백하게 한다. 이러한 가정의 특성을 살펴보기 위해서는 모형의 설명능력에 대한 시사점뿐만 아니라 추가적인 고려도 필요하게 된다.

1) 인간은 효용추구자이다

페팃(Petit, P., 2001)은 많은 사람들은 경제학자들이 자신들의 동기에 대해 설명하는 것과 성찰을 통해 그 동기에 대한 이해 사이에 갈등을 경험한다고 한다. 전부는 아니더라도 많은 사람들은 자신의 이익에 반하더라도 도덕적으로 옳은 일을 하고자 하는 욕구, 타인의 행복과 행운을 위하고자 하는 욕구, 당장 바람직한 행동이 아니더라도 자신에게 좋은 일을 하고자하는 욕구 등 효용 추구보다 더 복잡한 동기에 의해 움직인다.

　　신고전학파 이론을 처음 접하는 학생들도 페팃의 지적에 대해 공감하는 부분이 있다. 그러나 효용 개념에 특히 이기적이거나 물질적인 동기와 연관시킬 수 있는 내재적 요소가 없다는 것을 앞 부분에서 살펴보았다. 원래 의미에서 효용은 도덕적 선호, 타인 배려 선호, 더 높은 쾌락을 포함한 모든 종류의 선호를 수용할 수 있을 정도로 매우 포괄적으로 정의되었다. 신고전학파 소비자가 갖는 사실상 이기적이고 물질주의적 특성은 시장기반 소비이론의 일부로 효용개념을 도입한 방식에서 비롯되었지만 이러한 결과는 필연적이라기보다는 우연적 결과였다. 따라서 페팃의 주장은 기술적으로 보면 틀린 표현이라고 할 수 있다. 소비자 주권에 대한 신고전학파 강조와 이론의 핵심인 '사람들은 자신이 선호하는 것을 선택하고 자신이 선택한 것을 선호한다'는 동어반복은 이 이론이 선호 내용에 대해 근본적으로 개방적이고 비규범적이라는 것을 나타낸다..

　　그렇긴 해도 독자들은 잠시 멈춰서 이것이 얼마나 설득력 있는지 생각해 볼 수 있다. 기술적으로 보면, 특히 시장기반 소비밖에서 효용개념을 가장 넓은 의미로 정의할 수 있다. 그러나, 앞서 살펴본 바와 같이 신고전학파 경제학자들은 베커의 경제학적 접근방식과 이후 괴짜경제학(Freakonomics)을 통해 소비, 비시장상황에 초점을 맞추기 위해 이론의 범위를 좁혀 나갔다. 이론의 범위가 확장되면서, 효용개념에 주어진 내용도 비슷하게 확장되었는지 여부에 의문이 제기된다. 베커가 이타주의나 이런 유사한 감정에 대해 기꺼이 이야기한 것은 사실이다(예를 들어, Becker, 1992 참조). 그러나 이러한 동기가 그의 모형에 성공적으로 반영했는지에 대해서는 의심이 된다. 예를 들어, 자녀 출산결정에 대한 베머 모형(1976)에서 부모는 자녀의 수와 질(질은 각 자녀에게 지출되는 금액을 대리변수로 사용)에서 효용을 도출하고, 최종 자녀의 수와 질은 한계효용이 한계비용과 같아지는 지점에서 결정된다고 가정한다. 의심할 여지 없이 많은 부모들이 자녀와의 관계에서 얻는 즐거움을 얻는다는 사실을 고려하지 않고 있어 이 가정은 직관적으로 문제가 있다는 것을 알 수 있다.

2) 인간은 완벽히 합리적이다

신고전학파 경제학의 합리성 가정은 중독과 같이 명백히 비합리적 행태로 보이는 수 많은 현실적 사례에 비추어 볼 때 추가적 검토가 필요한 부분이다. 다시 한번 강조하면, 설명이 직관적으로 이해되지 않는다는 것이 그 자체로 사실이 아니라는 것을 의미하지 않는다. 예를 들면, 세상이 둥글다는 주장에 대해 많은 사람들이 직관적으로 이해되지 않기 때문에 사실이 아니라고 반론을 제기했었다. 여기서 분명히 해야할 설명은 합리성이라는 가정은 문자 그대로 해석할 수 있는 근거가 아닌 분석목적으로 만들어진 가정이라는 것이다. 사츠와 페레존(Satz and Ferjohn, 1994)은 완전경쟁 시장에서는 사람들이 합리적인 것처럼 행동하기 때문에 이러한 분석목적이 타당하다고 주장한다. 시장경쟁이 비효율적 행동을 없애고 관찰된 결과를 경제주체가 완벽하게 합리적일 때와 같도록 만들기 때문이다. 물론, 이 설명은 신고전학파 소비자 이론을 비사장적 의사결정에 적용하는 '괴짜경제학'와 같은 사례에는 적용되지 않는다.

다른 접근방식은 모형이 광범위한 영역에서 실증적 적합성을 가질 수 있는 가를 지적하는 것이다. 예를 들어, 비이성적 행태로 보이는 모든 행동을 이론을 통해 이해할 수 있다고 보여주는 것이 '괴짜경제학'의 속임수이다. 그러나, 합리적 선택 모형을 다양한 시나리오에 맞도록 만들 수 있다고 해서 이 모형이 진정한 설명을 제공한다고는 할 수 없다. 라제어(Lazear, E.P., 2000)가 주장했듯이, 이론의 협소한 설명은 광범위한 현상에 대한 설명을 제공할 수는 있지만, 그와 같은 협소성은 특정한 문제에 대해 폭넓은 사고를 할 수 없다는 것을 의미한다. 그 결과, 설명이 필요한 문제의 핵심적 측면을 놓칠 수 있다.

인간행동에서 비합리성을 관찰할 수 있을 뿐 아니라 인간의 인지기능에 한계가 있다는 사실을 인정하는 사람들이 늘어나고 있다. 완전 정보와 완전 합리성이라는 신고전학파 가정과 그 한계를 조화시키려는 시도가 있었고, 이러한 방식으로 도전하는 연구를 수행한 노벨상 수상자의 수를 통해 알 수 있듯이 경제학 분야에 큰 영향을 미쳤다. 예를 들어, 노벨상 수상자인 사이먼(Simon)은 인간의 인지적 한계에 주목하여 인간은 실제로는 제한적으로 이성적일뿐이며 결과적으로 최적이라기보다는 만족스러운 행동을 할 가능성이 더 크다고 주장했다(Simon, 1978). 대개의 현실에서 완벽한 정보는 너무 엄격한 가정이라는 생각에서 출발한 정보이론 경제학은 큰 영향을 미쳤으며, 2001년 선구자인 애컬로프(Akerlof), 스펜스(Spence), 스티글리츠(Stiglitz)가 노벨 경제학상을 수상했다(Stiglitz, 2001참조). 두 명의 심리학자인 카네만(Kahneman)과 트베르스키(Tversky)는 '지능적이고 정교하며, 지각력이 뛰어난 개인의 잘못된 직관의 취약성'을 입증한 연구로 노벨 경제학상을 수상했으며, 이는 합리적 경제주체 모형에 대한 공격의 표준이 되었다(Kahneman, 2003). 따라서, 합리성 가정과 씨름하면서 수많은 새로운 학파가 생겨났는데, 그 중 하나인 행동경제학자들(2장 참조)에 대해서는 아래에서 설명한다. 앞으로 살펴보겠지만, 이러한 새로운 학파는 신고전학파 경제학의 기술적 기법과 결별하는 정도에 있어 상당한 차이가 존재한다.

3) '수학적' 가정

신고전학파 모형이 효용추구와 합리성 외에 인간행동에 대해 세 번째로 가정하는 것은 선호가 완전하고, 이행적이며, 단조적이지 않고 볼록함을 만족한다는 것이다. 다른 가정과 마찬가지로, 인간의 의사결정을 얼마나 정확히 포착하고 있는지 의문을 제기하는 것이 합리적이다. 대부분 교과서에서는 이러한 보조 가정을 직관적으로 호소력 있는 것으로 옹호하려고 하며, 예를 들어 우리는 적은 것보다 더 많은 것을 선호하는 경향이 있다고 주장한다(Varian, 2003참조). 그러나 이러한 가정이 역사적으로 등장한 이후 수십 년 동안 이러한 가정을 가지고 모형의 수학적 속성에 대한 함의를 탐구해왔으며, 이러한 가정은 잘 정의된 효용함수를 보장하고 따라서 추적가능한 모형을 보장하기 위해 만들어졌다는 것을 의미한다. 그러나 이것이 반드시 모형의 설명력을 떨어뜨리는 것은 아니다. 경제학에 수학과 정형화된 모형이 어느 정도 필요한지(이 두가지 모두 우리이론의 수학적 제약을 가할 수 밖에 없다)는 3장에서 다루는 논쟁거리이다.

4) 선호 형성

네 번째 가정은 선호가 고정되어 있고 외생적으로 주어진다는 가정이다. 직관적으로나 개인적 경험을 통해 보더라도 우리 취향, 필요, 욕구는 살면서 변하기 때문에 선호가 고정되어 있지 않다는 것을 알 수 있다. 그러나, 선호가 변화한다는 특징은 너무나 분명하기 때문에 신고전학파 소비자 이론의 위험에 대한 비판으로 그 주장을 한다는 것은 '허수아비' 주장을 하는 것이다. 진정한 문제는 선호를 이론화하기 위해 선호가 고정되어 있다고 가정하는 것이 정당한가하는 것이다.

> **'허수아비' 주장('straw man' argument)**
>
> 이러한 주장은 다른 사람의 주장을 반박할 때 약하거나 왜곡된 부분만 언급할 때 발생한다. 허수아비는 상대방의 입장이나 경쟁사 제품을 왜곡하여 자신의 주장이나 제품이 우월하다고 주장하거나 선전하는 것을 말한다. 이러한 주장의 상대방 주장의 가장 약한 측면을 공격하고 강한 측면은 무시하면서 발생한다.

이론적으로 다루기 쉽거나 정밀함으로부터 소비자주권에 대한 존중, 사람들의 선호를 온정주의적 간섭을 위한 판단을 피하려는 경제학자의 바람 등 이러한 가정을 옹호하기 위한 여러가지 논거를 제시할 수 있다. 그러나, 선호가 이론의 내적 요인에 따라 변경될 수 있는 경우 선호를 고정된 것으로 취급하는 것은 정당하지 않다. 여기에서 주의할 점이 있다. 신고전학파 소비모형은 상대가격의 변화 또는 예산제약 이외의 다른 요인에 의해 소비가 변화할 가능성을 가정을 통해 배제한다. 그러나, 일부 사람들은 경제적 이론화 과정에서 선호와 소비를 형성할 수 있는 다른 요인에 대한 이러한 배제가 정당하지 않다고 주장한다. 예를 들어, 파인과 레오폴드 (Fine, B. and Leopold, E., 1993)는 선호는 자신의 소비를 스스로 결정하는 소비자(sovereign consumer)에 의해 주어지는 것이 아니라 사회적 요인과 과정에 의해 결정되며, 그 중 일부는 경제학의 영역에 속해야 한다고 주장한다. 파인과 레오폴드는 사회과학자들이 선호의 사회적 형성과정을 조사할 수 없는 본질적 이유가 없으며, 그렇게 하지 못함으로써 신고전학파 경제학이 우리들에게 소비에 대한 취약하고 빈곤한 이해를 남겼다고 주장한다.

5) 차별되지 않는 재화

마지막 가정은 신고전학파 모형에서 재화의 특성에 관한 것이다. 이 모형에서는 재화가 가격, 효용을 유발하는 능력, ((배제성이 있지만 동시에 비경합성의 특징을 가지는) 클럽재, (비경합성과 비배제성을 그 특징으로 하는) 공공재, (단일 공급자를 통한 재화의 생산 및 공급이 최대 효율이 되는)자연 독점의 경우처럼) 효율적 배분 특성을 제외하고는 서로 구별할 수 없다고 가정한다. 그러나 현실속에서 재화는 매우 다양하며, 소비 관련 질문과 관련된 경우가 많다. 예를 들어, 화석연료와 정크 푸드의 소비, 물과 쉼터 같은 기본적 필수품에 대한 접근성 등은 신고전학파 분석 틀로 답할 수 없을 뿐 아니라 이해할 수도 없는 중요한 질문들이 제기된다.

이러한 경우, 가정이 모형의 설명력에 영향을 미치게 된다. 신고전학파 경제학은 완벽한 시장에서의 의사결정과 교환과정의 결과에 대한 이론을 핵심으로 한다. 그러나 소비는 수요를 형성하고, 수요가 소비로 실현되도록 하며 소비의 결과를 결정하는 등의 의사결정과 시장교환보다 더 포괄적인 프로세스, 관행 및 현상을 아우르고 있다.

5.3   대안적 접근방식

5.3.1   의사결정이론의 발전 - 행태경제학

한 가지 대안은 사람들이 완벽하게 도구적으로 합리적이라는 가정을 완화시켜 이 가정 이 너무 엄격하는 비판에 대응해야 한다는 것이다. 행동경제학(2장 참조)은 인지심리학 및 실험과 설문조사를 통해 도출된 증거를 사용하여 인간행동이 합리적 효용 극대화 틀에서 예측하는 것과 다른방식을 파악하여 설명한다. 무엇보다도 습관과 경험 법칙의 중요성, '옳은 일'을 하는 것이 중요하다는 점, 경제학자들이 '손실회피'라고 부르는 행동특성인 사람들이 동등한 이득보다 손실에 더 주의한다는 점을 강조하기 위해 이 연구를 진행하게 되었다. 개인행동의 이러한 특성과 신고전학파 모형에서 예측하는 것과 다른 지에 대한 예는 상자 5.1을 참조하라.

행동경제학의 두 하위 범주는 자연과학에서 실험 및 신경과학적 방법을 차용한다. 실험경제학은 실험실에 기반한 실험을 통해 개인선호 속성과 개인 의사결정과정의 속성을 살펴본다 (Starmer, 1999). 신경경제학은 뇌 영상을 사용하여 개인이 의사결정을 내리는 신경생물학적 메커니즘에 대한 증거를 수집한다.

행동경제학이 신고전학파 소비자이론의 특징인 연역적, 선험적 이론화 방식에서 벗어난 점은 주목할 만하다. 그러나, 이러한 차이의 크기를 과정해서는 안된다. 첫째, 행동경제학 및 그 파생이론은, 신고전학파 소비자이론과 마찬가지로, 소비에 대한 정확하고 구체적인 이해보다는 의사결정에 대한 이론이다. 데이터 수집과 적용이 있어서, 행동경제학은 소비 결정뿐만 아니라 비소비 결정도 고려하기 때문에 소비이론으로서 얼마나 적절한지에 대한 의문을 제기받기도 한다. 둘째, 행동경제학은 신고전학파 경제학의 수학적 공리(axiom)에 근거한 방법보다 개인의 의사결정에 대해 더 풍부하고 근거가 있는 개념을 사용하지만, 그럼에도 불구하고 제약조건이라는 맥락에서 보면 효용 극대화라는 분석적 틀을 그대로 유지한다. 셋째, 행동경제학은 분석단위로 사회가 아닌 개인에 초점을 맞추고 모형을 구성하는 균형개념의 사용, 효율성에 편차가 있다는 것을 더 개방적으로 이해하지만 효율성이라는 관점에서 모형결과를 평가하는 등 신고전학파 경제학을 유지하는 요소도 가지고 있다.

상자 5.1: 최후통첩 게임(Ultimatum Game)

집단을 동일한 수의 제안자와 응답자로 나눈다. 모든 제안자에게 $10를 준다. 그 다음에 제안자는 자신과 응답자간 돈을 어떻게 나눌지 제안한다. 그리고 응답자는 제안을 수락할지 여부를 결정한다. 상대방이 제안을 받아들이면, 두 사람 모두 제안한 금액을 받게 된다. 상대방이 제안을 거부하면 둘 모두 아무것도 얻지 못한다.

신고전학파 입장

신고전학파 입장을 취하는 응답자라면, 많은 것이 적은 것보다 낫고 없는 것보다 있는 것이 낫다고 생각하고 다른 고려사항은 고려하지 않는다. 신고전학파 제안자 역시 비슷한 동기를 가지고 있기 때문에 최소한의 포지티브 섬(positive sum) 금액이상을 제안할 유인이 없다. 따라서, 신고전학파 모형에서는 모든 제안자는 응답자에게 가능한 가장 작은 금액-즉, 1¢ 내지 $1-을 제안하고 응답자가 이를 수락할 것이라고 예측한다.

연구에 따르면 100명 중 4명만이 20%미만을 제안하였고, 전체 응답자의 절반 이상이 20%미만 제안을 거절한 것으로 나타났다. 이것은 신고전학파 예측과는 상당한 차이가 있다. 신고전학파 모형에서 응답자는 무(無)보다 유(有)를 선호하므로 어떠한 0이 아닌 제안을 거절한 유인이 없다는 것을 기억하라. 그러나 이러한 결과는 현실에서 사람들이 공정성을 중요하게 생각하며 불공정하다고 생각되는 제안자를 처벌하기 위해 자신이 얻을 적은 금전적 이득을 기꺼이 희생할 수 있다는 것을 나타낸다. 현실의 제안자들은 공정성에 대한 이러한 우려를 공유하거나 다른 주체의 악의를 인식하여 이를 의사결정의 요소로 고려한다.

5.3.2 베블렌-유한계급론

베블렌(Veblen)은 노르웨이계 미국인 경제학자이자 사회학자로 1899년 저서 『유한계급론(*The Theory of the Leisure Class*)』을 통해 소비연구에 획기적 공헌을 한 인물이다. 수리화 혁명(formalist revolution)이 경제학을 완전히 장악하기 전에 이 책을 저술하였음에도 불구하고 베블렌은 경제학자들이 역사적 변화과정에서 행동이 어떻게 변화했는지를 연구해야 한다고 주장하면서 개인의 행동을 설명하는 반역사적이고 공리적인 접근방식을 비판하였다. 베블렌(Veblen, 1994, p.26)은,

> 경제학자들은 이런 '실제 힘'이 인간 행동을 결정한다는 전제하에 쾌락과 고통 만족과 희생을 연구하
> 는 대신, 인간행동의 과정을 직접 연구해야 한다. 이를 위해 중요한 심리적 범주는 쾌락 계산법 및
> 관념의 연합이 아닌 성향과 습관이다.

라고 말한다.

이러한 연구를 기본으로 그는 자신이 글을 쓰던 시대는 생계를 위해 일해야 하는 사람과 일하지 않고도 살 수 있는 사람들 간 분업에 해당하는 사회적 계층화가 특징이라고 주장했다. 후자는 지위와 사회적 영광을 부여받을 목적으로 과시 소비(conspicuous consumption)에 자유롭게 참여할 수 있다. 베블렌(1994, p.83)은 유한계급 구성원이 다른 사회구성원으로부터 지탄받기보다는 존경받는 결과를 가져온다고 주장한다.

> 처음에 단조로운 일을 하고 남편의 소지품이었던 아내는.. 남편이 생산하는 상품의 의례적 소비자가
> 되었다. 그러나 그녀는 여전히 이론상으로는 남편의 동산(動産)으로 남아있다. 습관적으로 여가를 주
> 거나 여가를 대신 즐기게 하는 것은 자유롭지 않은 노예라는 것을 지속적으로 표시하려는 것이다.

또 다른 하나는 유한계층에 속하지 않은 사람들이 과시 소비를 하는 사람들을 모방하려고 한다는 것이다. 베블렌(Veblen, 1994, p.111)은 어려움에 처해 다른 재화를 포기해야할 때에도 그렇게 할 수 있다고 강조했다.

> 산업 효율성이 좋아지면 더 적은 노동력으로 생계수단을 조달할 수 있으며, 부지런한 공동체 구성원원
> 활력은 더 편안한 속도로 느슨해지기보다는 눈에 띄는 지출로 더 높은 결과를 얻도록 한다.

베블렌은 소비에 대한 신고전학파 이론에서 크게 벗어나 있다. 그는 확실히 신고전학파 합리성개념을 비판하지만, 행동경제학과는 달리 단순히 가정을 조정하지 않고 근본적으로 다른 출발점을 취하고 있다. 그 출발점은 역사적으로 발달한 일련의 사회 및 경제제도와 그로 인해 생겨난 사회 계층화이다. 신고전학파 관점에서 그는 선호형성 문제를 고민했지만 사회적으로 결정된 선호본질을 주장하고, 사람들이 사회적으로 부여된 재화의 속성으로부터 효용을 도출한다는 것을 입증하고, 이러한 속성이 사회형성 관점에서 어떻게 발생하는지 설명하면서 신고전학파 경제학과 결별했다.

그 결과로 나온 이론과 시사점은 신고전학파 모형과 매우 다르다. 신고전학파 모형에서는 소비를 주로 물질적 욕구 충족으로 보는 반면, 베블렌의 경우 소비는 문화적이며 사회적으로 구성된 개인의 구성요소로 소비습관을 개인적 속성이 아닌 계급의 속성으로 총체적으로 이해하게 한다. 이는 과시 소비를 통해 자신의 사회적 지위를 강화하려는 시도가 노동자계급 전체의 소비관습을 특징짓는다는 점에서 명백하다. 베블렌은 지위와 이미지에 대한 인식을 매개로 경제적 불평등의 문화적 왜곡에 의해 소비습관이 어떻게 형성되는지 설명한다.

　　베블렌이 주는 시사점 중 하나는 소비가 사람들의 후생에 미치는 영향이다. 베블렌은 과시소비를 통한 사회적 지위 추구가 합리적 효용 극대화에 부합하지 않는다는 것을 분명하게 한다. 베블렌의 경우 유한계급의 소비습관을 노동계급이 모방하는 것은 더 열심히 일해야하고 그로인해 자본주의 분업구조에서 노동계급의 사회적 지위를 더 고착시키기 때문에 합리적이기 보다 비합리적이라고 생각한다. 자본주의 사회에서 소비가 하는 역할에 대한 또 다른 시사점은 다음과 같다. 신고전학파 모형에서 소비는 인간 욕구를 충족시키는 역할을 하지만, 베블렌은 과시소비를 사회적 통제 메커니즘으로 간주했다. 과시 소비는 유한계급과 노동계급의 분업이 과연 정당한가하는 문제를 제기하기 보다는 계속열심히 일하는 계급과 일하지 않는 계급간 대립을 무력화시키면서 자본주의 지속화에 기여한다. 놀랍지 않게 베블렌은 소비관행에 대해 비판적 태도를 취한다는 점에서 신고전학파 경제학과 멀어진다. 신고전학파 모형은 소비자주권(consumer sovereignty) 개념과 가격과 효용을 유발하는 능력을 제외하고는 상품을 구분하지 않는 데서 알 수 있듯이, 선호의 내용과 효용을 가져오는 요인에 대해서는 중립적이라는 점을 기억해야 한다. 반면 베블렌은『유한 계급론』전반에 걸쳐 냉소적이고 조롱하는 어조를 취하고 있어, 독자들은 베블렌이 과시소비를 좋은 것으로 보지 않는다는 사실을 의심할 여지가 없다.

5.3.3　상품 물신성

이데올로기가 효용과 소비를 형성하는 데 중요하다고 본 것은 베블렌이 처음이 아니다. 맑스도 그랬다. 그러나 베블렌(Veblen)은 이 이데올로기를 지배계급에 대한 부러움에서 찾았지만, 맑스(Marx)는 이 이데올로기를 자본주의 생산 및 분배 조직의 핵심에서 찾고 있다. 신고전학파 이론은 특정 역사적 시대에 국한되지 않으며, 합리적 효용 극대화를 초역사적이고 타고난 인간본성으로 제시한다. 반면, 맑스는 사회가 인간의 필요와 욕구를 충족시키기 위해 인간 노동을 조직하는 다양한 방식에 관심을 가졌다. 자본주의를 특징짓는 것은 이러한 필요와 요구가 상품이라는 형태로 제공된다는 점이다. 상품이란 '그 성질을 통해 어떤 종류이든 인간의 욕구를 충족시키는 외적 대상'(Marx, 1991, p.124)으로서 시장에서 교환되는 것이다. 맑스는 상품을 분석의 중심에 놓았다.

　　상품을 인간의 필요를 충족시키는 사용가치(use-value)와 시장에서의 화폐가치인 교환 가치(exchange-value)로 이해할 수 있다(9장 참조). 자본주의는 일반화된 상품생산과 교환 시스템으로, 인간의 필요와 욕구는 상품구매를 통해서만 충족되기 때문에 맑스는 자본주의하에서는 교환가치가 사용가치를 지배한다고 주장한다. 즉, 맑스는 상품의 유용성이나 만족 측면에서 상품을 구별하는 것은 사용가치를 시장에서의 교환가치에 종속시킨다는 것을 의미한다.

　　맑스는 재화를 가격으로 환원하고 효용이라는 추상적 개념을 사용하는 신고전학파 경제학에 이렇게 한쪽으로 치우친 생각이 반영되어 있다고 보았다. 이러한 시각에서 보면, 신고전학파 모형은 '상품 물신성(commodity fetishism)'의 한가지 예가 된다. 노동자들을 시장의 익명성이라는 특징속에서 자신이 한 노동의 산물을 만나 욕구를 충족하기 때문에 모든 상품의 생산과 교환을 뒷받침하는 사회관계는 자본주의 속에 숨겨져 있다. 이렇게 노동자가 시장에서 만나는 상품이 자신의 노동을 사용하여 작업한 생산과정과는 관계가 없는 것으로 보이게 된다. 이렇게 사회적 관계를 체화한 권력 대신에 대상이 된 상품에 원래부터 그러한 특성이 있는 것처럼 보이게 되고 그러면 상품은 실제보다 더 강력한 것으로 보인다.

맑스는, 소비에 대한 신고전학파 및 행동경제학 접근방식과는 완전히 대조적으로, 자본주의 하에서 소비의 독특한 특성에 대한 분석을 한다. 신고전학파 경제학의 궁극적 관심사는 특정행동에 대한 가정이 이루어졌을 때 시장교환에서 발생되는 분배 특성에 있는 반면, 맑스는 일반 상품 생산체제로 이해되는 자본주의 체제가 인간의 필요를 어떻게 충족시키고 어떤 결과를 가져오는지에 대해 질문한다. 소비의 목적은 최적의사결정이 아니라 특정 역사적 맥락에서 사회적으로 받아들일 수 있는 생활에 필요하다고 일반적으로 인식되는 품목과 조건이라고 이해할 수있다.

맑스는 자본주의 발전은 결국 상품화되는 과정으로, 이를 통해 삶의 점점 더 많은 측면이 시장관계에 편입되고 상품화된 관계를 통해 제공된다고 주장했다. 예를 들어, 자본주의 이전에는 대부분의 사람들이 상품화되지 않는 형태의 자급자족 농업을 통해 식량을 조달했다. 우리는 살아오면서 세탁기와 간편식 등의 발명을 통해 전통적으로 여성에게 맡겨졌던 가사노동의 일부가 상품화되는 것을 보아왔다. 맑스는 이러한 변화가 인간과 사회적 관계에 중대한 영향을 미쳤다고 주장했는데, 상품화와 함께 상품물신주의가 성장하고 사람들이 자신들과 노동의 산물로 부터 소외되는 현상이 커졌기 때문이다.

5.3.4 마케팅과 구매 행위에 영향을 주기 위한 전략(Marketing and manipulation)

맑스는 베블렌과 마찬가지로 소비관행을 더 이상 단순화할 수 없는 사회적 행위로 간주함으로써 신고전학파 경제학의 핵심인 소비자주권(consumer sovereignty) 개념에 도전한다. 주류경제학에서 설 자리를 찾지 못한 이 아이디어는 광고를 통한 욕망의 형성과 조작을 연구하는 마케팅 같은 학문을 통해 발전해왔다. 이러한 접근법이 갖고 있는 기본적 신념은 상징(symbol)과 이미지(image)가 사람들의 선호와 소비 행동을 형성하는데 결정적 역할을 한다는 것이다. 그 이유는 몇 가지가 있다. 첫째, 정보를 수집하고 처리하는 우리 능력은 제한적이므로 우리는 공적 논의를 통해 광범위하고 쉽게 구할 수 있는 기호(sign)와 정보에 의존하면서 경제성을 높인다. 둘째, 우리는 다른 사람과의 상호작용을 통해 배우고 해석하면서 관계 속에서 우리의 필요, 욕구, 태도를 형성하는 사회적 존재이다. 결과적으로, 오잔과 머레이(Ozanne and Murray, 1995, p.522)는 다음과 같이 주장한다.

소비는 단순히 인간의 기본적 요구나 사용가치(효용)에 대한 반응으로 생겨나는 것이 아니라, 소비자를 특정 사회 체제에 통합하고 특정 사회 전망에 헌신하게 하는 사회적 활동이다.

그런 다음 마케팅 이론가들은 광고가 사람들의 선호와 소비 관행을 바꾸기 위해 상징과 이미지의 이러한 역할을 어떻게 활용하는지를 보여준다. 맑스주의 용어로는 '광고는 상품에 마법적 요소가 있다고 즉, 상품을 구매하면 소비자의 사회적 지위나 이목을 끌 수 있는 힘을 가진다고 암시하면서 상품 물신성을 조장하고 활용해왔다'(Science Encyclopedia, 2016)고 정의한다. 그 결과는 때로 '주권을 가진 것은 소비자가 아닌 이미지라고' 할 수 있게된다(Firat *et al*., 1995. p.47).

소비에 대한 마케팅 접근방식은 소비자주권(consumer sovereignty)에 대한 신고전학파 개념에 유용한 평형추(平衡錘)역할을 한다. 그러나 그 위험에 대해 파인(Fine, 2007, p.1)은 다음과 같이 말한다.

극단적으로 언급하자면, 상품의 사용가치는 물질적 속성에 따라 변동될 수 있다. 중요한 것은 해석된 기호 가치이며 그 가치와 관련관계가 만들어지고 분석적으로 중복되어 나타난다.

선호의 사회적, 장황스런 형성에 우선 순위를 부여하면서 상품에 부여할 수 있는 문화적 의미의 범위에 너무 제약을 두지 않아서 소비자주권(consumer sovereignty)과 소비의 물질적 측면이 분석대상에서 제외된다는 주장이다. 홀트(Holt, 2002)는 이를 '문화적 권위서술(cultural authority narrative)'라고 부르는데, 이에 따르면 '전능한 기업은 정교한 마케팅 기법을 사용하여 소비자들이 상품화된 의미체계에 동참하도록 유혹한다'(Holt, 2002, p.71)고 한다. 파인(Fine, 2005, p.2)은 이를 '숨은 설득자'라고 부르며, '급진적으로 비틀어 말하자면, 주권적 소비자는 인위적으로 만들어진, 심지어 거짓된 욕구를 추구하도록 하는 교묘한 숨은 설득자에게 희생된다'고 주장한다. 즉, 상품 물신성과 그로부터 유래된 것은 인간이 이성적이고, 사색적이며 자율적인 사고를 할 수 있는 정도를 벗어나 물질적 현실이 인간 이해에 미치는 영향을 인정하지 않고 다른 방향으로 너무 멀리 나아갔다는 비판을 받아왔다. 다음 절에서 살펴보겠지만, 최근의 발전을 이러한 간극을 해소하기 위해 노력해왔다.

5.3.5　공급, 제공, 준비 등 서비스에 필요한 여러 시스템을 준비해두고 제공하는 공급시스템 접근방식(The systems of provision approach)

파인과 레오폴드(Fine and Leopold, 1993)가 창안하고, 이후 파인(2005, 2007, 2012)이 발전시킨 공급 시스템(The Systems of Provision(SoP)) 접근방식은 '신고전학파 경제학의 우상과 포스트 모더니즘의 심연'에 대한 불만을 표출한 방식이었다. 신고전학파 경제학이 선호와 재화를 주어진 것으로 취급하고 소비자가 재화의 물리적 속성에서 파생된 효용에 의해 동기부여 된다고 가정하고, 포스트모더니즘이 재화와 소비자 모두의 물리적 특성을 완전히 무시하고 둘 다 유연하고 재구성이 가능한 것으로 취급한다면, SoP접근방식은 의미의 구성을 물질적 공급체인에 연결함으로써 둘 간의 간극을 메우려고 노력한다. 즉, 파인은 소비는 문화적으로 부여된 의미에 의해 형성되지만, 이러한 의미는 특정재화가 제공되는 물질적 환경과 일련의 활동, 즉 그가 SoP라고 부르는 것에서 나온다고 주장한다. 따라서, SoP접근법은 경제를 재화 제공과 관련된 (구체적이고 특정한) 구조, 주체, 프로세스 및 관계로 정의된 상품별 시스템으로 조직화한다. 그런 다음, 자금조달에서 생산, 마케팅, 소비에 이르는 전체 공급망에 따라 이러한 SoP를 분석한다. 이러한 공급의 물질적 상황은 각 SoP에서 생산된 재화와 관련된 소비관행을 형성하는 뚜렷하고 독특한 소비문화를 야기한다고 주장한다. 파인(Fine, 2012, p.2)의 말을 빌리자면,

> 소비는 특정 상품 라인에 따라 구성된 식별 및 차별화된 SoP를 통해 유용하게(완전하지는 않더라도) 해결될 수 있다. 이러한 구체적 내용은 소비와 소비자로부터 시작하여 그것들이 하나의 통합된 전체 또는 시스템으로 재생산되고 변형되는 물질적 관행을 통해 역추적하는 것이다.

파인이 주장하는 것은 특정재화의 소비문화에 대한 연구를 해당재화의 물질적 공급에 대한 연구와 연결하여 특정재화의 소비문화에 대한 연구를 더 잘 설명하고 둘 사이의 상호작용을 파악해야한다는 것이다. 그는 '(소비에 대한)(문화적) 연구에 자료를 도입하지는 않더라도 강화하는 것을 허용하고 의도적으로 의도했'고 말한다(Fine, 2012, p.3).

이 접근방식을 이해하는데 예시가 도움이 될 수 있다. 로버트슨(Robertson, 2016)은 1980년대 이후 영국에서 다른 주택 임대에 비해 소유주 거주 주택의 인가가 높아진 이유를 설명하기 위해 이것을 사용했다. 그녀는 대안이 될 주택에 대한 과소 투자와 마찬가지로 소유주가 사용하던 주택과 관련된 재정적 이점 및 기타 이점에 따른 지원도 중요하다고 주장한다. 그러나, 이러한 발전은 정부담론을 통해 주택관련 소비문화 변화와 주택에 대한 공유된 의미 및 이미지 변화를 통해 느낄 수 있었다. 문화와 물질간 상호작용에 대한 SoP접근법의 강조는 물질적 제공조건이 그것을 해석하는데 사용되는 문화적 의미를 생성하고 견제하는 방식에 대한 로버트슨의 관심에서도 잘 드러난다.[6]

앞서 논의한 관점에서 보면 SoP접근법은 선호형성을 설명하여 신고전학파 경제학을 개선하고자 한다. 그러나 마케팅 접근방식과는 달리, SoP접근방식은 개인이 사회적 담론을 단순히 자기 것으로 하는 것이 아니라 자신의 물질적 경험을 비추어 자기 회고적으로 해석한다는 점을 인식한다. 물질과 문화가 연결되는 이유는 의미와 신념이 그럴듯하고 효과적이려면 해당 상품에 대한 물질적 경험에 어떤 식으로든 부합해야 하기 때문이다. 그리고, 이러한 물질적 경험을 이해하고 설명하기 위해서는 전체 공급망 운영 혹은 SoP운영을 통해 살펴봐야 한다. 또한 소비문화가 '복

---

6 식품과 패션에 적용한 Fine(2012)참조.

잡한 결과를 낳기 위해 서로 상호작용하는 사회적 힘, 구조 및 과정에 깊이 뿌리내리고' 있기 때문에(Fine, 2005, p.4), 복잡하고 재화에 특정되어 있다고 보는 맑스와 공통점이 존재한다.

　　소비문화는 SoP에 따라 다르며 특정 SoP를 구체적으로 조사해야 한다는 파인의 주장에서 알 수 있듯이 SoP접근법이 상품 차별화에 중심을 두는 유일한 이론이다. 신고전학파 경제학은 주어진 재화의 범위에서 선택과정을 조사하면서 수평적 이론화 형태를 사용하는 반면, SoP접근법은 특정 재화의 소비를 촉진한 공급사슬을 역추적하여 소비를 수직적으로 분석한다.

　　이 두 가지 측면 모두에서 SoP접근방식은 신고전학파 경제학에서 제공하는 것보다 소비에 대해 훨씬 더 풍부한 이해를 제공하는 것으로 보인다. 하지만, 이러한 풍부한 분석에는 대가가 따른다. 첫째, 이 접근방식은 매우 노동집약적이다. 모든 SoP에 대한 적절한 연구를 위해서는 연구 중인 특정 SoP에 대한 상세하고 실증적인 조사를 수행한 다음, 다양한 학제와 이론을 통해 얻은 통찰력을 활용하여 그 운용방식을 설명해야 한다. 이 모든 것이 연구자로서는 매우 큰 부담이 된다. 둘째, SoP가 시간, 지역, 상품에 따라 다르다는 접근방식의 주장은 이 접근법의 적용 범위가 신고전학파 경제학의 매우 일반적인 결론에 비해 상당히 협소하다는 것을 의미한다. 신고전학파 소비자이론이 하는 특정 주장에 대해 어떻게 생각하든 그 이론을 매우 폭넓게 적용될 수 있다는 것은 입증되었다. 반면, SoP접근법은 소비에 대한 구체적인 질문에는 답할 수 있지만, 일반화된 결과를 도출하기에는 부족한 방법이다. 물론 이것이 어느 정도 중요한지, 그리고 일반화 가능성이 이론의 목적이 되어야 하는지 하는 문제는 논쟁의 여지가 있는 문제이다.

5.4　결론

우리는 주류경제학이 소비와 이상한 관계에 있다는 것을 살펴보았다. 한편으로, 소비자이론은 신고전학파 경제학의 근간이자 다른 모든 이론의 토대가 되는 이론이다. 반면에, 신고전학파 경제학은 실제 소비관행에 대한 주요한 이해는 학제 외부에서 나온 것이기 때문에 소비자체에 대해서는 거의 언급하지 않는 것처럼 보인다. 이 결론에서는 앞서 논의한 여러 접근 방식간의 근본적 차이를 보여주지만, 세가지 핵심 질문에 대한 답을 대조적으로 살펴본다.

　　첫째, 소비이론에는 어떤 내용을 담아야 할까? 신고전학파 경제학은 소비를 의사결정과 동의어로 간주하고, 경제학 제국주의에서도 보여지듯이, 시장에서의 의사결정 뿐만 아니라 비시장에서의 의사결정에도 광범위하게 적용될 수 있는 의사결정이론을 발전시켰다. 신고전학파 접근방식은 또한 인간 본성에 대한 보편적인 설명에 기반을 두고 있으며, 그것이 역할을 하도록 의도한다. 신고전학파 경제학자들은 이론의 범위를 특정 시대, 지역, 사회 및 경제 체제 형태에 국한하지 않고 모든 시대 모든 사람에게 적용해야 한다고 주장했다.

　　행동경제학은 이러한 특징을 신고전학파 경제학과 공유하지만, 우리가 고려하고 있는 다른 접근 방법들은 모두 어떤 면에서 신고전학파 경제학과 다르다. 베블렌과 마케팅 접근법 모두 소비 선호가 어떻게 형성되는지에 관심이 있으며, 마케팅 접근법은 소비 선호가 어떻게 형성되는지에 관심이 있지만, 서로 다른 영향(각각 특정 역사적 시대의 특정 사회에서 나타나는 계층적 사회구조와 특정주체가 지각과 욕구를 조작할 수 있는 능력)을 강조하고 있다. 맑스와 SoP접근법 모두 일반화된 상품 생산 및 교환 시스템에서 인간의 욕구가 어떻게 생성되고 충족되는지에 관심을 둔다는 점에서 신고전학파 경제학보다 소비에 대해 더 포괄적 관점을 취한다. 하지만 적용범위가 더 좁다. 맑스는 자신의 분석이 자본주의 사회에만 적용되는 반면, SoP분석은 특정 경제의 특정부문 수준에서 이루어진다고 명시하고 있다.

둘째, 인간 본성에 대한 어떤 개념이 이 이론을 뒷받침하는가? 신고전학파 모형에서 경제주체는 완벽한 합리성을 갖춘 이기적 효용추구자이다. 또한, 이러한 특성은 변하지 않는 보편적이라 여기며, 모든 시대와 장소에 있는 모든 사람들의 특징이라고 여긴다. 행동경제학은 마찬가지로 보편주의적이지만, 도덕적 동기나 최적이 아닌 차선의 의사결정을 허용하는 등 경제주체에 대한 가정에 인지 장애와 비합리적 행동을 도입한다.

반면, 다른 접근방식의 경우에는 경제 주체는 사회적 역사적 상황 속에 있다. 즉, 사람들의 행동특성은 특정 시간과 장소의 사회적 맥락의 산물로 가변적이라는 의미이다. 이렇게 유연한 성격은 또한 행동경제학에서처럼 비합리적 행동이 단순히 최적화 행위에 대한 사소한 위반이 아니라 적극적으로 자기 이익에 반하는 것으로 이해될 수 있는 여지를 넓혀준다.

마지막으로, 수학과 같은 형식적 기법은 어떤 역할을 하는가? 신고전학파 경제학은 엄밀하고 수학적 깔금함에 우선 순위를 두며, 기술적 의무가 명령적 의무에 종속될 수 있다고 주장한다(3장 참조). 반면에 다른 접근방식은 담론적이며 역사적으로 얽혀 있으며, 지저분하고 다루기 힘들 정도로 복잡하다.

이 장에서는 세미나를 통한 토론 및 세미나에서 추가로 살펴볼 수 있는 다양한 주제를 강조했다.

- 신고전학파 경제학은 인간의 의사결정에 대한 현설적 설명을 제공하는가? 그것이 중요할까?

- 신고전학파 경제학과 행동경제학이 제공하는 개인 특성화 중 어느 것이 더 정확하다고 생각하는가?

- 상자 5.1에서 제시된 예를 감안하면, 신고전학파 경제학자들이 사람들을 합리적 경제행위자로 규정하는 이유는 무엇입니까?(이론적 유용성, 이데올로기, 총체적 행동을 고려하라)

- 행동경제학에서는 소비의 어떤 측면을 놓치고 있는가? 그것이 중요한가?

- 과시 소비의 다른 형태는 어떤 것이 있을까?(힌트: 광고와 브랜드를 생각해보라). 이러한 형태의 과시 소비와 유한계급과 관련된 소비의 유사점과 차이점은 무엇인가?

- 어떤 근거를 가지고 베블렌은 과시적 소비를 통해 얻는 효용에 대해 비판적 입장을 취하는가?

- 당신은 광고와 마케팅에 얼마나 민감하게 반응하는가? 몇 가지 예를 생각해보라.

- 자본주의 경제에서 광고는 어떤 역할을 하는가?

- 광고의 존재와 효과가 신고전학파 모형의 설명력을 어느 정도까지 약화 시킬까?

- '선택의 자유는 중요한 측면에서 부재하고 피상적인 수준에서는 존재하는 점에서 우리사회를 특징 짓습니다'(Himmelweti, 1977, p.34). 이 문장을 소비에 대한 신고전학파 및 맑스주의적 접근방식과 관련하여 토론하시오.

- 소비에 대한 상품별 수직적 분석은 언제 유용할까? 정책당국자, 소비자, 연구자 관점에서 생각해보라.

- 한편으로는 이론적 타당성과 측정가능성, 다른 한편으로는 설명 가능한 진실 사이에 어느정도 절충지점이 있을까? 이러한 상충관계가 발생하는 이유는 무엇일까? 어떻게 해결해야 하며 그 이유는 무엇이라고 생각하는가?

- 신고전학파 생산이론과 소비이론의 유사점과 차이점을 살펴보라. 두 이론의 유사점이 시사하는 바가 있다면 무엇인가?

- 프랑크 등(Frank *et al.*, 1993)은 경제학을 전공한 학생이 경제학을 공부한 적 없는 사람들보다 이러한 특성을 보일 가능성이 높기 때문에 합리적 경제인의 행동 특성을 학습할 수 있다고 주장했다.

- 학급에서 제안자와 응답자로 나눠 최후통첩 게임을 해보자. 결과가 경제 이론과 어느 정도 일치할까? 이제 경제학을 공부한 적이 없는 사람들에게도 같은 실험을 해보자. 결과는 어떻게 다를까?

- 맑스와 신고전학파 경제학이 사회관례를 어떻게 다루었는지 비교하고 대조하라. 각각의 강점과 약점은 무엇인가?

- 상품화된 재화와 서비스의 몇 가지 예를 생각해보고, 그것이 사회적 관계에 어떤 영향을 미쳤는지 생각해보라.

5.5   더 읽을 거리

Becker,G.S.(1976). *The economic approach to human behaviour*. Chicago: Uni- versity of Chicago Pres.

Becker,G.S.(1992). *The economic way of looking at life*. Nobel Lecture. Bentham, J.(1907). *An introduction to the principles of morals and legislation*. Oxford:Clarendon Press.

Fine, B.(2005). Addressing the consumer. In F. Trentmann (Ed.), *The making of the consumer: Knowledge, power and identity in the modern world*(pp.291-311). Oxford:Berg.

Fine, B.(2007). From sweetness to McDonald's How do we manufacture(the mean- ing of) foods? *The Review of Social & Economic Studies*, 29(2), 247-271.

Fine, B.(2012). *Consumption matters*. Mimeo.

Fine, B. & Leopold, E.(1993). *The world of consumption*. Abingdon:Routledge. Fine, B. & Milonakis, D.(2009). *From economics imperialism to Freakonomics*. Abingdon: Routledge

Firat, F. A., Dholakia, N., & Venkstesh, A.(1995). Marketing in a post-modern world. *European Jouranl of Marketing*, 29(1), 40-56.

Frank, R., Gilovich, T., & Regan, D.(1993). Does studying economics inhibit cooperation? *Journal of Economic Perpective*, 7(2), 159-171.

Himmelweit, S.(1977). The Individual as the basic unit of analysis. In F. Green & P. Nore(Eds.) *Economics: An anti-text*. London:Macmillan.

Holt, D.B.(2002). Why do brands cuase trouble? A dialectical theory of consumer culture, and branding. *The Journal of Consumer Research*, 29(1), 70-90.

Kahneman, D.(2003). Experiences of collaborative research, *American Psychologist*, 58(9), 723-730.

Lazear, E. P.(2000). Economics imperialism. *The Quarterly Journal of Eco- nomics*, 115(1), 99-146.

Levitt, S. D. & Dubner, S. J. (2009). *Freakonomics: A rougue economists explores the hidden side of everything*. New York: Harper Perennial.

Marx, K.(1991). *Capital*(Vol. 1). Lodon: Penguin.

Ozanne, J., & Murray, J. (1995). Uniting critical theory and public policy to create the reflexively defiant consumer. *American Behvioural Scientist*, 8(4), 516- 525.

Pettit, P. (2001). The virtual reality of homo economicus, In U. Maki(Ed.), *THe economic world view*(pp.75-97). Cambridge: Cambridge University Press.

Robertson, M.(2016). *(De)constructuring the financialised culture of owner-occupation in the UK, with the aid of the 10Cs*. Mimeo.

Satz, D. & Ferejohn, J.(1994). Rational choice and social theory. *Journal of Philosophy*, 91, 71-87.

Science Encyclopedia. (2016). *Consumerism - Consumerism and mas production*. http://science.jrank.org/pages/8818/Consumerism-Consumerism-Mass-Production.html. Last Checked 16 Oct. 2016.

Simon, H. A.(1978). *Rational decision-making in business organisations*. Nobel Lecture.

Smith. A.(1999) *The wealth of Nations*. London:Penguin.

Starmer, C.(1999). Experiments in economics: Should we trust the dismal scien- tists in white coats? *Journal of Economic Methodology*, 6, 1-30.

Stiglitz, J. E. (2001) *Information and the change in the paradigm in economics*. Nobel

Lecture.

Varain, H. R. (2003). *Intermediate microeconomics: A modern approach*(6th ed.) London: Norton.

Veblen, T. (1994) *The theory of the leisure class*. New York: Dover Publication.

경제는 균형에 도달하는가?

Rob Calert Jump

6.1 서론

경제는 균형에 도달할 수 있을까? 경제가 균형에 도달했는지를 어떻게 알 수 있을까? 무엇이 균형의 특징인가? 균형이 효율적이거나 공정한 자원 배분일까? 균형개념을 중심으로 이론을 세우는 것이 유용한 것인가? 한편으로, 이것들은 경제사상사에서 오랫동안 논쟁되어 온 경제이론에 대한 의문이다. 반면, 이것은 이론적 구성은 현실과 마주치는 범위내에서만 의미가 있기 때문에 실제 존재하는 경제에 대한 질문이다.

균형 개념이 경제이론에 나타난 것은 오래되었다. 18세기 이전에는 경제학은 윤리와 이론이 분리되지 않았고 이론적 개념으로서 균형은 주요한 상황 이해를 위한 참고사항이 되지 못하였다. 칸티용(Cantillon), 스튜어트(Steuart), 케네(Quesnay), 스미스(Smith) 같은 이론가들이 이러한 상황을 변화시키기 시작했다. 특히, 케네는 『경제표(tableau économique)』에서 경제 활동의 상호관계를 강조하는 명백히 최초로 모형을 사용하였다. 여기서는 지주, 농부, 제조업자 간 수입과 지출의 순환도를 그리고 그에 대해 설명내고 있다. 현대 경제학에 나오는 대수학에 익숙한 독자들의 경우 케네의 『경제표』에 나오는 다양한 흐름을 해석하는 것이 꽤 어려울 수 있겠지만, 복잡한 다부문 경제에서 소득과 지출의 상호의존성을 설명하는데 도움이 된다. 스미스 (Smith, 1890, p.11)의 경우 우리는 이러한 상호의존성에 대해 영어로 된 유명한 구절을 얻을 수 있다.

> 거의 모든 다른 동물종의 경우에는 각 개체는 성숙할 때까지 완전 독립적인 상태로 지내며, 자연상태에서 다른 생활문화의 도움받을 기회가 없다. 그러나, 인간은 형제들이 도움을 받을 기회가 지속적으로 있으며, 그들의 자비심에만 그것을 기대하는 것은 헛된일이다 … 우리가 저녁 식사를 기대하는 것은 정육점 주인, 양조장 주인, 제빵업자의 자비심이 아니라 그들의 이익에 대한 그들의 고려에서 비롯된 것이다.

이것은 경제활동의 상호의존성을 간결하게 표현한 것으로, 경제 이론의 기본문제인 '인간활동이 집단적이지만 인간이 집단이익을 위해 행동하지 않는다면 인간활동을 어떻게 조정할 수 있을까?'라는 질문을 낳게 된다.

경제학을 체계화하는 개념인 균형은 조정이라는 문제와 밀접한 관련이 있다. 그러나, 각 모형의 유형별로 균형에 대한 정의도 다양하다. 뉴 팔그레이브 경제학사전(*The New Palgrave: A dictionary of economics*)(Vol.2, 1987, p.179)에는 다음과 같은 구절이 있다.

> 가장 기초적 수준에서는 '균형'을 여러가지 방식으로 언급한다. 예를 들어, 수요의 힘과 공급의 힘간 평형이라는 익숙한 개념을 설명하는 데 사용하는 것처럼 '힘들의 평형(balance of forces)'으로 간주할 수도 있다. 또는 내생적인 '변화하려는 경향'이 없는 점-어떤 의미에서는 이러한 속성을 나타내는 정지상태(stationary state; 역주 정태적의미로 변화하려는 힘이 없는 상태) 혹은 정상상태(steady state;역주: 변화율을 일정하게 유지하려는 상태)-을 의미하는 것으로 받아들일 수도 있다. 그러나 경쟁 프로세스가 결과를 낳는 경향이 있다는 생각처럼 특정 경제 프로세스를 '경향을 보인다'고 할 수 있는 결과로 생각할 수도 있다. 이러한 모습으로 이 개념이 경제이론에 처음 적용 되었었다.

균형이란 경제가 지향하는 상태라는 이러한 마지막 정의는 스미스와 리카도 모두에게서 찾아볼 수 있다. 18세기 말에 쓴 글에서 스미스는 자본주의 경제에서의 조정은 시장교환의 '거래와 물물교환(truck and barter)'을 통해 이루어진다고 하였다. 한편으로, 시장에서 구매자와 판매자간 경쟁을 통해 각 상품에 대해 균일가격을 책정할 수 있다. 반면, 자본가들은 이윤이 낮은 상품에서 이윤이 높은 상품으로 생산을 하게 되고, 이 과정에서 이윤율은 균일하게 유지될 것이다.

따라서, 균형 가격은 스미스가 말한 것처럼 '모든 상품의 가격을 지속적으로 끌어 당기는 중심가격'(Smith, 1890, p.44)이다. 스미스의 경우에는 이러한 중력같은 힘은 경쟁압력의 부족으로 인해 무한정 지연될수도 있지만, 리카도의 견해는 '각 거래에 필요한 만큼의 자본을 정확하게 배분해 내는 원칙이 일반적 생각보다 더 활성화되어 있다'(Ricardo, 1951, p.90)는 의견을 가지고 있었다. 어쨌든, 스미스와 리카도를 통해 우리는 자본주의에서 자유경쟁이 어느 정도 조정을 보장하는 과정과 경제가 지향하는 상태로서의 균형에 대한 일반적 개념을 그럴듯하게 설명할 수 있게 되었다.

이 장에서는 스미스와 리카도의 고전학파 정치경제학을 대신하고 여전히 학부나 대학원 교과서에서 중요하게 다루고 있는 균형과 불균형에 대한 신고전학파 접근방식에 대해 살펴본다. 그리고 나서, 인기 있는 주요 교과서에서 실질적으로 생략된 여러 가지의 대안적 접근방식에 대해 논의한다. 이 장을 통해 다양한 이론적 접근방식에서 균형을 이해하여 온 방식을 고려하고, 동시에 다양한 이론적 접근방식내에서 고려하는 균형의 상대적 중요성에 대해서도 살펴본다.

6.2   신고전학파 접근방식

스미스와 리카도는 자본가들간 경쟁이 가격을 균형으로 향하게 할 것이라고 주장했지만, 두 경제학자 모두 실제로, '모든 상품의 가격을 지속적으로 끌어당기는 중심가격'에 대해 이런 식으로 언급하지는 않았다. 19세기 중반 밀(Mill)이 균형이라는 단어 사용을 대중화한 것으로 보이지만,

밀이 이 개념을 다루는 방식은 스미스와 리카도의 담론 수준을 크게 벗어나지 못했다.

균형을 수학적으로 취급하는 것은 19세기 초 특히 이스나르(Achille-Nicolas Isnard;1748-1803, 아실 니콜라 이스나르)와 쿠르노(Antoine Augustin Cournot;1801-1877, 앙투안 오 귀스탱 쿠루노)의 연구를 통해 존재했지만, 수리경제 모형에서 균형개념을 체계화한 것은 신고전학파 부분균형과 일반균형이 등장하면서부터이다. 한계학파 학자들이 경제이론에서 한계효용 사용을 대중화한 후 마샬(Marshall)과 발라스(Warlas)가 각각 신고전학파의 부분균형과 일반 균형이론을 발전시켰다. 마샬(Marshall)과 발라스(Walras)는 신고전학파 균형의 안정성에 대해 최초로 논의했으며, 균형의 안정성에 관한 그들의 기본적 생각은 여전히 유명한 교과서에 실려있다. 이 주제를 가장 잘 다루고 있는 것은 Gravell and Reese(2004)와 Mas-Colell *et al.*(1995)의 미시경제학책으로 여기에서는 발라스(Warlas)와 마샬(Marshall)의 안전성 이론을 상세히 다루고 있다. 이하 절에서는 이 이론들에 대해 논의하고 이후 현대 신고전학파 접근방식에 대해 고려한다.

6.2.1 **마샬**(Marshall)**과 발라스**(Walras)

마샬(Alfred Marshall; 1842-1924)과 발라스(Marie-Esprit-Léon Walras; 1834-1910)는 현대 학부나 대학원 교과서에서 이해하는 균형분석의 토대을 마련했다. 마샬(Marshall)보다 앞서 연구한 발라스(Walras)는 경제전체를 대상으로 일반균형분석을 수행하였다. 그의 주요 관심사는 서로 다른 시장들간의 상호 의존성이었고, 다양하게 복잡한 상황속에서 이 문제를 논의했다. 이에 비해, 마샬(Marshall)은 '다른 조건이 변화하지 않는다면(ceteris paribus)'이라는 가정하에서 한 시장에서 균형의 존재와 달성가능성에 관심을 기울인다. 그렇지만, 마샬의 경우 다른 시장과 서로 관련되어 있는 문제에는 관심을 덜 기울였다. 이러한 분석 범위 차이를 넘어서면 두 이론가에게 있어서 균형은 핵심적 개념이고, 균형에 도달하는 것은 시장청산(market clearing)을 의미한다. 부분 균형이 일반 균형보다 현저히 더 명확하고 간단하지만, 나는 대부분 이 문제에 대해 집중적으로 살펴보겠다.

마샬의 『경제학 원리(*Principles of Economics*)』초판은 1890년에 출판되었다. 그 목적은 스미스(Smith)와 리카도(Ricardo)의 오래된 통찰을 학계학파의 통찰력과 통합하는 것이었다. 이리하여, 1판 서문에서 마샬은 '이 논문은 우리 시대에 등장한 새로운 문제를 새로운 연구에 힘입어 오래된 원칙에 대해 현대적 설명을 제시하려는 시도이다'(Marshall, 2013, p.xix)라고 하고 있다. 마샬은 스미스(Smith)와 리카도(Ricardo)이론을 가격과 생산량을 연결하는 공급곡선으로, 한계이론을 동일한 변수를 연결시키는 수요곡선으로 나타내었다.이 결과는 그림 6.1에 나타난 잘 알려진 마샬의 가위양날(Marshallian cross)이다.

마샬 모형에서 부분균형은 공급곡선과 수요곡선이 교차하는 곳에서 단순히 이루어진다. 그리하여, 마샬 부분균형은 두 개의 연립방정식 해가 된다. 이것은 사건의 순서가 명확하지 않고,

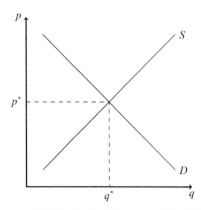

그림 6.1 마샬(1890)에 따른 마샬의 부분균형 도표

인과구조가 분명치 않은 경제학의 정태적 방법의 가장 유명한 예중 하나이다. 그림 6.1에서 가격이 먼저 결정된 후 공급 또는 수요곡선에 따라 수량이 결정되는 것이 아니라 균형가격과 수량이 동시에 결정된다.

발라스(walras)의 『순수 정치경제학 원론(*Eléments d'Économie Politique Pure*)』 1판이 1874년에 출판되었다. 마샬이 거의 전적으로 부분균형에만 관심을 기울인 반면, 발라스는 외곬수로 모든시장의 동시 균형을 의미하는 일반 균형에만 관심을 기울였다. 마샬 부분균형처럼, 발라스의 일반 균형도 상품가격들과 생산량들에 대한 연립방정식 체계의 해이다. 따라서, 마샬 체제와 발라스 체제에서 균형이란 수요와 공급 방정식의 동시에 해결되는 해법이라고 매우 단순한 정의를 내릴 수 있다. 하지만, 이러한 균형이 앞서 정의한 경제가 지향하는 상태라는 정의를 만족할까? 다시 말해, 그림 6.1의 경제가 실제로 부분균형에 도달했다고 가정하는 것이 타당한 것인가?

안정성 문제는 근본적으로 시간의 흐름과 관련되어 있으며, 정태적 모형의 안정성 분석은 주어진 연립방정식에 사건 순서를 부여함으로써 구해진다. 마샬과 발라스는 부분 균형와 일반 균형의 안정성 등을 연구할 수 있는 동태적 과정을 제안했다. 흥미롭게도, 두 과정은 서로 다르며, 경우에 따라 다른 결과가 나타날 수도 있다. 마샬의 과정와 발라스의 과정을 살펴본 다음, 두 과정의 결과를 간단한 사례를 통해 살펴본다.

마샬 과정은 주어진 기간에 산출량은 고정되어 있다고 여긴다. 이 수량이 주어지면, 수요곡선에서 고객의 최대 지불용의가격인 '수요가격'을, 공급곡선에서 판매자가 최소 청구용의 가격인 '공급가격'을 알 수 있다. 이것을 그림 6.2에서 설명하고 있는데, 여기에서는 시장 생산량이 q^m으로 고정되어 있고, 수요가격 p^d가 공급가격 p^s보다 큰 경우이다. 그림 6.3의 q^m인 상황에서 시장내 어떤 가격이 지배적일 지는 정확히 알 수 없지만, 판매자가 q^m을 공급하는 데 필요한 최소 금액보다 더 큰 수익을 얻고 있는 p^s보다 더 클 것이라고 합리적으로 가정할 수 있다. 상정된 고이윤을 보장하기 위해서는 균형 생산량 q^*의 방향으로 생산을 증가시킨다. 독자들의 입장

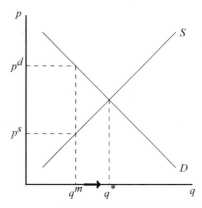

그림 6.2 마샬 과정을 통한 안정성 분석

에서는 시장 생산량이 q^* 보다 클 때마다 동등한 논증이 적용할 수 있기 때문에 부분균형이 안정적이라는 것을 확인할 수 있다. 이리하여 마샬(Marshall, 2013, p.288)은 다음과 같이 말한다.

> 수요와 공급이 안정적 균형을 이룰 때, 어떤 일로 생산규모가 균형에서 벗어나게 되면, 마치 줄에 달린 돌멩이가 균형에서 벗어나면 중력에 의해 다시 그 위치로 밀어내리는 힘이 작용하는 것처럼, 생산규모를 다시 균형위치로 되돌리려는 경향이 있다.

마샬의 조정개념은 균형개념이 다소 다르기는 하지만, 스미스와 리카도의 차등이윤율에 따른 자본조정과 유사하며, 앞서 설명한 것은 중심가격이 '모든 상품 가격을 지속적으로 끌어당기고 있다'는 스미스의 설명과 비교할 수 있다.

발라스의 과정은 생산량이 아닌 특정기간에 시장가격이 고정되어 있다고 상정한다. 시장가격이 주어지면, 고객이 구매하고자 하는 수량인 수요곡선에서 수요량을, 판매자가 제공하고자 하는 수량인 공급곡선에서 공급량을 알 수 있다. 이것은 그림 6.3에 나타나 있으며, 시장가격이 p^m 에 고정되어 있고, 수요량 q^d 가 공급량 q^s 보다 큰 경우이다. 발라스는 경매인이나 시장 조성자가 따통망(tâtonnement; 암중모색 내지 시행착오를 의미하는 프랑스어) 과정을 통해 수요량과 공급량의 차이로 정의되는 초과수요 방향을 가격을 조정하기 전에는 실제로 거래가 발생하지 않는다고 가정했다. 이리하여 발라스(Warlas, 1954, p.172)는 다음과 같이 말한다.

> 균형가격에 도달하려면 유효 수요가 유효 공급보다 큰 상품의 가격이 상승하고 유효 공급이 유효 수요보다 큰 상품 가격이 하락해야 한다.

그림 6.3에서 가격 p^m 에서는 유효수요량 q^d 가 유효 공급량 q^s 보다 크다. 이 글을 읽는 독자들은 균형 가격 q^* 보다 시장가격이 클 때도 동일한 주장을 할 수 있다는 것을 스스로 파악할

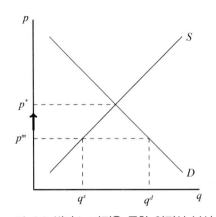

그림 6.3 발라스 과정을 통한 안정성 분석

수 있을 것이고, 결국 부분균형은 안정적이게 된다.

따라서, 간단한 예를 통해 우하향 수요곡선과 우상향 공급곡선이 존재하는 경우에는 마샬이나 발라스의 균형을 찾는 과정이 동일한 결과를 얻게 된다. 그러나, 그림 6.4에 나타난 부분균형을 고려해보자. 여기에서는 수요곡선과 공급곡선 모두 우하하는 곡선으로 수요곡선이 공급곡선보다 균형부근에서 더 가파르다. 예를 들어, 이것은 규모수익 체증이 중요한 상황과 관련있을 수 있다. 마샬의 과정은 시장생산량이 처음에 균형보다 낮다고 가정하면서 왼쪽 그림으로 설명하고 있다. 이 생산량에서 수요가격이 공급가격보다 크기 때문에, 시간이 흐르면서 생산량이 증가하여 안정성이 보장될 것으로 예상할 수 있다.

오른쪽 그림에는 시장가격이 처음에 마샬 과정에서 수요가격과 같다고 가정한 발라스 과정을 나타내고 있다. 수요량이 공급량보다 크기 때문에, 초과수요는 양수이며, 시간이 흐르면서 경제가 균형에서 멀어지면서 시장가격이 상승할 것으로 예상하게 된다.

그림 6.4에서 나타나는 부분 균형에서 우리에게 마샬과정을 통해서는 부분 균형이 안정적

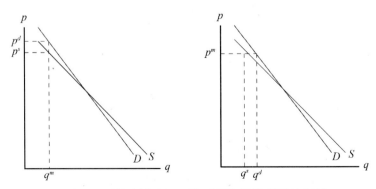

그림 6.4 마샬과 발라스 조정 과정을 통한 안정성 분석

이라고 믿을 수 있도록 하는 반면, 발라스 과정을 통해서는 우리가 부분 균형이 불안 정적이라고 믿도록 한다. 따라서 전자의 경우에만 부분 균형은 경제가 지향하는 상태라는 스미스와 리카도의 균형정의를 만족시킨다. 이런 이례적 사례에도 불구하고, 발라스와 마샬은 현실경제가 신고전학파 균형에 도달할 수 있다고 비교적 낙관적으로 전망하였다. 이리하여 발라스(Walras, 1954, pp.224-225)는 이렇게 주장한다.

> 특정제품의 판매가격이 해당 제품에 소요되는 생산 서비스 비용과 절대적으로 같거나 서비스 내지 제품의 유효수요와 유효공급이 절대적으로 같은 경우는 현실세계에서 결코 일어나지 않는다. 그러나 교환과 생산에서 자유경쟁 체제하에서 사물이 자연스럽게 지향하는 상태라는 점에서 정상상태이다.

특히 이러한 낙관적 입장 때문인지 그의 순수 정치경제학 원론(*Eléments d'Économie Politique Pure)*』에서 명백한 불균형 현상을 '위기'로 잠깐 언급할 뿐이었다.

6.2.2 현대 신고전학파 이론

신고전학파 균형모형의 안정성에 대한 현대적 접근이 시작된 시점은 발라스의 암중모색(tâtonnement)과정에 대한 1941년 폴 사무엘슨의 수리화였다. 이렇게 발라스의 가격조정을 미분방정식 형태로 변환시켜, 가격벡터를 시간으로 미분하면 초과수요의 함수형태로 표시된다. 그 결과, 신고전학파 균형의 안정성을 상당히 간단한 방식으로 연구할 수 있었고, 암중모색과정을 통한 일반균형의 국지적 및 전역적 안정성을 위해서는 모든 상품간 총 대체성이 필요하다는 것이 금방 명확해졌다. 즉, 한 재화 가격이 상승하면 다른 재화에 대한 수요가 증가하여 강한 소득효과를 제외시키게 된다는 것을 의미한다.

신고전학파 균형 안정성에 강한 소득효과가 문제가 되는 이유는 무엇인가? 초기 균형상태와 한 상품이 소폭으로 가격 인상된 경우를 고려해보자. 대체효과가 크다는 것은 소비자들이 자신의 지출을 다른 상품에 하여 원래 상품에 대한 초과수요가 줄어들어 가격이 하락하게 된다는 것을 의미한다. 그리하여 균형은 안정적이다. 그러나, 강한 소득효과는 가격상승으로 인해 일부 소비자의 소득 또는 순자산이 증가하여 상품수요가 증가할 수 있음을 의미한다. 그러면 초과수요는 커지고, 이리하여 상품가격은 더 증가하게 되고 결국 균형은 불안정적이게 된다.

앞에서 설명한 내용은 1970년대, 소넨샤인(Sonneschein), 만텔(Mantel), 드브루(Debreu)의 '무엇이든 허용된다는 정리(anything goes theorem)'[7]와 연결되는데, 동일한 문제로 하나의 발라스 균형이 아니라 여러 개의 발라스 균형이 존재할 수 있다는 것이다. 이러한 결과와 유명한 스카프(Scarf, 1960)의 유명한 순환적 암중모색과정으로 인해 많은 경제학자들이 신고전학파 일

---

7 역주: 수요곡선이나 공급곡선의 형태가 우하향하거나 우상향하지 않고 굴절된 형태의 곡선도 가능하게 되어 균형이 여러개 존재할 수 있게 된다.

반균형이론이 현실 경제를 설명할 수 있다는 믿음을 잃게 되었다. 그러나, 그러한 반대작용으로 불균형 모형을 개선하기 위한 지속적인 노력이 나타나게 되었다. 이 연구 프로그램의 주요 성과는 다양한 비모색과정(non-tâtonnement process)이었으며, 가장 성공적인 두가지 과정인 에지워스 과정(Edgeworth process)과 한 과정(Hahn process)은 여전히 유명한 교과서에 수록되어 있다. 교과서 차원에서 가장 잘 다루어진 것은 베리안(Varian, 1992)책이었으며, 이 주제로 한정지어 잘 다룬 책은 피셔(Fisher, 1983)의 책이다.

에지워스 과정(Edgeworth process)과 한 과정(Hahn process)는 상대적으로 복잡하고 신고전학파 균형의 안정성을 결정하기 위해 복잡한 수학을 사용한다. 발라스와 마샬 과정에 비해 상대적으로 성공적이지만, 균형에 도달하는 경우가 균형에 도달하기까지 걸리는 경로와 서로 다른 것은 아니었다. 이러한 불균형 과정 모형화 성공에도 불구하고, 1980년대 초에 이르러 균형 방법은 미시경제학에서 거시경제학으로 확장하면서 '신고전학파'혁명으로 자리잡았고 균형의 안정성에 대한 문제는 거의 시야에서 사라졌다. 실제, 신고전학파 균형의 안전성에 대한 발라스와 마샬의 초기 기여 이후 한 세기가 지난 지금, '최고 수준의' 대학원 현대 미시경제학 교과서 저자들인 매스코렐 등(Mas-Colell et al., 1995, p.620)은 다음과 같이 주장한다.

> 경제학이 다른 과학 분야와 구별되는 특징은 경제학에서는 균형방정식이 우리 학제의 중심이라는 점이다. 물리학이나 생태학같은 다른 과학은 동태적 변화 법칙 결정에 상대적으로 더 중점을 둔다. 편안하게 말하자면, 그렇게 말하는 근거는 경제학자들이 균형상태를 인식하는데는 능숙하고(혹은 그렇게 되길 바라지만) 불균형상태가 어떻게 변화할지를 정확히 예측하는데는 서툴기 때문이다.

균형의 이론적 중요성과 불균형에 대해 무능하다는 인식으로 인해 현대이론은 연속된 균형의 변화를 동학(動學, dynamics)으로 취급한다. 이러한 '일시적 균형' 방법은 1930년대 하이에크(Hayek), 린달(Lindahl), 힉스(Hicks)로부터 이어진 것으로 현대 거시경제학의 주류가 된 실물경기변동 모형과 신케인지언 모형에서 거의 보편적으로 사용되고 있다. 이 기본적인 생각을 그림 6.5에서 나타내고 있다. 시간이 지나도 변하지 않는 정태적 균형이 아니라 동태적 불균형과정 주변에서 변하는 균형 대신에 경제는 항상 시간이 흐르면서 변화하는 균형상태에 있다고 가

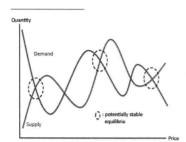

Fundamental Theorem of Demand and Supply
(Sonnenschein-Mantel-Debreu)

정한다. 아래 그림에서처럼 공급곡선은 상황의 변화에 따라 서로 다른 세 시점의 세 개의 다른 위치를 나타낸다. 그 결과 각각 q_1, q_2, q_3라는 세 균형이 연속적으로 나타난다.

일반적으로, 특히 현대 거시경제학에서, 각 시점의 일시적 균형의 안정성에 대해서는 거의 관심이 없다. 균형상태가 불균형상태보다 이론적으로 우선한다는 매스코렐(Mas- Colell)과 그의 공저자들의 견해와 밀접한 관련이 있다. 따라서, 발라스와 마샬을 통해 경제가 신고전학파 균형에 도달할 수도 있고 그렇지 않을 수도 있는 불균형과정을 얻을 수 있다. 이럼에도 불구하고, 두 이론가 모두 스미스와 리카도의 오래된 정의에 따라 경제가 실제로 지향하는 상태를 균형이라고 낙관적으로 생각했다. 전후 불균형과정에 대한 연구는 급속도로 진전되었지만, 이 연구 프로그램은 거시경제학 내에서 신고전학파가 케인즈주의에 대한 반대 의견을 제시하던 기간을 거치면서, 인기가 떨어졌고, 신고전학파, 뉴케인지언 등 현대 지배적 이론은 경제가 항상 균형에 있다고 가정하는 경향을 띠고 있다. 이런 이론 전환의 중요성을 강조하는 것은 지나친 것이 아니다. 거시경제학의 경우, 무엇보다도 1970년대 등장한 신고전학파 주요 선구자 중 한명이었던 루카스의 연구와 관련이 있다. 경제는 항상 균형상태에 있는 것처럼 간주되어야 한다는 생각, 그리고 신고전학파 거시경제학에서 균형은 시장청산을 의미한다는 생각으로 인해 균형이 경제학을 핵심적으로 구성하는 개념이 되었다. 항상 그렇지는 아니지만, '자연적' 내지 '비가속적 인플레이션' 실업률의 존재, 비시장 청산과 시장지배력 및 독점 존재와 관련이 있다. 중요한 점은 이러한 균형 접근방식이 21세기 초 거시경제학을 지배한 신케인즈주의의 정설로 이어져 왔다는 점이다. 그러나, 다른 접근방식도 있으며, 이에 대해서는 다음에서 살펴보자.

6.2.3 다른 접근방식들

앞서 고려한 신고전학파 접근방식에서는 학부나 대학원 교과서에서 다루고 있는 균형과 균형의 안정성에 대해 살펴보았다. 이 장의 절반에서는 세 가지 대안이 될 만한 접근 방식인 맑스, 케인즈, 하이에크 접근방식에 대해 살펴본다. 이러한 접근방식에 대해서는 교과서에서 잘 다루어지지 않고 있다. 이러한 접근법에서는 경제를 조직하는 개념으로서 균형을 덜 중요하게 여기는 경향이 있으며, 세 학파 모두 신고전학파이든 그렇지 않든 경제가 균형에 도달하는 능력에 대해 회의적으로 생각하는 경향이 있다.

1) 맑스주의 접근방식

스미스나 리카도처럼 맑스도 경제를 조직하는 개념으로 균형을 그렇게 많이 활용하지 않았다. 맑스 이론에서 균형상태를 확인할 수 있는 경우, 그 정의와 특성은 당연히 발라스나 마샬의 이론과는 다소 차이가 있다. 한편으로는 맑스는 스미스와 리카도를 뛰어넘는 복잡한 노동가치론의 입장을 취해 가치를 생산가격과 관련되게 하는 전형문제가 나타났다(9장 참고). 맑스의 역작인 자

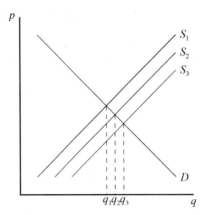

그림 6.5 단일시장에서의 일시적 균형

본론 2권의 거의 모든 부분에서 스스로 재생산할 수 있는 다부문 경제의 능력에 대해 다루고 있다. 맑스는 이 문제를 다루기 위해 어느 정도 케네(Quesnay)의 경제표(tableau économique)에서의 분석과 유사한 '재생산표식(reproduction scheme)'을 사용하고 있다.

맑스 재생산표식의 바탕을 이루는 것은 자본의 순환으로 다양한 행동을 통한 화폐와 상품의 흐름을 나타내는 것이다.

$$M \rightarrow C \dots P \dots C' \rightarrow M'$$

여기서 M은 화폐의 초기가치, C는 화폐 M으로 구매한 상품투입재를 나타낸다. 화폐가치 M보다 더 커진 M'으로 판매되는 물적자본 C보다 더 큰 가치를 갖게하는 생산이 발생하게 된다(4장 참고). 순환내에서 맑스는 총 생산을 두 개의 부분, 즉 '부문들(departments)'로 나눈다. 그러면 재생산 표식은 비교적 간단해진다. 첫 번째 부문(단순재생산)에서는 생산수단만 생산하지만, 생산수단과 소비품이 일정한 비율로 필요하고, 두 번째 부분(확대 재생산)의 경우 소비품만 생산하지만, 또한 생산수단과 소비품이 일정한 비율로 필요하게 된다. 총생산량에서 생산수단과 소비재가 차지하는 비율은 경제가 단순재생산 상태를 유지하려면 총 투입에 필요한 비율과 같아야 한다(이는 사회가 유지되기 위해서 필요한 수준의 비율을 의미한다).

맑스는 '확장된 규모의 축적과 재생산'이라는 좀더 복잡한 사례를 포함하여 분석유형을 수치를 예시하여 분석하였다. 분석 내내, 다양한 소비재와 생산수단의 상대가격이 고정되어 있다고 가정한다. 이리하여, 맑스(Marx, 1956, p397)는 다음과 같이 주장한다.

> 우리가 직접적으로 직면하는 문제는 이것이다. 생산에 소비된 자본은 연간 생산물에서 가치차원에서 어떻게 대체되며, 이러한 대체의 움직임은 자본가들의 잉여가치 소비와 노동자들의 임금 소비와 어떻게 맞물려 있는가? 다음으로 먼저 간단한 규모로 생산해보면 된다. 또한 그 상품이 그 가치로 교환되고 (등가교환), 생산자본의 구성요소 가치에 변화가 발생하지 않는다고 가정한다.

이후, 맑스는 『자본론(*Capital*)』 3권에서 자본순환내에서 가격과 이윤율을 균등화하기 위한 수요와 공급, 자본가간 경쟁의 역할에 대해 논의했다. 이 논의는 스미스와 리카도에게 많은 빚을 지고 있으며, 그 결과 스미스와 리카도처럼 단순 재생산과 확대 재생산을 이런식으로 언급하지 않았더라도 맑스를 균형이론가로 해석하는 것이 유용하다면 가능하게 된다. 맑스에 대한 이러한 해석은 현대 맑스주의 이론에서 항상 일반적인 해석은 아니지만, 모리시마 미치오(森嶋通夫, 1973, 1977, 1989)의 연구와 밀접한 관련이 있다. 예를 들어, 벤 파인과 알프레두 사드-필류 (Fine and Saas-Filho, 2004, p.64)는 맑스가 '일반균형이론이나 자유방임주의 지지자들처럼 서로 다른 생산자와 소비자가 높은 수준의 자원고용 수준에서 시장을 통해 조화롭게 조정된다는 함의를 도출하지는 않았다'고 정확하게 지적하고 있다. 이런 점을 고려하면, 맑스가 자본의 순환이 어떻게 안정적 상태에서 유지될 수 있는지에 대해 자세히 설명하지 않고 자본간 경쟁에 대한 리카도적 설명을 『자본론(*Capital*)』 3권에 남겨둔 것은 어쩌면 당연한 일이다. 대신에 『자본론(*Capital*)』 2권에서 맑스(Marx, p.50)가 다음과 같이 한 말을 찾을 수 있다.

> 자본이 첫 번째 단계 $M-C$에서 멈추면 화폐자본은 퇴장(비축, hoard)이라는 경직된 형태를 띠고, 생산단계에서 멈추면 한편으로는 생산수단을 활용하지 않은 채 방치되고, 다른 한편으로는 노동력이 실업상태에 놓이게 되며, 마지막 단계 $C-M$에서 자본이 멈추면 팔리지 않은 상품이 쌓여 유통 흐름을 막게된다.

이것이 『잉여가치학설사(*Theories of Surplus Value*)』에서 발전시킨 맑스 위기론의 근간이며, 이 책의 10장에서 논의할 것이다. 그리고 1권에서 이윤, 임금, 축적에 대한 긴 논의 끝에 우리는 맑스(2003, pp.592-596)에게서 경기순환에 대한 설명을 찾아볼 수 있다.

> 현대 산업의 특징, 즉, 평균활동기간, 집중적인 생산기간, 위기와 침체의 기간 즉, (작은 진동에 의해 중단되는) 10년 주기 과정은 일정한 형성, 더 많거나 적은 흡수, 산업예비군 또는 잉여인구의 재형성에 달려있다. 전체적으로 보면, 임금의 일반적 움직임은 산업예비군 규모 확대와 축소에 따라 영향을 받으며, 산업예비군 규모의 확대 및 축소는 산업경기의 주기적 변화에 영향을 받는다.

이 구절은 통화적 요인이 주도하는 이론이 아닌 최초의 '실물'적 요인에 의한 경기 변동 이론중 하나이며, 경기변동을 분명히 안정된 상태로 향하는 경향이 아닌 역동적 과정으로 인식하는 것이다. 이 이론을 1967년 굿윈(Goodwin)이 비선형 미분방정식 체계로 수리화하였다. 굿윈 모형에서는 자본가가 자본을 축적할 수록 이윤율에 따라 고용율이 증가한다. 그러나 노동자의 협상력이 증가하고 노동 분배율이 증가하면서 고용율에 따라 이윤율은 감소한다. 그 결과 고용율과 노동 분배율이 일정하게 유지되는 균형이 이루어지지만, 이 균형은 실제로 안정적이지 않으며, 시스템이 균형에서 시작되지 않는 한 끊임없이 순환하게 된다. 굿윈모형에서 고용율과 노동분배율을 시뮬레이션한 데이터를 그래프로 그린 것을 그림 6.6으로 나타내었다.

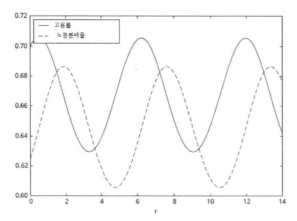

그림 6.6 굿윈모형에서 시뮬레이션한 시계열

굿윈의 수리화를 맑스 경기순환이론에 대한 합리적 해석으로 받아들인다면, 단순재 생산과 확대 재생산 항태는 오래된 의미로서의 균형이 아닌 잠재적 균형 상태, 즉, 경제가 이론적으로 지향하는 상태로 간주할 수 있다. 따라서, 우리는 『자본론(*Capital*)』 2권에서, 맑스(1956, p.499)가 다음과 같이 자본주의적 생산을 언급하였다고 주장한다.

이러한 생산양식에 부합하는 특수한 정상적 교환의 조건을 낳게 되고, 그를 통해 단순재생 산 내지 확대재생산 조건을 낳게 된다. 이 생산의 자생적 특성으로 인해 균형을 이룬다는 것 자체가 우연적이기 때문에 이러한 생산조건은 비정상적 움직임이 발생하는 많은 조건들이 위기 를 발생시킬 수 있는 가능성이 된다.

그리고 『자본론(*Capital*)』 3권에서 '첫 번째 충격이 발생하면, 산업 순환은 동일한 순환 이 주기적으로 스스로 재생산해야 하는 특징을 갖게 된다'(Marx, 1972, p.489)라고 맑스는 말한다.

따라서, 맑스의 경우 균형은 경제를 조직하는 중요한 개념이 아니었으며, (단순 재생산 및 확대재생산과 마찬가지로) 균형을 파악할 수 있는 경우에도 실제 경제가 도달할 수 있는 상태는 아닐 것이다. 발라스와 마샬은 신고전학파 균형이 이론상으로는 불안정할 수 있다는 것을 알았 지만 실제로는 그 안정성에 대해 비교적 낙관적이었던 반면, 맑스는 이론적으로 단순재생산 및 확대재생산이 가능하다는 것을 알았지만 실제 자본주의 경제가 이러한 상태에 도달할 것이라고 생각하지는 않았다.

2) 케인즈주의 접근방식

맑스처럼, 케인즈 경제학의 균형에 대한 정의도 신고전학파 경제학의 균형 정의와는 다소 차이 가 있다. 그의 초기 연구 중 일부는 명시적으로 동태적 방법을 사용했지만, 『고용, 이자, 화폐의 일반이론(*General Theory of Employment, Interest, and Money*)』(1936)에서는 정태적 방법 으로 되돌아갔다. 특히, 수많은 그의 동료들과는 달리, 케인즈는 연립 방정식에 대한 구두 논의

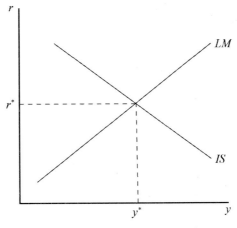

그림 6.7 교과서의 IS-LM 모형

에 의존하는 경향이 있었다. 『일반이론(*General Theory*)』에서 모형은 단일 시장이나 시장시스템에서 가격 및 산출량보다는 전체 산출량 수준을 설명하기 위해 고안된 것이다. 이런 점에서, 신고전학파 접근방식과는 완전히 다르다.

　　『일반이론(*General Theory*)』에서 균형결정은 상대적으로 명확한 측면이 있다. 투자는 자본의 한계효율이 이자율과 같아지는 지점까지 증가하며, 생산량 수준은 이 투자수준에서 작동하는 승수메커니즘에 의해 현재 소득에서의 한계소비성향에 따라 결정된다. 생산량 수준은 고용수준을 직접적으로 결정하고, 이는 다시 화폐수요와 이자율에 영향을 미친다. '따라서, 이러한 반향이 균형상태에 영향을 줄것이며, 다른 반향도 존재할 것이다.'(Keynes, 1936, p.249).

　　앞서 언급한 구절은 그림 6.7에 나타낸 『일반이론(*General Theory*)』에 대한 힉스-한센의 IS-LM해석으로 바로 연결된다. IS곡선은 저축이 투자와 일치하는 수준에서의 산출량과 이자율의 조합**[생산물시장의 균형산출량과 균형이자율]**이고, LM곡선은 화폐수요가 화폐공급과 일치하는 수준에서의 산출량과 이자율의 조합**[화폐시장의 균형산출량과 균형이 자율]**을 나타낸다. 그러면 균형은 IS곡선과 LM곡선이 교차하는 점에서 결정된다. 이는 위에서 살펴본 마샬의 가위양날 (Marshallian cross)을 연상시키며, 부분 균형에 대한 마샬 조정과정과 유사한 불균형 조정과정을 구성하여 경제가 어떻게 IS-LM균형으로 접근하는지를 연구한다(예를 들어 Varian, 1978). 신고전학파 종합(Neoclassical Synthesis)의 이러한 불균형적 측면은 특히 파틴킨(Patinkin, 1965)과 같은 대학원 교과서에서 상당히 유명했었지만 현대 교과서에서는 경제되는 경향이 있다.

　　IS-LM 균형 불균형 안정성에 관계없이, 케인즈가 염두에 둔 것은 단순한 연립방정식 모형이라는 것은 그리 명확하지 않다.[8] 『일반이론(General Theory)』에서 한계소비성향, 투자스케줄

___

8 잘 정의된 효용곡선에 필요한 가정을 완화하여 도달한 이 분석 틀에 대한 적응과 발전에 대해서는 Varian(2003)을 참고하라.

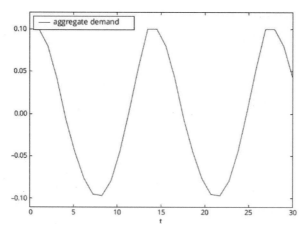

그림 6.8 힉스(1950)모형에서의 시뮬레이션한 시계열

상황, 유동성 선호 정도가 국민총생산, 고용, 이자율 수준을 함께 결정한다는 것은 분명한 사실이다. 한편으로, '위의 요인들 중 별다른 경고없이 때로는 크게 변화하지 않는 것은 하나도 없다'(케인즈, 1936, p.249)라고 했다. 다른 한편으로는 다음과 같은 말도 들었다.

> 특히, 우리가 살고 있는 경제시스템은 생산량과 고용측면에서 심한 변동을 하지만, 심하게 불안정하지는 않다는 것이 가장 큰 특징이다. 실제로 회복이나 완전 붕괴로 향하는 뚜렷한 경향 없이 상당기간 지속적으로 정상 이하의 경제상태를 유지할 수 있을 것으로 보인다(같은 책).

케인즈의 자본주의 비전에서 '심한 변동'과 그런데도 불구하고 '매우 불안정적이지 않은' 것 간 이러한 긴장감이 그의 균형 분석 방법을 흥미롭게 한다. 케인즈가 파악하려고 하는 것은 어쩌면 혼란스런 변동에 대한 이론이며 이것이 전후 케인즈주의 경기순환 이론이 취해온 경로이다. 스톡홀름학파(Stockholm School), 칼레츠키의 경기순환모형, 케인즈의 일반이론에서 영감을 받은 사무엘슨(Samuleson), 힉스(Hicks), 필립스(Phillips), 칼도 (Kaldor), 굿윈(Goodwin)과 같은 이론가들은 1940년대와 1950년대에 전쟁전 자본주의 특징이었던 '심한 변동'을 설명하기 위해 미분방정식식과 차분방정식으로 구성된 모형을 구축했다.

앞서 설명한 굿윈의 맑스주의 경기순환에 대한 명확한 설명과 마찬가지로, 전후 케인즈주의 경기순환 모형의 핵심요소는 안정된 균형에 대한 접근 방식이 아닌 내생적 변동의 발생이다. 그러나, 굿윈의 맑스 해석에 따르면 자본축적이 고용을 결정하고, 계급투쟁이 수익성을 결정하지만, 케인즈 모형은 투자의 가속도 메커니즘과 소비의 승수 메커니즘 간 상호작용에 의존하여 경기순환을 주도하는 경향이 있다. 예를 들어, 힉스(Hicks, 1950) 모형은 실증적으로는 그럴듯한 매개변수 가정하에서 국지적으로 불안정한 균형을 갖지만, 생산 수준은 가용자원의 완전 활용과 일치하는 수준까지만 확대될 수 있기 때문에 상한수준으로 제한받는다. 그림 6.8에서는 이 모형으로 만든 시뮬레이션한 시계열을 그린 것으로, 여기서 상한이 명백하게 나타나고 있다.

　　다른 모형에서는 비선형 투자 또는 저축함수가 중요한 역할을 하는 더 복잡한 형태의 비선형성에 기반한 경기순환을 만들어낸다. 이후, 굿윈은 힉스(Hicks, 1950)의 맥락에서 여러 비선형 승수 가속도 모형을 발표하고 논의했으며, 데이와 쉐퍼(Day, and Shafer, 1986)같은 이론가들은 케인즈주의 경기순환 모형에서 혼동역학의 존재를 조사했다. 굿윈의 맑스주의 경기변동 모형처럼, 이 모형들도 균형해가 있지만 이것은 스미스와 리카도의 정의에 따른 균형이 아니다. 대신, 모형은 이러한 균형 주변을 무한히 순환하여 내생적 변동을 만들게 된다.

　　마샬이나 발라스적 전통에서 균형상태는 이론적으로 불균형상태보다 우위에 있다. 조정 과정에 대한 연구는 어느 정도 깊이 있게 진행되어 왔지만, 현대 신고전학파 경제학 특히 거시경제학에서는 일시적 균형 모형을 구축하는 경향이 있다. 케인즈나 맑스의 경우 균형의 역할은 좀 더 미묘한 문제이다. 맑스의 경우, 균형이란 논리적 가능성이지만 경제가 그런 상태에 도달할 가능성은 거의 없다고 생각했다. 케인즈의 경우, 일반이론 자체가 주로 실업인 균형상태에 초점을 맞추고 있지만, 이러한 균형상태가 실제 휴식 상태인지는 모호한 측면이 있다. 이로 인해, 전후 투자지출의 불안정성으로 인해 불균형적인 경기변동에 대한 상당한 논문들이 발표되었다. 합리적 기대에 근거한 일시적 균형 모형이 주류를 이루는 현대 학부 내지 대학원 교과서에는 이러한 논문들이 포함되지 않는 경향이 있다. 현대 거시경제학을 지배하는 것이 상대적으로 케인즈주의이고, 내생적 변동과 혼돈의 동학을 일시적 균형 모형으로 통합하는 것이 상대적으로 용이함에도 불구하고 교과서에서는 잘 다루어지지 않고 있다(Benhabib, 1992).

3) 하이에크주의 접근방식

하이에크의 경제이론이 여기에서 고려하고자 하는 균형과 불균형에 대한 마지막 대안적 접근방식이다. 맑스나 케인즈와는 달리, 하이에크의 균형에 대한 정의는 특히 그의 학문경력이 시작될 무렵의 주로 신고전학파 관점의 영향을 받았다. 특히, 그는 가용 자원을 완전히 활용하는 것을 기본적인 균형조건으로 고려하였다. 그러나, 시간이 흐르면서 하이에크는 맑스와 케인즈주의 균형이 해석되는 것과 같은 방식으로 신고전학파 균형이 잠재적 균형의 위치로 취급받게 되는 구체적인 경기순환이론을 발전시켰다.

　　하이에크의 경기변동론 내용이 주로 담긴 책은 (1929년 독일어로 처음 출판된) 통화 이론과 경기순환(*Monetary Theory and the Trade Cycle*)과 (1931년 영어로 출판된) 가격과 생산(*Prices and Production*)이다. 두 책 모두에서, 하이에크는 신고전학파 초기 균형 상태로부터 멀어지는 움직임에 관심을 기울였다. 하이에크에 따르면, 이러한 움직임은 통화공급확대로 투자자들이 기존 저축과 일치하는 수준이상으로 생산확대를 위한 자금조달할 수 있는 유일한 방법이기 때문에 통화적 요인에 기인한 것이라고 하고 있다. 실제로, 통화공급이 확대되고 결과적으로 이자율이 하락하면 투자자는 결실을 맺기 위해 오랜 시간이 소요되는 활동에 자금을 조달하는 것이 수익성이 커지게 된다. 따라서, 하에에크에 따르면 이자율이 높으면 경공업처럼 상당히 빠르게 수익을 창출하는 생산공정이 등장할 것으로 예상된다. 이자율이 낮으면 수익을 창출하는데 시간이 오래걸리는 생산공정, 예를 들어 고층 빌딩 건설이 늘어날 것으로 예상할 수 있다.

금리인하로 인한 평균생산 기간의 길이는 자원이 소비재에서 투자재로 전환되면서 소비재와 투자재의 상대가격을 변화시킬 것이다. 하이이크에 따르면, 이는 결국 소비재 가격 상승으로 이어질 것이며, 소비자들은 생활수준 하락을 견뎌야 할 것이다. 이리하여 하이에크(Hayek, 1935, pp.88-89)는 다음과 같이 말한다.

> 개인이 소비에 더 많은 돈을 지출하여 이를 극복하려는 시도 없이 예상하지 못한 자신의 실질소득 감소를 참고 견딜 가능성은 매우 낮다. 따라서, 소비자 상품 가격은 생산자가격에 비해 상대적으로 상승할 것이다. 그리고, 이러한 소비재 가격상승은 소비재에 대한 소비증가뿐만 아니라 화폐로 측정된 수요증가의 결과이기 때문에 더 두드러지게 나타날 것이다.

결과적으로, 이는 생산기간의 단축으로 이어질 것이며, 그에 따른 상대가격 변동이 하이에크 경기순환이론의 특징이다.

앞서 설명한 것처럼 발라스 과정이나 마샬과정과 유사한 안정적인 불균형 조정과정으로 해석할지 아니면 지속성을 띤 이론으로 해석할지에 대해서는 명확하지 않다. 맑스주의나 케인즈주의 이론은 정태적 모형과 동태적 모형으로 수리화되어 서로 다른 해석을 비교적 쉽게 비교할 수 있지만, 오스트리아 경제학에의 경우 이에 상응하는 논문이 존재하지 않는다. 다른 어떤 학파보다도, 오스트리아 경제학은 경제이론의 수리적 기법사용을 거부해왔으며 심지어 현대 경제학 (예를 들어, Garrison, 2001)의 경우도 언어로 추론하거나 그래프로 추론하는 것에 의존하고 있다. 그러나 1970년대 및 1980년대 오스트리아 경제학계에서 균형에 도달하기 위한 경제의 능력에 대한 주요한 논쟁이 있었다. 한편으로, 커즈너(Kirzner, 1997, p.62)같은 경제학자들은 신고전학파 경제학이 균형에 초점을 맞춘다는 점에서 근본적으로 옳지만, 균형 달성을 위한 기업가의 지식을 발견하는 과정이 중요하다는 사실을 잘못 이해하고 있다고 주장한다. 이리하여 다음과 같이 말한다.

> 기업가의 발견(entrepreneurial discovery)는 점진적이지만 체계적으로 완전한 무지(sheer ignorance)의 경계를 넓히는 것으로 간주하고, 이러한 방식으로 시장 참여자간 상호인식을 고양하면서 결과적으로 가격, 산출량, 투입량과 품질을 (완전한 무지가 전혀 없는 상태인) 균형에 부합하는 값으로 유도한다.

결과적으로, 커즈너의 오스트리아학파 접근방식에 대한 해석은 '주류 경쟁균형 모형과 크게 다르지만, 그 모형이 완전히 무의미하다고 보지는 않는다'(같은 책)는 것이다.

토론의 반대편에 라흐만(Lachmann, 1976)과 같은 경제학자들은 경제가 안정상태에 도달하는 능력에 대해 회의적이지는 않았지만, 일반적으로 균형이론의 타당성에 대한 의문을 제기하였다. 대신, 자본주의 경제는 '균형의 힘과 변화의 힘 간 상호작용에 의해 추진되는 시작도 끝도 없는 연속적 과정'으로 보아야 한다(Lachmann, 1976, p.60; Vaughn, 1992). 이러한 접근 방식은 후기 하이에크, 특히 경제학에서 지식의 역할에 관한 그의 유명한 논문(Hayek, 1937)과 『순수자본이론(*The Pure Theory of Capital*)』(1941)의 일부 구절을 따르고 있다. 따라서, 하이에크(Hayek, 1941, p.17)은 다음과 같이 주장한다.

> 일반적 균형분석과 대조적으로 사용될 때, [동태적 경제학]이란 일반적으로 진행되는 경제과정에 대한 설명, 즉, 필연적으로 발생되는 연쇄적인 역사적 순서로 취급되는 인과관계 측면을 설명한다. 여기서 우리가 안 사실은 모든 현상들간 상호 의존성이 아닌 후속사건이 이전 사건에 일방적으로 의존한다는 사실이다. 이러한 시간적 과정에 대한 인과적 설명은 물론 모든 경제분석의 궁극적 목적이며, 균형분석은 이런 주요 작업을 준비하는 한에서만 의미가 있다.

따라서, 균형을 이론화하는 것은 하이에크 초기 연구에서 핵심적 역할을 했지만, 전후 오스트리아 경제학이 완성되면서 그 중요성은 점차 감소했다. 흥미로운 것은 경제학에서 인과적, 역사적 설명의 중요성에 대한 하이에크의 주장과 라흐만(Lachmann)의 이러한 견해에 대한 옹호는 오스트리아 경제학이, 특히 Shackle(1973, 1974)연구를 통해 포스트 케인즈주의 이론과 만나게 된다. 하이에크와 케인즈 추종자들 사이의 이러한 예상치 못한 접점은 하이에크나 케인즈의 원저작을 해석하는 어려움과 그들이 던진 질문에 답하기 어렵다는 점을 강조하는 것이다.

6.3   결론

현실 세계의 특성보다는 모형 특성으로 균형을 취급하는 현대 거시경제학에서 특히 두드러진 경제학의 전통이 존재한다. 따라서, 매클럽(Machlup, 1958, p.11)은 다음과 같이 주장한다.

> 이론 분석의 도구로서의 균형은 (경제를) 운영하는 개념이 아니다. 이론적 구성을 통해 (경제)운영과 관련한 대응을 하기 위한 시도는 성공하지 못했다. 모형 내 일부 변수의 경우 일반적으로 통계적으로 작동하는 대응 변수가 있다. 드물게는 모든 변수에 대응하는 경우도 있다. 그러나 이 경우 항상 변수 간 호환성 문제는 모형의 가정에 따른 상호관계와 선택한 변수에 대한 제한이 문제가 된다. '현실 세계'에는 추상적 경제 모형보다 훨씬 더 많은 변수가 존재하며, 그 '실제' 상호관계도 알려지지도 않았고 (시간이 흐르면서 예측할 수 없이 변할 수 있기 때문에) 알 수도 없다. 각 변수가 현실세계에서 관측 가능한 대응변수가 있더라도 선택한 변수간의 균형이 관찰되지 않을 수 있다는 것을 의미한다.

그러나, 경제학에서 말하는 원래적 의미의 균형에 대한 정의인 경제가 어떤 경향을 보이는 상태라는 것을 염두에 두고 있다면, 균형이 가진 근본적인 경험적 중요성을 인식할 수 있을 것이다. 자본주의 경제는 안정된 상태를 지향하며 외생적 충격에 의해 이 상태에서 벗어나거나 시간이 흘러도 사라지지 않는 내생적 변동이 존재한다. 이 중 어느 것이 현실의 경제를 더 잘 설명하는지는 명확하지 않으며, 어느 한 설명이 모든 시간과 장소에 대해 유효한지도 명확하지 않다. 그러나, 현대 경제학 교과서의 대다수는 자본주의 경제가 항상 안정된 상태를 지향하는 것처럼 묘사하면서 균형을 경제를 조직하는 중심개념이라고 하고 있다. 이러한 입장은 경제사상사의 역사를 통해 항상 이러한 것은 아니었고 이것에 대해 이 장을 통해 주요한 대안이 되는 사상에 대해 살펴보고 있다.

이 장에서 선택은 대안들은 역사적 중요성과 교과서 이론에서 다루지 않은 다른 대안들로 이루어졌다. 20세기 후반들어 진화경제학의 중요성이 증가되었고 그러한 영향으로 진화론적 게임이론이 현대 미시경제학에서 널리 사용되었다. 이러한 접근방식은 1970년대 나타난 행위자 기반 계산경제학(agent-based computational economics)에서도 사용되었고 금융경제학과 거시경제학에서 널리 사용되었다. 역사적이고 제도적인 경제학은 20세기 전반, 특히 노동경제학 같은 분야에서 신고전학파 이론과 경쟁하였으며, 이러한 접근방식의 경우 거의 균형을 추론하지 않았다. 최근에, 시계열 계량경제학자들이 균형(equilibrium)에 대한 정의로 사용할 수 있는 안정성(stability)에 대한 순수 통계적 정의를 제안하고 연구했다. 관심있는 독자들은 아래의 읽기목록을 참조하여 균형과 불균형에 대한 신고전학파, 맑스주의, 케인즈주의, 하이에크 주의 접근법과 관련한 자세한 정보를 읽어볼 수 있다.

6.4   토론거리 및 세미나활동

> ### 토론거리 및 세미나 활동
>
> 이 장에서는 자본주의 경제의 안정성에 관한 다양한 쟁점에 대해 논의한다. 수업을 통한 더 진전된 참여를 위해 다음과 같은 질문들을 고려해 볼 수 있다.
>
> - 이 장의 앞 부분에서 설명한 신고전학파 균형이론에서는 수요와 공급 곡선이 고정되어 있다고 가정한다. 즉, 균형외부에서 일어나는 사건의 영향을 받지 않는다고 가정한다. 이것이 현실적이라고 생각하는가? 어떤 불균형 사건이 수요 내지 공급곡선에 영향을 미칠까?
>
> - 맑스주의, 케인즈주의, 오스트리아학파의 경기순환이론을 비교하고 대조해보라. 현대 경제학의 적절한 특징이라고 생각하는 것이 있다면 무엇인가?
>
> - 이 장에서 다루고 있는 신고전학파의 단순한 불균형 모형을 어떻게 수정하여 독점과 과점을 허용할 수 있을까? 시장을 지배하는 한명의 가격설 정자가 불균형상태에 처하는 것이 가능할까?
>
> 다음과 같은 활동도 수업시간에 활용할 수 있다.
>
> - 여러 집단에서 미국과 영국의 전후 시계열 자료를 비교한다. 이러한 데이터는 FRED(연방준비은행 경제 시계열) 데이터 베이스 등에서 쉽게 접근할 수 있다. 두 시계열 모두에 분명한 균형이 존재하는가? 두 시계열 모두에 명백한 경기순환이 존재하는가? 이를 통해 자본주의 경제의 안정성에 대해 무엇을 알 수 있을까?

• 강의 참석자들을 짝을 나누어 행위자가 번갈아가며 제안자 역할을 하는 최후통첩 게임을 반복해서 해본다. 제안과 수락행동이 균형 -즉, 반복되는 놀이 패턴-으로 안정되는가?

• 이 장에서 다루고 있는 균형 및 불균형이론은 환경 문제를 무시하고 있다. 식품 산업의 부산물로 발생하는 음식쓰레기 또는 플라스틱 포장의 양을 고려해보자. 조별로 나누어, 이것이 무한정 유지될 수 있는지, 균형에 해당하는지, 환경문제를 고려할 수 있도록 균형개념을 어떻게 확대할 수 있는지에 대해 토론해보자.

6.5 더 읽을 거리

앞서 언급한 교과서 논의 외에 마샬과 발라스의 불균형과정에 대한 논의에 대해서는 블로그(Blaug, 1985, pp.405-408)을 참고하라. 마샬 경제학과 발라스 경제학의 다양한 차이점에 대한 논의는 드브로이의 연구(De Vroy, 2012)에서 시작하면 좋다. 전후 신고전학파 불균형이론에 대한 가장 훌륭한 논의는 피셔(Fisher, 1983) 책에 담겨져 있다. 이 책은 거의 잊혀진 문헌이지만, 알아둘 가치가 있는 문헌이다. 일시적 균형모형, 특히 합리적 기대의 다양성에 따른 복잡성과 혼돈에 관한 연구에 대해서는 벤하비브(Benhabib, 1992)책에서 다루고 있다. 2008년 위기 이후 약간의 회복세를 보이고 있긴 하지만 이러한 연구분야는 오늘날 인기없는 분야이기도 하다. 신고전학파 균형이론에서 유일성과 안정성문제를 유용하게 요약한 것에 대해서는 커먼(Kirman, 1989)의 논문을 참고하라.

맑스의 균형 해석에 대해서는 모리시마(Morishiam, 1973, 1977, 1989)연구를 통해 살펴볼 수 있으며, 20세기 초반의 전형문제에 대한 러시아 경제학자인 라디슬라우스 보르트 키비츠(Ladislaus Bortkiewicz) 연구로 거슬러 올라간다(Freeman, 1995). 본문에서 말한 것처럼 대표적인 반대 의견은 파인과 사드필류(Fine and Saad-Filho, 2004)책을 통해서이다. 그리고 굿윈모형에 대한 중요한 논문들이 있다. 베네지아니와 모훈(Veneziani and Mohun, 2006)의 논문에서 모형에 대한 긴 논의를 진행하며 많은 참고문헌을 제공하고 있다. 원래 모형에 대한 초창기 확장에 대해서는 데사이(Desai, 1973), 데사이와 샤(Desai and Shah, 1981), 그리고 포흐욜라(Pohjola, 191)에서 다루고 있다. 굿윈 모형에 대한 흥미로운 균형해석에 대해서는 멜링(Mehrling, 1986)에서 다루고 있는데, 이 논문에서는 계급투쟁을 게임이론을 사용하여 수리화하였다. 게임이론은 분석적 맑스주의 전통에서 활용되고 있지만, 이러한 접근법은 아직 연구가 덜 된 분야이다. 이에 대한 문헌고찰은 베네지아니(Veneziani, 2012)의 논문을 참고하라.

IS-LM모형에 대해서는, 특히 IS-LM모형에 유효성에 대해선 Hicks(1937)의 원래 논문과 Hicks(1980)의 논문을 함께 읽어야 한다. 본문에서도 논의한 것처럼, 패틴킨(Patinkin, 1965)은 신고전학파 종합에서 불균형이 가지는 역할에 대해 논의하였고, 레이욘후부드 (Leijonhufvud,

1968)은 케인즈 경제학에 대해 더 철저한 불균형접근을 취하였다. 이와는 대조적으로, 『일반이론(*General Theory*)』에 대한 해석은 아니지만 (일반적으로 '작은 모형'이라는 맥락에서) IS-LM 모형에 대한 옹호에 대해서는 크루그먼(Krugman, 2000)을 참고할 수 있다. 게이비쉬와 로렌츠(Gabisch and Lorenz, 1987)의 책에서는 전후 경기변동 논문들을 철저히 다루고 있다. 이러한 주제에 관심있는 누구나 이 책을 꼭 읽어야 한다. 또한 이 책에서는 칼레츠키(Kalecki)의 경기변동론도 다루고 있는데 칼레츠키의 경기변동론은 주류교과서에서 다루고 있지 않은 것이다. 케인즈 이론 이전의 경기순환이론에 대해 살펴보려는 독자들은 하벌러(Haberler, 1937)의 책을 참고하라.

로져 개리슨(Garrison, R., 2001)의 책은 현대 오스트리아 경제학의 두드러진 예이다. 카렌 본(Vaughn, K., 1992)의 논문에서는 오스트리아 경제학 내에서 균형 및 불균형에 대한 논쟁에 대한 훌륭한 논의를 제공하고 있다. 브루스 캘드웰(Caldwell, B., 1998)의 논문에서는 균형이론에서 불균형이론으로 하이에크의 변화에 대한 개관을 제안하고 알렉산드로 론카글리아(Roncaglia, A., 2005)의 책 제11장에서는 멩거(Menger), 미제스(Mises), 그리고 하이에크(Hayek)에 대해 도움이 될만한 개관을 제공하고 있다. 마크 손턴(Thornton, M., 2005)의 논문은 마천루 건설과 오스트리아 경기순환이론의 관련성을 검토한 흥미로운 논문이다. 포스트 케인즈주의와 오스트리아 경제학간의 중첩된 예를 살펴보려면 셰클(Shackle, 1973)의 책과 역시 셰클(Shackle, 1974)의 책을 참고하라. 경제사상의 역사에서 균형과 불균형에 대한 수많은 기존 연구들이 존재한다. 모시니(Mosini, 2007)의 책은 많은 참고문헌을 가지고 훌륭한 글을 모아놓은 것으로 이 장에 매우 유용한 책이다.

넬슨과 윈터(Nelson and Winter, 1982)의 책은 진화경제학의 고전적 참고문헌으로 진화경제학 학술지(*Journal of Evolutionary Economics*)의 논문들을 훑어보는 것이 논문에 대한 느낌을 알 수 있는 좋은 방법이다. 행위자 기반 모형에 관해서는 계산경제학 논문집(*Handbook of Compuational Economics*) 제2권(Tesfatsion and Judd, 2006)을 참고할 수 있다. 역사경제학과 제도경제학은 더 분산되어 있고, 특히 (물론, 경제사는 별개로 활발한 학제이긴 하지만) 역사 경제학은 특별히 인기있는 접근 방식이 아니다. 제도경제학에 대해 훌륭한 해석을 보려면 호지슨(Hodgson, 1998)의 책을 참고하라. 마지막으로, 헨드리(Hendry, 1995)의 책은 비록 시계열 계량경제학의 교과서로 적합하기는 하지만, 경제학에서 안정성과 균형을 둘러싼 쟁점을 훌륭히 다룬 책이다.

참고문헌

Benhabib, J. (1992). *Cycles and chaos in economic equilibrium*, Princeton University Press.

Blaug, M. (1985). *Economic theory in retrospect* (4th ed.), Cambridge University Press.

Caldwell, B. (1998). "Hayek's transformation." *History of Political Economy* 20(4): 513-541.

Day, R., & Shafer, W. (1986). "Keynesian chaos." *Journal of Macroeconomics* 7(3): 277-295.

De Vroey, M. (2012). "Marshall and Warlas: Incompatible bedfellows?" *European Journal of the History of Economic Thought* 19(5): 765-783.

Desai, M. (1973). "Growth cycles and inflation in a model of the class struggle." *Journal of Economic Theory* 6(6): 527-545.

Desai, M. & Shah, A. (1981). "Growth cycles with induced technical change." *Eco- nomic Journal* 9(364): 1006-1010.

Fine, B., & Saad-Filho, A. (2004). *Marx's Capital*, London: Pluto Press.

Fisher, F. (1983). *Disequilibrium foundations of equilibrium economics*, Cambridge: Cambridge University Press.

Freeman, A. (1995). "Marx without equilibrium." *Capital & Class* 19(2): 49-89-89.

Gabisch, G., and Lorenz,H. (1989). *Business cycle theory : a survey of methods and concepts*, Berlin: Springer-Verlag.

Garrison, R. (2001). *Time and money : the macroeconomics of capital structure*, London: Routledge.

Goodwin, R. (1967). A growth cycle. in C. Feldstein(Ed.), *Socialism, capitalism and economic growth*. Cambridge: Cambridge University Press.

Gravelle, H., & Reese, R. (2004). *Microeconomics*. Harlow: Pearson Education.

Haberler, G. (1937). *Prosperity and depression* Geneva: League of Nations.

Hayek, F. (1929). *Monetary theory and the trade cycle*. New York. Harcourt, Brace & Co.

Hayek, F. (1935). *Prices and production*. New York. Augustus M. Kelly.

Hayek, F. (1937). "Economics and knowlege." *Economica* 4(13): 33-54.

Hayek, F. (1941). *The pure theroy of capital*. Chicago. The University of Chicago Press.

Hendry, D. (1995). *Dynamic econometrics*, Oxford University Press.

Hicks, J. (1937). "Mr. Keynes and the 'Classics'; A Suggested Reinterpretation." *Econometrica* 5(2): 147-154.

Hicks, J. (1950). *A contribution to the theory of the trade cycle*. Oxford. Oxford University Press.

Hicks, J. (1980). "IS-LM: An explanation." *Journal of Post Keynesian Economics* 3(2): 139-154.

Hodgson, G. (1998). "The approach of institutional economics" *Journal of Economic Literature* 36(1): 166-192.

Keynes, J. (1936). *The general theory of employment, interest and money*. London. Macmillan.

Kirman, A. (1989). "The instrinsic limits of modern economic theory: The emperor has no clothes." *The Economic Journal* 99(395): 126-139.

Kirzner, I. (1997). "Entrepreneurial discovery and the competitive market process: An Austrian approach." *Journal of Economic Literature* 35(1): 60-85.

Krugman, P. (2000). "How complicated does the model have to be?" *Oxford Review of Economic Policy* 16(4): 33-42.

Lachman, L. (1976). "From Mises to Shackle: An essay on Austrian economics and the Kaleidic Society." *Journal of Economic Literature* 14(1): 54-62.

Leijonhufvud, A. (1968). *On Keynesian economics and the economics of Keynes*. New York. Oxford University Press.

Machlup, F. (1958). "Equilibrium and disequilibrium: Mispalced concreteness and disguised politics." *The Economic Journal* 68(269): 1-24.

Marshall, A. (2013). *Principles of economics*. Basingstroke. Palgrave Macillan.

Marx, K. (1956). *Capital* (Vol. 2). London: Lawrence & Wishart Ltd. Marx, K. (1972). *Capital* (Vol. 3). London: Lawrence & Wishart Ltd. Marx, K. (2003). *Capital* (Vol. 1). London: Lawrence & Wishard Ltd.

Mas-Colell, A., Whinston, M., & Green, J. (1995). *Microeconomic theory*. Oxford, Oxford University Press.

Mehriling, P. (1986). "A classical model of the class struggle: A game-theoretic ap- proach." *The Journal of Political Economy* 94(6): 1290-1303.

Milgate, P. (1987). Equilibrium: Development of the concept. *The New Palgrave: A dictionary of economics* (Vol. 2). London, The Macmillan Press Limited.

Morishima, M. (1973). *Marx's economics*. Cambridge: Cambridge University Press.

Morishima, M. (1977). *Walras's economics*. Cambridge: Cambridge University Press.

Morishima, M. (1989). *Ricardo's economics* Cambridge: Cambridge University Press. Mosini, V. (2007). *Equilibrium in economics: Scope and limits*. London: Routledge. Nelson, R., & Winter, S. (1982). *An evolutionary theory of economic change*. Harvard: Harvard University Press.

Patinkin, D. (1965). *Money, interest, and prices*. New York:Harper Row.

Pohjola, M. (1981). "Stable, cyclic and chaotic growth: The dynamics of a discrete- time version of Goodwin's growth cycle model." *Journal of Economics* 41(1): 27-38.

Ricardo, D. (1951). *The works and correspondence of David Ricardo*. Cambridge: Cambridge Univeristy Press.

Roncaglia, A. (2005). *The wealth of ideas*. Cambridge: Cambridge University Press.

Samuelson, P. (1941). "The stability of equilibrium: Comparative statics and dy- namics." *Econometrica* 9(2): 97-120.

Scarf, H. (1960). "Some example of global instability of competitive equilibrium." *International Economic Review* 1(3): 157-172.

Shackle, G. (1873). *Epistemics & economics: A critique of economic doctrine*. Cam- bridge: Cambridge University Press.

Shackle, G. (1974). *Keynesian Kaleidics*. Edinburgh: Edinburgh University Press.

Smith, A. (1890). *An inquiry into the nature and causes of the wealth of nations*. London: George Routelege and Sons.

Testafatsion, L., & Judd, K(Eds.) (2006). *Handbook of computational economics*. Amsterdam, North-Holland.

Thorton, M. (2005). "Skyscrapers and business cycles." *The Quarterly Journal of Austrian Economics* 8(1): 51-74.

Varian, H. (1978). The stability of a disequilibrium IS-LM model. *Topics in disequi- librium economics*. Basingstroke, Palgrave Macmillan.

Varian, H. (1992). *Microeconomic analysis*. New York, W. W. Norton.

Vaughn, K. (1992). "Analytical Marxism." *Journal of Economic Surveys* 4(3): 251- 274.

Veneziani, R. (2012). "Analytical Marxism" *Journal of Economic Surveys* 26(4): 649- 673.

Veneziani, R., & Mohun, S. (2006). "Structural stability and Goodwin's growth cycle." *Structural Change and Economic Dynamics* 17(4): 437-451.

Walras, L. (1954). *Elements of pure economics*. London: George Allen & Unwin Ltd.

RECHARTING THE HISTORY OF **ECONOMIC THOUGHT**

어떻게 소득을 배분하는가?

Jo Michell

7.1 서론

스미스가 『국부론(*The Wealth of Nations*)』을 저술한 이후 2세기 반동안 소득분배에 대한 경제학자들의 관심이 점점 더 커졌다. 이 주제는 역사적 발전과 이론적, 정치적 변화의 흐름에 따라 유행에 따라 오락가락해왔다. 고전학파 사상가들은 소득이 어떻게 자본가, 지주, 노동자에게 배분되는지를 설명하려고 하였는데 스미스는 이 세 계급을 '모든 문명사회의 세계의 위대하고, 독창적이며, 구성적인 질서'라고 묘사했다(1776/1976, p.265). 리카도는 정치경제학을 '산업 형성에 동의한 계급들 사이에 생산물 분배를 결정하는 법칙을 탐구하는 학문'(1820, pp.278-279)이라고 정의하였다. 맑스는 소득 분배를 둘러싼 노동자와 자본가 간 갈등으로 움직이는 체제로 리카도 모형을 재구성했다.

1870년대 한계주의 혁명은 임금이 지급된후 자본가와 지주에게 잉여가치가 귀속된다는 고전학파 개념을 제본스(Jevons), 클라크(Clark), 마샬(Marshall)등의 생산요소 보상이론으로 바꾸었다. 한계학파는 소득분배가 각 생산요소(자본, 토지, 노동)가 생산에 기여하는 정도에 따라 결정된다고 보았다. 이러한 생산요소의 주인이 받는 소득은 재화의 가격처럼 경쟁적인 시장에서 결정된다. 생산요소 사용 대가로 생산요소 소유자는 효용을 가져다주는 소비재 생산에 대한 해당 요소의 한계 기여 정도에 상응하는 보상을 받는다. 경쟁시장에서는 현재의 고용수준에서 실질임금은 노동의 한계생산성과 같게 된다. 한계학파는 고전학파 학자들의 계급에 기반한 분석을 거부하였다. 개인을 더 이상 자본가나 노동자가 아닌 어떤 조합이나 비율로 보유할 수 있는 생산요소 소유자로 간주 하는 것으로 자본가도 토지를 소유하거나 고임금 노동자가 금융자산축적을 통해 노후를 대비하는 변화된 현실을 부분적으로 반영하고 있는 것이다.

적어도 일부 한계학파 학자들의 경우, 상품가격처럼 소득분배도 특정 개인과 상관없는 '자연법칙'의 결과로, 정책이 영향을 미치거나 미쳐야 하는 것이 아니라고 생각했다. 클라크는 임금협상과정에서 고용주가 노동자들보다 구조적인 우위에 있다는 고전학파 생각은 잘못되었을 뿐만 아니라 시장메커니즘에 의존하지 않고 소득분배에 영향을 미칠 수 있는 시도로 이어질 수 있기 때문에 위험한 생각이라고 말한다. 이러한 견해는 20세기 초에 널리 확산되었다. 소득 불평등의 심화에도 불구하고, 분배에 대한 논의는 주로 경제학계 주변부의 논의로 국한되어 있었다. 1929년 주식시장 폭락과 대공황이 시작되면서, 경제학자들의 관심은 경기침체 문제로 바뀌게 되었다. 1936년 케인즈의 『일반이론(*General Theory*)』이 출판되면서 거시경제학이 독자적인 학제가 되었다. 그러나 여전히 소득배분 문제는 상대적으로 덜 관심을 받았다. 1939년 케인즈는 국민소득에서 임금소득 분배율이 안정된 것을 '약간의 기적'(1939, p.49)이라고 표현했지만, 그 원인에 대해서는 별 다른 설명이 없었다. 1957년 칼도 (Kaldor)는 경제성장의 정형화된 '사실'중 하나로 임금소득 분배율의 안정성을 포함했다. 그러나, 케임브리지의 케인즈 추종자들간 이 문제에 대한 관심이 커지고 있었다. 특히, 칼레츠키(Michał Kalecki)의 생각이 주목을 받았다. 케인즈와 동일한 핵심원리를 독자적으로 알아낸 칼레츠키는 거시경제에서 총수요와 소득분배가 모두 중요한 역할을 한다는 사실을 중심으로 이론을 개발하였다.

1950년대 이후 소득분배에 대한 양극화된 견해가 증가되었다. 성장과 분배에 대한 신고전학파 사상은 자본과 노동간 장기 분배가 고정되어 있다고 가정하는 솔로(Solow, 1956)모형을 중심으로 합쳐졌다. 케인즈 발자취를 따르고 있다고 여겼던 주류경제학에 덜 치우쳤던 경제학자들은 경쟁 시장에서는 장기적으로 완전고용을 달성하게 된다는 신고전학파 비전에 더 비판적이게 되었다. 솔로(Solow)는 (칼도를 포함한) 캠브리지 케인즈주의자들이 성장과 분배의 상호작용에 대한 새로운 사상을 개발하던 시기에 칼도의 정형화된 사실에 대한 이론적 설명을 제공하였다.

특히 케임브리지 케인주의자들과 스라파(Sraffa), 가레냐니(Garegnani)등과 같은 이탈리아 경제학자들은 솔로가 총생산함수를 사용했다는 것을 비판하였다. 캠브리지 자본논쟁에서 영국 캠브리지 경제학자들은 솔로 접근방식이 논리적 모순이 존재하기 때문에 이를 폐기해야 한다고 주장했다. 신고전학파 접근법에 대한 옹호는 (메사추세츠주 캠브리지에 소재한) 하버드 대학을 중심으로 이루어졌다. 신고전학파 경제학자들은 결국 기술적 측면에서 패배를 시인했지만, 경제 이론에 대한 논쟁의 함의는 여전히 해결되지 않은 채 남아 있다. 그렇지만, 솔로의 신고전학파 총생산함수는 성장과 분배의 표준모형이 되었고, 이에 불만을 품은 비판적 경제학자들은 계속해서 대안을 모색했다.

2차 세계대전이 끝나고 1970년대까지 선진국에서는 소득불평등이 감소했다. 그러나, 1980년대 이후 불평등은 급격히 증가했고 다시 한번 경제학자들의 관심을 끌기 시작했다. 1990년대와 2000년대 동안 주류경제학자들은 기술 변화와 세계 무역 증가가 소득분배에 어떤 영향을 미치는지 설명하기 위해 한계학파 접근법을 사용했지만, 비주류경제학자들은 고전학파 영향을 유지한 사상을 계속 발전시켰다.

2014년 피케티(Piketty)의 『21세기 자본(*Capital in the 21st Century*)』이 출간되면서, 불평등에 대한 논의가 경제학의 중심무대로 등장하게 되었다. 피케티와 그의 동료들은 2차 세계대전 이후 평등이 확대되는 시기 이후 소득과 부의 불평등이 다시금 증가하고 있음을 보여주는 데이터를 발표했다. 피케티는 현대 경제학 전통에서 벗어나 방대한 역사적 서사(敍事)를 바탕으로 분석을 진행했다. 그 결과, 일부 학자는 고전학파 경제학방식으로 회귀라고 환영을 하기도 하였다.

7.2 분배에 대한 고전학파 분석

7.2.1 스미스(Smith)

노동자, 자본가, 지주간 국민소득 분배는 어떤 법칙에 의해 결정되는가? 칸티용(Cantillon)이나 케네(Quesnay)같은 초기 사상가들이 부분적인 답을 제시했지만, 체계적 분석은 1776년 『국부론(*The Wealth of Nations*)』출판을 시작으로 고전학파 사상가들에 의해 처음 발전한 것으로 알려졌다. 스미스의 핵심적 질문은 **국가의 부를 결정하는 요소는 무엇인가?**였다. 그의 대답은 자본가들이 이윤을 소비하는 대신 소득을 생산적 자본량을 늘리는데 사용하기 때문에 부가 축적된다는 것이다. 이는 더 많은 노동자의 고용과 더 큰 노동분업으로 이어지며, 스미스는 이것이 생산성 향상의 궁극적 원천이라 생각했다. 이 과정은 집단적으로 의도적인 사고(思考)나 계획이 아닌 *보*이지 않는 손(invisible hadns)에 의해 이루어진다. 하지만 이 보이지 않는 손이 어떻게 자본가에게 이윤으로 주어지거나, 노동자가 임금으로 가져갈 소득의 양을 결정할까? 그리고 지주는? 이러한 소득분배를 경제적 기능(funciton)에 기초하여 이루어지기 때문에 이러한 소득 분배를 소득의 기능적 분배(funcitonal distiribution)라 한다. 이는 근로자간 임금소득분배 내지 기업간 이익분배처럼 같은 집단내에서 소득이 어떻게 배분되는 지를 설명하는 개인 분배(personal distribution)와 대조될 수 있다. 고전학파 경제학자들은 경쟁이 계급 내 소득을 균등하게 한다고 생각했기 때문에 기능적 소득분배에 관심을 기울였다. 이윤율은 경쟁을 통해 평준화되고, 근로자는 일자리를 얻기 위해 경쟁하고 고용주간 이동을 통해 임금율을 평준화하게 될 것이다. 임금, 이윤, 임대료 등 소득 유형 간 구분을 결정하는 데는 다양한 메커니즘이 관여하는 것으로 생각하였다. 이러한 메커니즘을 파악하고 그 결과가 의미하는 것을 분석하는 것이 고전학파 경제분석의 중요한 기본 원리이다.

고전학파의 분배이론은 가치(values)와 가격(price)에 대한 이론이 맞물려 있다(9장 참조). 스미스의 중요한 기여 중 하나는 상품을 생산하기 위해 필요한 노동량을 객관적 가치 척도로 사용할 수 있다는 생각으로 서로 비교할 수 없는 품목(item)[9]의 '양을 비교할 수 있는 방법을 제시했다는 점이다. 스미스는 원시 사회에서 생산에 소요되는 노동시간도 교환가치(exchange value), 즉, 가격을 결정한다고 주장한다. 스미스는 사냥꾼이 자신의 노동력만 사용하여 동물을

---

9 이제는 상품(commodity)이란 단어를 원유나 미가공 식품처럼 1차 제품을 의미하는 좁은 의미로 사용하는 경우가 많다. 고전학파 연구들이 품목(item)이란 단어를 사용하던 당시에는 시장에서 구입하여 단독으로 판매하는 것을 어떤 품목(item)을 의미하는 단어로 사용하지 않았다. 여기서 이 품목(item)이란 단어는 후자의 의미로 사용하고 있다.

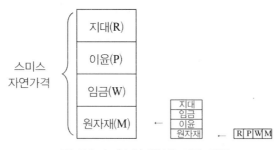

그림 7.1 스미스의 '합산' 가격 이론

잡는 단순한 경제를 설명한 유명한 예를 사용한다. 이 경제에서는 사슴 한마리를 사냥하는데 비버 한마리 사냥시간에 비해 두 배의 시간이 소요된다면, 비버 두마리와 사슴 한마리 비율로 교환된다.

그리고 나서 스미스는 재화가 노동뿐만 아니라 자본이나 토지를 사용하여 생산하는 더 현실적인 경우도 고려하고 있다. 9장에서 설명하듯이, 스미스는 상품의 자연가격(natural prices)과 (시장에서 서로 다른 상품간 관찰된 교환비율이라는) 시장 가격(market prices)의 차이점을 처음으로 소개한다. 스미스는 일시적인 수요와 공급의 힘에 의해 시장가격이 결정되지만, 항상 자연가격으로 수렴하는 경향이 있다고 믿었다.

스미스는 상품의 자연가격을 결정하는 요인에 대해 서로 다른, 그리고 양립할 수 없는 두 가지 설명을 제시한다. 첫째, 상품생산에 필요한 노동력이다. 곳곳에서, 스미스는 노동이 객관적 가치의 척도(measure of value)가 아니라 가치의 원인(cause of value)이기도 하다는 것을 나타내는 것처럼 보인다. 토지나 금을 축적하는 것을 부의 원천으로 여겼던 초기 사상가들과는 달리 스미스는 노동이 인간사회의 궁극적 부의 원천이라고 주장한다.

스미스가 상품의 자연가격을 결정하는 두 번째 방법은 생산에 투입된 비용과 최종재 화를 판매하고 받은 가격의 차이인 부가가치(value added)를 세 가지 생산요소-임금, 이윤, 지대-로 나누는 것이다. 예를 들어, 모자를 생산하는 회사가 원자재 또는 부분적으로 제조된 중간재 등을 생산공정에 투입되는 상품을 구매하는 상황을 상정해보자. 생산 이후, 회사는 새로 생산한 재화를 판매하고 노동자에게게 적정 임금을 지불하고 건물 임대료를 지불하고 남은 것이 이윤이 된다. 이제 산출재에서 차지하는 (임금, 지대, 상품투입재 같은) 비용과 이윤간 비율이 설명되지 않은 경우 상품 투입재 비용을 제외하고 설명하게 된다. 그러나 생산 투입재 생산과정에서의 부가가치도 임금, 이윤, 지대, 상품 투입재와 같은 방식으로 나눌 수 있다. 원자재 생산으로 거슬러 올라가는 투입재 생산사슬을 따라 가면 모든 산출재는 임금, 지대, 이윤으로 나누어지게 된다. 이러한 스미스의 가격이론 접근방식을 때로 '합산' 이론('adding-up' theory of prices)이라고 부르기도 한다. 그러면 상품의 자연가격은 상품생산에 사용된 세 가지 생산요소 자연 가격의 합이 된다. 이것을 그림 7.1로 나타내었다.

　　스미스는 임금, 이윤, 지대라는 세 가지 소득 유형에 대한 자연가격(혹은 자연율)을 결정하는 요인에 대해 간략히 설명했지만, 적어도 이윤과 지대의 경우에는 결정적인 답을 제공하지 않았다. 임금의 경우 스미스는 노동자의 생계비 요건이 '일반적인 인간됨과 일치하는 최저 가격(1776/1996, p.86)[10]인 노동의 자연가격(natural price of labour)을 결정한다고 주장한다. 스미스는 소득분배 결정이 경제적 갈등을 유발하는 정도에 대해서는 모호한 입장을 취하고 있다. 스미스가 경제에 대해 그리는 전체적 그림은 개인이 자신의 이기심을 따름으로써 자신도 모르게 더 큰 이익을 위해 봉사하는 조화로운 것이다. 그러나 스미스는 자본가들이 독점을 행사하고, 총생산량에서 차지하는 비중을 인위적으로 높이려는 경향에 대해 신랄한 논평을 한다. '같은 업종의 사람들은 즐거움과 기분전환을 위해서라도 거의 만나지 않지만, 만나게 되면 대중에 대한 음모 내지 가격을 인상하기 위한 어떤 음모로 끝나게 된다.'(같은 책, p.145). 스미스는 지대가 '독점 가격'이라고 하며 지주에 대해서도 비판적이었다. '다른 모든 사람들처럼 지주는 뿌리지 않고 수확하기를 좋아하며, 땅의 자연적인 생산물에 대해서도 지대를 요구한다'고 주장한다(같은 책, p.67). 따라서, 스미스의 생계 임금 결정에 대한 설명은 노동이 생산하지만 다른 생산요소가 전유하는 가치를 잉여(surplus)라고 하는 생각을 암시하고 있다.

　　결국, 스미스는 소득 분배에 대한 완전한 설명을 제공하지 못했으며 그의 설명 불일치로 인해 그의 견해에 대한 다양한 해석의 여지를 남겼다. 그러나 노동이 가치의 원천이라는 그의 의견을 통해 리카도 주장의 토대를 마련했다.

7.2.2 **리카도**(Ricardo)

리카도는 스미스의 노동가치론을 출발점을 삼지만, 그것이 스미스 가격 및 분배의 합산 이론과 일치하지 않는다는 점을 지적하고 있다. 스미스는 상품 생산에 사용된 노동량을 해당 상품의 자연가격(natural price)으로 간주한다. 그러나, 가격 합산이론에 따르면 노동은 상품의 시장가격 중 일부만 보상으로 받고, 나머지는 이윤과 지대의 몫으로 돌아가게 된다. 이러한 불일치는 때로 투하 노동(labour embodied)과 지배 노동(labour commanded)으로 특징짓기도 하는데, 그림 7.2로 나타내고 있다. 상품 가격이 상품생산에 필요한 노동력에 의해 결정된다면, 상품을 판매한 금액으로 지배 노동에 해당하는 상품 생산에 필요한 노동력과 동일한 노동력을 고용할 수 있어야 한다. 그러나, 합산 이론(adding-up theory)에서 노동은 판매가격의 일부만을 받기 때문에 상품 판매가격과 동일한 금액을 노동에 지불하면 해당 상품을 생산하는 데 필요한 노동력보다 더 많은 노동력을 고용하게 된다. 상품의 지배 노동은 생산에 사용된 노동인 투하 노동을 초과한다. 이러

---

10 스미스는 자본축적기에 임금이 증가하는 이유는 자본금 증가가 노동수요 증가로 이어지는 반면, 생계비 임금수준이 인구증가를 결정하고 인구증가가 노동공급을 결정하기 때문이라고 믿었다. 그 결과, 노동공급은 수요 증가보다 느리게 반응하게 되고, 자본 축적기 동안 임금이 생계비 수준이상으로 상승하게 될 것이고, 인구가 증가하면 생계비수준으로 하락하게 된다.

한 논리적 비정합성으로 인해 리카도는 스미스를 비판하고 가격의 '합산'이론을 포기하게 된다. 대신 리카도는 노동비용(임금)과 무관하며 상품의 교환가치는 생산에 필요한 노동시간에 의해 결정된다고 주장한다: '상품의 가치는 ··· 그 생산에 필요한 노동의 상대적 양에 의해 결정되는 것이지 그 노동에 대해 지급되는 보상의 많고 적음에 따라 결정되는 것이 아니다'(1817, p.5).

'합산이론'을 폐기하면서, 리카도의 경우 국민소득 분배를 결정하는 다른 설명방식이 필요하게 되었다. 그 해답을 찾기 위해, 그는 스미스는 그리 중요하게 생각하지 않았던 문제, 즉, 인구 증가에 따른 식량 공급 방법에 초점을 맞추었다. 리카도의 친구인 데이비드 맬서스(David Mathus) 목사는 최근 인구 증가율이 식량 생산 증가율을 초과하는 피할 수 없는 경향으로 인해 대규모 기아가 발생한다는 비관적인 견해의『인구론(*Essay on Population*)』(1798)을 출간하였다. 리카도는 곡물법(Corn Laws)으로 알려진 수입곡물에 대한 관세로 인해 유럽대륙에서 값싼 곡물을 수입이 금지된 시절에 논문을 썼다. 이로 인해 비싼 곡물가격이 유지할 수 있게 되면서 지주들은 농지 사용에 대한 높은 지대를 징수할 수 있게 되었다.

따라서, 리카도 소득분배론에서 지주에 대한 설명은 스미스의 설명보다 더 중요한 의미를 지니게 되었다. 리카도는 식량 가격을 비싸게 유지하는 것은 지주들이 자본가들에게 생계유지에 충분한 높은 임금을 지불하도록 강요하게 함으로써 궁극적으로 자본축적의 원천인 이윤을 박탈하는 것이라고 우려했다. 그렇게 받은 임금을 온전히 비싼 곡물에 지출하기 때문에 지주가 유일한 수혜자가 될 것이다. 리카도는 장기적으로 식량생산 비용이 증가하여 이로 인해 지대가 상승하고 이윤을 압박하여 자본축적이 멈춰질 것이라고 믿었다.

리카도는 지주 문제를 다루면서 경제이론에 중요한 혁신, 즉, 한계분석을 도입한다. 리카도는 맬더스의 아이디어를 바탕으로 새로운 토지를 경작하거나, 현재 경작 중인 토지를 더 집중적으로 일할수록 노동력과 도구 증가에 따른 작물의 추가 수확량이 감소하는 경향이 있다고 주장한다. 리카도는 더 많은 노동력이 투입될수록 농업의 한계노동생산물이 감소한다는 생각을 수리화한다.[11] 이것이 리카도 분배론의 핵심이다.

스미스처럼, 리카도도 노동자들이 생존 임금(subsistence wage)을 지급받는다고 가정한다. 노동자들은 생존에 필요한 물품을 살 수 있을 정도의 돈을 받지만 그 이상은 거의 받지 못한다. 그런 다음 노동자에게 돌아가는 소득 몫은 고정되어 있으며, 자본가와 지주사이의 나머지 분배는 아직 결정되지 않았다. 농업의 한계생산성 감소에 대한 리카도의 가정은 바로 여기에서 시작된다.

리카도는 농업생산이 자본주의 농부의 손에 달려있다고 가정한다. 스미스와 마찬가지로, 그는 자본가와 노동자간 자유로운 부문간 이동이 임금(생계수준)과 이윤율을 균등하게 만들 것이라고 가정한다. 수익률 상한선은 가장 생산성이 낮은 한계(marginal) 토지의 생산성에 따라 설정된다.

---

11 리카도는 작업도구 대 노동비율이 일정하다고 가정하고 있고, 그리하여 우리는 노동단위 증가만 생각할 수 있다.

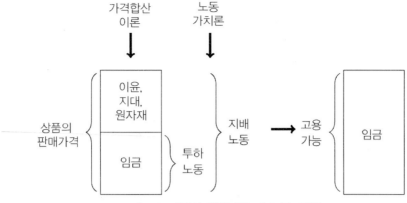

그림 7.2 가격의 합산이론 대 노동가치론

토지 경작이 증가하면서 한계생산성이 떨어지기 때문에, 노동자가 살 수 있는 충분한 식량을 생산하는 한계비용이 상승하여 생존에 필요한 같은 양의 식량을 생산하기 위해 더 많은 자본과 노동이 필요하다. 노동인구가 증가하면서 노동자 1인당 생계비는 상승한다. 결과적으로, 화폐로 지급되는 급여도 상승해야 하지만, 그러한 임금은 전적으로 생계비로 지출되기 때문에 식품가격 상승의 유일한 수혜자는 지주뿐이다.

리카도의 분배시스템을 가장 간단히 이해하는 방법은 농업생산량(옥수수)을 측정단위를 사용하는 것이다. 그림 7.3에서는 농업생산을 위해 사용한 노동한 단위와 생산량 간의 관계를 보여준다. 수직막대는 노동한단위로 생산한 옥수수 양을 나타낸다. 농업의 한계생산성이 줄어든다는 리카도의 가정 속에서 노동이 추가될 때마다 막대의 높이가 줄어든다는 것을 알 수 있다.

리카도가 노동자들은 고정된 비율로 생산도구를 사용한다고 가정했기 때문에 자본 노동비율이 고정되어 있다. 또한 리카도는 제조업의 한계 생산성은 일정하고, (의류, 생산도구 등과 같은) 산업생산은 농업 및 산업 모두 노동자의 수요를 공급하기 위해서만 수행되기 때문에 농업노동자와 제조업 노동자 비율도 일정하다고 가정한다. 따라서, 막대 수는 산업부문의 노동력과 사용중인 자본량을 나타낼 수도 있다.

막대 높이는 각 생산규모에 따른 농업의 한계 생산성을 나타내며, 막대의 총 면적은 해당 농협 총 생산량을 나타낸다. 리카도 모형은 이 생산물을 노동자, 지주, 자본가들이 어떻게 나눌지를 명쾌하게 결정하는 방법을 제공하고 있다. 노동자는 (옥수수 단위로 된) 고정된 생계비를 받기 때문에 이를 각 막대의 고정된 수량 w로 나타낼 수 있다.[12] 그리고 나서, 소득에서 노동자몫은 파란색 영역으로 표시한다. 그리고 남은 문제는 자본가와 지주간 잉여 배분을 결정하는 것

---

12 모형에 따라 화폐 임금과 옥수수가격은 다르지만, 노동자는 생존을 위해 충분한 식량을 받아야 하므로 옥수수 가격 상승은 화폐 임금 상승과 정확히 일치한다.

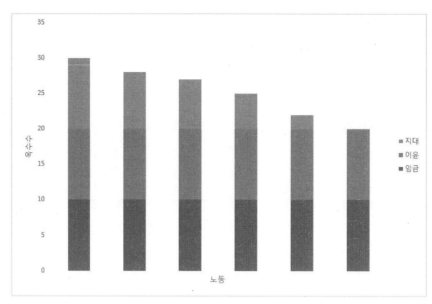

그림 7.3 리카도 분배모형

이다.

　토지 임대료는 토지의 기름진 정도에 따라 달라지며, 생산성이 높은 토지를 임대하기 위해서는 더 비싼 지대를 내어야 한다. 리카도의 이윤율 정의에서 지대를 비용에서 제외하면, 잉여는 생산비를 지불하고 남은 것이고 잉여는 지대와 이윤으로 나눠진다. 자본-노동 비율이 일정하다고 가정하기 때문에 이윤율(P)을 임금에 대한 이익비율 P/W로 표시할 수 있다.

　자본가가 한계 토지에 지대를 지불하지 않는 제한적 사례를 고려해 보자. 현재 경작중인 토지 중 토질이 가장 낮은 토지의 경우 지주는 지대 수입이 발생하지 않게 된다. 그림 7.3의 가장 오른쪽 막대가 이를 나타내고 있다. 전체생산량 중 생존 임금을 지불하고 남은 것은 자본가가 이윤으로 받는다. 한계 토지로부터 생산된 전체 '잉여'가 그 토지에서 얻은 이윤이다. 이윤율은 경쟁을 통해 동일하게 되기 때문이 이 비율은 각 토지 구획별로 동일하고 이 비율을 임금 위의 사각형으로 나타낼 수 있다. 또한, 자본가는 농업생산뿐 아니라 농업과 수익률 감소에도 영향을 받지 않는 제조업 사이에서 이동할 수 있으며 한계 토지에서 생산되는 생산량이 농업뿐 아니라 제조업의 이윤율(이윤 임금비율 즉, P/W)을 결정한다. 생존임금과 이윤율이 결정되면, 잉여의 나머지 부분은 지주에게 지대로 지급되는 것으로 리카도는 이 계급간 소득 분배에 대한 완전한 설명을 하고 있다. 전체 지대를 그림 7.3에서 회색 막대로 나타내고 있다.

　농업에서 수익 체감을 가정함으로서, 리카도는 소득배분을 결정하는 완전한 모형을 구축했다. 토질이 가장 낮은 한계 토지가 생산에 투입되면서 이윤율은 떨어지고 지주에게 돌아가는 소득비중은 증가한다. 리카도는 곡물법(Corn Law)이 폐지되지 않으면, 지대가 이윤을 압박해서 자본주의적 축적을 중단시킬 것이라고 결론짓는다.

7.2.3   맑스(Marx)

스미스나 리카도처럼, 맑스도 소득분배론을 인간노동이 궁극적으로 소득과 부의 원천이라는 생각을 가지고 시작하였다. 맑스(1867/1978)는 이것을 어떻게 이윤의 존재와 조화를 이룰 것인가를 고민하였다. 리카도처럼 맑스도 스미스 가격이론에서 투하노동(labour embodied)과 지배노동(labour commanded)을 서로 같이 쓸 수 없다는 성격으로 인해 스미스 추론에 결함이 있다는 것을 강조했다. 맑스는 양의 이윤이 발생하면 이 두가지의 크기가 같을 수 없다는 문제를 다시 제기한다. 모든 상품이 시장에서 (투하된 노동력으로 정의된) 가치로 교환된다면 자본가들은 어떻게 이익을 얻을 수 있을까? 이 문제를 살펴보기 위해, 자본주의 기업의 생산과정을 고려해 보자. 기업은 (기계나 원자재 같은) 생산 수단(means of production)과 다른 하나는 노동력이라는 두 가지 투입재를 구입한다. 기업이 30시간 노동력이 소요되는 생산 수단과 70시간의 노동력이 소요되는 자재를 구매한 경우, 회사는 100시간 노동력에 해당하는 상품을 지급해야 한다. 하지만, 완제품의 가치도 100시간의 노동력이다. 완제품을 그 가치대로 판매한다면, 이윤은 0이 될 것이다.

맑스는 제로섬 게임이 가능하다는 것을 인정했다. 만약 자본가가 자신의 상품의 가치보다 높은 가격으로 판매한다면 그는 이윤을 얻을 것이다. 그러나 이렇게 얻은 수익은 구매자측의 손실분과 정확히 일치하게 된다. 가치로부터 벗어난 가격의 편차는 개별기업의 이윤을 설명할 수 있지만 전체로서 자본가계급이 이윤을 창출하는 것에 대해서는 설명할 수 없다.

맑스는 노동(labour)과 노동력(labour power)의 구별을 통해 이 문제를 해결하려 했다. 노동력이란 노동을 이행하는 능력을 말한다. 자본가들이 노동을 고용할 때, 그들이 구매하는 것은 노동이 아닌 노동력이다. 노동자의 입장에서도 자신의 노동을 파는 것이 아니라 자신의 일할 능력(노동력)을 파는 것이다. 하루 일할 수 있는 능력에 대한 노동비용이 생계 임금이며, 노동력 생산비용은 노동자가 생존을 위해 소비하는 상품을 생산하는 데 필요한 노동력이다.

중요한 점은 생산에 필요한 노동력의 가치가 노동자가 수행한 노동력가치보다 적고 따라서 그 노동력을 사용하여 생산된 상품 가치보다 적다는 것이다. 맑스는 하루 노동시간이 12시간이라면 노동력 가치는 4시간에 불과할 수 있다고 주장한다. 노동자가 생존하고 일할 수 있도록 유지하려면 생산에 4시간 밖에 소요되지 않는 상품이 필요할 수도 있다. 하지만, 노동자는 12시간 동안 일할 수 있다. 자본가는 4시간의 노동력을 구매하지만 12시간의 가치를 가진 노동을 얻는다! 맑스는 이러한 실제 노동 시간과 생존에 필요한 상품 생산에 필요노동시간 간 차이를 잉여가치(surplus value)라고 한다. 생산이 완료된 후, 자본가는 12시간 노동의 가치가 있는 상품을 소유하게 되지만, 4시간의 가치만 포기한 셈이 된다. 자본가는 8시간의 잉여가치를 얻게 된다. 맑스는 잉여가치에 대한 노동력 비율로 잉여가치율(rate of surplus value)을 정의한다.

이 예에서는 8/4 = 2이다.

노동과 노동력에 대한 구분이 이윤문제에 대한 맑스의 해법이다. 노동자에게 생산량 보다 적은 임금을 지급할 수 있는 능력을 통해 자본가들이 잉여가치를 착취한다. 그리고 이런 잉여가치가 이윤의 원천이다. 잉여가치가 가능한 이유는 노동력이 새로운 가치를 창출하는 유일한 상품이기 때문이다. 노동력의 구매가격이 생산된 가치보다 낮기 때문에 노동력은 잉여가치의 유일한 원천이며 따라서 이윤을 창출한다. 따라서, 맑스의 경우 이윤의 궁극적 원천은 시장교환이 아닌 생산적 과정에서 찾고 있다(4장 참조).

그러므로 맑스의 소득분배론은 생산에서의 착취이론이다. 리카도와는 달리, 맑스는 상대적으로 지주의 역할에 대해서는 관심이 없었다. 이는 아마도 맑스가 글을 쓸 당시의 시대적 상황 때문에 영향을 받았을 것이다. 농업 수익률 감소에 대한 리카도의 핵심 가정은 농업 생산성이 오히려 증가하고 식량가격은 하락하면서 점점 믿을 수 없는 것으로 보이게 되었다.

맑스의 주된 관심은 자본가와 노동자간 투쟁이었다. 자본가들은 서로 경재하며서 잉여가치율을 높여 비용을 낮추고 이윤을 증가시키기 위한 노력을 끊임없이 한다. 노동자들은 잉여가치율을 낮추는 결과를 가져오는 더 높은 임금이나 더 짧은 노동일(workin day)을 요구하면서 자본가들에게 맞선다. 이윤이 자본축적의 원천이기 때문에 분배를 둘러싼 이러한 모순은 경제성장과 발전에 중요한 시사점을 갖게 된다(10장 참조).

7.2.4 밀(Mill)

밀은 맑스와 동시대 사람으로 맑스처럼 사회주의자였다. 그러나, 밀의 점진적 사회주의는 맑스의 사회주의와 전혀 다른 종류의 사회주의였다. 맑스가 혁명은 위기로 인해 노동자들이 자본주의를 타도한 결과라고 한 반면, 밀은 보다 평등한 사회로 점진적으로 이해하게 될 것이라는 것을 믿었다.

밀은 리카도의 고전적 사고와 마샬 등의 신고전학파 이론을 연결하는 핵심 고리 역할을 한다. 밀은 리카도의 아이디어를 계승발전시킨 것으로 자신의 생각을 제시했지만, 그 후 한계학파 출현을 예상하게 하는 몇 가지 중요한 리카도의 생각과 다른 점을 만들어내었다. 구체적으로, 밀은 리카도의 노동가치론에서 벗어나 개인 의사결정의 결과 공급과 노동과 자본의 장기적 비용에 의해 가격이 결정된다.

그러나 밀의 가장 중요한 공헌은 생산법칙(laws of Production)과 분배법칙(laws of distribution)을 구분한 것이다. 밀은 '정치경제는 우리에게 부의 생산, 분배, 그리고 소비를 관리하는 법칙을 알려준다'라고 썼다(1844/1967, p.313). 밀은 리카도처럼 (농업의 한계생산성 감소 같은) 생산법칙을 불변의 물리적 사실로 간주했지만, 그 결과에 따라 소득분배에 미치는 영향에 대해서는 의견이 달랐다. 밀의 견해는 생산법칙과 분배법칙간에는 직접적인 관련이 없다는 것이다. 특정한 사회적 제도적 장치가 분배법칙을 지배하기 때문에 사회적 의지에 맞춰 조정할 수 있다고 그는 주장한다. 그런 입장을 취하면서, 밀은 리카도와 리카도를 따르는 사람들이 취한 입장에 따라 그들과는 꽤 다른 결론을 도출하면서 경제이론을 발전시킬 수 있었다.

스미스나 리카도처럼, 밀도 지주들을 의심했지만, 지주들을 다루는 방법에 대해서는 더 나아가 불로소득 증가에 대한 세금을 제안했고, 시간이 지나면 토지를 점진적으로 국유화할 것을 제안했다. 밀은 또한 노동자들의 힘을 키우고 국민소득의 임금 비중을 높이기 위한 방법으로 노동조합 설립은 지지했다. 과잉인구에 대한 맬더스적 경향을 극복하기 위해 밀은 피임법을 널리 보급해야 한다고 주장했다. 밀 이전 사람들이 가장 가난한 사람들에게 영향을 미치는 자연법칙의 안타까운 결과만을 보았다면, 밀은 그들에게 유리한 게임규칙을 바꿀 수 있는 방법을 찾았다.

그리고 밀은 이전 학자들처럼 자본주의 성장과 발전이 결국 멈출 것이라고 보았지만, 리카도의 비관론과는 달리 이를 낙관론의 근거로 보았다. 맬더스 과잉 인구문제가 산아제한으로 해결되면 임금은 상승하고 이윤은 하락하는 경향이 나타날 것이다. 그 결과 축적은 둔화되고 경제시스템은 점차 소득분배가 대체로 평등한 안정상태로 수렴되게 될 것이다. 밀은 당시 진보적인 경제학의 입장에서 생산량과 인구가 더 이상 증가하는 것은 바람직하지 않으며, 대신 소득분배가 가장 큰 문제라고 생각했다.

7.3 한계주의(Margtnalism)

1870년대 한계주의 이론의 등장으로 경제학이 고전학파 전통과 상당히 단절하게 되었다. 한계주의 이론은 농업에서 한계생산성이 하락한다는 리카도의 인식을 취하면서 그것을 더 포괄적인 경제문제에 적용한다. 이를 통해 가격 결정요인으로 상품에 대한 수요를 도입할 수 있다. 이러한 접근방식은 가격이 공급측면에서 주로 생산비용에 의해 결정되고, 수요는 주로 필요, 관습이나 사회적 요인에 의해 결정된다고 보는 고전학파의 접근방식과는 대조적이다. 제본스(Jevons, 1871)나 뵘바베르크(Böhm-Bawerk, 1890)같은 초기 한계주의자들은 수요는 개인이 상품에 부여하는 주관적 가치, 즉, 소비를 통해 얻는 효용(utility)에 의해 결정된다고 주장했다. 한계주의자들은 한계수익체감이라는 리카도의 생각을 소비의 효용에도 적용하였다. 어느 특정 상품의 소비가 증가하면 그로부터 얻는 추가적인 효용은 감소한다. 결과적으로, 개인이 특정재화의 추가 소비단위에 대해 지불의 사인 가격은 소비량이 증가하면서 하락하게 된다. 그러면 개인은 추가적으로 얻은 효용이 지불을 포기한 효용과 같은 재화를 소비하도록 선택할 것이다(5장 참조).

이 원칙은 생산요소에 대한 수요와 가격책정에 적용되어 한계주의 분배이론으로 이어진다. 리카도의 수익감소 원칙이 농업에만 적용되는 것이 아니라 모든 생산 영역에 적용된다고 주장했다. 즉, 모든 생산요소는 사용이 증가함에 따라 한계생산성이 감소된다는 의미이다. 따라서 기업은 추가생산량이 추가적으로 필요한 지불액과 같을 때까지 생산공장을 사용할 수 있다. 경쟁 체제에서, (토지, 노동, 자본 등가 같은) 모든 생산요소는 생산에 대한 한계기여분에 해당하는 소득을 얻게 된다. 생산의 궁극적 목적은 소비를 통해 효용을 얻는 것이므로, 생산요소에 대한 수요와 그에 따른 보상은 소비를 통해 얻게되는 효용으로 반영된다.

한계주의자들에게 소득분배란 소비를 통해 최대한 효용을 얻으려는 개인들간 시장을 통한 자발적 상호작용의 결과이다. 지주에 대한 리카도의 견해, 그리고 국민소득에서 각자의 몫을 둘러싼 자본과 노동이 갈등한다는 맑스의 견해는 자본과 노동이 자발적으로 협력하고 각각 기여분에 따른 보상을 받는다는 마샬의 견해로 대체된다. '자본 일반과 노동 일반은 국민 분배분을 생산하는 데 협력하고, 각자의 (한계) 효율성의 척도에 따라 그의 수입을 얻게 된다'(Marshall, 1820/2013, p.451).

제본스(Jevons)는 단기에는 (노동자의 최대 신체적 능력으로 활용되고 있는 것을 나타내고 있는 노동자 비율처럼) 공급이 고정되어 있다는 가정하에서 생산요소에 대한 수요에 관심을 기울인 반면, 마샬의 공헌은 생산요소 공급에 관한 의사결정 문제를 분석의 틀 속에 포함시켰다는 것이다. 최대 노동시간 가능치를 가정하기 보다는, 대신 마샬은 개인이 얼마만큼의 노동을 팔지에 대한 의사결정에 직면한다고 주장한다. 자신의 임금을 소비하여 얻게 되는 효용에 대해 노동을 통한 비효용(disutility) 내지 불쾌함을 따져보게 된다. 노동시간이 늘어나면서 임금 소비 효용의 한계적 증가가 둔화되면서, 노동을 통해 발생하는 비효용의 한계적 변화는 증가하게 된다.

제본스(Jevons)는 노동의 생산성 감소를 근거로 노동수요와 임금사이에 부의 관계, 즉 노동수요곡선을 도출했다. 마샬은 우상향하는 노동공급곡선을 추가하였다. 공급곡선이 수요곡선과 교차하는 지점에서 시장이 결정한 고용량과 어울리는 실질임금을 제시한다. 특정 재화 수요가 증가하면 제공되는 실질임금도 함께 증가하여 추가 노동에 따른 불쾌감을 상쇄해 하는 지점이 상승하여 노동 공급이 증가하게 된다.

마샬은 또한 자본의 공급과 수요를 고려하였다. 추가 생산이 자본수요를 결정한다면, 무엇이 자본공급을 결정할까? 마샬의 경우 그 답은 절약이었다. 자본에 대한 보상은 이자(interest)이고 이자는 현재 소비하지 않고 미래에 소비하고자 하는 기다림에 대한 보상(reward for waiting)이였다.[13] 노동자가 임금으로부터 얻는 효용과 노동으로부터 얻는 비효용간 균형을 유지하듯이, 자본가는 기다림을 통해 얻게 되는 비효용과 즉시 만족을 추구하면서 얻게 되는 효용 간 균형을 유지한다. 이자율이 높아질수록, 자본가의 기다림에 대한 의지도 높아진다. '자본'의 공급곡선은 우상향한다. 우하향하는 한계생산성 곡선과 교차점에서 투자량, 축적율, 그리고 자본가의 소득이 결정된다.

한계학파 소득분배이론의 완벽한 토대를 구축했지만, 마샬은 신중한 태도를 유지했다. 첫째, 그는 리카도를 따라 지대를 순전히 토질이 다른 지역 간 생산성 차이에 따라 결정된다고

---

13 마샬은 이자가 금욕(abstinence)에 대한 보상이라는 초기 사상가들의 생각을 '기다림에 대한 보상'이라고 바꾸었다. '칼 맑스와 그를 따르는 사람들은 로스차일드 남작의 금욕을 통한 부의 축적을 고찰하는데서 많은 흥미를 얻었고, 이는 일주일에 7실링으로 7명의 가족을 먹여살리는 노동자의 사치와는 대조된다. 노동자는 자신의 전 수입으로 먹고 사는데다 쓰면서도 경제적 금욕을 전혀 실천하지 않는다.'(Marshall, 1820/2013, p.193).

보았다. 지주는 토지 경작을 위해 토지 제공하는데 불편을 감내할 필요가 없기 때문에, 자본가와는 달리 최적화된 공급 의사결정이 필요하지 않다. 마샬은 또한 저축률 변화에 대한 자본투자의 반응이 느리기 때문에 어느 시점이든 많은 자본재가 '자본이자'에 더해 '준 지대'를 얻게 될 것이라고 지적한다. 마샬은 임금에 대해서도 자본가와 노동자 의사결정 과정을 설명하는 것에서 더 나아가 이를 노동소득 결정에 대한 완전한 설명이라고 선언하려고 하지는 않으려 했다[14].

클라크(Clark)는 독립적으로 제본스(Jevons)나 마샬(Marshall)처럼 많은 동일한 원칙을 발견한 미국 경제학자로 마샬과 관심사를 같이 하지는 않았다. 그는 한계생산성 이론이 현실이 어떤 지를 말하는 것뿐만 아니라 현실이 어떠해야 하는지에 대한 이론이라고 주장했다. 클라크의 목적은 '사회의 소득분배가 자연법칙에 의해 통제되며, 이 자연법칙은 모든 생산주체가 부를 창출하는 만큼 부를 얻게 된다는 것을 보여주기 위한 것'이었다. 소득 분배가 순전히 생산요소의 한계 기여도에 의해 결정될 때만 정의로운 분배가 될 수 있다. 클라크의 경우, 경쟁시장에서 임금 설정이란 노동을 수행한 집단의 복지 기여도를 반영한 것이다. 노동자 소득이란 마땅히 받아야 할 정확한 금액이다.

제본스(Jevons), 뵘바베르크(Böhm-Baberk), 마샬(Marshall), 클라크(Clark)외에도 윅 스티드(Wicksteed), 발라스(Walras), 빅셀(Wicksell) 등이 생산요소간 대체가능성과 소위 합산문제에 관한 한계주의 분배이론에 중요한 공헌을 했다. 합산문제(adding-up problem)란 모든 생산요소별로 그 한계기여도에 따라 보상을 하면 생산된 총 생산량이 완전히 소진된다는 것을 증명하는 문제로, 생산을 통해 얻은 소득이 생산에 기여한 생산요소의 온전한 소득이 된다는 의미이다. 마샬은 소득분배문제가 종결되었다는 선언을 하지 않았고, 이러한 마샬의 조심스러움을 통해 알게 된 사실은 일부문제는 해결된 것보다 더 많은 문제를 야기하였다. 예를 들어, 생산시간을 이자율 이론에 통합하려는 빅셀의 시도는 이후 영국 캠브리지 경제학자들은 비판의 초점이 된 어려운 개념적 문제를 만들었다(앞의 서론 참조).

새로 개발된 한계주의 분배론에 대한 비판의 한계통은 경쟁을 가정하는 것에 초점을 맞추었다. 마샬은 '경쟁 시장'을 가정했지만, 이 용어의 정확한 의미가 당시에는 정의되지 않았고 마샬의 주장에는 모순이 있었다. 그는 기업 규모에 따라 비용이 감소한다고 생각했지만, 이것은 자본주의가 과점 또는 독점 구조로 향하는 경향이 있다는 의미와 함께 대기업이 비용 효율성이 낮은 소규모 기업을 약화시킬 수 있다는 의미한다.

이로 인해, 로빈슨(Robinson, 1933/1969)의 『불완전경쟁의 경제학(*The Economics of Imperfect Competition*)』과 챔벌린(Chamberlin, 1923)의 『독점적 경쟁(*Monoplistic Competitio*

---

14 '이 원칙은 때로 임금이론으로 제시되기도 했다. 그러나, 그러한 주장에 대한 타당한 근거는 없다. 노동자의 수입이 자신의 노동의 순생산물과 같다는 원칙은 그 자체로 실질적 의미가 없다. 순 생산물을 추정하기 위해서는 자신의 노동외에 상품생산에 소요되는 노동뿐만 아니라 모든 비용을 당연시 해야하기 때문이다'(Marshall, 1820/2013, pp.429-430). 마찬가지로, 마샬은 저축과 축적에 대한 자신의 설명은 '당시 학계내에서 추론하지 않고서는 임금이론보다 더 이상의 이자론을 만들 수 없다'(같은 책, p.430)고 주장한다.

n)』이 나오면서 한계주의 이론이 발전하게 되었다. 로빈슨 이론은 가격을 있는 그대로 받아들이는 기업에 대한 가정을 우하향하는 한계수익곡선으로 바꿈으로서 표준 교과서의 '독점'모형이 되었고, 챔벌린 모형은 현실의 시장이 그럴 수 있는 순수 경쟁에서 순수 독점 상황에 이르는 시장구조의 다양성을 공식화하였다. 종종 챔벌린과 로빈슨이 함께 논의되지만, 두 사람 이론의 주요 차이는 로빈슨의 경우 자신의 모형을 노동착취에 대한 고전학파 개념을 재도입하려고 시도했다는 점이다. 기업은 독점력을 통해 노동자의 한계생산보다 더 적은 임금을 지급할 수 있다. 챔벌린은 다른 관점을 취하고 있는데, 그 대신 노동착취와 같은 개념이 의미가 없는 근본적 가치이론으로 재구성하면서 혼종이 존재하는 시장구조를 공식화하였다. 로빈슨은 이후 경제학에 가장 영향력을 끼친 자신의 이론으로 부인했고 챔벌린 모형은 뉴케인지언 경제학자들에 의해 부활할 때까지 수십 년간 무시당했다.[15]

7.4   분배의 거시경제학

점점 더 영향력이 커지는 한계주의 접근방식이 소득분배 문제를 협소한 기술적 문제로 축소하고 있는 반면, 다른 사람들은 대안이 되는 생각들을 개발하고 있었고, 그들 중 일부는 고전학파 사상가들로부터 영감을 받았다. 홉슨(Hobson, 1902)이나 룩셈부르크 (Luxemburg, 1913/1951) 같은 진보적 학자들같은 경우에는 고전학파 전통에 따르면서, 불평등한 소득배분의 거시경제학적 함의를 연구하였다. 베블렌의『유한계급론(*The Theory of the Leisure Class*)』는 신고전학파 모형에 대한 혹독한 비판을 하고, 주요한 인간사회 형태를 가난한 사람들이 부자들의 낭비적 소비를 모방하는 행태라고 주장하였다(5장 참조).

케인즈(1936)의『일반이론(*General Theory*)』의 출판은 경제이론 발전에 분수령이 되었다. 케인즈는 자본주의 경제가 지속적인 고실업에 빠질 수 있다는 것을 보여주었다. 초창기 한계주의자들은 한계주의 분배이론의 주요 함의는 경쟁시장에서 희소한 생산요소의 경우 가격이 존재하고 그리하여 완전히 고용되기 때문에 시장 메커니즘 기능을 방해하는 외부의 간섭없이는 실업이 지속적으로 존재한다는 것은 불가능하다고 생각했다.

한 경제내의 총지출이 완전고용상태에서 생산된 모든 생산물을 구입하기에 충분하지 않다는『일반이론(*General Theory*)』의 생각에 대해서는 초창기 사상가들이 제안했었다. 리카도의 친구인 맬더스(Malthus)는 상품에 대한 '일반적 과잉(general gluts)'이 가능하지만 왜 그런지에 대해서는 전혀 설명하지 않았다. 맑스는 자본주의가 독점을 지향하는 경향을 가진다고 서술하면서 그 결과 '잉여가치 실현'이라는 문제를 잠재적으로 야기하게 된다고 주장했다(10장 참조). 케인즈는『일반이론(*General Theory*)』에서 장기 소득분배에 대해서는 고려하지 않았지만, 노동의 한계적 비효용이 노동공급을 결정하고 그리하여 고용수준과 실질임금수준을 결정한다는 마샬의

---

15 예를 들어, Woodford(2003)참조.

주장을 거부하지 않았다. 그보다는 케인즈는 경제의 총지출이 고용을 결정하며, 노동자는 자신의 실질임금을 결정할 상태에 있지 않으므로 고용에 대한 가격을 스스로 책정할 수 없다고 주장했다.

케인즈 이론의 핵심인 유효 총수요원칙은 폴란드 경제학자인 칼레츠키(Kalecki)가 독자적으로 개발한 것이다. 칼레츠키 이론 체계에는 소득 분배론과 그것의 거시경제적 역할이 모두 포함되어 있다. 칼레츠키는 맑스처럼 독점 경향이 과잉 저축이나 불충분한 지출로 이어진다고 본 룩셀부르크와 같은 학자들에게서 영향을 받았다(예를 들어, Kalecki, 1954/1990).

분배에 대한 한계학파 접근방식에 대한 또 다른 비판을 균형가격체계가 한계원칙 없이도 결정될 수 있고 따라서 생산요소에 대한 수요의 직접역할이 없어도 결정된다(9장 참조)[16]는 스라파(Sraffa, 1960)에게서 도출할 수 있다. 스라파의 비판은 한계생산성으로부터 생산요소의 수요곡선을 도출하는 방법의 논리적 타당성에 의문을 제기하며, 따라서 한계주의 분배론 전체에 대한 의문을 제기한다.

이러한 두가지 비판이 포스트케인지언 분배론이라고 알려진 것의 근간이 되었다(Kregel, 1979).[17] 칼렉츠키 이론을 '노동자는 벌어들인 만큼 소비하고, 자본가는 지출한 만큼 수익을 얻는다'라는 말로 적절히 요약할 수 있다. 칼레츠키는 간단한 회계를 사용하여 노동자가 임금 소득 모두를 소비하면, 자본투자에 대한 모든 지출이 자본가에게 이윤으로 돌아간다는 사실을 보여주었다. 이것은 강력한 시사점을 담고 있다. 자본가들은 투자지출을 늘려 국민소득에서 차지하는 자신의 몫을 높일 수 있다. 또는, 자본가들이 대신 사치재 소비에 돈을 쓰기로 선택한다면 적어도 단기적으로는 이윤 수입에 영향을 미치지 않을 것이다.

칼레츠키는 초창기에는 로빈슨의 불완전 경쟁이라는 분석 틀을 사용한 한계주의 모형들을 개발하였다. 이후, 그는 이러한 접근방법을 포기하고 대신 넓은 생산 범위에서 한계비용이 상당히 일정한 경향이 있다고 가정했다. 이는 노동비용과 기업이 부과하는 가격인상분에 따라 이익과 임금간 분배가 결정된다는 것을 의미하는 것이다. 자본소득과 노동소득의 소비성향이 다르다는 점을 고려하면, 가격 인상분의 변화로 인한 소득분배의 변화는 총수요에 영향을 미칠 것이다. 임금에서 이윤으로의 전환은 소비지출 감소로 이어져 총수요와 총생산량 감소로 나타날 것이다.

이후 포스트 케인지언 사상가들은 케인즈, 칼레츠키, 스라파 이론을 바탕으로 독특한 소득 분배론을 발전시켰다. 강조하는 지점들은 다양하지만, 몇 가지 공통적인 특징을 확인할 수 있다. 스라파를 따라서, 포스트 케인지언 학자들은 한계주의 분배이론을 논리적으로 일관성이 없다는 이유로 거부했다. 저축의 '공급'과 투자를 위한 대부자금의 '수요'라는 케인즈를 따라 균형을 이자의 자연율(natural rate of interest)로 마샬의 주장을 거부했다. 은행신용이 탄력적으로 공급되는 경제에서는 저축부족이 투자를 제약할 수 없다고 주장한다. 대신, 투자지출이 성장과 고용

---

16 로빈슨(Robinson, 1956)이 유사한 결과를 보여줬다.

17 1955년에 칼도(Kaldor)는 고전학파, 맑스주의, 그리고 신고전학파 분배론에 '케인지언'이론을 추가하였다.

을 결정하는 주요 요인이며 저축은 잔여로 결정된다.

　　한계 생산성이론을 인정하지 않으면 무엇이 투자규모를 결정할까? 케인즈는 과거 비용, 현재 이자율, 기대이익 모두가 중요하지만, 투자 결정에는 집단 심리적 요소도 관련 있음으로 궁극적으로 투자지출을 결정하는 기계론적인 방법은 없다는 생각을 포착하기 위해 '동물적 감각(animal spirits)[18]'이라는 용어를 사용했다. 기업주가 이러한 결정을 하고 기업주들은 시장상태가 과점상태에 있다고 가정하기 때문에, 포스트케인지언 이론은 자본과 노동간 비대칭적 교섭력 상태속에서 결정되고 임금비용에 대한 가격인상분을 반영한 임금 대비 이윤이 잉여(surplus)라고 하는 고전학파 개념을 다시 사용하였다.

　　그러므로 포스트케인지언 접근방식은 한계학파 이론과는 상당히 다르다. 소득이 직접적으로 생산요소의 생산성과 관련이 없고 그 대신 소득배분은 사회적치적 요인의 결과뿐만 아니라 기업의 시장지배력에 의해 결정된다. 한계학파가 분배의 '자연법칙'을 제공한다는 클라크(Clark)의 견해는 거부되었다.

7.5　현대 경제학의 분배

한계주의 혁명 이후, 불완전경쟁이라는 초기 경제학은 큰 진전을 이루지 못했고 주류경제학자들은 이전의 경쟁시장에 대한 의존상태로 되돌아갔다. 1950년대에는 솔로 성장모형과 그 후기 모형들이 축적과 분배의 장기과정에 대한 사고에 대한 지배적 사고를 형성하게 되었다. 이 모형에서는 경제를 하나의 총생산함수(aggregate production function)로 나타낼 수 있다고 가정한다(4장 참조). 장기적으로는 완전고용과 경쟁시장을 가정하고 한계학파와 같이 요소 소득이 결정되는 것이 관례가 되었다. 콥-더글라스 생산함수가 통상적으로 채택하고 있는 가정은 자본과 노동간 분배가 고정되어 있다는 것이다.[19]

　　한계 생산성이론이 논리적으로 결함이 존재한다는 스라파의 비판에 의해 영향받은 사람들의 주장에도 불구하고, 총 콥-더글라스 생산함수는 거시경제이론의 표준적 도구가 되었고, 가정한 생산함수의 파라미터 값을 추정하여 경제성장을 결정하는 요인을 확인하기 위한 실증분석의 대상으로 활용하고 있다. 이러한 성장회계는 조사 대상 기간 중 자본과 노동간 소득분배가 변할 수 없다는 제한을 부과했다. 그 결과, 소득분배 변화를 생산 요소량의 변화 내지 생산성 변화로 해석하게 된다.

　　경제학계 내에서는 기능적 분배(functional distribution) 문제에 대한 논쟁이 사실상 끝났다고 선언했지만 개인적 분배(personal distribution)를 결정하는 요인에 대해서는 거의 밝혀지

---

18 역주: 통상 '야성적 충동'이라는 말로 번역하고 있으나, 동물적 감각으로서의 판단력을 기반으로 하기 위해 여기서는 동물적 감각이라고 번역했다.

19 11콥-더글라스 생산함수에서는, 요소 소득 점유율이 생산함수의 파라미터 값으로 고정되어 있다.

지 않았다는 인식이 확산되고 있다. 따라서, 전후 소득분배 경제학은 고전학파 사상가들의 입장에서 후퇴되었다. 고전학파 사상가들은 각 생산 요소의 소득이 경쟁에 의해 균등화된다고, 즉, 동일한 임금율과 이윤율이 우세한 상황이 될 것이라고 가정했으며, 따라서, 기능적 분배가 어떻게 결정되는지가 주요 문제라고 생각했다. 전후 경제학자들은 반대되는 입장을 취하였다. 한계 생산성 이론으로 기능적 분배문제를 해결한 후 남은 문제는 임금 분포와 같은 소득 유형내 소득분포를 설명하는 것이었다. 더구나, 임금률과 이윤율이 균일하지 않고 상당히 안정적이지만 비대칭적인 분포를 따른 것으로 보인다는 실증결과는 고정학파 가정이 틀렸다는 것을 보여주고 있다. 이러한 현상을 최초로 발견한 학자는 소득이 일반적으로 로그 표준분포(lognormal distribution)를 따른다는 것을 발견한 파레토(Pareto, 1897)이었다. 이것은 평균 소득의 몇배를 받는 소수가 존재한다는 것으로 소득분포가 지속적으로 불평등하다는 것을 의미한다.

수많은 다른 범주들이 이러한 현상을 설명하기 위해 시도되었다. 포괄적인 문헌 고찰을 통해 기안 싱 사호타(Gian Singh Sahota, 1978)는 개인과 사회적 선택이 소득분배에 영향을 미칠 수 있다는 믿음에 기반한 이론과 소득 불평등은 어쨌든 '미리 정해져 있다'는 믿음에 기반한 이론으로 크게 대별된다고 지적했다.

개인 소득 분배 관련 많은 논의에서 명시적이든 암묵적이든 정확히 주목해야할 점이 임금 분배라고 가정하고 있다는 것이다. 반복적으로 언급되는 핵심 주제는 한계 생산성 이론에 따라 능력의 차이가 임금의 차이로 이어진다는 것이다. 그런 다음 논의는 능력의 결정요인이 무엇인지를 중심으로 이루어지게 된다. 어떤 이론가들은 명백히 바람직하지 않은 결론을 가져오는 이러한 차이가 주로 유전적 요인에 의해 발생된다고 가정한다. 좀 더 미묘한 생각을 지닌 사상가들은 교육과 훈련이 기술과 능력의 행심요인이라고 한다. 게리 베커(Gray Becker, 1967)가 인적자본(*human capital*) 개념을 도입하면서 중요한 발걸음을 내디뎠다. 베커가 가진 생각은 개인이 교육에 얼마나 '투자'할 것인지에 대한 최적 의사결정을 한다는 것이다. 교육에 비용이 소요되기 때문에, 이 비용을 교육으로 얻게 되는 숙련의 기대 미래 소득 증가분과 비교하게 된다. 그러면 교육에 투자할지에 대한 의사결정의 교육에 지출하기 위해 소비를 줄이면서 나타나는 효용손실이 그 교육 결과로 나타나는 미래 소득과 비교하고 최적 교육수준을 선택한다는 점에서 마샬의 자본가 의사결정과 유사하다. 이것이 나타내는 시사점은 임금 불평등이 개인의 최적 의사결정과 개인선호의 결과라는 점이다. 기꺼이 기다릴 줄 아는 사람들은 결국 더 높은 소득을 얻는 반면, 즉각적인 만족을 선호하는 사람들은 낮은 소득에 머물러 있다는 것이다. **[이건 뭐! 개미와 베짱이 비유인가?]**

베커의 이론은 인간의 '합리성'에 대한 비현실적 관점, 숙련발달에 있어 사회적, 가족적, 환경적 요인을 고려하지 않은 점, 임금 이외 소득과 상속받은 부의 역할을 고려하지 않은 점등으로 인해 상당한 비판을 받았다.

개인적 소득 불평등에 대해 다르게 제안된 설명은 자신의 소득을 가지고 평생에 걸쳐 소비를 나누어 쓴다는 모형을 시도한 소위 평생소득 이론(life-cycle theories)이다. 개인의 일생동안 어린시기에는 소득이 적다가 노동할 시기에는 소득이 증가하고 은퇴후에는 소득이 갑자기 줄어들게 되는 통상적으로 소득은 툭 솟아오른 형태를 가진다. 소득이 적은 시점에 차용하거나 많은 시기에 저축이 가능하여 특정 시점에 벌어들인 소득보다 평생 수입(lifetime earnings)이 중요하다면, 특정 시점의 불평등을 측정한다는 것은 소득불평등 문제를 과장할 수 있다. 그 대신 사람들의 다른 단계에서 사람들간 차이를 소득불평등으로 잡아야 한다.

개인 소득의 불평등을 설명하기 위해 이러한 이론들의 발전에도 불구하고 이러한 문제를 결정적이고 흥미로운 것은 없었고, 1980년에 로빈슨(Robinson)은 다음과 같이 쓰고 있다.

> 온전한 주제를 거의 언급하지 않다는 것이 당혹스럽다. 주류경제학 강의에서 소득 분배 결정에 대한 전혀 다루지 않고, 그 결과도 거의 없다. 일반 대중들이 관심을 가지는 모든 의문에 대해서는 강의내용에서 거의 빠져있다(1980/1985, p.160).

17년 후 왕립경제학회 회장 취임사였던 "냉담속에 있는 소득분배를 가져오기"라는 제목의 연설에서 그 어떤 경제학자보다 이 주제에 관심을 불러일으키기 위해 많은 노력을 기울인 앤소니 앳킨슨(Anthony Atkinson)은 특유의 부드러운 표현을 사용했지만 비슷한 지적으로 하였다. "소득분배라는 주제가 소외되었다는 것을 강조하기 위해 이번 회장 취임사의 제목을 선택했다. 금세기 대부분 시기 동안 소득분배는 매우 소외받아 왔다"(Atkinson, 1997, p.297).

1980년대 이후 선진국 내 소득불평등이 심화되면서, 1990년대에는 이 주제에 대한 관심이 다시 높아졌다. 이미 확인된 주요 개인적 요인들(학력, 인전 자본, 합리적 선택)이 개인 선택, 기술발전, 그리고 교육의 유용성의 상호작용을 나타내는 보다 복잡한 한계학파의 수요공급 모형으로 통합되었다. 2000년대 이르러서는 주류경제학은 일반적으로 불평등 증가를 숙련편향적 기술발전(skill-based technical change; SBTC)의 결과로 받아들였다. 이 가설은 숙련노동 수요를 증가시키는 기술발전의 결과로 소득불평등 증가를 보고 있다. 교육수준이 기술을 따라가지 못하기 때문에 숙련노동의 부족으로 인해 노동자들간 임금 격차를 가져오고 저숙련노동자가 많아져서 소득불평등이 커진다고 설명한다.

이러한 가설을 일반적으로 받아들이고 있지만, 2008년 위기 이전 시기에 나타난 사실들을 이 이론으로 설명하기 어려웠다. 미국의 교육수준을 측정해보면 상승하였고, 이는 숙련노동의 증가를 의미한다. 동시에 임금 불평등도 지속적으로 증가하였다. 결국 경제학자들은 다른 요인이 존재할 가능성을 고려하기 시작했고, 특히 제도적이거나 정책적 요인과 같은 요인들이 불평등 증가를 가져오는 요인이 될 가능성을 살펴보았다. 2007년 노벨상 수상자 폴 크루그만(Paul Krugman)은 이 문제에 대한 자신의 생각이 바뀌었다는 것을 시인했다. "소득분배에서는 제도, 규범, 정치적 환경이 훨씬 더 중요하며 경제학 원론에서 말하는 것보다 익명적인 시장의 힘은 덜 중요하다."(2007, p.145)

피케티의『21세기 자본』(*Capital in the 21st Century*, 2014)의 발행은 이 논쟁의 중요한 변화를 가져왔고, 그 책은 엄청난 베스트셀러가 되었다. 피케티와 공저자들은 몇몇 국가의 기능적 및 개인적 소득배분을 다루는 상당한 양의 데이터셋을 모았다. 피케티는 미국이나 영국같은 국가에서 1920년대 이전에는 높은 수준이었던 소득불평등이 2차 세계대전기간 동안 낮아졌다가 1980년대까지 낮은 상태를 유지하다가 이후 다시 한번 소득불평등이 늘어나고 있어 소득불평등이 U자 형태를 따르고 있다는 것을 보여준다.

피케티 잭을 어떤 측면에서는 고전학파 전통으로 회귀라는 환호를 받았다. 그러나 피케티가 이러한 추세를 설명한 방식은 한계주의에 따른 방식이다. 콥-더글라스 행산함수를 보다 일반적인 일정한 대체탄력성(constant elasticity of substitution; CES)형태로 대체하여 기능적 소득배분의 변화를 허용하는 수정된 솔로성장모형을 통해 이러한 결과를 도출한 것이다. 피케티는 높은 저축율과 저성장이 결합하여 노동분배율은 감소하고 자본분배율은 증가했다고 주장한다. 피케티 책 출간이후 소득분배에 대한 관심이 크게 되살아나고 있다. 이 장을 저술할 시점에 이러한 관심증가 결과에 대한 전반적인 평가를 내리기에는 아직 이르다.

7.6 결론

리카도가 '[소득] 분배를 결정하는 법칙'을 밝혀내기 위해 착수한지 200년이 지났지만, 그 문제는 여전히 해결되지 못하고 있다. 학계 일부에서는 한계학파가 분배의 '자연법칙'을 제공한다는 생각을 꾸준히 제기했다. 2004년, 노벨상 수상자인 루카스(Lucas)는 다음과 같이 쓰고 있다. '내 생각으로는 건전한 경제학에 해로운 경향 중 마음에 끌리고, 가장 악의적인 것이 분배 문제에 집중하는 것이다'(Lucas, 2004). 그러나 많은 선진국에서 수십년간 지속된 불평등 상승으로 인해 이 주제에 대한 학계의 관심을 다시 불러일으켰다. 한계학파의 이론만으로는 최근 수십년간의 불평등 상승을 설명하기에 충분하지 않다는 인식이 확산되었다. 경제학자들이 글로벌 무역, 기술변화, 노동자의 협상력 저하 간 복잡한 상호작용에 대해 다시 한번 고민하고 있지만 고전학파 사상가들의 그림자를 완전히 떨쳐낼 수는 없었다.

토론거리 및 세미나 활동

- 다음과 같은 개념을 명확히 정의할 수 있는가?
  - (a) 지대(Rent)
  - (b) 임금(Wages)
  - (c) 이윤(Profit)
  - (d) 이자(interest)

- 소득(income)과 부(wealth)의 차이는 무엇인가?

- 무슨 생산요소의 소득 분배를 결정하는가?
  - (a) 임금, 이윤, 이자, 지대간?
  - (b) 고임금을 받는 사람들과 저임금을 받는 사람들간?
  - (c) 다른 국가들간?

- 소득배분의 한계학파이론과 잉여가치이론의 차이를 설명하시오.

- 밀은 향후 모든 지대인상분에 대해 세금부과를 제안했다. 이것은 좋은 정책인가? 이 정책에 대한 찬반논거를 확인해보라.

- 1980년대와 1990년대 많은 국가에서 소득불평등이 증가하였다. 무엇이 이렇게 불평등을 증가시켰는가?

참고문헌

Atkinson, A.B. (1997). Bringing income distribution in from the cold, *The Economic Journal*, 107(441), 297-321.

Becker, G.S. (1967). *Human Capital and the personal distribution of Income: An analytcial approach*(Woytinsky Lecture no. 1), Ann Arbor: Institute of Public Administration, University of Michigan, Reprinted in *Human Capital*(2d ed.) New York: Columbia University Press(for Natl. Bur. Econ. Res.), 1975, pp.94-144.

Chamberlin, C.H. (1923), *Theory of monopolistic competition*. London: Oxford University Press.

Clark, J.B. (1902). *The distribution of wealth*, London: The Macmillan Company. Hobson, J. A. (1902). *Imperialism: A Study*, New York: James Pott & Company. Jevons, W. (1871). *The theory of political economy*. Reprint. Edited by R.D. Collison Black. Harmondsworth: Penguin Books.

Kaldor, N. (1955). Alternative theories of distribution. *The Review of Economic Studies*, 23(2), 83-100.

Kaldor, N. (1957). A model of economic groth. *Economic Journal*, 67(268), 591-624.

Kalecki, M. (1954/1990). Theory of economic dynamics: An essay on cyclicla and long-run changes in capitalist economy. In J. Ostatynski(Ed.), *Collected works of Michał Kalecki*. Oxford: Oxford University Press.

Keynes, J. M. (1936). *The general theory of employment, interest, and money*. London/Basingstoke: Macmillian & Co.

Keynes, J. M. (1939). Relative movements of real wages and output. *The Economic Journal*, 49(193), 34-51.

Kregel, J. (1979). Income distribution. In A. Einer (Ed.), *A guide to post Keynesina economics*, London/Basingstroke: Macmillan.

Krugman, P. (2007). *The conscience of a liberal*. New York: W.W. Norton & Company.

Lucas, R.E. (2004, May). *The industrial revolution: Past and future*(pp.5-20). Fed- eral Reserve Bank of Minneapolis: *The Region*.

LUxemburg, R. (1913/1951). *The accumulation of captial*. London: Routledge & Kegan Paul.

Malthus, T. R. (1798/1888). *The accumulation of capital*. London: Reeves & Turner.

Marshall, A. (1820/1888). *Principles of economics*(8th ed., Palgrave classics in eco- nomics). Basingstroke: Palgrave Macmillan.

Marx, K. (1867/1976). *capital: A critique of political economy, Volume I*(B. Fowkes, Trans.) New York: Penguin.

Mill, J. S. (1844/1967). Essays on some unsettled questions of political economy. In

J. M. Robson(Ed.), *The collected works of John Stuart Mill, Volume IV*. London: Routledge & Kegan Paul.

Pareto, V. (1897). *Manual of political economy*. English translation of *Manuale di Economia Politica*, 1906. New York: Augustus M. Kelly Publishers.

Piketty, T. (2014). *Capital in the Twenty-first century*. Cambridge, MA: Harvard University Press.

Ricardo, D. (1820). Letter to Malthus dated 9 Oct. in Ricardo, David. 1851-73. In P. Sraffa(Ed.) with the collaboration of M. H. Dobb, *The works and correspondence of David Ricardo*(Vol. VIII). Cambridge: Cambridge University Press.

Robinson, J. (1933/1969). *The economics of imperfect competition*(2nd ed.). New York: St. Martin's Press.

Robinson, J. (1980/1985). *Spring cleaning*, Mimeo, Cambridge; Published as: The Theory of normal prices and the reconstruction of economic theory. In G. R.

Fiewel(Ed.), *Issues in contemporary macroeconomcis and distribution*. London: Macmillan.

Sahota, G. (1978). Theories of personal income distribution: A survey. *Journal of Economic Literature*, 16(1), 1-55.

Smith, A. (1776/1976). An inquiry into the nature and causes of the wealth of nations. in R. H. Campbell & A. S. Skinner(Eds.). *The Glasgow edition of the works and correspondence of Adam Smith*(Vol. II). Oxford: Oxford University Press.

Solow, R. (1956, February 1). A contribution to the theroy of economic growth. *The Quarterly Journal of Economics*, 70(1), 65-94.

Sraffa, P. (1960). *Production of commodities by means of commodities*. Cambridge: Cambridge University Press.

Veblen, T. (1899). *The theory of the leisure class*. London: The Macmillan Company.

von Böhm-Bawerk, E. (1890). *Capital and interest, a critical history of economic theory*. London/New York: Macmillan.

Woodford, M. (2003). *Interest and prices: Foundations of a theory of monetary policy*. Princeton: Princeton University Press.

RECHARTING THE HISTORY OF **ECONOMIC THOUGHT**

경제학에서 화폐의 역할은 무엇인가?

Peter Hughes and Annina Kalenbrunner

화폐는 역사별로 공간별로 다른 형태를 취한다. 어떤 장소에서는 조개껍질이 화폐로 사용되었다. 얍(Yap)이란 섬에서는 섬으로 오는 위험한 바다 여행과 교통편과 관련하여 대형돌이 화폐 역할을 하였다. 서양전통에서는 금이나 은이 화폐와 강하게 연계되어 있다. 오늘날에는 종이 나부랭이, 값싼 철이나 플라스틱이 화폐로 사용되고 있다. 21세기 들어서 우리는 실물화폐에 의존하기보다는 '실물 화폐'를 예상하게 되면서, 사람들과 경제는 컴퓨터체제나 데이터베이스를 화폐로 사용한다. 동시에 금융기술이 새로운 형태의 화폐라고 생각되는 암호화폐 같은 신규 금융 도구를 만들었다.

이러한 서두는 화폐를 분석하는 경제이론에서 다뤄야 할 근본적 문제를 제기하며, 이 장에서는 그 중 세 가지를 경제사상의 역사적 접근방식을 통해 논의할 것이다. 첫째, '왜 화폐가 필요할까? 화폐의 기능은 무엇일까?' 경제학에서는 우선 화폐가 왜 존재했느냐를 물으면서 화폐관련한 쟁점에 대해 접근한다. 화폐는 경제를 운영하기위한 복잡하고 비용이 소요되는 제도이다. 따라서 어떤 종류의 서비스를 제공하는 것으로 간주한다. 둘째, '화폐란 무엇인가?' 화폐의 본질은 무엇이고 어떤 형태로 이루어지는가? 앞서, 다른 상황에서 나타난 다른 화폐 형태를 열거했었다. 화폐에 대한 모든 이론은 이러한 차이점을 다루고 그것이 화폐가 되기 위해 어떤 공통점을 갖는지를 설명할 수 있어야 한다. 세 번째 '의문은 화폐는 어디에서 오는가?'하는 문제이다. 화폐의 출현. 예를 들어, 화폐가 순수히 개인들간 거래를 용이하게 하기 위해서 나타난 것인가 아니면 신용이나 재정운영과 관련 있는 것인가? 그리고 화폐를 창출하는 데 있어 국가의 조치가 얼마나 중요할까?

다른 경제사상학파들은 이 세 질문에 아주 대조적인 답변을 했고 그를 통해 화폐와 그 경제에 대해 근본적으로 다른 견해를 보였다. 이러한 다른 견해는 경제학자들의 상업은행 운영에 대한 해석, 화폐에 대한 국가의 역할, 화폐정책의 본질 및 유효성에 대한 해석을 나타내고 있다.

먼저, 흄(Hume), 스미스(Smith) 및 리카도(Ricardo)와 같은 고전학파 경제학의 통화 사상에 근거하고 있는 신고전학파 경제학은 화폐의 역할을 매우 제한적으로 생각했다. 합리적 기대, 효율시장 패러다임에 근거하여, 화폐를 거래를 가능하게 하고 (생산 관련 운영 및 물질계에서 만들어진 상품의 교환 같은) '실물'경제에서 시장 불확실성이나 마찰을 다루기 위한 것으로 사용되는 것으로 취급한다. 통화적 요인변화가 이런 실물경제에 적어도 장기적으로는 아무런 영향을 미치지 않는다(장기 고전학파의 이분법). 이것은 통화공급 증가가 물가수준을 비율적으로 증가시키지만 실물경제는 변하지 않는다는 것을 의미한다(화폐 수량설). 화폐 본질이나 그 출현에서, 고전학파나 신고전학파에서는 화폐를 다른 상품처럼 생산된 상품처럼 고려하고 있다. 이것은 통화의 생산이나 통화를 지배하는데 민간 상업은행이나 국가의 역할이 존재하지 않는다는 것을 의미한다.

슘페터(Schumpeter)나 케인즈(Keynes)전통에 있는 연구자들은 화폐 이론의 핵심에 신용과 금융시스템의 존재를 들고 있다. 그들은 화폐를 통화 그 자체로 보지 않고 채무자와 채권자간의 상호작용으로부터 나타나는 내재적인 사회관계가 있다고 본다. 화폐의 역할을 회계단위이고, 케인지언 전통에서는 근본적으로 불확실한 세상의 영향으로부터 보호하기 위해 나타난 것이다. 그러나, 이것은 화폐의 발행과 운영에 있어서 국가가 결정적인 역할을 하고 이를 통해 민간은행 체제에도 특별하고 잠재적으로 권력을 부여하고 있다는 것을 의미한다.

마지막으로, 화폐에 대한 맑스주의 접근방식은 앞서 살펴본 두 접근과는 약간 다른 입장을 취한다. 맑스주의 존재론의 입장에서, 화폐를 상품으로 다루는 입장과 복잡한 신용경제에서 화폐를 사회적 관계로 다루는 입장간 중간입장을 취하면서 가치와 사회구조를 중심으로 다루고 있다. 현재 경제체제 구조에 의논한 화폐의 기능 및 형태가 존재하는 역사 유물론적 입장을 채택하여 이러한 방법론에 따랐다.

이 장에서는 화폐에 대한 이러한 세 가지 주요 학파별 사고 및 접근방식에 대해 논의한다. 처음에 언급한 주요 의문에 따라서 화폐의 기능, 형태, 그리고 출현에 대한 그들의 이해의 내용에 따라 구성한다.

8.1   화폐에 대한 고전학파 및 신고전학파 이론: 화폐를 상품으로 보는 견해

화폐에 대한 신고전학파의 견해는 고전학파가 17세기 및 18세기 중상주의를 반대하면서 시작되었다. 중상주의는 수출을 통한 귀금속 축적이 국가 경제정책의 주요 목표라고 주장했다. 이러한 귀금속 축적이 국부에 해당한다. 18세기 고전학파 경제학자들은 이것에 반대하였고, 예를 들어, 흄(Hume, 1752)이나 스미스(Smith, 1776)는 화폐의 역할은 교환과 무역을 용이하게 하고 경제에서 부를 측정하는 적절한 척도는 실질 생산량이라는 입장을 갖고 있었다. 흄은 화폐는 무역을 용이하게 하는 특별한 도구이고 화폐량은 실물경제 규모에 비례하여 경제 내 물가수준에만 영향을 준다는 사상인 화폐수량설의 초기 주창자였다. 이후 고전학파 이분법이라고 알려진 악영향을 미리 방지하기 위해서, 그는 화폐가 경제에 흘러 들어간다면(거래를 통해 벌어들인다면), 이것은 그 경제 내 산업에 영향을 미치지 않을 것이라고 주장한다. 흄은 경제내에서 이러한 화폐의 증가는 인플레이션을 가져오고 그 이상은 없다고 주장한다. 고전학파 경제학자인 리카도(Ricardo,

1817)는 화폐수량설을 주장하지만 다른 상품처럼 동일하게 시장의 힘에 따르는 화폐가 상품이라는 경제학계 내의 논의를 따랐다. 그 가치는 화폐로 사용되는 귀금속을 추출하는 비용에서 나온 것이다.

오늘날, 화폐수량설이라는 사상은 거의 피셔(Fisher, 1930)나 프리드만(Friedman, 1956)과 밀접히 관련되어 있다. 피셔는 화폐수량 방정식($MV = PT$)을 제시했다. 여기서, M은 총화폐량, V는 특정기간동안 얼마나 많이 사용되었느냐를 나타내는 유통속도, P는 일반 물가수준, T는 총 거래수를 의미한다. 피셔방정식은 화폐경제와 실물경제간 명확한 관계를 수립하였다. MV는 경제에서 유효한 총 화폐공급을 나타내고, PT는 경제 내 거래시 필요한 총 화폐수요를 나타낸다. 유통속도 V와 거래수 T는 (외부요인에 의해 결정되거나) 주어졌다고 대개 가정하여 단기 화폐공급 변화는 가격수준에만 영향을 준다.

19세기 후반에 신고전학파 경제학자들이 이러한 생각을 재검토하였다. 제본스(Jevons, 1896)는 (1세기 전 스미스의 생각을 상기시키고) 시장 체제의 마찰을 나타내기 위해 화폐의 역할에 대해 살펴보았다. 그러나 이러한 고전학파 사상을 중요하게 여기고 화폐에 대한 신고전학파 접근방식을 발전시켰던 학자는 멩거(Menger, 1892)로 이러한 전통으로부터 화폐에 대한 가장 명확한 견해를 제공하였다. 화폐는 무엇이고, 경제 내의 화폐의 역할, 그리고 화폐가 어디에서 왔는지에 따라 자신의 설명을 구상하였다. 이 이론은 아래의 토론의 토대가 된다.

(멩거를 따르는) 신고전학파 접근방식은 경제 내 모든 것들에 대해 완전하게 계약할 수 있고 재화나 용역을 자유롭게 거래하고 마찰이 존재하지 않는다는 생각을 가지고 있다. 인간들은 합리적이고 그들의 선택에 대한 정확한 평가에 기본하여 효과적인 의사결정을 한다. 경제와 인간에 대한 이러한 견해는 현실에 부합하지 못하지만 주류경제학의 화폐에 대한 접근방식의 시발점이자 비교점이 된다. 이러한 견해에 따라서, 경제의 중요한 요소는 실물적 요소(재화, 서비스, 자본 등)이다. 실물 변수는 모든 중요한 경제적 결과를 결정한다. 이러한 경우, 화폐의 사용은 제한적이다. 이 때문에 주류경제학에서는 화폐의 존재를 무시하는 경우가 많은데, 이러한 이론에서는 화폐를 사소한 것으로 간주한다. 신고전학파 경제학 내에서 화폐를 사소한 것으로 취급하고 있다는 것을 화폐 중립성이라는 생각으로부터 찾을 수 있다. 화폐를 경제에서 중립적인 것이라고 이해한다면, 경제에서 화폐는 명목변수(물가, 인플레이션, 임금)에만 영향을 준다는 것이다. 이러한 명목변수가 경제에서 중요한 (실물)변수에 영향을 주지않기에 화폐를 안심하고 무시할 수 있다. 이로 인해 경제의 '실물'부문과 '명목'부문이 각각 분리되어 작동된다는 고전적 이분법이 발생한다. 상자 8.1에서 신고전학파 경제학에서 이러한 견해에 따른 이자율의 역할과 특성에 대해 설명한다.

경제에 대해 앞서 언급한 부분은 기준으로 취급한다. 현실적으로 경제는 이러한 이론적 이상을 따르지 않는다. 신고전학파 경제학자들은 이를 (부분적으로) 인정하고 다양한 '마찰'과 '거래비용'을 언급하면서 이러한 이상적 결과와의 차이를 설명하기 위한 이론을 개발했다. 그러나

상자 8.1: 신고전학파 경제학의 이자율

신고전학파 경제학에서 이자율은 여기에서 다루고 있는 화폐와 관계가 없다. 화폐는 실물경제활동의 장막(본문 참조)처럼 활동하고 이자율은 통화적 현상이 아닌 실물인 생산요소를 반영하고 있다. 이자율은 단순한 가격으로, 저축과 투자에 사용되는 자산의 수요와 공급에 의해 결정된다. 저축이란 소득이 소비를 초과하는 경우 부를 축적한 것이다. 새로운 실물적 생산요소를 창출하기 위해 투자를 사용하고 투자는 자본의 한계생산성과 관련되어 있다. 만약 자본의 한계생산물(투자로부터 얻는 수익)이 다른 저축자산을 획득하는 비용보다 크다면, 투자를 할 것이다. 이자율은 이 시장을 균형으로 가도록 하는 이러한 저축자산의 한계가격일 뿐이다.

그들도 화폐를 비효율과 준 최적 결과를 만드는 이러한 마찰을 다루기 위한 방식으로 보았다.

이러한 견해에 따라 표 8.1에서는 세 가지 화폐의 주요기능을 요약했다. 경제에서 이러한 기능을 수행할 수 있는 모든 것을 화폐로 정의할 수 있다. 이러한 기능 중 일부는 수행할 수 있지만 전부는 수행하지 못하는 것, 또는 이러한 기능 중 일부는 지속적으로 수행할 수 있지만 전부는 수행하지 못하는 것, 또는 이러한 기능을 지속적으로 수행할 수 없는 것을 '준화폐'로 간주한다.

신고전학파 경제학이 시장교환에 과도한 관심을 기울였다는 점(5,6,7장 참조)을 고려할 때, 화폐의 가장 중요한 기능은 거래를 더 쉽고 효율적으로 만드는 능력, 즉, 교환매개 기능이다. 다른 화폐 기능은 이 첫 번째 기능에서 파생된 것이다. 화폐가 미래에 교환매개 수단으로 사용될 수 있기 때문에 미래거래에 대한 가치를 저장할 수 있는 가장 좋은 상품이 될 수 있다. 가치 저장기능은 미래에 상품을 구매하기 위해 화폐를 사용할 수 있는 일반적인 구매력을 저장하는 것이다. 마찬가지로, 모든 사람이 거래에서 동일한 상품을 사용하기를 원하기 때문에 모든 재화와 서비스 가격을 책정(또는 회계단위)하는 일반적 방법이 된다. 이러한 기능으로 인해 거래비용을 줄이고 거래와 관련된 마찰을 처리할 수 있다. 공통적인 회계단위를 갖게 됨으로써, 거래 옵션의 가격책정과 비교가 더 효율적일 수 있다. 가치저장 기능을 가짐으로써, 재화 및 서비스의 소비가 용이해지고, 거래를 시간 간격을 두고 분산시킬 수 있다.

경제과정에 대한 '교환적' 견해는 신고전학파 경제학의 화폐출현에 대한 견해에도 반영되어 있다. 그 주장은 다음과 같다. 화폐가 발달하기 전에는 물물교환이 주요 거래형태였다. 물물교환

표 8.1 신고전학파 경제학에서 화폐의 기능

교환 수단	거래가 진행될 수 있도록 경제주체가 상품과 서비스 대가로 기꺼이 수락하는 상품
가치 저장	저축으로 사용할 수 있도록 시간이 지나도 구매력을 유지할 수 있는 상품
계산 단위	서로 다른 재화나 서비스를 비교하고 공통된 가격으로 표시할 수 있는 모든 상품의 상대적 가치를 나타내는 상품

표 8.2 화폐의 특성

휴대 용이	쉽게 운송할 수 있음
분할 가능	소액 교환을 위해 조그만 부분으로 분할 가능
인식 가능	빠르고 쉽게 분류가능
균일함	이 재화의 각각의 사례가 유사하고 쉽게 그 품질을 살펴볼 수 있음
내구성	오래도록 품질 저하하지 않고 변하지 않을 수 있음
희소함	구하기 어려움
받아들여짐	다른 재화의 교환하는데 기꺼이 받아들임

이란 (예를 들어 화폐와 같은) 매개체 없이도 재화와 서비스를 직접교환하는 것을 말한다. 하지만, 물물교환을 하려면 여러 가지 마찰 내지 '거래비용'에 직면해야 한다. 이러한 어려움을 '욕망의 이중적 일치(double coincidence of wants)'라는 개념으로 요약된다. 물물교환을 통한 교환은 각 당사자가 청약(offer)하는 재화 / 서비스에 대한 대가로 합의된 비율(가격)에 따라 청약된 재화에 대한 약속을 기꺼이 수락(accept) 해야 한다. 만약 어느 일방이라도 교환하기를 원하지 않는다면, 교환이 이루어지지 않는다. 이 경우에는 거래에 욕망의 일치가 없다.

물물교환을 통해 현실의 재화나 서비스를 직접교환하려면 다른 어려움과 마찰도 존재하게 된다. 먼저, 청약하는 상품묶음을 전체단위로 거래할 수 있기 위해 (거스름돈을 받기위해 생닭을 나누지 않는) 정확한 수량이어야 하며, 거래되는 각 품목의 (좋은 닭과 나쁜 닭을 얻을 수 있기 때문에) 품질을 확인해야 하며, 거래가 적시에 이루어지지 않으면 해당 품목의 품질이 떨어질 수 있다(닭이라면 죽을 수도 있다). 이로 인해 각 당사자가 여러 번의 교환을 통해 각자의 개별 교환을 완료할 수 있는 상황에 도달할 수 있다. 이러한 물물교환 시스템에서는 널리 받아들일 수 있는 단일 상품을 통해 욕망의 이중적 일치 문제를 해결할 수 있다. 어떤 거래든 항목을 거래하려는 사람은 항상 이 특별한 상품으로 지불받고자 할 것이다. 이 특별한 상품을 우리는 화폐라고 부른다. 따라서, 화폐는 교환 수단으로 기능하는 상품이다.

널리 받아들여지는 상품이 되는 것은 즉, 화폐가 되는 과정은 물물교환시스템 속에서 경쟁 과정을 통해 이루어진다. 이러한 과정 초기부터 우리는 교환할 상품을 가진 모든 거래자들로부터 시작한다. 수많은 소규모 상인들이 직접 만나 물물교환을 하던 중세시대 대규모 장터를 떠올리는 것이 도움이 된다. 각 재화유형에는 거래에 유용한 특정한 특성이 결합되어 존재한다. 거래되는 상품이 널리 사용되는 중요한 일곱가지 특성은 다음과 같다(표 8.2). 이러한 특성들간 많이 상호 의존되어 있다.

이제 각 상품에는 두 가지 수요처가 있다. 첫째, '내재적' 내지 '사용' 수요라고 부를 수 있다. 이는 해당 재화를 획득하고 소비하려는 거래자의 수요를 나타낸다. 그러나 이제는, 미래 거래를 염두에 두고 각 상품에는 거래의 유용성과 관련된 수요, 즉, '거래 / 화폐 / 거래' 수요도 있게 된다.

물물교환이 계속되면서 거래 당사자들은 향후 거래에 유용하다는 이유로 특정 상품을 거래에 받아들이기 시작한다. 그들은 향후 갖고 싶은 재화와 교환할 때 사용할 수 있다고 믿기 때문에 그것을 받아들인다. 이러한 특성 중 어느 하나라도 나쁘다고 판단되는 상품의 경우 거래자들이 사용가치 이상의 가치가 없는 것이라고 무시한다. 이러한 경제에서는 이러한 특성이 잘 조합된 재화를 점점 더 널리 사용하고 받아들여 모든 사람이 교환수단으로 사용하는 보편적 화폐가 된다.

그렇다고 해서 화폐가 된 재화가 이러한 특성을 완벽하게 갖추고 있다는 의미는 아니다. 당시 해당 경제에서 사용 가능한 재화 중 가장 좋은 특성을 조합하기만 하면 된다. 일부 경제의 경우 화폐로 사용하기에 적합한 재화가 없을 수도 있지만, 결국 열등한 형태의 화폐를 사용하게 된다. '최상의' 조합이라고 정의하는 것은 해당 경제 특성별로 달라질 수 있다. 이는 경제 필요가 변하면 최고의 상품이 바뀔 수도 있다는 것을 의미한다. 때로는 내구성이 때로는 휴대성이 더 중요할 수도 있다.

일반적으로, 금, 은 또는 합금(금과 은의 자연발생 혼합물)과 같은 금속을 이러한 특성 이 가장 잘 조합된 것으로 간주한다. 금이나 은(기타 귀금속)을 활용할 수 있으면 그러한 경제에서는 금과 은 내지 기타 귀금속을 이 경쟁과정에서 화폐로 선택하는 경우가 많다. 가치가 낮은 금속을 금과 은으로 시각적으로 위장하는 방법이 발견되었지만, 진짜 금은 무게로 쉽게 식별하는 경우가 많았다. 또한 금과 은은 소모성 상품으로 활용이 제한되어 있다는 장점도 있다.

이 과정을 통해 신고전학파 화폐론의 또 다른 중요한 특징을 드러내고 설명한다. 신고전학파는 화폐를 상품으로 보는 견해를 채택하여 화폐는 본질적으로 여러 상품 중 하나라는 관점을 취한다. 그렇게 되면 화폐는 다른 모든 상품처럼 거래되는 상품에서 시작하여 시간이 흐르면서 특정 특성의 조합으로 인하여 화폐라는 제도로 진화하게 된다. 어떠한 상품도 경제 내에서 화폐 역할을 할 수 있다. 각각의 맥락에서 사용되는 정확한 상품은 사용 가능한 상품에 따라 달라진다. 경제에 충분한 양의 금을 구할 수 있는 경우, 금이 좋은 수익을 창출하는 특성을 가장 잘 조합한 상품이 될 수 있다. 경제에 금이 부족한 경우, (반드시 더 나쁜 것은 아니지만) 다른 특성을 가진 다른 상품이 화폐로 등장할 것이다. 이러한 화폐이론에는 **국가의 역할**에 대한 언급이 거의 없다. 국가가 이 체제에서 어떤 역할을 할 필요는 없지만, 국가에 화폐주조권이 있다는 사실을 생각하

> 국가 역할에 대한 언급부족 형태의 계약

면 화폐의 액면에 쓰여진 가격과 화폐생산원가 차이에서 발생되는 이윤인 시뇨리지(seigniorage, 화폐주조권)를 고려하면 화폐주조권을 활용한 지대추구자라고 생각될 수 있다.

이러한 상태가 통화정책에 미치는 영향은 다음과 같다. 국가는 화폐시스템을 개발하고 운영할 필요가 없다. 그 경제 모든 구성원이 개별적으로 사용하기에 효과적이기 때문에 화폐가 존재한다. 개별 경제주체의 행동을 통해 경제 내에서 화폐가 스스로 작동하게 된다. 국가가 화폐발행을 통한 이익을 추구하는 행위자로서 화폐발행을 통제하게 되면 국가가 중요하게 된다. 화폐

를 독점적으로 발행하는 국가가 할 수 있는 유일한 역할은 경제 내 정확한 화폐량이 존재하도록 하는 것이다. 적정 화폐량은 화폐를 통해 효율적 이득을 실현할 수 있는 (교환수단으로서) 화폐량으로 정의할 수 있다. 적정량이 발행되지 못하는 화폐는 (경제의 합리적 경쟁과정이 진행되면) 곧 효과적인 대안으로 대체된다.

　　마지막으로, 신고전학파 화폐에 대한 입장이 상업은행의 역할에 어떤 시사점을 주는지도 고려해야 한다. 선진화된 복잡한 현대경제에서는 민간부문 은행들이 화폐와 관련되어 있다. 화폐를 상품으로 보는 신고전학파 관점에서는 상업은행을 수동적 주체로 보고 있다. 은행은 실물경제의 거래 수요에 대응하고 중앙은행은 이를 수용한다. 따라서, 화폐를 이렇게 개념화하면 은행은 화폐를 사용함으로서 효율성을 얻고자 하는 실물경제와 화폐를 발행하고(시뇨리지를 통해) 화폐주조 이익을 얻는 국가 사이의 중개자에 불과하게 된다.

8.2　슘페터(Schumpeter), 케인즈(Keynes) 및 포스트 케인지언 화폐론: 화폐신용론[신용으로 화폐를 보는 입장]

이전 절에서 흄과 리카도 같은 고전학파 정치경제학자들로부터 시작된 경제사고의 한 가닥에 대해 설명했으며, 이는 멩거(Menger), 피셔(Fisher)같은 저자와 이후 신고전학파 경제학자들에 의해 더욱 발전되어 화폐도 다른 상품과 마찬가지로 재화라는 관점을 갖게 되었다. 세 가지 문제에 대한 답변을 통해 이 학자들은 화폐는 주로 교환의 매개체로서 시장 교환의 마찰을 처리하는 데 필요하다는 것을 보여주었다. 화폐는 본질적으로 다른 많은 상품들과 마찬가지로 사인 간 물물거래의 비효율성을 해결하기 위한 상품이다. 화폐와 그에 따른 통화정책은 '실물'경제에 영향을 미치지 않으므로 은행과 국가는 화폐 출현과 관리방식에 역할이 거의 없다.

　　슘페터(Schumpeter)와 케인즈(Keynes)의 연구로 주도된 두 번째 경제사고 방식에 따르면, 화폐는 부채와 신용의 사회적 관계에서 비롯된 것이다. 즉, 화폐는 대개 신용 화폐이다. 부채관계는 경제주체들이 알 수 없는 미래인 역사적 시간에 거쳐 형성된 것이다. 결국, 화폐의 출현과 관리방식은 상업은행과 국가에 주요한 역할을 부여하게 된다.

　　슘페터(Schumpeter)와 케인즈(Keynes)는 모두 심각한 통화 및 금융불안정으로 특징되는 전쟁기간 중에 자신의 생각을 발전시켰다. 슘페터의 신용화폐 견해는 경제발전, 기술혁신 및 경기변동에 대한 그의 포괄적인 이론적 입장의 핵심적 부분으로 진화경제학자들에게 핵심적인 영향을 미쳤다. 반면에 화폐에 대한 케인즈 연구는 화폐생산 경제, 금융불안정성, 통화정책에 관심을 가진 다양한 학자에게 영향을 주어 (예를 들어, 칙(Chick), 데이비슨(Davidson), 다우(Dow), 민스키(Minskiy)등과 같은) 포스트 케인지언의 일부를 형성하는 데 영향을 주었다.

　　슘페터(1939, 2017)의 입장에서는 화폐는 생산과정을 시작하는 데 필수적인 것이다. 신고전학파 정태적 균형분석에 비해, 생산과정은 여러시간이 소요되는 역사적 시간에 걸쳐 발생한다.

즉, 기업가에게 초기 자금 선대가 현대자본주의 경제의 필수 요소(sine qua non)라는 것이다. 선대 자금을 통해 판매하기 전 구매할 수 있기 때문에 (혁신적인) 생산과정을 시작할 수 있다. 화폐는 선대자금이라고 불리우고, 결과적으로 향후 다시 정산할 수 있다. 역사적 시간이 문제가 되는 세계에서는 개별 균형 결정보다는 개별 결정이 예상하지 못한(불균형) 결과 내지 개별 수입과 지출사이의 시간 차이를 해소하기 위해 돈이 필요하다(Messori, 2004). 따라서, 슘페터의 신용화폐 입장에서 화폐는 신용관계의 회계단위이자 지불수단으로 작용하는 신용화폐이다. 슘페터에게 화폐의 '본질'은 상품, 지폐 등 특정한 형태가 아닌 채권과 채무관계의 청구권과 반소(反訴)를 명확히 할 수 있는 능력이다(Michell, 2014).

상자 8.2: 케인즈와 이자율

케인즈주의자에게 이자율이란 불확실성을 보호하기 위해 사용하는 보상이다. 협소한 의미에서 보면 유동성 선호 이론이 이자율 결정이론이다. 자금 유동성을 주려면 경제주체에게 수익률 q, 즉, 이자율을 제공해야 한다. 슘페터의 경우, 이자율은 생산재 통제권을 즉각적으로 구매하기 위해 지불해야 하는 가격이다. 신용시장의 수요 공급에 따라 그 수준이 결정되며, 경제 발전으로 인해 발생되는 이익의 일부를 지급받게 된다.

케인즈도 비슷한 결론을 내리고 있지만, 자본주의 생산과정의 역동적이고 순환적 특성에 초점을 맞추기보다는 시간이 지나면서 발생하는 근본적인 불확실성과 위험에 중점을 두었다(Keynes, 1936, 1971). 신고전학파 경제모형에서는 이상적 조건을 그리고 있어 경제주체가 과거, 현재, 미래를 알고 있기 때문에 이 문제는 발생하지 않는다. 가격을 사전에 완전히 예측할 수 없는 경우에 가격변동은 확률적 패턴을 따른다. 경제주체는 이러한 패턴을 학습하고 가격위험을 회피하기 위한 합리적 거래를 할 수 있다. 케인즈의 견해로는 경제주체들은 경제현실이 펼쳐지기 전에는 완전히 알지 못하고 알 수도 없다. 미래에는 불완전하게 위험을 회피할 수 있으며, 그 이후 알 수 없는 위험을 감내하는 다른 경제주체와 함께하게 된다. 시간이 흘러도 가치를 유지하는 화폐는 이러한 불확실성에 대한 유일한 보호책이다. 포스트 케인지언 사상에서 화폐가 존재하는 이유가 된다. 케인즈 이자율이론을 살펴보기 위해서는 [상자 8.2]를 참고하라.

케인즈는 화폐를 보유하는 이유를 세 가지 동기로 구분했다. 첫째, 거래적 동기(transaction motive)로 개인적으로나 사업으로 경상 거래시 현금이 필요하기 때문이다. 거래동기를 거래가 나타내는 단위별로 소득 목적과 사업 목적으로 나눌 수 있다. 거래동기는 화폐를 주로 현재 소득에 의해 결정되는 교환 매개물로 보는 신고전학파 관점과 크게 다르지 않다. 케인즈의 화폐 경제학에 대한 기여는 다른 두 가지 동기로 예비적 동기와 투기적 동기라는 것은 명확하다. 예비적 동기(precautionary motive)란 갑작스럽거나 예상하지 못한 지출이나 기회에 대비하기 위해 돈을 보유하려는 욕구를 말한다. 여기에는 같은 화폐로 표시된 모든 금융채무도 포함된다. 이처럼 예비적 동기는 불확실한 세계에서 화폐 역할을 가장 명확히 보여준다. 마지막으로, 케인즈는 투기적 동기(speculative motive)를 '미래에 어떤 결과가 나타날지를 시장보다 더 잘 알기 때문에 이익을 확보하려는 목적'이라고 정의했다(Keynes, 1936, p.170). 케인즈의 경우에는 자본시장 예상가격의 변화 (금리 변화)를 활용할 수 있는 능력을 의미했다.[20] 이러한 동기를 가장 잘 충족하는 자산은 유동성 프리미엄이 가장 큰 화폐이다. 금전적 수익을 제공하지 않지만 유동성이 확보된다는 것이 화폐가 주는 수익이다. 다양한 상황에서 개인이 화폐형태로 보유하고자 하는 자원량을 유동성선호라고 한다(Keynes, 1936, p.166).

　　이를 통해, 케인즈는 다른 자산들 가운데서 화폐는 특정속성을 가지고 특정기능을 수행하는 것이라는 것을 분명히 한다. 수익률을 다른 자산의 수익률과 비교하여 경제주체들이 화폐수요를 결정할 것이다. 케인즈는 이러한 속성을 『일반이론』 17장에서 '자기 수익률 (own rate of return)' 방정식을 통해 다음과 같이 정의한다.

$$(q-c)+a+I$$

네 가지 주요요소가 자산보유의 순수익을 결정한다. 첫째, 판매 가능한 산출물에 대한 직접적인 만족 내지 능력으로 측정되는 수익 내지 산출 q이다. 둘째, 자산을 안전하게 보관하거나 저장할 필요성에 의해 휴대하는 비용 c이다. 셋째, 예상 평가액 a는 (유동성 보상이 가장 높은 때 화폐에 해당하는) 불변의 가치척도(numéraire) 대비 자산의 예산평가액이다. 마지막으로, 자산은 손실없이 화폐로 태환할 수 있는 유동성 보상 I를 가질 수 있다(Chick, 1983, p.298). 이러한 속성을 통해 높은 수익률은 제공하지만, 유동성이 낮고 장부상 비용이 큰 자본 자산부터 수익률, 휴대비용, 기대 가치[21]가 전혀 없지만, 유동성 프리미엄이 가장 큰 화폐에 이르기까지 자산보유자가 선택할 수 있는 자산의 스펙트럼을 정의한다. 다른 유동성 프리미엄을 가진 자산은 기준 자산, 즉, 화폐를 기준으로 상대적으로 유동성이 낮은 것을 보상하기 위해 다른 금전적 수익을 제공한다.

　　문제는 왜 화폐의 유동성 프리미엄이 가장 큰가 하는 것이다. 달리 말해, 앞서 열거한 동기를 충족시킬 수 있는 가장 큰 유동성 프리미엄과 능력을 주는 자산의 기능과 속성은 무엇일까? 케인즈에 따르면, 회계 단위(unit of account), 부의 저장(store of wealth), 그리고 교환 매개물(medium of exchange)라는 세 가지 기능을 수행할 수 있는 자산의 능력에 달려있다.[22] 신고전학파 경제학에서도 세 가지 기능을 같은 방식으로 정의한다. 회계 단위 기능은 상대적 가치

---

20 예를 들어, 생산량 1단위를 추가로 생산하기 위해 자본 3단위가 추가로 필요한 경우 자본-산출 비율은 3/1 = 3으로 주어진다.

21 2화폐가 가장 큰 유동성 프리미엄을 가진 자산이라는 점을 감안하면, 유동성 프리미엄이 큰 자산이 불편의 가치척도(numéraire)인 화폐로 선택된다. 즉, 예상되는 가치 상승은 화폐와 관련이 없다는 의미이다.

22 사실, 화폐 기능은 여러 학파 모두 매우 유사하다. 차이가 있다면, 이 장에서 보듯이 어느 기능을 강조하는 가이다.

에 대한 공통분모로 화폐를 사용한다는 것이고, 부의 저장은 시간이 흘러도 구매력을 유지할 수 있도록 하며, 교환매개 기능은 화폐를 매개체로 거래가 이루어질 수 있게 한다는 의미이다.

교환 매개 기능을 중요시하는 신고전학파 경제학과는 달리 포스트 케인지언 경제학에서는 가치저장수단이 작용하는 것을 화폐의 주요기능이라고 인식하고 있다. 케인즈의 저서에 따르면, 불확실한 세계에서 부를 이전하고 계약의무를 이행할 수 있는 구매력의 안전한 거처이기 때문에 화폐를 보유한다고 하고 있다. 자본주의 사회에서 생산과 대체 탄력성이 0이거나 무시할 수 있을 정도로 낮은 화폐의 두 가지 속성이 화폐가 회계 단위로서 즉 가치 저장 수단으로서 안정성 유지를 보장한다. 대체 탄력성이 0이라는 것은 화폐 가격이 상승해도 다른 자산으로 대체되지 않도록 하는 반면, 대체탄력이 무시할 수 있을 정도로 작다는 것은 화폐가격 상승이 생산량 증가로 이어지지 않도록 보장한다.

화폐에 대한 이러한 견해는 신고전학파 경제학이 화폐를 상품으로 보는 것과는 달리, 케인즈주의 경제학에서는 화폐를 주로 신용화폐로 보고 있다는 것이다. 슘페터 이론처럼 경제주체간 계약관계와 그 관계를 정산하는 지불수단(means of payment)을 특징으로 하는 회계단위(unit of account)이다. 따라서 케인즈주의 사상에서 화폐는 본질적으로 사회적 현상이며 권력과 신뢰 같은 사회적 요인에 의해 결정된다. 게다가, 케인즈 경제학에서 화폐의 근본적 역할을 고려하면 화폐 동학은 경제생활의 모든 영역에 스며들어 있다. 케인즈주의 이론은 화폐 생산 경제에 관한 이론이다. 어떤 시점에서도 화폐 중립성을 유지할 수 없다.

마지막으로 제기되는 문제는 케인즈 경제학에서 어떻게 자산이 화폐로 작용하게 되는가 하는 것이다. 돈은 어떻게 생겨날까? 결국, 무엇이 화폐로 인정되는가, 즉, 화폐의 본질과 형태라는 질문과 밀접히 관련되어 있다. 앞서 살펴보았듯이, 신고전학파 경제학에서 화폐는 상품이다. 금이 가장 널리 통용되는 상품이자 화폐가 되는 경우가 가장 많았다. 케인즈주의 경제사상에서는 사적 경제 행위자들 간 신용관계를 나타내는 단위, 따라서 이러한 의무를 상환하는 데 필요한 단위를 화폐로 간주한다. 그레이버(Graeber, D., 2012)는 이렇게 화폐를 신용으로 보는 관점은 금융적으로 정교한 경제가 발달하기 전부터 존재했으며, 역사적으로 부채를 변제하는 수단, 즉 화폐는 조개껍질, 동전, 심지어 사람들만큼이나 다양했다고 주장한다. 그러나 오늘날처럼 금융적으로 정교해진 경제, 그리고 케인즈와 슘페터가 분석한 경제에서는 이러한 부채가 대부분 은행 대출 형태(그리고 이하에서 보듯이 그에 대응되는 예금 형태)를 취하고 있다.

이 장의 분석 구조에 따라 화폐에 대한 이런 관점은 화폐 출현과 지배구조, 통화정책의 본질과 효과에 대한 상업은행과 국가 역할 및 중요성에 대해 나타낸다. 이러한 쟁점은 포스트 케인지언의 핵심으로, 논쟁의 뉘앙스에 중요한 차이가 있다.

은행이 주로 수동적인 자금중개자 역할을 하는 신고전학파 경제학과는 달리 케인즈주의 경제학에서 상업은행은 중요한 역할을 한다. 첫째, 앞서 살펴보았듯이 상업은행 부채, 즉, 케인즈주의 사상에서는 예금을 화폐로 간주한다. 그뿐만 아니라 은행은 대출 능력을 통해 화폐를 창출한다고 간주하여 화폐를 내생적이라고 본다. 금융이 정교해진 경제에서 예금을 창출하는 것은 사전 저축 내지 중앙은행의 통화량 발행으로 제약받지 않고 상업은행이 제공하는 대출을 통해 통화량이 창출된다. 포스트 케인지언들도 대출 제공활동에서 상업은행이 실물경제의 수요에 순전히 반응하는지(수평주의자 (horizontalist)), 아니면 자체적인 유동성 선호를 가지고 있는지(구조주의자 (structuralist))에 따라 달라진다. 그러나 그러한 대출과 예금을 화폐로 간주할 수 있다는 것은 포스트 케인지언 경제학의 핵심요소이다.

그러나, 신용관계가 화폐를 뒷받침하는 것이라면 화폐는 본질적으로 사회적 현상이며 화폐로 용인할 수 있는 것은 재정부담 약속을 지킬 수 있는 발행자에 대한 신뢰성에 따라 달라진다. 주체가 부채를 상환하기 위해서는 화폐 가치의 안정성과 화폐에 대한 사회적 수용성을 믿을 수 있어야 한다. 우선 은행 시스템에 대한 주체들의 신뢰와 예금(은행 부채)에 대한 접근성을 확대한다. 국가가 화폐의 가치 안정성과 폭넓은 수용성을 보장하는 것이라고 포스트 케인지언들은 생각한다.

현대 국가는 거의 항상 화폐 즉, 법정 화폐 발행을 독점하고 있다. 법정화폐는 실물 부문에 근거를 두고 있지 않기 때문에, 법정 화폐를 보유하고 있는 사람들의 믿음과 기대에 따라 달라진다. 국가가 화폐 가치 안정성을 보증하고 약속을 지키는 것은 (미래) 세수를 창출하고 중앙은행을 최종 대부자 역할(lender of last resort)을 하게 할 수 있는 능력에 의해 보장된다. 화폐의 가치를 궁극적으로 뒷받침하는 것은 국가와 과세이라는 주장은 독일 경제학자 크나프(Knapp, G.)가 만든 증표주의 접근방식(Chartalist approach)에 의해 제기되었다. 오늘날에는 이 이론이 현대통화이론(MMT)으로 대표되는데, 이 이론은 정부가 화폐의 유일한 공급자이기에 정부가 물건에 대해 지불하거나 미지불(outstanding) 및 미래 의무를 이행할 수 있는 무한한 능력이 있다고 전제하고 있다. 결과적으로, 정부는 파산할 수 없으며 완전한 통화 자치권을 갖는다. 그러나, 민간은행 화폐의 존재를 인정하는 포스트 케인지언들도 국가는 은행 시스템의 규칙과 규제를 통해 화폐 가치를 보장하고 민간이 발행한 화폐를 받아들이고 지원한다고 하고 있다.

마지막으로 이러한 통화 동학에 대한 관점은 통화정책 및 중앙은행 역할에 대한 중요한 시사점을 주고 있다. 앞서 설명한 것처럼 현대 경제에서 금융 시스템이 오늘날 널리 통용되는 화폐를 만들어낸다. 중앙은행이 통화공급을 외생적으로 결정하기 보다는 주로 민간은행 시스템의 대출 결정의 결과로 통화공급이 결정된다. 이는 통화정책 수행에 중요한 영향을 미친다. 예를 들어, 오늘날 중앙은행은 통화량을 목표로 삼기보다는 금리를 목표로 삼고 이는 다시 은행의 행태에 영향을 미치게 된다. 마찬가지로 앞서 설명한 것처럼, 프라이빗 뱅킹 시스템(private banking system)을 지배하는 규칙과 규정은 화폐가치를 보호하는 데 결정적 역할을 한다.

마지막으로, 이는 화폐와 이를 뒷받침하는 신용관계가 실물경제를 교란하는 근본적 원인이 될 수 있다는 것을 보여준다. 은행신용, 즉, 통화공급이 민간부문의 신용수요에 탄력적으로 반응하면, 채권자 / 채무자 관계의 불균형 및 취약성이 누적될 수 있다. 좀 더 구체적으로 말하자면,

호황기에 신용공급을 확대하면 경기침체기에 상환할 수 없는 높은 수준의 부채가 누적될 수 있다. 자본주의 순환적 특성에 기여하거나 악화시키는 금융부문의 역할은 슘페터 연구에서 중요하게 다루어졌지만 특히 민스키는 이 연구를 통해 명성을 얻었다(Minsky, 1986).

8.3   맑스 화폐론: 역사적 유물론 관점

맑스 화폐론은 화폐의 역사적 출현부터 시작한다. 신고전학파 경제학과 마찬가지로, 하나의 상품이 다른 상품과 교환할 수 있도록 하는 상품교환과정에서 이러한 현상이 나타났다. 그러나 신고전학파 경제학(그리고 사실상 (포스트)케인지언 경제학과 어느 정도)과 다르게, 맑스는 '화폐로 무엇을 하는가'라는 질문으로 분석을 시작하지 않고 '화폐가 무엇인가'에 관심을 가졌다. 그는 화폐는 '보편적 등가물'이자 고유한 가치를 지닌 상품이라는 주장으로 이 문제에 답한다.

맑스주의 정치경제학에서는 상품은 인간의 특정한 욕망이나 필요를 충족시키는 것, 즉 이 상품을 생산하는 데 사용된 실제 노동량으로 구현된 사용가치(use-value)와 다른 상품과 교환할 수 있는 것, 즉 교환가치(exchange-value)라는 두 가지 특성을 가진 상품이다. 상품이 두 가지 가치를 가지고 있다는 사실은 내재적인 모순을 낳게 된다. 화폐는 이러한 모순에서 비롯된 것이다.

상자 8.3: 맑스와 이자율

이자 지급의 원천은 자본순환을 통해 발생되어야 하지만, 이자율 자체 결정은 맑스주의 정치경제학에서는 사회적 관습과 규범에 의해 결정된다. 잉여가치 창출을 기반으로 한 이윤율과는 달리, 맑스에게 이자율은 화폐자본의 수요-공급 법칙과 제도적 요인에 의해 결정되는 순수한 화폐적 현상이다.

맑스에게 화폐는 교환가치를 표현할 수 있는 '보편적 등가물'이다. 각 화폐 가치 단위는 일정량의 노동시간을 표현하는 것으로 간주되었다. 그보다 더 중요한 것은 '사용가치로 체화된 노동시간은 화폐 형태로만 사회적으로 검증될 수 있으며 따라서 시장이 매개하는 교환가치'라는 것이다(루카렐리(Lucarelli), 2010, p.200).

추상노동이 사회적으로 검증되는 한, 보편적 등가물로서 화폐는 그 자체로 독립된 가치를 지닌다. 이리하여 앞에서 지적한 바와 같이 맑스에게 화폐는 회계단위나 순환의 매개적 단위를 뛰어넘어 그 자체로 노동시간이 체화된 가치이다. 하지만 중요한 것은, 모든 상품 가치가 노동시간이라는 공통 단위로 나타나기 때문에 화폐가 보편적 등가물로 등장할 수 있다는 것이다. 화폐가 모든 상품을 교환가치로 나타낼 수 있는 것은 바로 이 조건 때문이다. 고유한 가치를 지닌 상품인 화폐가 다른 모든 상품을 표시하는 수단이 된다는 사실이 가치와 가격을 구분하게 한다.

'가격은 특정 상황에서 상품이 요구하는 화폐량이다. 가치는 특정 상품에 체화된 노동시간 양이다'(Foley, 1983, p.6)(9장 참조). [상자 8.3]에 표시된 이자율에 대한 견해와 마찬가지로, 맑스에게 이자율은 사회적 관습과 규범에 기인한다. 맑스 시대에는 금이 보편적 등가를 대표했다. 지폐를 금의 상징으로 여겼다.

　　맑스는 화폐의 본질, 즉, 화폐가 진정하게 무엇인지를 정의한 후 화폐가 수행할 수 있는 다양한 유형의 기능에 대해 설명했다. 앞서 논의한 다른 접근방식과 마찬가지로, 그는 이것을 가치 척도(회계 단위), 유통수단 및 가치 자체의 추상적 표현, 즉 '화폐로서 화폐'라는 세 가지 주요기능으로 구분했다. 화폐로서 화폐라는 역할에서, 화폐는 다시 세 가지 기능을 수행한다. 가치 저장 수단, 지불 수단 및 신용 형태의 후불 결제 수단, 세계 화폐가 그것이다. 그러나, 신고전학파 및 (포스트) 케인지언 이론과 달리, 그의 방법론적 접근방식에 따라 이렇게 다양한 기능을 논리적 순서로 도출되었다. 간단히 말해, '보편적 등가물'은 다른 상품가치를 표현한다는 것을 앞에서 살펴보았다. 이를 통해 맑스에게 화폐의 첫 번째 기능은 가치 척도 역할을 하고 가격 책정하는 것임을 알 수 있다. 가격이 정해지면 시장에서 '환금되고', 이는 화폐가 유통수단으로 사용된다는 것을 의미한다. 이 두 가지 기능은 시장과정에 내재된 것이다. 그러나, 때로 구매와 판매 결정사이에 비축 (hoard)하는(가치 저장) 역할을 하거나 생산 과정의 변동을 극복하기 위해 신용 역할을 하는 등 이 과정을 떠나야 할 때도 있다. 이러한 경우는 화폐가 '화폐로서' 기능하는 경우로, 즉, 독립적 형태의 가치를 나타내는 경우이다(라파비타스(Lapavitsas), 1994). 앞으로 더 상세히 설명하겠지만, 이는 자본주의 축적에서 화폐의 중요하고도 내생적 역할을 보여주며 맑스의 일반순환 M － C － M'을 나타낸다.

　　맑스 기본 화폐이론 중 최종적으로 중요한 측면은 이러한 기능과 화폐가 취하는 형태 (상품화폐, 신용 화폐, 법정 화폐 등)간의 관계이다. 여기에서 맑스는 화폐의 다양한 기능이 자본주의 발전 특정단계별로 화폐 진화형태와 밀접히 관련되어 있다고 주장했다. 가치 척도인 화폐는 가장 기본적인 교환과 관련있으며 소금, 조개껍질, 실제로는 금과 같은 상품으로 교환될 수 있다. 앞서 살펴본 것처럼, 보다 복잡하고 일반적인 시장과정을 통해 유통 수단으로서 화폐가 나타나게 되고, 이를 통해 다시 금속 동전이나 국가 법정화폐가 나타나게 된다. 결국, 가치의 추상적 표현으로서의 화폐 기능, 특히 후불 수단으로서의 화폐 기능은 주로 금융적으로 복잡해진 자본주의 단계에서서 나타나게 된다(라파비타스 (Lapavitsas), 1991, 1994). 따라서, 상품 화폐는 보편적 등가물의 역사적 형태중 하나일 뿐이다. 자본주의가 발달하면서 은행 신용화폐같은 다른 형태의 화폐가 더 지배적인 형태가 되었다(루카렐리(Lucarelli), 2010).

　　다른 형태의 화폐가 더 지배적 형태일 수 있지만, 본질적으로 맑스 경제사상에서 화폐는 여전히 상품이라는 점을 유의하여여야 한다. 다른 형태의 화폐는 중요한 취약점을 보유하고 있기 때문이다. 국가가 지원하는 법정 화폐는 거의 전적으로 유통수단으로만 사용된다. 국가는 화폐량을 끊임없이 늘릴 수 있지만, 줄이는 데는 어려움을 겪는다. 그 결과로 나타나는 인플레이션은 궁극적으로 국가가 발행하는 법정화폐의 가치를 파괴하여 상품 유통의 중요성과 가치 및 유통수단으로서 하나의 상품을 재천명하게 된다(라파비 타스(Lapavitsas), 1994). 마찬가지로, 민간이 발행한 (은행) 신용화폐도 '통화 제약을 넘어 투기적으로 확대되어 잠재적으로 불안정한 광기(unstable manias)를 드러내게 된다. 그러나 거품이 터지면, 경제주체는 국가가 보증하는 유통수단 내지 상품가치 보증으로 돌아가게 된다. 금전적 제약이 자체적으로 확고하게 된다 (루카렐리(Lucarelli), 2010). 이는 또한 (포스트) 케인지언 경제학에도 부합된다는 것을 보여주지만, 신고전학파 경제학과는 달리 맑스주의 경제사상에서 은행은 적어도 어느 정도 화폐를 '창출'할 수 있는 능동적 경제주체라는 것을 보여준다. 또한 은행행태에 잠재적 영향을 미친다는 것을 통해 맑스주의 정치경제학에서 중앙은행이 잠재적 역할이 존재함을 보여준다.

특히 신고전학파 및 (포스트) 케인지언 접근방법과 비교하여 제기되는 또 다른 중요한 문제는 화폐를 검증하고 사실상 화폐를 창출하는 데 있어 국가의 역할이다. 신고전학파 경제학에서는 국가의 역할을 매우 제한적으로 본 반면, 일부 (포스트) 케인지언 접근방식에서는 국가의 화폐창출을 매우 중요하게 여기는 것으로 보았다. 맑스에게서 볼 수 있는 것은 돈이 어떤 형태를 취하느냐에 따라 달라진다는 것이다. 보편적 등가물이자 가치 척도로서 화폐 출현에서 국가 역할은 분명하지 않지만, 유통수단으로써 화폐의 기능은 특히 법정 화폐 형태로 제공되는 경우 화폐는 근본적으로 국가의 검증행위와 관련되어 있다. 국가가 유통수단으로서 화폐를 보증하고 승인한다. 분명진지 않지만 은행 신용 화폐의 경우에도 국가 역할은 중요하다. 비록 민간의 거래를 통해 창출되었지만, 그 정당성과 일반적인 수용 가능성은 중앙은행이 공식 준비금을 발행하고 최종대부자 역할을 하는 것과 밀접히 관련 있다(루카렐리(Lucarelli), 2010).

최종적으로 신고전학파 경제학에서 화폐는 적어도 장기적으로 실물경제에 영향을 미치지 않는 장막으로 이해되고 있다는 점을 살펴보았다. 그리하여, 화폐를 중립적이라고 간주한다. 포스트 케인지언 경제학에서는 화폐가 실물경제에 지속적으로 영향을 미치며 실물경제를 형성한다. 이것은 맑스주의 경제에서도 마찬가지이다. 맑스주의 경제사상에서 화폐는 본질적으로 자본주의 축적과 연결되어 있다. 실제로 맑스는 화폐 중립성에 가장 격렬히 반대했던 사람 중 하나이다.

이것은 화폐가 자본일 때 맑스의 일반순환 '$M-C-M$'로 잘 표현되고 있다. 간단히 말해, 화폐(M)는 노동력과 생산수단을 사용하여 상품(C)으로 변환된 후, 변화된 가치의 화폐(M')로 다시 변환된다(자본가가 잉여 가치를 창출하고 이를 이윤으로 실현할 수 있다면 이상적이다). 화폐는 일반 순환 두 지점에서 매우 중요하다. 첫째, 자본가가 생산과정을 시작하기 위해 순환을 시작하려면 화폐를 빌려야 하고 (발생한 수익을 갚을) 화폐가 필요하게 된다. 둘째, 순환의 주 목적은 화폐 자체를 창출하는 것, 또는 앞서 논의한 것처럼 보편적 등가물기준, 즉, 화폐를 기준으로 가치를 창출하는 것이라는 점을 알 수 있다. 따라서 개별 자본가들의 주 동기는 '잉여가치를 화폐 형태의 이윤으로 창출하고 실현하는 것'이기 때문에 화폐는 자본주의 경제논리를 뒷받침한다'(루카렐리(Lucarelli), 2010, p.201).

8.4   결론

이 장에서는 고전학파 / 신고전학파, 케인지언 / 슘페터주의, 그리고 맑스주의라는 세 개의 주요 학파의 사상에 대해 살펴보았고 화폐에 대한 그들의 견해 및 입장을 분석하였다. 화폐의 형태, 기능, 출현을 중심으로 논의를 구성했다. 고전학파와 신고전학파 경제학자들이 화폐를 시장마찰을 다루기 위한 교환 매개 역할을 하는 상품으로 보고 있는 반면, 슘페터와 케인즈주의 전통을 따른 학자들은 화폐의 주요 기능이 부채를 표시하고 채무 이행과 가치 저장 역할을 하는 신용화폐를 채택하고 있다는 사실을 보여주고 있다. 화폐는 근본적인 불확실성과 그에 따른 생산과정에 대처하기 위해 등장하였다. 마지막으로, 맑스와 그를 따르는 학자들은 화폐의 기능, 형태, 출현을 특정한 역사적 물질적 조건에 확실히 배치하고 있다. 이 장에서는 화폐에 대한 이렇게 다양한 접근방식이 상업은행의 운영, 화폐 관련 국가의 역할, 통화정책의 본질에 대한 다양한 학파의 견해에 근본적인 영향을 미친다는 사실도 보여준다. 이에 대한 요약은 표 8.3으로 제시하고 있다.

표 **8.3**   다른 화폐에 대한 관점 요약

	앞선학자들	이후 및 현재 지지자들의 예	화폐의 주요 기능	화폐 형태	화폐 출현	화폐와 실물 경제	국가 역할	상업은행 역할
고전학파 및 신고전학파	흄(Hume), 스미스 (Smith), 리카도 (Ricardo)	제본스(Jevons), 멩거(Menger), 피셔(Fisher), 프리드만 (Friedman)	교환 매개 기능	상품화폐	물물교환	분리됨(고전적 이분법 및 화폐 중립성)	필적수적이지 않음 (화폐주조이익을 취하는 지대 추구자)	수동적 중개자
슘페터 및 케인즈	슘페터 (Schum-peter), 케인즈 (Keynes)	하이먼(Hyman), 민스키(Minsky), 빅토리아 칙 (Vicoria Chick), 얀 크레겔 (Jan Kregel), 바질 무어 (Basil Moore), 현대 화폐론 (MMT)	가치저장 기능	신용 화폐	신용 관계 (증표주의자 / MMT 국가의 조세부과 능력)	분리 불가능 (화폐 생산경제 ; 유동성 선호 및 투자 의사결정)	필수적(MMT: 화폐의 유일한 창조자 ; 포스트 케인지언 : 은행시스템의 규제자)	통화창출 (내생적 화폐)
맑스	맑스	수잔 드 브뤼노프 (Suzanne de Brunhoff), 던칸폴리(Duncan Foley), 코스타스 (Costas), 라파비타스 (Lapavistsas), 벤 판이 (Ben Flne)	가치 저장 기능	역사에 따라 (본질적으로 상품화폐)	역사에 따라	분리불가능 (자본순환)	화폐 형태에 의존	통화창출 (내 생 화폐)

- 학파별로 화폐를 어떻게 정의하는가? 화폐의 기능, 형태, 그리고 출현에 대해서 어떤 견해를 가지고 있을까?

- 고전학파 / 신고전학파 화폐이론에 중앙은행 / 국가의 역할이 없는 이유는 무엇인가?

- 맑스주의 화폐이론과 다른 두 가지 접근법(고전학파 / 신고전학파와 슘페터주의 / 케인즈주의)의 주요 차이점은 무엇이라고 생각하는가?

- 케인즈주의 / 슘페터주의 및 맑스주의적 화폐론 관점에서 화폐중립성이 유지되지 않는 이유에 대해 토론하라.

- "화폐의 상품론은 오늘날 금융이 정교해진 경제에는 적합하지 않다"는 논제에 대해 토론하라.

- 이 장에서 논의한 세 개의 다른 학파가 글로벌 금융위기를 어떻게 설명할 수 있을까? 이러한 위기가 실물경제에 어떤 영향을 미칠까?를 설명하시오.

- 각 그룹에 정액권 국내 동전, 외환 및 기타 무작위로 보이는 물체(위조지폐, 소형 건전지, 콩깍지 등)를 나눠주고 그룹 토론을 진행한다. 그런 다음, 이 물체들의 가치를 스스로 평가하고 이를 좋은 화폐 특징과 연결해 보도록 한다. 학생 그룹은 대개 수용 가능성이라는 생각을 떠올리는데, 위조화폐도 수용 가능성을 가질 수 있다.

참고문헌

Chick, V. (1983). *Macroeconomics after Keynes : a reconsideration of the General Theory*. Oxford: Philip Allan.

Fisher, I. (1930). *The theory of interest: As determined by impatience to spend income and opportunity to invest it*. New York: The Macmillan Company.

Foley, D. K. (1983). *On Marx' s theory of money. Social Concept*, 1, 5-19.

Friedman, M. (1956). *Studies in the quantity theory of money*. Chicago: University of Chicago Press.

Graeber, D. (2012). *Debt: The first 5000 years*. London: Penguin.

Hume, D. (1752). *Essays, literary, moral, and political*. Reprinted by London: Ward, Lock, and Tyler, 1875.

Jevons, W. S. (1896). *Money and the mechanism of exchange*. New York: D. Ap- pleton and Company.

Keynes, J. M. (1936). *The general theory of employment, interest and money*. Lon- don: Macmillan & Co.

Keynes, J. M. (1971). *Collected writings*. London: Macmillan.

Lapavitsas, C. (1991). The theory of credit money: A structural analysis. *Science & Society*, 55(3), 291-322.

Lapavitsas, C. (1994). The banking school and the monetary thought of Karl Marx. *Cambridge Journal of Economics*, 18(5), 447-461.

Lucarelli, B. (2010). Marxian theories of money, credit and crisis. *Capital & Class*, 34(2), 199-214.

Menger, K. (1892). On the origin of money. *The Economic Journal*, 2, 239-255.

Messori, M. (2004). Credit and money in Schumpeter's theory. In N. Arena, N. Salvadori, & A. Graziani (Eds.), *Money, credit, and the role of the state. Essays in honour of Augusto Graziani* (pp.173-198). Farnham: Ashgate.

Michell, J. (2014). Book review: 'Treatise on money' by J. A. Schumpeter. *Eco- nomic Issues*, 19(2), 86-88.

Minsky, H. P. (1986). *Stabilizing an unstable economy*. London: Yale University Press.

Ricardo, D. (1817). *On the principles of political economy, and taxation*. London: John Murray.

Smith, A. (1776). *An inquiry into the nature and causes of the wealth of nations*. Oxford: Clarendon Press.

Schumpeter, J. A. (1939). *Business cycles*. New York: McGraw-Hill.

Schumpeter, J. A. (2017). *Theory of economic development*. London: Routledge.

RECHARTING THE HISTORY OF **ECONOMIC THOUGHT**

경제학에서 재화와 서비스 가치를 어떻게 평가하는가?

Marco Veronese Passarella

9.1　서론

인간 활동의 산물인 상품가치 -단일 기본 상품(예, 옥수수), 서비스(예, 교육), 복잡한 인공물(예, 대규모 인프라) 또는 복합적 회계 항목(예 연간 국내총생산)-를 결정하고 측정하는 것을 탐색하는 것은 근대 경제사상이 시작된 핵심적 동인이었다. 실증적 가치이론을 개발하려는 최초의 시도는 17세기와 18세기로 거슬러 올라간다. 특히, 페티(Petty)와 깐띠용(Cantillon)의 획기적 저작으로 거슬러 올라간다. 그러나 자본주의 사회에서 생산되고 거래되는 재화 가치에 대한 완전한 이론을 정립한 것은 고전학파 경제학자들 특히, 스미스(Smith)와 리카도(Ricardo)였다. 자본주의 사회는 '자유로운' 노동시장과 생산수단의 사적 소유(혹은 통제)를 특징으로 한다. 스미스, 리카도, 그리고 다른 고전학파 학자들에 따르면, 가치는 재화의 본질적 내지 객관적 특징이며 생산 비용 내지 노력으로 가장 잘 나타난다고 한다. 따라서 노동은 교환할 경우 가치를 정의할 때는 몇 가지 상황을 고려하여야 하지만 가치의 근거일 뿐 아니라 자연스러운 척도가 될 것이다.

　1870년대까지 고전학파의 내재적 가치론이 정치경제학으로 지배해왔다. 그 후 19세기 마지막 수십 년간 초창기 신고전학파 경제학자들이 개발한 주관적 가치론으로 대체되었다. 고전학파 이론을 30년 만에 완전히 사라지게 할 정도로 새로운 효용 기반 접근방식이 성공하였다. 오늘날 대다수 경제학자들은 가치가 개별 소비자의 주관적인 선호에서 비롯된다고 보고 있다. 개인의 관측 가능한 선택을 통해 이러한 선호가 드러난다. 효용이 더 이상 (측정 가능한 것을 의미하는) '서수적' 규모로 간주되지는 않지만, 최근 이론은 신고전학파 접근의 선구자들의 연구에 영향을 준 공리주의 철학에 계속 의존하고 있다(5장 참조). 이러한 전제를 바탕으로, 이 장에서 배울 수 있는 핵심은 18세기 중반 이후 경제학에서 가치를 이해해 온 다양한 방식이다. 이를 목적을 위해, 이 장의 나머지 부분은 다음과 같이 구성되어 있다. '현대 주류경제학 가치 접근법'이라는 절에서는 오늘날의 미시경제학 학술지, 대학 교육과정 및 교과서를 지배하는 방식에 중점을 둔 선호기반 가치이론에 중점을 둔다. '대안 접근방식'이라는 절은 세 개의 세부 절로 구성된다. 이 세 개의 세부 절에서는 초창기 신고전학파(내지 한계학파) 주관적 가치 접근법, 고전학파 내재적 가치이론, 그리고 현대 비주류경제학 가치이론(특히 맑스 이론, 잉여가치 접근법, 에너지 기반이론)을 각각 다룬다. '대안적 가치 접근법: 맑스의 정치경제학 비판'이란 절에서 몇 가지 의견을 제시한다.

9.2 현대 주류경제학 가치 접근방법

현재 지배적 관점을 '선호' 내지 '서수적 효용' 가치론으로 정의할 수 있다. 가치를 소비자를 위한 재화와 서비스 효용에 의해 정의된다고 명시하고 있다. 따라서 특정 재화나 서비스의 본질적 특징은 말할 것도 없고 가치는 생산 노력의 척도가 아니다. 반대로, (개인의 선택에서 비롯되기 때문에) 가치는 ('외부에 있는' 상품의 내적 특정이 아닌 개별 소비자의 머릿속에 나타나는 것이기에) 항상 개별적이고 주관적이다. 이는 또한 개인 간 효용을 비교할 수 없다는 것을 의미한다. 모든 경제학자들은 소비자 행동을 분석할 때 소비자의 선호체계를 살펴봐야 한다. 소비자의 실제 관측 가능한 선택이 이러한 선호를 '드러나게 하거나' 혹은 '밝혀지게' 한다(5장 참조). 하지만, 개별 소비자의 소비 패턴을 정의하는데 효용 개념이 꼭 필요한 것은 아니다. 리오넬 로빈스 (Lionel Robbins, 1932)가 명확히 언급했듯이, 소비자 목적을 중요도 순으로 분류할 수만 있으면 된다. 그럼에도 소비자 선호를 직관적으로 나타내기 위해 효용함수를 여전히 대부분의 교과서에서 사용하고 있다.

가치에 대한 효용 접근방식은 단순히 실증(positive) 이론으로 즉, 사물의 실제 가치가 '그 중에서' 무엇인지를 설명하는 이론이다. 그것은 가치에 대한 규범적(normative)이론, 즉, 사물을 어떻게 평가해야 하는지를 설명하는 이론이기도 하다. 실제로, 정책 당국자들이 정책계획과 정책 제안을 평가하는데 자주 사용한다. 문제는 효용이 개별적이고 주관적이라면 관측하거나 측정하기 어려울 수 있다는 점이다. 결과적으로, 개인 간 비교는 자의적이거나 '집합적'(내지 '사회적') 후생을 일반적 관점으로 정의할 수 없다는 것이다. 역설적이지만, 사회 전반의 후생을 분석하려는 피구(Pigou, 1920)를 비롯한 20세기 초 경제학자들이 발전시킨 후생경제학은 가치의 효용이론에 근거하고 있다. 후생경제학은 (평등주의 정책, 부유층에서 빈곤층으로 소득 재분배 등을 생각해보면)대부분 전통적인 정부정책을 정당화하기 위해 언급되는 것으로 과학적 근거는 부족한 것으로 밝혀졌다. 이러한 난관을 벗어나려면 어떤 방법이 있을까? 가치 효용이론을 여전히 활용할 수 있도록 하는 몇 가지 개념이 있는데, 그것으로는 개인의 지불의사(willingness to pay), 파레토 효율성(Pareto efficiency) 및 최적성 기준(optimality criteria), 그리고 보상 기준 (Compensation Test)이 있다. 요컨대, 정책으로 인해 이득을 얻는 자가 손해를 보는 자에 대한 지불 의사 최대금액이 (정책을 받아들이기 위해) 손해를 보는 자의 지불의사 최대금액보다 크다면 특정 정책을 받아들일 수 있다는 것이다. 사회적 복지를 평가하고 의사결정을 내리기 위해 기수적 효용측정이 필요가 없다. 파레토 효율성 기준의 확대(Pareto, 1896, 1906)와 칼도 (Kaldor, 1939) 및 힉스(Hicks, 1939)의 연구가 이러한 접근방식을 확장하고 발전되게 하였다. 특정 변화를 평가할 때, 그 변화가 최소 한 사람을 개선하고 아무도 더 악화시키지 않는다면 파레토 개선(Pareto improvement)이라고 할 수 있다. 칼도 - 힉스 효율성 기준에 따르면, 상태가 나아진 사람이 상태가 나빠진 사람에게 충분한 금전적 보상을 제공하고 모든 사람이 이전보다 더 나빠지지 않은 상태에 도달하면 그 상태를 '파레토 우위 상태 (Pareto-superior state)'라고 하고 효율성이 개선된 것이라고 한다. 공장이 지불하는 오염에 대한 보상을 통해 표준적 사례를 볼 수 있다. 공장이 공해로 인해 이웃이 입은 손실을 보상할 수 있을 때까지는 오염이 허용되어야 한다(이 견해에 대한 비판은 상자 9.1 참조).

상자 9.1: 칼도-힉스 효율성 기준(Kaldor-Hicks efficiency crieria)은 정말 '가치 중립적(value-free)'인가?

이러한 인기에도 불구하고, 칼도 - 힉스 기준(Kaldor-Hicks criterion)은 중립적이지 않다. 사회집단 간 교정적 소득재분배(corrective redistribution)가 개인 간 효용 비교문제를 벗어나는 방법처럼 보일 수 있을 때만 특정한 정부정책을 지지한다. 그러나 이 기준은 암묵적으로 현재 상태에 대한 정책당국자의 선호를 나타내고 있기 때문에 대체 소득배분에 대한 가치판단과 독립적이지 않다. 안타깝게도 이는 잘 알려진 정부 기획이나 정책에 대한 표준 평가방법, 잘 알려진 (개인의 '지불 의향'으로부터 편익을 추론하는 경우의)'비용 - 편익 분석'을 포함하고 있는 것으로 가치 중립적이지 않다. 반대로, 이러한 방법은 잘 정의된 주관적인 공리주의 철학에 근거하고 있다.

9.3 대안적 접근방식

9.3.1 초기 신고전학파와 서수적 효용 접근방식

효용 가치이론은 19세기 말 30년 동안 일어난 한계주의 혁명으로 거슬러 올라가고 그 이후로 경제학에서 지배적인 접근방식으로 자리 잡았다. 제본스(Jevons, 1871), 발라스(Walras, 1874), 멩거(Menger, 1871)와 특히 마샬(Marshall, 1890)은 '한계효용'을 경제이론의 핵심으로 삼았다. 당시 '신고전학파 경제학[1]'이라고 불렸던 새로운 경제이론을 정립했다. 앞서 언급했듯이, 신고전학파 경제학자들은 물건이 가치 있다는 생각을 지지했다. 왜냐하면, 개인들이 물건으로부터 만족을 얻기 때문이다. 보다 엄밀하게 살펴보면, 소비자가 특정 재화의 마지막 량으로부터 얻는 효용을 특정 재화의 가치라고 정의한다. 신고전학파 학자들은 고전학파 정치경제학자들이 주창

---

1 '신고전학파'라는 형용사는 소스타인 베블렌이 마샬의 접근방식에 대해 이름을 붙여 사용한 것이다. 마샬 자신은 자신의 연구가 고전학파 정치경제학자, 특히 스미스와 리카도 같은 사상과 연속성에 있다고 생각했다. 마샬에 있어, 공급이 확대되지 못하고 시장가격은 주로 수요에 이존하기 때문에 단기적으로 한계효용이 가격을 결정한다고 생각했다. 이에 비해, 고전학파가 주장하듯이 기계나 건물은 장기에는 대체될 수 있고 그래서 교체비나 다른 '객관적 비용'이 가격을 결정한다. 그러나, 다른 한계학파 경제학자들, 특히 스탠리 제본스(Sanley Jevons)나 레옹 발라스(Léon Walra)처럼 자신의 접근방식이 고전학파 접근방식과 반대되는 것이라고 여겼다.

하였던 비용기반 가치접근법이 지배적이었던 시기에 특히 벤담(Bentham), 고센(Gossen) 및 기타 '외부자들'의 선구적인 연구를 기반으로 구축되었다. 신조전학파 학자들은 벤담(Bentham, 1789)로 부터 개인 행동을 소비로 인한 쾌락과 고통의 극대화된 미적분으로 환원하였다(5장 참조). 고센(Gossen, 1854)으로부터 그들은 한계 효용감소의 원칙과 한계 효용균등의 원칙이라는 두 가지 원칙을 모두 얻었다. 고센의 첫 번째 원칙은 소비에서 얻는 만족이 소비량이 증가하면서 감소한다는 것을 의미한다. 이를 수리화된 개념으로 표현하면 다음과 같다.

$$u'_i = \frac{du(q_i)}{dq_i} \geq 0 \ \text{함께} \ u''_i = \frac{d^2 u(q_i)}{dq_i^2} < 0$$

여기에서 u'는 i번째 재화의 한계효용을 나타내고, $u(\cdot)$은 소비자의 효용함수, q_i는 i번째 재화량을 그리고 u''는 효용함수의 2차 도함수(예를 들어, 한계효용의 도함수)를 나타낸다. 고센의 두 번째 원칙은 소비자는 다양한 상품에 걸쳐 가치 단위당 한계만족도가 일치할 때 자신의 후생을 극대화한다는 것을 의미한다. 수리화된 표현으로 균형 내지 만족 극대화조건은 다음과 같다.

$$\frac{u'(x)}{p_x} = \frac{u'(y)}{p_y} = \ \cdots \ = \frac{u'(z)}{p_z}$$

여기에서 x, y, 그리고 z는 재화 X, Y 그리고 Z의 량을 나타내고, p_x, p_y, p_z는 그것의 단위가격을 나타낸다. 그것이 동전의 형태이든 금괴의 형태이든 z를 금의 양을 나타낸다고 가정하면서 이제 화폐를 고려할 수 있게 된다(따라서, 불변의 가치척도(numéraire)로서 가격을 취할 수 있다($p_z = 1$)). 금-화폐의 한계효용이 일정하다고 가정하면, 단가를 상품 한계효용의 직접 함수로 재표현할 수 있다. 예를 들어, 금으로 환산한 X의 단가는 다음과 같다.

$$p_x = \frac{u'(x)}{u'(z)} \cdot \frac{1}{\overline{u}_z} \cdot u'(x)$$

여기에서, $\overline{u}_z$는 금-화폐의 일정한 한계효용을 나타낸다. 이 핵심적 결과는 마샬이 자신의 『경제학 원리(*Principles of Economics*)』(1890)에서 처음 얻은 것이다. 이는 재화 X의 소비가 증가하면서 재화 X단가가 하락한다는 점(X의 한계효용이 감소)을 명확히 함으로서 효용가치이론과 개별 수요 계획 결정 간 간극을 메울 수 있게 해준다. [2]이것이 바로 개별 수요 감소라는

---

2 마샬은 다른 신고전학파 경제학자들과는 달리 종속변수를 가격으로 하고 독립변수를 수량으로 한다. 그런데, 마샬은 표준적인 수요와 공급 곡선 그래프를 대중화한 경제학자이다. 이것이 바로 역사적으로 경제학자들이 여전히 수요와 공급을 결정하는 데 가로축에 수량을 표시하는 데 반해 (일반적으로 독립변수를간주되는) 가격을 세로축에 표시하는 이유이다.

신고전학파 원칙의 원래 표현이다. 기수적 효용가치론이 서수적 접근 방식으로 바뀌면서, 마샬의 개별 수요 도출방식이 무차별곡선에 기반한 현대적 방법으로 대체되었다(5장 참조).

대중적인 인기에도 불구하고 효용가치론에는 많은 한계가 존재한다. 초기 신고전학파 학자들이 주장한 가치에 대한 기본접근 방식에서 사람들간 효용비교가 불가능하다는 점이 중요한 문제 중 하나라는 것을 이미 언급했다. 화폐의 효용은 개인별 소득과 부의 영향을 받을 가능성이 크기 때문에 화폐의 한계효용이 일정하다는 가설이 의문을 받아왔다. 반면, 최근의 서수적 접근방식도 비판에서 자유롭지 않다. 중요한 것은 개인의 선호를 정의하는 방식에 관한 것이 문제가 된다. 선택을 통해 선호를 항상 유추할 수는 없다. 예를 들어, 개인은 항상 자신이 선호하는 것을 선택할 수 없다(건강, 미용 등을 생각해보라). 또한, 개인의 선호는 맥락 없이 타고난 것이 아니라 타인이나 환경과 사회적 상호작용의 영향을 받은 것이다(5장 참조). 게다가, 불확실한 세계에서 의사결정을 할 때 개인의 합리성은 항상 한계가 있다. 그 결과, 이들의 행동을 제약조건하에서 함수의 극대화로 설명할 수는 없다. 마지막으로, 서수적 접근방식과 기수적 접근방식 모두 투입가격을 포함한 가격을 '희소성의 지표'로 간주한다. 이것이 신고전학파 분배이론의 근간이 되는 기본적 가정이다 (7장 참조). 그러나, 1960년대 이후 여러경제학자들이 희소성에 기반한 가격 분배이론에 대해 의문을 제기해왔다. 이에 대해서는 대안적 접근방식에 대한 절에서 자세히 설명하겠다.

9.4 가치에 대한 고전학파 접근법

이에 대한 세부적 내용은 대안적 접근방식에 대한 절에서 논의한다. 제본스(Jevons), 발라스(Walras), 멩거(Menger)가 고전학파 전통과 거리를 둔 반면, 마샬(Marshall)은 자신의 공헌을 스미스(Smith), 리카도(Ricardo), 밀(Mill)의 연구를 발전시킨 것으로 보았다. 결국, 새로운 접근방식은 신고전학파로 명명되어졌다. 이전의 고전학파 경제학자들과 마찬가지로 대부분의 한계학파 학자들은 경제정책에서 자유방임주의(laissez-faire)정책을 지지했다. 또한 경제를 자연과 유사한 법칙으로 지배되는 자발적 균형체계로 보는 관점도 공유했다. 그러나 가치론에 초점을 맞추면 차이가 분명해진다. 어떤 의미에서, 한계주의를 혁명이라고 한다면, 그것은 리카도주의 내재적 가치론에 대한 반란일 것이다. 사회계층간 (및 내의) 상호작용 분석, 잉여창출 및 분배론, 내재적 가치이론에 기반한 이론체제를 지칭하기 위해 '고전적 정치경제학'이라는 용어를 만든 사람이 바로 맑스라는 사실에 주목한다. 맑스에게 기준이 되는 이론은 리카도가 개발한 이론이었고, 스미스는 이론적 모호성이 존재한다고 비판하였다.

하지만, 스미스는 내재적 가치이론을 완전히 표현한 최초 학자이다. 『국가 부의 본질과 원인에 대한 탐구(*An Inquiry into the Nature and Causes of the Wealth of Nations*)』(1776)에서 그는 '사용가치'와 '교환 가치'를 명확히 정의하였다.[3] 재화의 욕구를 충족시키는 힘과 관련된 사용가치는 대략적으로 초기 신고전학파 효용개념에 해당한다. 교환가치는 X를 소유함으로써 다른 상품을 구매할 수 있는 힘이다.

> 가치라는 단어는 때로는 어느 특정 물품의 유용성을 표현하고 때로는 그 물건의 소유로 전달되는 다른 재화의 구매능력을 나타내기도 하여 두 가지 다른 의미를 지니기에 관찰해야 한다. 하나는 '사용가치'라 할 수 있고 다른 하나는 '교환가치'라 할 수 있다. 사용가치가 큰 것들은 종종 교환가치가 거의 없거나 전혀 없다. 반대로, 교환가치가 큰 것은 사용가치가 거의 없거나 전혀 없는 경우가 많다(Smith, 1776, ch. 4).

교환가치를 X단위를 교환할 수 있는 재화(또는 상품) Y의 수량으로 정의할 수 있다. 수리화된 표현으로 다음과 같이 나타낸다.

$$\epsilon_{x,y} = \frac{q_z}{q_y}$$

양의 사용가치는 어떤 재화가 양의 교환가치를 가질 필요조건이다. 만약 누구도 그것을 소비하려하지 않는다면 X의 교환가치는 아무런 가치가 없다. 그러나, 스미스의 입장에서 보면 효용은 내재적 가치의 원천이라는 점을 제외한다면 교환가치를 적절히 측정하는 수단이 아니다.

상자 9.2: 물과 다이아몬드 역설(The diamond-water paradox)

스미스는 왜 효용이 가치를 적절하게 측정하지 못하는지를 설명하기 위해 유명한 '물과 다이아몬드 역설'을 사용했다. 간단히 말해, 물 1파인트는 다이아몬드 1온스보다 훨씬 유용하지만 물이 다이아몬드보다 훨씬 저렴하다. 결과적으로, 교환가치는 재화의 효용과 거의 관련이 없다. 한계학파 학자들은 물과 비교한 다이아몬드의 상대적 희소송을 의미하는 한계효용을 봐야 이 문제를 해결할 수 있다고 반론을 주장한다. 그러나, 스미스의 경우 교환가치가 생산조건까지 거슬러 올라간다는 것이 핵심이다.

더 정확히 말하면, 재화는 인간노동을 통해서 생산되기 때문에 내재적 가치를 가진다. 보다 엄밀히 말하자면, 노동은 가치의 원인이자 측정단위라고 스미스는 다음과 같이 언급 한다.

> 모든 국가의 연간 노동은 원래 그 국가가 매년 소비하는 모든 생활 필수품과 편의를 공급하는 돈이며, 그 돈은 항상 그 노동 직접적 생산물 또는 다른 국가로부터 그 생산물을 구입한 것으로 구성된다(Smith, 1776, 서문).

---

3 고전학파 정치경제학자들과 맑스는 '재화'라는 용어 대신 '상품'이라는 용어를 사용하였다. 여기에서는 통일성을 위해 '상품'이라고 한다.

그러나 스미스는 자본주의 경제에서 '자연 가격'과 '시장 가격'을 더 구분한다. 시장에서 서로 다른 상품 간의 관찰된 교환 비율인 '시장 가격'은 스미스가 '자연 가격'이라고 부른 것으로 수렴하는 경향이 있다. '자연 가격은 … 모든 상품의 가격이 지속적으로 끌려가는 중심 가격'을 의미한다. '자연가격'은 노동자, 지주, 그리고 자본가의 보수를 합산한 가격으로, 이들이 가장 많이 지불하는 곳으로 이동하는 것이 자유롭다면 경제를 통틀어 자신들이 받을 수 있는 대표적 보수를 같게할 수 있다. 그러나 이러한 설명은 재화생산에 필요한 노동력으로 가격 및 가치 이론을 구축하려는 시도와 상충된다. 그럼에도 불구하고 스미스는 자본가나 지주 계급이 존재하지 않는 전 자본주의 경제에도 순수한 노동 가치 이론을 적용할 수 있다고 생각했다.

> 주식축적이나 토지전유가 없던 초기의 조잡한 사회상태에서는 다른 물건을 획득하기 위해 필요한 노동량간 비율이 그 물건들간 교환의 규칙을 적용할 수 있는 유일한 환경이었을 것으로 보인다(Smith, 1776, 6장).

그러나 스미스는 순수 노동 가치론은 잘 발달한 자본주의 사회에는 적합하지 않다고 주장한다.

> 주식 자본이 특정인의 손에 축적되자 말자 … 노동의 전체생산은 더 이상 노동자의 것이 아니고 … 통상적으로 활용되는 노동량이 … 상품을 생산하고, 일반적으로 수량을 조절할 수 있는 상황만이 … 교환되고… 가격의 모든 다른 구성 요소의 실질 가치는 … 각자가 구매하거나 명령할 수 있는 노동의 양으로 측정한다(Smith, 1776, 6장).

그러나 가치는 여전히 상품의 본질적인 속성이고, 교환을 통해 실현되더라도 생산 조건에 따라 결정된다.

19세기 초, 스미스의 가치 이론을 리카도가 되찾아 발전시켰다. 어떤 의미에서, 리카도는 스미스의 이론에서 몇 가지 논리적 모순을 뒷정리하는데 관여했다. 리카도 이론은 노동자 실질임금이 옥수수로만 구성된 추상적 사회를 고려하면서 출발하고 있고, 그것을 통해 가장 잘 설명하고 있다. 단순화하려고, 옥수수를 노동이라는 생산수단만으로 생산한다고 가정한다. 결과적으로 가격체계와 상관없이 이윤율을 실물단위로 계산할 수 있다(그림 9.1 참고).

토지의 비옥도가 감소한다고 가정하면 옥수수 부문의 노동 생산성은 경작 기간과 경작 강도가 모두 증가하면서 떨어지고, 결국 옥수수 부문의 수익률은 감소한다. 결국, 자본가들 간 경쟁으로 인해 부문간 수익률이 평준화되므로 조만간 일반 수익률도 하락하게 된다. 따라서, 리카도는 수입 농산물에 대한 관세, 쿼터 및 기타 제한이 결국 (지주의 임대료를 부풀리게 되면서) 제조업 부문의 이윤율을 압박하여 자본 축적을 저해한다고 주장한다.[4] 리카도의 옥수수를 기준

---

4 리카도는 자신의 이론을 발전시키기 위해 소위 곡물법(Corn law)에 의문을 제기하였다는 점을 언급해야 한다. 곡물법

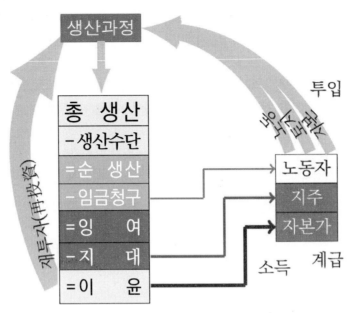

그림 9.1 순생산은 총생산과 생산 수단의 차이이다(즉, 옥수수 산업에서 종자를 뺀 옥수수 생산량). 잉여는 순생산에서 임금을 공제한 후 남은 것을 말한다. 잉여는 임대료와 이윤을 포함한 비노동 소득으로 구성된다.

으로 한 소득 분배 분석은 흥미롭고 명쾌하다. 그렇지만 이것을 일반화하기는 어렵다(7장 참조). 옥수수 기반 경제의 특성을 노동자들이 복합적인 임금 재화를 구매할 수 있는 사회로 확장하려면 다른 가치 측정 단위가 필요하게 된다. 『정치경제학과 과세의 원리에 대하여』(On the Principles of Political Economy and Taxation, 1817년 및 그 이후 인쇄본)에서 리카도는 투자 노동가치론을 주장하며 자신의 주장을 일반화하려 하였다. 스미스에 비해 리카도는 자본주의 사회에서도 노동 내용이 자연 가격(및 교환 비율)으로 결정된다는 것을 보여준다. 분명히, 노동이 생산에 투입되는 단하나의 주된 투입재이고 경쟁이 부문간 이윤율을 같은 수준으로 만든다면 자연 가격비율은 투하된 노동비율을 반영한다. 그러므로, 특정 재화생산에 소비된 직접 노동량은 그 재화의 내재적 가치와 그 재화의 다른 재화간의 교환비율이 된다.

> 그러면 '노동이 때로는 더 많은 양 혹은 때로 더 적은 양의 상품을 구매할 수 있기 때문에, 변화한 것은 상품을 구매하는 노동의 가치가 아닌 그 상품의 가치이다'라는 아담스미스가 말한 것이 정확할 수 없게 된다. 그러나 아담 스미스가 이전에 말한 '서로 다른 물건을 획득하는 데 필요한 노동량 사이의 비율은 그것들을 서로 교환하는 규칙을 받아들일 수 있는 유일한 상황으로 보인다'고 말한 것은 옳다(리카도, 1817, 1장).

은 1815년에서 1846년 사이에 영국에서 시행된 수입 곡물에 대한 제한 및 관세를 입법화한 법이다.

유감스럽지만, 임금이 자본가가 유일한 선대한 것이 아니기에 자본가의 선대분 합계와는 다르다. 노동력 외에 다른 생산 수단, 예를 들어 기계도 구입하여 투입재로 활용한다. 직원 1인 당 기계 수와 생산 시간을 모두 의미하는 생산 기술은 업종마다 다 다르다. 이것이 제품의 상대적 가치에 영향을 미친다. 그 결과, 모든 제품이 동일한 기술로 생산되는 아주 특별한 경우를 제외하고는 가격 비율은 더 이상 노동력 비율을 반영하지 않는다. 분명히 이런 일은 절대 발생하지 않으며, 발생하는 경우는 우연일 뿐이다. 한편으로 리카르도는 이 문제를 알고 있었다.

> 나는 가끔 내 책에 있는 가치에 관한 장을 다시 쓴다면, 상품의 상대적 가치가 한 가지가 아니라 두 가지 원인, 즉 해당 상품을 생산하는 데 필요한 상대적 노동량과 자본이 휴면 상태에 있는 동안의 이윤율에 의해 조절된다는 점을 인정해야 한다고 생각한다(리카도, 1820, 맥콜 로크(McCulloch)에게 쓴 편지).

반면, 리카도는 노동내용이 여전히 적절한 경험적 가치 척도를 제공할 수 있다고 생각했다.

> 상품 변동의 이러한 원인은 그 영향이 비교적 미미하다··· 이러한 상품의 상대적 가격에 미칠 수 있는 가장 큰 효과는···6 내지 7 %를 초과 할 수 없다 (리카도, 1817, 1장).

그러나 이러한 분석적 문제는 다른 '외적' 조건에 따라 초기 신고전학파 경제학자들이 주장하는 효용 기반 접근방식이 노동가치론을 대체할 수 있는 길을 열어주었다는 점이다.

9.4.1   가치에 대한 대안적 접근방식: 맑스의 정치경제 비판

신고전학파 경제학파와 경제학자들이 고전학파 가치론을 버린 반면, 19세기 사회주의 이론가들 특히 맑스와 엥겔스가 고전학파 가치론이라는 바톤을 이어받았다. 맑스는 고전학파 경제학자들은 **자본주의 체계를 당연하게 여긴 책임**이 있다고 주장했다. 그들은 **자본주의의 역사적 특수성** (historical specificity)을 확인하고 설명하지 못했다. 자본주의 '**운동법칙**'과 '**내적 모순**'에 대한 분석이 정치경제 비판의 핵심이어야 한다. 가치이론에 관심을 맞추면서 맑스가 만든 주요한 세 가지 획기적 방법이 존재한다.

첫째, 리카도의 가치에 대한 '**미시경제**'이론식 접근방식에서 가치에 대한 사회(혹은 '거시경제')적 접근방식으로 대체하였고,

둘째, **가치의 화폐적 형태에 대한 명확한 인식**을 하였고,

셋째, **자본가가 얻는 '잉여 가치'가 생산 영역에서 노동자를 착취함으로서 발생되었다는 것을 보여주기 위해 노동가치론**을 사용하였다는 것이다.[5]

노동시장이란 자본주의 근간이 되는 제도이다. 자본주의 사회에서, 노동자들은 법앞에서는 자유롭다.[6] 자급자족하기 위해, 자신들이 가진 유일한 '상품'인 '노동력'을 임금을 대가로 산업자본가에게 판매한다. 공장에서 노동자들은 다른 사용가치로 나타나는 여러 종류의 재화를 생산하기 위해 노동을 쓴다. 따라서, 이러한 노동은 많은 다른 구체적 형태를 띠고 있다. 각 구체적 노동시간은 사회전반 노동시간의 일부이다. 이는 사회적으로 필요한 추상적 노동, 즉 사회적 가치가 되어 시장에서 돈을 받고 제품을 판매할 수 있게 된다. 다시 말해, 가치는 생산 영역에서 잠재력을(*in potentiâ*) 발휘하여 창출되지만, 유통 영역에서 사회적으로 검증(또는 실현)되어야 한다. (과잉 생산으로 인해 '실현 위기'가 발생했을 때) 유통이 가치를 '소실'하게 할 수는 있지만, 경제 전체 차원에서 제품에 가치를 더할 수는 없다.

요점은 자본가 간(또는 기업 간)거래는 자본가 계급 전체로 보면 제로섬 게임이라는 것이다. 여기서는 한 자본가가 얻은 이익은 다른 자본가가 입은 손실로 상쇄된다. 따라서, 잉여가치의 기원, 즉 경제적 과정 초기에 자본가들이 '선대'한 금액과 마지막에 실현한 금액의 차이를 의미하는 잉여가치의 기원은 생산 영역에서 찾아야 한다.

> 그러므로 우리는 돈푼 깨나 있는 부자들이나 노동력 소유자와 함께 모든 것이 표면에서 그리고 모든 사람의 관점에서 일어나는 이 시끄러운 구체의 시간을 떠나서 두 사람을 따라 생산의 숨겨진 거처로 들어가 '사업 외에는 입장 금지'라는 것을 분명히 할 수 있는 한계점에서… 단순한 순환을 떠나면… 그 사실은 명백하게 되어 … 우리는 극중 등장인물의 관상 변화를 감지할 수 있게 된다. 이전에는 돈 소유자였던 그는 이제 자본가로서 앞서 나가고, 노동력 소유자는

> 그의 노동자로서 뒤따른다. 한 명은 능글맞게 웃으며 비즈니스에 열중하는 분위기를 풍기고, 다른 한 명은 소심하고 주눅이 들어 숨어 있는 사람처럼 숨어 있는 것 외에는 아무것도 기대할 것이 없는 사람이 된다(맑스, 1876, 6장).

> 우리 친구 돈만 많은 부자씨는 유통의 영역인 시장에서 사용가치가 가치의 원천이라는 특이한 속성을 지니고 있으며, 따라서 실제 소비 자체가 노동의 구체화이며 결과적으로 가치의 창출인 상품을 발견하는 행운을 누려야 한다. 돈을 소유한 사람은 시장에서 노동력 또는 노동력이라는 특별한 재화를 발견할 수 있다(맑스, 1876, 6장).

맑스의 경우, 경제 전체의 잉여 가치는 (자본가 계급의) 노동력의 사용 가치가 교환 가치를 초과할 때만 발생한다. 노동력의 사용 가치는 노동자의 전체 근무 일수로 측정하는 반면, 노동력의 교환가치는 '필요한' 노동 시간으로만 측정한다. 필요한 노동시간이란, 노동자가 시장에서 자

---

5 고전학파와 소위 리카디언 사회주의자들은 잉여가 '지불되지 않은'노동에서 발생한다고 이해하고 있지만 유통환경의 지배적 조건때문이라고 주장한다.

6 그들은 봉건사회의 농노가 아니고, 또 노예사회의 노예도 아니라는 것을 의미한다.

신의 임금을 지출하여 다시 구매하는 소비재 묶음을 생산하는 데 걸리는 시간을 의미한다. 다시 말해, 자본가의 잉여 가치(또는 이윤)는 무급 노동에서 발생하는데, 노동자는 경제 전체 순생산의 일부만 소비할 수 있는 임금을 받기 때문이다. 따라서 노동자 계급의 착취율은 잉여 노동 시간 비율, 즉 필요 노동 시간 대비 잉여 노동 시간의 비율로 정의된다. 이를 명확히 한 마르크스는 이를 바탕으로 경제의 일반 이윤율은 잉여 노동률의 선형, 양의 함수라는 것을 보여준다. 일반 이윤율은 자본가들이 부문 간에 자본을 자유롭게 이동할 수 있는 경우 생산 비용에 대해 부과되는 동일한 비율이다. 고정 자본(예: 기계)과 비임금 순환 자본(예, 원자재)을 투입재[7]로 고려하면 경쟁과 기타 시장의 힘이 작동하여 산출물 상대가격을 상대적 노동량에서 멀어지게 할 가능성이 높아진다. 이것은 실제로 리카도가 직면한 문제이다. 그러나 경제 전체 수준에서 가격의 합은 항상 노동량의 합에 비례하고, (일반 이윤율에 의해 결정되는) 총 이윤은 (착취율에 의해 결정 되는) 총 잉여 노동력에 항상 비례한다. 가격과 이윤은 각각 노동량과 잉여 노동의 변형된 형태에 불과한 것이다(상자 9.3 참조). 맑스는 리카도의 수수께끼를 결국 풀었고, 고전 정치경제학에 대한 비판은 자본주의와 그 착취적 성격에 대한 비판으로 바뀌었다.

상자 9.3: 전형문제

소위 전형 문제는 맑스가 사회적 노동량을 반영하는 상품의 '가치'를 생산 가격, 즉 경쟁 시장에서 지배적으로 나타나는 가격으로 변환하는 일반 규칙을 찾으려는 시도에서 비롯된 것이다. 이러한 규칙을 통해 가치가 생산 영역에서 생산되고 교환 또는 유통 영역에서는 (만들어지지 않고) 재분배된다는 것을 보여줄 수 있다. 생산가격의 합은 가치의 합과 일치하고, 마찬가지로 총 이윤의 합은 총 잉여가치 합과 일치한다. 결과적으로 가격은 변형된 가치이고, 자본가의 이윤은 변형된 잉여가치, 즉 생산 영역에서 노동자 계급이 일한(지불받지 못한) 사회적 잉여노동시간을 의미한다고 주장할 수 있다. 맑스는 전형 과정에 대해 주석과 수치적 예를 제공하고 있지만, 불완전하여 이 문제를 만족스럽게 해결할 수 없었다. 보르트키비츠(Bortkievitz), 뵘바베르크 (Böhm-Bawerk), 돕(Dobb), 랑게(Lange), 파레토(Pareto), 조안 로빈슨(J. Robinson), 사뮤엘슨(Samuelson), 스티드먼(Steedman), 스위지(Sweezy) 등 최고수준 이론가들은 19세기 말부터 이 수수께끼를 다뤄왔다. 그러나, 마르크스주의 가치 이론에 대한 여러 가지 '새로운 해석'이 제안될 때인 1980년대 초까지 합의에 이르지 못했다. 이러한 해석은 여전히 몇 가지 주목할 만한 차이를 보이지만, 일반적으로 가격과 가치는 서로 다른 회계 체계로 서로 관련이 없다는 생각에 기반하고 있다. 반대로, 이 두가지는 현재 경제 전체의 직접 노동 시간 또는 생활 노동 시간에 대한 경제 전체의 화폐 부가가치의 비율로 정의되는 사회적 노동 시간의 화폐적 표현(MELT)으로 서로 연결되어 있다. 노동시간의 화폐적 표현(MELT)개념을 기반으로 전형과 정을 일관되게 제공할 수 있다는 것을 보여준 다. 간단히, 생산가격으로 표현한 경제 순생산을 $p^t[I-A]q$라 정의하면, m이 노동가치의 화폐적 표현(MELT)라 하면, 맑스 가치론은 $p^t[I-A]q = ml^t q$라는 주장으로 거슬러 올라갈 수 있다(예를 들어, Duménil and Foley, 2008; Foley and Mohun, 2016). 위 조건은 자본주의 경제의 총가치가 아닌 화폐 부 가가치가 생산 영역에서 노동자가 소비한 사회적 직접 노동 시간을 표현한다는 것으로, 가치와 잉여가치의 본질에 대한 맑스의 주된 통찰을 확인할 수 있다. 전형 논쟁은 아직 끝나지 않았다.

---

7 맑스는 이 자본 구성 요소의 가치를 '불변 자본'이라 하고, 임금으로 전환되는 구성 요소를 '가변 자본'이라고 불렀다.

9.4.2 가치에 대한 다른 접근방식: 스라파의 잉여 접근법

맑스 노동 가치 이론은 경제(및 철학) 사상사에서 가장 오래 지속된 논쟁 중 하나였다. 요점은 노동량(또는 노동 가치)이 경쟁 가격(또는 재생산 가격)으로 '전형되는' 방법에 대한 맑스의 설명이 불완전했다는 것이다[8] 19세기 말부터 20세기 초까지 맑스주의 이론가들이 반복적으로 시도한 진전 또는 수정 시도 중 어느 것도 완전한 설득력을 얻지 못했다(상자 10.3 참조). 또한 고전학파 접근법의 사회주의적으로 방향 전환은 서구 주요 대학에서 정치적으로 바람직하지 않은 것으로 간주되었다. 그 결과 가치에 대한 고전학파 접근법은 1960년대에 이르러 스라파의 주요 저작인 <상품에 의한 상품 생산>에 의해 재검토되기 전까지 대부분의 이론 경제학자들로부터 외면당했다. 경제 이론 비판의 전주였다. 이 책에서 스라파가 강조한 두 가지 주요 사항은 다음과 같다. 첫째, 한계학파 - 신고전학파의 가치와 분배 이론은 치명적인 결함이 있다는 것[9] 둘째, 상대 가격은 효용 함수나 개인 선호도에 대한 언급 없이도 계산할 수 있다는 것이다. 이를 위해, 자본주의를 물질적 잉여를 창출하는 순환 생산과정으로 간주해야 한다. 시간이 지나면서 시스템이 재생산될 수 있도록하는 상대 가격 집합을 의미하는 가격을 정의하는 데 필요한 것은 경제 전반의 생산 기술에 대한 지식이다. 단일 제품 산업이 존재하는 경제의 경우, 기술 집합은 노동 계수의 벡터와 산업 간 계수의 행렬로 주어진다. 예를 들어, 두 개의 산업과 두 개의 상품이 있는 경제에서는 가격 시스템은 다음과 같이 된다.

$$p_x = (l_x \cdot w + p_x \cdot a_{xx} + p_y \cdot a_{xy}) \cdot (1+r)$$
$$p_y = (l_y \cdot w + p_x \cdot a_{yx} + p_y \cdot a_{yy}) \cdot (1+r)$$

여기서, a_{xx}는 동일한 재화 1단위(예: 옥수수 1톤)를 생산하기 위해 투입된 재화 x(예: 옥수수 씨앗 4쿼터)의 양, axy는 재화 x(예: 옥수수 1톤)를 생산하기 위해 투입된 재화 y(예: 철 1톤)의 양 등이다. 스라파와는 달리 이 책에서는 설명의 편의상 근로자에게 선불로 임금을 지급하여 임금을 포함한 총 자본금에서 이익이 발생한다는 고전적 가정을 고수한다.

산업이 2개 이상인 경우 가격 시스템을 일반화하여 행렬로 표현하여 다음과 같이 정의할 수 있다.

$$p^T = (l^T w + p^T A) \cdot (1+r)$$

---

8 맑스는 『자본』(1867) 제1권에서 가치와 착취에 대한 분석을 제공한 반면, 제3권에서는 '전형' 과정을 설명한다. 맑스는 제3권을 1863년에서 1883년에 윤곽을 잡았다. 하지만 원고는 맑스가 사망한 지 11년 후인 1894년에 엥겔스에 의해 완성되어 출판되었다.

9 요컨대, 요점은 사용된 생산 기술의 종류와 수익률 사이에는 단순한 단조적 관계가 없다는 것이다. 자본 집약적인 기술이 더 높은 수익률과 관련이 있을 수도 있다. 투입재에 대한 보수는 한계 생산성을 반영하지 않으며, 가격은 희소성을 나타내는 지표가 아니다. 생산, 가치, 분배에 대한 한계학파 - 신고전학파 이론은 근거가 부족하다. 7장 참조.

여기서, $p^T = [p_j]$는 재생산 가격들을 나타내는 $1 \times n$행 벡터이고,[10] $l^T = [l_j]$는 직접 투입된 노동계수를 나타내는 행벡터로 결국 $A = [a_{ij}]$는 기술계수를 나타내는 $n \times n$행렬이 된다.[11]

우리는 여기에서 n개의 가격방정식과 $n + 2$개의 미지수를 가지게 된다(즉, n개의 가격과 임금율, 이윤율을 갖게되어 $n + 2$ 개의 미지수가 된다). 이 방정식체제는 특정 재화의 가격이나 경제의 순생산물을 불변의 가치척도(numéraire)로 삼고, w 또는 r을 외생적으로 설정하여 해결할 수 있다. 결과적으로, 고전학파나 맑스가 주장한 것처럼 가격은 생산 조건에 의해 결정된다. 또한, 소득 분배는 더 이상 각각 노동과 자본의 한계 생산성을 반영하지 않는다. 오히려, 이윤율과 생계수준을 초과하는 임금률은 계급투쟁과 통화정책 기조 등 여러 제도적 요인에 따라 달라지기 때문에 '시스템 외부'에서 정의해야 한다.

> 임금을 독립변수로 선택한 것은 … 임금은 물가나 이윤율과 무관하게 생리적 또는 사회적 조건에 의해 결정되는 특정 필수품으로 구성되는 것으로 간주되기 때문이다. 그러나, 제품 부문의 변화 가능성이 인정되면, 이러한 고려 사항은 그 힘을 많이 잃게 된다. 그리고 임금이 다소 추상적인 기준으로 '주어진' 것으로 간주되고 상품 가격이 결정될 때까지 명확한 의미를 획득하지 못하는 경우, 그 입장은 반전된다. 이윤율은 비율로서 가격과 무관하게 중요한 의미를 가지며, 가격이 정해지기 전에 '주어질' 수 있다. 따라서 생산 시스템 외부에서, 특히 이자율 수준에 따라 결정되기 쉽다(스라파, 1960, 5장).

결국, 스라파 체계는 노동 가치 이론에 의존하지 않으며 실제로 많은 이론가들이 이를 거부하는 것으로 간주해 왔지만, 두 접근 방식이 반드시 상충되는 것은 아니다. 경제의 통화적 부가가치가 총 직접 노동에 비례한다고 가정하면, 자본가가 벌어들이는 잉여 가치 (또는 이윤)는 생산 영역에서 노동자가 소비하는 잉여 노동와 비례한다.

9.4.3 가치에 대한 다른 접근방식: 에너지 가치론

『상품에 의한 상품 생산』 출간은 1960~70년대 정치경제학의 르네상스와 함께 진행되었다. 흥미롭게도, 스라파의 접근 방식은 헝가리계 미국인 수학자이자 물리학자인 폰 노이만(von Neumann, 1937)의 초창기 공헌과 여러 가지 특징을 공유하고 있다.[12]이는 레온티에프(Leontief, 1941, 1986)

---

10 위 첨자 'T'는 수학적 규칙으로, '행렬의 전치'를 의미한다. 위의 방정식에서 이것은 열벡터의 전치를 의미하기에 행 벡터가 된다.

11 각 생산기술을 l^T와 $a^j = [a_i^j]$로 정의한다. 여기에서 각각의 원소 a_i^j는 재화 j를 생산하기 위해 투입된 투입재 i의 수량을 의미한다. 행렬 A는 실행 가능한 행렬, 즉 최대 고유값 $\lambda_m < 1$을 갖는다고 가정한다. 산출물의 $n \times 1$ 열벡터가 주어지면 $q = [q_j] \in_n + \mathbb{R}_n^+$에서 $q > Aq$를 따른다. 결국, 임금을 '사후에, 연간 생산 몫으로' 지급하려면 가격 시스템을 다음과 같이 재정의해야 한다는 점을 유의하라. $p^T = l^T w + p^T \cdot (1 + r)$. 이것은 순생산물의 분배를 둘러싼 계급 갈등을 강조하기 위해 스라파(1960, p.11)가 제안한 공식이다.

가 개발한 투입 - 산출 분석과도 매우 유사하다. 레온티에프 투입 - 산출 분석은 스라파의 후기
이론적 연구에 대한 선구적인 실증적 적용으로 간주할 수 있다. 잉여가치 접근법 내지 신 리카도
주의 학파라고도 불리는 폰 노이만-스라파-레온티에프 접근법은 산업 간 구조적 상호의존성을 실
증적으로 분석하는 데 적합하다. 그러나 1980년대 초부터 북미와 유럽 경제학 부문에서 그 인기
가 떨어지고 있다. 예상대로 잉여가치 접근법의 소외는 가치 이론에 대한 관심의 감소와 함께
진행되었다. 개인의 선호가 가치를 정의할 수 있다면, 경제학자가 관심을 두는 것은 경쟁 시장
내 재화의 가격 또는 (시장이 없거나 불완전한 경우) 개인의 지불 의향뿐이다.

　　대부분의 경제학자가 외면하고 있는 (내재적) 가치의 본질과 원인에 대한 탐구가 1970년대
후반부터 생태경제학 분야에서 재조명되고 있다(14장 참조). 환경 과학자들과 생태경제학자들은
일반적으로 '도구적 가치'와 사물의 '내적 가치'를 구분한다. 도구적 가치란 재화가 개인의 욕구
충족에 기여하는 차이를 반영하는 가치라고 정의한다. 이는 대략적으로 '한계효용'에 해당된다.
이에 비해 내적 가치란 '인간의 만족과 무관하게 생태계 또는 종의 건강성과 무결성을 그 자체로
유지하는 것'의 가치를 의미한다(파버 등 (Farber *et al.*, 2002, p.376). 이러한 관점을 바탕으로
일부 과학자들은 효용에 기반한 가치 이론을 보완하거나 대체하기 위해 (체화된) 에너지 가치론
을 제안하기도 했다. 태양 에너지는 일반적으로 유일한 (희소한) 1차 투입물, 즉 내적 가치의
유일한 원천이자 척도로 간주되는 반면, 노동과 자본은 중간재 또는 투입물에 불과하다. 이런
의미에서 고전학파 이론 및 잉여가치접근법과 밀접한 유사성이 보여진다.[13] 에너지 가치론의 두
번째 강점은 모든 상품과 서비스를 생산하기 위해서는 일정량의 가용 에너지가 필요하기 때문에
다소 직관적이라는 점이다. 세 번째 강점은 고전학파 접근법 및 잉여가치 접근법과 마찬가지로
에너지 기반 이론은 효용 함수, 수요 및 공급 계획, 개인 선호도에 의존하지 않는 가치평가 방법
을 제공한다는 점이다. 가치 척도는 소득 분배 및 가격과 무관하므로 에너지 기반 접근 방식은
신고전학파 가격 및 분배 이론이 가지는 논리적 결함에 영향을 받지 않는다. 에너지 기반 접근법
도 비판이 없는 것은 아니지만(상자 9.4 참고), 환경 과학자와 정책 입안자들에게는 매우 매력적
으로 보이며,[14] 고전적 접근법의 새로운 르네상스를 이끌 수 있다.

---

12 하인즈 커즈(Heinz D. Kurz)와 네리 살바도리(Salvadori, Neri)(2001)참조.

13 실제로 에너지 가치 이론은 17세기에 윌리엄 페티(William Petty; 영국 경제학자)와 리처드 캉티용(Richard Cantillon;
아일랜드계 프랑스 경제학)이 개발한 고전주의 이전 이론과 훨씬 더 유사한 모습을 보인다.

14 풍력 발전 단지와 같은 특정 공공 프로젝트의 순 가치는 생산할 수 있는 에너지의 양에서 건물 및 유지 관리 에너지
비용을 뺀 값으로 측정할 수 있다. 마찬가지로 도로, 교량 또는 철도의 순 가치는 에너지 편익과 에너지 비용의 대수적
차이로 계산할 수 있다.

> ### 상자 9.4: 에너지 가치론의 현안들
>
> 물리학 관점에서 보면, 에너지 가치론에는 세 가지 주요한 문제가 존재한다.
>
> 첫째, 그들은 에너지 투입과 산출만 고려하고 질량은 무시한다는 점이다.
>
> 둘째, 생물이 살 수 있는 대기권(생물권)안에는 태양 에너지 외에도 다른 에너지 투입재가 존재한다는 것이다.
>
> 셋째, 순수한 태양 에너지 흐름 가치 이론을 주장할 때 '공간적, 시간적 규모에 문제가 있다'는 것이다(패터슨(Patterson), 1998, p.118)
>
> 경제적 관점에서 보면 두 가지 비판이 추가된다.
>
> 첫째, 에너지 기반 가치론은 가치론이 갖는 사회적 역사적 '기반을 약화'시키는 것이다. 이들은 사회적 가치가 특정 지배적인 생산 및 교환 방식과 근본적 사회적 관계는 무관하다고 가정한다. 여기에서 에너지 기반 가치이론은 효용기반 이론의 약점을 공유한다.
>
> 둘째, 상품과 서비스가 일정한 비율로 교환가능하다는 것은 이를 가능하게 하는 '제3의 것'의 존재와 관련이 있다는 주장을 할 수 있다. 그러나 '세 번째 사물인 가치의 지위에 대한 모든 후보자는 상품만의 고유한 속성이어야 한다'고 규정하고 있다. 반면, '[자본주의에서 인간의 생산품뿐만 아니라] 모든 자연 물질은 가용 에너지를 필요로 하는 과정을 통해 형성되기 때문에 그러한 자연 에너지의 투입 자체가 상품에만 특징적인 교환 비율을 생성하는 세 번째 요소가 될 수 없다'고 주장한다(브라운(Brown), 2008, pp.135-136). 즉, 일반적으로 사물의 가치를 측정하는 방법이 아니라 자본주의 경제에서 제품의 가치가 무엇인 지가 관건이다. 원칙상, 상대 가치는 모든 제품을 회계단위로 삼아 측정할 수 있다. 모든 상품을 직간접적인 '땅콩 단위'로 표시되는 땅콩 가치 이론이 나오는 이유도 바로 이 때문이다(긴티스(Gintis)와 볼즈(Bowles), 1981, p.7). 금, 옥수수, 소금, 땅콩, 태양 에너지가 모두 교환 수단이자 회계 단위로서 '화폐'의 역할을 할 수 있다는 것이 그 논점이다. 공식적으로는, 상대 가치는 선택한 측정 단위의 영향을 받지 않는다.
>
> 이러한 회계단위 선택 자체는 제품의 내재적 가치의 원천이나 원인에 대해서는 아무것도 말해주지 않는다. 이것이 바로 (측정 단위로서) 불변의 가치척도 (numéraire) 정의와 가치 이론 선택을 혼동해서는 안 되는 이유이다.

9.5　결론

상품의 가치를 결정하는 요인과 척도는 무엇인가라는 문제는 현대 경제사상의 시작을 알린 근본적인 문제였다(경제사상의 역사에서 다양한 접근법을 요약을 살펴보려면 표 9.1 참조).

　　현재 주류 접근 방식은 가치가 개인의 선호도에서 비롯된 것으로 간주하고 있다. 개인 선호는 개인의 관찰 가능한 선택 또는 자신의 지불 의사로 나타난다. 이러한 접근 방식은 19세기 말부터 초기 신고전주의자들이 발전시킨 가치의 효용 이론에 기반을 두고 있다. 실제로 현재 선호 기반 접근 방식은 가치가 특정 재화의 마지막(또는 한계) 단위의 소비를 통해 개인이 얻는 주관적 효용에 의해 정의된다는 '서수(序數)적' 개념으로 간주될 수 있다. 이는 중급 미시경제학 교과서에서 흔히 볼 수 있는 이야기이다. 그러나 정치경제학이 도덕철학에서 독립된 학문으로 등장했을 때 효용 내지 선호 기반 이론은 지배적인 접근 방식이 아니었다. 이와 반대로, 스미스, 리카도, 그리고 다른 고전학파 이론가들에게 가치는 상품의 본질적(또는 객관적) 특징이었으며, 이는 노동의 내용으로 가장 잘 표현될 수 있었다. 경제학자들은 점차 노동 가치 이론을 버렸지만, 마르크스는 당시 경제학의 지배적인 견해, 즉 고전학파 정치경제학과 그 대상인 자본주의에 대한 비판의 근거로 노동 가치 이론을 사용했다. 그의 연구 분야는 1960년대 초 Sraffa에 의해 고쳐질 때까지 학술 논쟁에서 열외로 취급받았다. 스래파는 당시 지배적인 신고전학파 접근법에 대한 가혹한 비판과 함께 잉여 접근법이라고 불리는 고전학파(및 맑스의) 상대가격 본질론에 대한 논리적으로 건전한 표현을 제공했다. 이 스라파의 가치론은 1960~70년대에 큰 인기를 누렸

표 9.1 18세기 중반에서 현재까지의 가치에 대한 접근방식들

학파	가치단위	가치의 본질	분석수준	경제영역	정치철학	주요이론가들	기간
효용학파	총 효용	내재적	미시	교환	주로 평등 주의자	바스티아(Bastiat), 베카리아(Beccaria), 벤담(Bentham), 쿠르노(Cournot, Auguste), 갈리아니(Galiani), 고센(Gossen), 세이(Say), 시니어(Senior)	1750-1880
고전학파	생산비, 개인노동	내재적	미시,거시	생산, 교환	주로 보수적 평등주의자	밀(J.S. Mill), 리카도(Ricardo), 스미스(Smith), 토렌스(Torrens)	1770-1880
맑스주의	사회적 노동	내재적	중간(meso), 거시	생산	평등주의자	[맑스(Marx)] 보르트키비츠(Bortkiewicz), 돕(Dobb), 룩셈부르크(Luxemburg), 루빈(Rubin), 스위지(Sweezy)	1860년대 이후
한계학파 (혹은 초창기 신고 전학파)		주관적	미시	교환	여러 사상이 섞여 있음	제본스(Jevons), 멩거(Menger), 마샬(Marshall), 발라(Walras)	1880-1930
신고전학파	선호, 지불의사	주관적	altll	교환	주로 보수적	알렌(Allen), 힉스(Hicks), 파레토(Pareto), 슬루츠키(Slut-sky)	
잉여가치 이론가들	재생산 비용	내재적	중간(meso)	생산	평등주의	[스라파(Sraffa)] 가레그나티(Garegnani), 파시네티(Pasinetti), 스티드만(Steed-man)	1960년대 이후
생태경제학자	에너지 비용	내재적	중간(meso)	환경체제	주로 평등주의자		1970년대 이후

지만 1980년대 이후 대부분의 경제학자들로부터 외면당했다. 흥미롭게도, 이 당시 초창기 선구적인 에너지 기반 가치 이론이 같은 시기에 개발되었다. 이러한 이론은 고전학파 접근법 및 잉여가치 접근법과 주목할 만한 유사성을 보이고 있다. 미시경제학 교과서와 세부 내용단위들이 선호도 기반 관점에 의해 지배되고 있음에도 상품과 서비스의 가치에 대한 논쟁은 여전히 열려 있으며 여러 학문이 관련되어 있다.

토론거리 및 세미나 활동

이 장에서 다룬 다양한 이론적 관점을 적용하여 다음과 같은 가치를 어떻게 평가할 것인지 설명하라

- 탁자
- 영화
- 자동차
- 도시의 공원
- 기름 1배럴

다양한 이론적 관점을 사용하는 것이 의미하는 바는 무엇인가?

개별 소비자의 선호도에 의존하지 않고도 상품과 서비스의 가치를 평가할 수 있을까?

가치를 이해 / 측정하는 각 접근 방식의 강점은 무엇인가?

더 읽을 거리

- Barber, W. J. (2010), *A history of economic thought*, Middleton: Wesleyan University Press, Chaps. 1, 3, 5, 6.
- Bellofiore, R. (1989), A monetary labor theory of value. *Review of Radical Political Economics,* 21(1-2), 1-25.
- Costanza, R., & Hannon, B. (1989), 'Dealing with the 'mixed units' problem in ecosystem network analysis', In *Network analysis in marine ecology* (pp.90-115). Berlin: Springer.
- Faccarello, G., & Kurz, H. D. (Eds.). (2016). *Handbook on the history of economic analysis Volume III: Developments in major fields of economics*. Cheltenham: Edward Elgar.
- Foley, D., & Simon, M. (op. cit.). *Value and price* (G. Faccarello & H. D. Kurz, Eds.).
- Hill, R., & Myatt, T. (2010). *The economics anti-textbook*. London: Zed Books, Chaps. 4, 8.
- Lavoie, M. (2014). *Post-Keynesian economics: New foundations*. Cheltenham: Edward Elgar, Chap. 3.
- Marx, K. (1894). *Capital. A critique of political economy* (Vol. 3). Harmondsworth: Penguin Books/New Left Review, 1981.
- Screpanti, E., & Zamagni, S. (2005). *An outline of the history of economic thought*. Oxford: Oxford University Press on Demand, Chaps. 2.2, 3.1, 4.3, 5.1, 6.5, 8.3, 11.2
- Shaikh, A. M. (1998). The empirical strength of the labour theory of value. In *Marxian economics: A reappraisal* (pp.225-251). Basingstoke: Palgrave Macmillan.

참고문헌

Bentham, J. (1789). *The principles of morals and legislation*, T. Payne. (Republished 1988, New York: Prometheus Books).

Brown, A. (2008). A materialist development of some recent contributions to the labour theory of value. *Cambridge Journal of Economics*, 32(1), 125-146.

Duménil, G., & Foley, D. (2008). The Marxian transformation problem. In S. N. Durlauf and L. E. Blume (Eds.), *The New Palgrave Dictionary of Economics*, 2nd edition. Basingstoke: Palgrave Macmillan

Farber, S. C., Costanza, R., & Wilson, M. A. (2002). Economic and ecological concepts for valuing ecosystem services. *Ecological Economics*, 41(3), 375-392.

Foley, D., & Mohun, S. (2016). Value and price. In G. Faccarello (Ed.), *Handbook on the history of economic analysis* (pp.589-610). Cheltenham: Edward Elgar.

Gintis, H., & Bowles, S. (1981). Structure and practice in the labor theory of value. *Review of Radical Political Economics*, 12(4), 1-26.

Gossen, H. H. (1854). *Entwickelung der gesetze des menschlichen verkehrs, und der daraus fliessenden regeln für menschliche handeln.* Braunschweig: F. Vieweg.

Hicks, J. R. (1939). The foundations of welfare economics. *The Economic Journal*, 49(196), 696-712.

Jevons, W. S. (1871). *The theory of political economy.* London: Macmillan

Kaldor, N. (1939). Welfare propositions of economics and interpersonal comparisons of utility. *The Economic Journal*, 49, 549-552.

Kurz, H. D., & Salvadori, N. (2001). Sraffa and von Neumann. *Review of Political Economy*, 13(2), 161-180.

Leontief, W. W. (1941). *The structure of the American economy 1919-1929.* Ox- ford: Oxford University Press.

Leontief, W. W. (1986). *Input-output economics.* Oxford: Oxford University Press.

Marshall, A. (1890). *Principles of economics.* London: Macmillan, 1920.

Marx, K. (1867). *Capital. A critique of political economy* (Vol. 1). Harmondsworth: Penguin Books/New Left Review, 1976.

Menger, C. (1871). *Grundsätze der volkswirthschaftslehre* (Vol. 1). Vienna: Braumüller.

Pareto, V. (1896) *Cours d' économie politique.* Lausanne: Librairie de L' Université.

Pareto, V. (1906). *Manuale di Economia Politica.* Milan: Piccola Biblioteca Scien- tifica.

Patterson, M. (1998). Commensuration and theories of value in ecological economics. *Ecological Economics*, 25(1), 105-125.

Pigou, A. C. (1932). *The economics of welfare.* (4th ed.) London: Macmillan.

Ricardo, D. (1817). *On the principles of political economy and taxation*, Vol. I of The works and correspondence of David Ricardo, Ed. P. Sraffa with the collaboration of M. H. Dobb, 1951. Liberty Fund, Indianapolis.

Ricardo, D. (1820). Letter to McCulloch. In P. Sraffa (Ed.), *The works and cor- respondence of David Ricardo, 1951-52* (Vol. VIII, pp.279-280). Cambridge: Cambridge University Press.

Robbins, L. (1932). *An essay on the nature and significance of economic science.* London: Macmillan.

Smith, A. (1776). *An inquiry into the nature and causes of the wealth of nations.* Chicago:

University of Chicago Press, 1977.

Sraffa, P. (1960). *Production of commodities by means of commodities*. Cambridge: Cambridge University Press.

Von Neumann, J. (1937). A model of general economic equilibrium. In *Readings in the theory of growth* (pp.1-9). London: Palgrave Macmillan, 1971.

Walras, L. (1874). *Eléments d' économie politique pure ou théorie de la richesse so-ciale*. Lausanne: Corbaz.

10

경제 위기의 원인은 무엇이고
우리는 무엇을 할 수 있을까?

Bruno Bonizzi and Jeff Powell

10.1　들어가며

국가의 성장 경로는 사업 활동의 주기적 변동(소위 경기변동(business cycle))을 따르며, 정기적으로 경기 둔화를 경험하고 때로는 경기 침체기에 접어들기도 한다. 이에 비해, 경제위기는 경기 침체로 하락이 갑작스럽게 나타나고 그 기간도 지속되기에 지속되는 기간 동안 고통스럽다는 특징이 있다. 여러 요인들이 경제위기를 촉발할 수 있다. 전 세계 정부, 특히 개발도상국 정부는 때때로 부채 상환에 어려움을 겪는다. 그리고 때때로 환율이 급등락하여 국내 거주자들이 재정적인 어려움에 처하기도 한다. 그러나 2007/08년에 시작된 글로벌 금융 위기만큼 심각한 위기는 거의 없었는데, 이는 위에서 설명한 모든 문제가 복합적으로 작용한 것이다. 미국 금융 부문의 일부에서 시작되었지만 재정적 손실이 누적되어 주요 금융 기관들이 처음에는 미국에서, 그 다음에는 전 세계적으로 파산이 잇달아 발생하였다. 전 세계 투자자들이 필사적으로 안전한 미국 국채 자산에 자산을 저장하려고 하면서 국제 금융 투자가 급격히 감소했고, 이는 전반적인 글로벌 자산 가격 폭락과 미국 달러 대비 많은 통화의 급격한 절하를 가져왔다. 정부는 부실 은행을 구하기 위해 개입할 수밖에 없었고, 그 과정에서 막대한 부채를 떠안게 되었다. 금융 붕괴로 인해 위기가 경제 전반으로 확대되면서 소비와 투자가 위축되고 실업률이 증가하여 세계 경제에 대침체가 이어졌다. 국제통화기금(IMF, 2009)에 따르면, 1930년대 대공황 이후 최악의 경기 침체기였다고 한다.

이러한 극적인 사건의 심각성과 덜 극적인 경기 침체의 빈도를 고려할 때, 경제학의 핵심 과제는 위기를 설명하고 그로 인한 피해를 예방하거나 최소한 제한하기 위한 정책 조치를 제안하는 것이어야 한다. 따라서 경제 이론이 오랫동안 위기에 거의 관심을 기울이지 않았고 심지어 분석 가능성을 부정했다는 사실은 놀라운 일이다. 하지만 맑스나 케인즈 같은 경제학자들 덕분에 위기는 가능한 것일 뿐만 아니라, 견제받지 않는 자본주의 경제에서 피할 수 없는 사건으로 이해할 수 있게 되었다. 이러한 기여에도 경제 이론에서 위기의 원인, 역할, 정책적 함의는 여전히 격렬한 논쟁의 대상이 되고 있다.

이 장에서는 자본주의 역사를 통해 경제학자들이 위기를 어떻게 이해해왔는지 살펴볼 것이다. 먼저 적어도 1930년대까지 지배적이었던 고전학파 및 신고전학파 경제학자들의 견해를 살펴볼 것이다. 이 집단은 위기의 중요성을 가볍게 여기고 경제 혼란의 원인으로 정책 오류를 강조해 왔다. 그런 다음 신고전파 일반균형이론의 도구를 사용하면서도 위기가 발생할 수 있고 시장의 불완전성에서 비롯된다는 사실을 인정한 경제학자들의 이야기를 살펴볼 것이다. 세 번째 절에서 는 금융 혼란이 더 광범위한 위기의 원인인지, 아니면 증상인지에 대한 견해는 다르지만, 자본주 의의 본질적인 특징으로서 위기를 강조하는 다양한 이론에 대해 살펴볼 것이다. 그런 다음 이러 한 경제학파의 위기에 대한 다양한 접근 방식이 갖는 정책적 함의에 대해 간략하게 논의한다.

10.2 효율적인 시장에 대한 정부 개입의 결과로서의 위기: 고전학파에서 신고전학파 경제학까지

고전학파 정치경제학자들은 자본주의 (불)안정성보다는 장기적 경향을 이해하는 데 주로 관심을 가졌다. 고전학파 체제는 동태적이지만 주기적인 변동은 발생하지 않는다. 이러한 관점의 토대 는 프랑스 경제학자 세이(Say, 1803)의 유명한 명제, 즉 '어떤 제품이 만들어지는 순간부터 그 제품은 그 자체의 가치만큼 다른 제품에 대한 시장을 제공한다'는 명제에서 출발한다. 세이(Say) 의 법칙은 자본주의 경제에서 과잉 생산은 불가능하다는 명제로, 거의 모든 고전 정치경제학자들 이 지지하는 명제이다. 관찰된 상품 공급 과잉 상황은 법칙을 위배하는 것이 아니라, 총체적 차원 의 문제라기보다는 경제의 특정 부문에서 다른 상품의 공급 부족으로 인해 발생한 공급 과잉을 나타내는 것이다.[1] 이러한 일시적인 불균형을 제외하고는 시스템 전체가 다소 안정적이었다.

그러나 이른바 지금 논쟁(bullionist debates; 地金論爭)에서 볼 수 있듯이 불안정성은 잘 못된 정책 결정에서 비롯될 수 있다. 프랑스가 영국을 침공한다는 거짓 뉴스에 따른 공황으로 인해 영란은행(Bank of England)은 1797년 화폐의 금 태환을 중단했다. 태환은 그 이후 약 25년 동안 회복되지 않았고, 이 기간 동안 영국은 지속적인 인플레이션을 경험했다. 논쟁은 이어 졌다. 한편으로, '지금론자'(그중에는 리카도(Ricardo)도 포함)는 태환 중단이 중앙은행의 과도 한 통화 공급을 허용했기 때문에 그 책임이 있다고 주장했다. 이렇게 과잉 공급된 화폐가 경제에 유통되면서 인플레이션이 발생하게 된다. 다른 한편, '반지금론자(反地金論者)'들은 중앙은행이 지폐를 발행하는 것은 활동 자금을 조달하기 위해 지폐를 발행하는 상인과 생산자의 요구를 수 용하는 것일 뿐, 결코 과도할 수 없으므로 금 태환이 필요하지 않다고 주장했다. 지금론자들이 논쟁에서 승리하면서 통화정책 자체가 불안정성의 원인이 될 수 있다는 견해가 힘을 얻었고, 이 에 따라 통화가치가 회복되었다. 대체로 고전학파 경제학에서 신고전학파 경제학으로 넘어가면 서 이러한 견해는 바뀌지 않았다. 19세기 후반 한계론자들이 제안한 경제학에서 위기의 가능성 은 근본적으로 존재하지 않는다. 한계주의 혁명은 전체적 차원과 계급적 구분에서 개별 생산자

---

1 이러한 견해는 토머스 맬더스(Thomas Malthus)와 시몽드 드 시스몽디(Sismonde de Sismondi)에 의해 도전받았는 데, 이들은 실제로 전반적인 '과잉'이 발생할 수 있다고 주장했지만, 세이의 법칙에 대한 합의를 깨는데는 대체로 실패했다.

와 소비자로 관심을 옮겼다. 발라스(Walras, 1954)의 일반균형이론과 같이 전체 경제에 초점을 맞춘 이론은 대부분 동일한 개별 시장의 합에 불과했다. 이 체제는 경제 전반의 변동을 설명할 수 있는 능력이 부족했다. 게다가 표준적인 신고전학파 경제학은 근본적으로 경제의 역동성보다는 정적 균형에 집착한다(6장 참조). 일반균형 분석에서는 강력한 '경매인'이 모든 상품에 대해 수요와 공급이 정확히 일치하도록 가격을 책정하여 초과 공급과 수요를 바로잡는다. 모든 시장 불균형이 동시에 해소되기 때문에 변동과 위기의 본질적인 원인은 존재할 수 없다.

이러한 분석에 순환(cycle)과 위기(crisis)를 포함시키는 것이 불가능하다는 것은 신고전주의 분석의 창시자인 제본스(Jevons, 1875)가 이를 설명하기 위해 매우 가능성이 희박한 자료에 의존해야 했던 노력에서 상징적으로 드러난다. 제본스는 경기변동을 '태양 흑점(sunspots)', 즉 태양의 주기적 활동을 특징짓는 태양 표면에 주기적으로 나타나는 흑점과 연결시켰다. 태양 주기는 약 11년 동안 지속되는데, 이는 제본스가 상업적 위기 사이의 평균 기간으로 계산한 10년 6개월에 놀랍게도 근접한 수치이다. 이를 통해 그는 태양 주기에 따라 변화하는 복사열의 힘이 사업의 신뢰를 변화시키는 결정 요인이라는 이론을 세웠다. 제본스의 흑점 이론은 크게 성공하지 못했지만, 신고전학파 체제는 20세기 초에 완전한 거시경제 모형으로 발전했다. 이 모형은 화폐 시장, 노동 시장, 상품 시장 및 대부 자금 시장 등 다양한 유형의 시장을 구분한다. 그렇지 않으면, 이 모형은 표준 일반균형 분석을 사용하며 다음과 같은 필수적인 의미를 반영한다.

첫째, 분석은 정상상태에서는 모든 시장이 균형 상태에 있고 비자발적 실업이 없으며 재화나 화폐의 과잉 공급이 없다고 가정하는 안정성 조건에서 시작된다.

둘째, 총 생산량 수준은 세이의 법칙에 따라 경제의 공급 측면(따라서 노동 시장)에 의해 결정된다.

셋째, 가격변화가 이러한 불균형을 고친다. 예를 들어, 노동 수요가 노동 공급을 밑돌면(즉, 실업이 발생하면) 실질 임금은 빠르게 하향 조정되어 완전 고용을 회복 한다(7장 참조).

이러한 상황에서 고용과 생산량의 변화는 가격 체계가 모든 시장을 정리하기 위해 조정하고 있는 이행 과정을 의미하거나, 기술 개선과 같은 근본적인 변화에 따라 경제의 새로운 최적 균형이 반영된 것일 수 있다. 즉, 위기는 단기간에 끝나거나 사실상 전혀 위기가 아닌 경우가 많다.

길고 고통스러운 불황을 설명할 수 없다는 것은 대공황이라는 현실을 충분히 설명할 수 없을 뿐만 아니라 현실설명능력에 한계가 있다는 의미이다. 미국의 경우 1929년과 1933년 사이에 GDP는 28% 감소했고, 실업률은 3.2%에서 25% 이상으로 증가했다. 신고전학파 모형은 이러한 재앙적인 사건을 설명하는 데 적합하지 않았다. 이러한 맥락에서 신고전학파 모형에 대한 케인즈의 비판이 등장했다. 이 장 후반부에서 설명하겠지만, 케인스는 세이법칙(Say's law)과 정면으로 배치되는 총수요 감소를 위기의 주요 원인으로 강조했으며, 시장에 맡겨두면 가격이 재조정되어 완전 고용을 회복할 수 있다는 생각에 매우 회의적이었다. 케인즈 경제학은 대공황을 설명하고 위기에 대한 해결책을 제시하는데 더 적합했고, 신고전학파 모형을 빠르게 대체했다. 오랫동안 케인즈주의 이론은 거시 경제학 내 일반적인 합의를 대표했다.

　　경제 위기에 대한 신고전학파 및 고전학파 관점은 1960년대에 들어서야 서서히 다시 등장하기 시작했다. 1963년 프리드먼(Friedman)과 슈워츠(Schwartz)는 케인즈주의 합의에 도전하는 '미국의 통화 이론(*A Monetary Theory of the United States*)'(1963)을 출간했다. 이들 연구의 핵심 논지는 총 수요가 아닌 통화 공급의 초기 변화가 불안정성의 주요 결정 요인이라는 것이다. 결정적으로, 이들은 대공황이 1929년 금융 공황 이후 대중의 화폐 수요가 증가했을 때 통화 공급을 줄인 연방준비제도의 정책 실패로 인한 결과라고 주장했다. 자금 시장의 불균형으로 인해 가계가 소비를 줄이고 통화를 쌓아두면서 경기 침체가 발생했다. 연준이 경기 침체의 직접적인 원인은 아니었을지 모르지만, 경기 침체의 기간과 심각성을 초래한 주범은 연준이었다. 시장보다는 정부의 책임이 더 크다는 것이다. 신고전학파 모형이 완전히 복원된 것은 1970년대와 1980년대에 거시경제학의 신고전학파가 부상하면서부터이다. 신고전학파 모형에서는 모든 경제주체가 합리적 기대, 즉 미래 예측에 있어 체계적인 오류를 범하지 않고 자신의 행동을 최적화하며, 시장은 발라스 전통에 따라 청산되는 것으로 가정하고 이를 위해 유연한 가격이 빠르게 조정된다. 신고전학파 거시경제 모형에서와 마찬가지로, 이러한 경제 모형에서는 위기가 발생한다는 것이 사실상 불가능하다. 그렇다면 주기적인 변동을 어떻게 설명할 수 있을까? 제안된 설명 중 한가지는 정책적 조치가 경제주체들을 '놀라게 했다'는 것이다. 예를 들어, 통화 당국이 일반적인 정책 규칙에서 벗어난 방식으로 경제에 개입하면 경제에 일시적인 영향을 미칠 수 있다('통화 균형 경기변동(Monetary Equilibrium Business Cycle)' 이론의 근거가 된다). 다른 가능성은 이러한 변동이 '실질(real)'(즉, 비금전적) 요인에 대한 진정한 반응을 나타내는 것일 수 있다는 것이다. '실물 경기순환(Real Business Cycle)' 이론은 실제로 총체적 경제 활동의 가장 중요한 변동 요인이 기술적 충격이라고 주장한다. 관측된 실업률 변화는 기업의 노동 수요가 부족해서 발생하는 것이 아니라, (무한 시간대에 걸쳐) 노동 공급을 조정하는 경제주체의 최적 반응을 나타내는 것이다. 이 이론의 주요 지지자인 프레스콧(Prescott, 1999)은 대공황이 수요나 통화 공급의 변화와는 무관하며, 대신 사람들이 덜 일 하도록 유도한 노동 시장 제도의 변화로 인한 결과라고 주장했다.

　　요컨대, 고전학파 정치경제학의 황금기 이후 경제 분석의 상당 부분은 경제 위기를 중심에 두고 분석하는 것을 사실상 무시해 왔다. 모든 시장이 청산된다는 신고전학파 세계에서는 위기가 불가능하거나, 위기는 단기적 오산이나 정부의 실수로 인한 결과일 뿐이다. 많은 경제학자들에게 세이법칙(Say's law)은 경제의 작동 원리를 설명하는 데 있어 여전히 핵심적인 역할을 하고 있다.

10.3   뉴케인지언 고전학파 종합: 경제위기와 시장불완전성

신고전학파 거시경제학이 총수요의 변화가 경제 활동 수준에 큰 변동을 일으키지 않는다는 믿음을 회복하면서 일부 경제학자들은 위기에 대한 극단적인 결론에 대해 회의적인 입장을 견지했다. 저명한 케인즈주의 경제학자 토빈(1986, p.349)은 '신고전학파 거시경제학이 제시하는 두 종류의 경기순환 이론 중 어느 것도 몇 년 후에는 경기변동에 대한 진지하고 신뢰할 만한 설명으로 여겨지지 않을 것이라는 예측은 위험하다'라고 경고한 바 있다. 이러한 불만에도 불구하고 대부분의 거시경제학자들은 거시경제학이 일반균형이론에 기초한 분석 틀이 필요하다는 신고전학파 주장을 확신하였다. 양립할 수 없는 이 두 가지 입장을 어떻게 조화시킬 수 있을까? 해결책은 일반균형 이론에 대한 미시경제학의 가정을 바꾸는 것이었다. 많은 경제학자들은 지속적으로 청산되는 완벽한 시장과 완전히 합리적인 경제주체에서 출발하는 대신 시장의 불완전성을 도입하기 시작했다. 이러한 미시적 수준의 불완전성은 거시적 수준에서 비자발적 실업과 총 수요부족 가능성 등 케인즈주의 경제학과 유사한 결과를 낳았다. 이러한 이유로 이 경제학자들은 스스로를 뉴케인지언(New Keynesian)이라고 불렀다.

가장 근본적인 불완전성은 가격 체계에서 발생한다. 케인즈에게서 부분적으로 영감을 얻는 뉴케인지언(New Keynesian) 경제학자들은 모형에 경직적 성격을 도입하여 임금과 물가가 즉각적으로 움직이지 않고 느리게 움직이게 만들었다. 이는 적어도 일시적으로는 총수요가 총생산량과 고용을 결정할 수 있는 근거가 된다. 총수요가 감소해도 물가와 임금이 떨어지지 않아 상품과 노동 시장이 원활하게 돌아가지 않고, 세이법칙(Say's Law)과는 다르게 비자발적 실업이 지속된다. 물가와 임금이 조정되기 시작하면 문제가 해결되지만, 시간이 오래 걸린다. 이 장에서 논의하겠지만, 뉴케인지언(New Keynesian)들이 총수요 수준을 회복하기 위해 정책 개입을 옹호하는 이유도 바로 여기에 있다.

따라서 뉴케인지언 경제학자들에게 불균형 현상으로 인해 위기가 발생할 수 있다. 그렇다면 그 원인은 무엇일까? 대부분의 뉴케인지언 모형에서 이는 일반적으로 외생적 충격으로 표현되는데, 이러한 모형의 주 내용이 위기 상황에서 경제 전체가 어떻게 행동하고 어떤 요인이 위기를 증폭시키는지를 설명하는 것이기 때문이다. 이러한 정태적 요인 분석에 비해 동태적 측면에서 위기가 어떻게 발생할 수 있는지를 이해하는 데는 상대적으로 덜 관심을 기울여 왔다.

그러나 시장의 불완전성에 대한 연구는 경제의 불균형에 대해서도 살펴볼 수 있었다. 특히, 뉴케인지언 경제학자들은 경제 거래에서 두 경제주체 간 다른 정보 접근 능력에 근거한 정보 비대칭성의 발생을 강조했다. 이는 대출 기관이 일반적으로 대출자의 의도나 실제 성과에 대한 불완전한 정보를 가지고 있는 금융시장에 특히 만연한 것으로 알려져 있다. 위기 상황을 설명하는 데 도움이 되는 비대칭 정보의 한 유형이 바로 '도덕적 해이(moral hazard)'이다. 대출 기관이 모든 대출자를 제대로 감독하는 것은 불가능하거나 비용이 너무 많이 들기 때문에 대출자는 과도한 위험을 감수하고 더 높은 개인적 이익을 위해 도박을 할 유인을 갖게 된다(Diamond,

1984). 예를 들어, 담보를 제공하는 등 대출자가 '직접적 이해관계가 있도록(skin in the game)' 계약을 설계하면 문제를 해결할 수 있다. 그러나 2008년 위기 이전에 서브프라임 대출자에게 대출을 제공한 금융기관들은 이러한 담보물에 직접적으로 노출되지 않았고, 이러한 담보물을 묶어 하나의 채권으로 시장에 판매 유통했으며, 또한 이들 중 상당수가 매우 크고 체계적인 금융기관으로 구성되어 있었기 때문에 사실상 대마불사(大馬不死) 구조였기 때문에 그렇지 못했다. 다른 많은 위기는 금융시장의 도덕적 해이와 관련하여 설명되었다. 1990년대 후반, 여러 신흥국에서 발생한 통화 위기는 정부의 지원에 의존한 민간 기업의 과도한 외화 차입을 원인이라고 분석하였다(Corsetti et al., 1999).

　　일반적인 요점은 정보 비대칭성이 금융시장, 나아가 경제가 균형에서 벗어날 수 있다는 것이다. 자산 가격이 너무 빠르게 상승하면 취약성이 커져 결국 위기로 이어질 수 있다. 시장이 즉각적으로 청산되지 않기 때문에 생산량과 고용이 감소한다. 그러나, 뉴케인지언(New Keynesian)

상자 10.1: 세 개의 방정식으로 이루어진 뉴케인지언 기본 모형

2008년 위기가 발생하기 전 수십 년간 거시경제 이론과 정책에 대한 새로운 합의가 이루어졌다. 이는 시장의 불완전성과 총수요를 경기침체의 주요 원인으로 동태적 일반균형 모형 방법론을 주요 기법으로 사용하는 거시경제학에 대한 뉴케인지언 접근법을 종합한 것이다. 이러한 합의는 이 접근법의 핵심 요소를 나타내는 세 가지 핵심 방정식을 사용하여 쉽게 나타낼 수 있다(Woodford, 2003; Carlin and Soskice, 2009).

1. 첫 번째 방정식은 산출량이 실질 금리 수준에 반비례한다고 하는 방정식이다(수리적으로 표현하면, $Y_1 = a_1 + ar_0$)
2. 두 번째 방정식은 과거 인플레이션과 생산량의 균형 수준과의 차이를 더한 값이 '생산량 격차'가 인플레이션 수준을 결정한다. 즉, 총지출이 균형 생산량 수준 이상으로 증가하면 인플레이션이 상승한다(수리적으로 표현하면, $\pi_1 = \pi_o + \alpha(Y_1 - Y_e)$).
3. 세 번째 방정식은 중앙은행이 목표 인플레이션 수준에서 경제를 안정시키기 위해 정해야 하는 최적의 (실질) 이자율 수준을 결정한다(수리적으로 표현하면, $r_1 = r_s + \beta(\pi_1 - \pi^T)$)

　　다음과 같이 이 모형을 통한 불안정성과 안정화를 설명할 수 있다. 첫 번째 방정식은 생산량 수준은 총수요의 외생적 충격에 따라 변한다는 것을 의미한다. 두 번째 방정식은 생산량 변하면서 인플레이션이 목표 수준보다 높거나 낮을 수 있다는 의미를 지닌다. 결과적으로 세 번째 방정식을 통해 중앙은행은 인플레이션 수준을 안정화하기 위해 금리 수준을 변경하여 대응한다.

　　따라서 거시경제학의 새로운 합의에 따르면, 경제를 안정시키기 위한 주요 수단으로 적극적이고 규칙에 기반한 통화정책을 권고했다. 이러한 유형의 프레임워크는 인플레이션을 목표로 하는 정책 목표를 채택하는 중앙은행에서 널리 사용됐으며, 대부분의 선진국에서 인플레이션이 상대적으로 낮고 안정적이며 심각한 경기 침체가 발생하지 않아 '대 완화기(the Great Moderation)'로 알려진 1990년대 금융위기 전까지 효과가 있는 것처럼 보였다. 그러나 이러한 접근 방식으로는 대침체와 같은 심각한 위기에 대처하기에는 불충분하며, 보다 실질적이고 '비정통적인(unconventional)' 개입이 필요하다는 것이 분명해졌다.

들은 결국, 경제가 안정적인 경로로 돌아갈 것이라고 믿는다. 위기는 발생할 수 있지만, 대부분의 중앙은행 분석의 틀이 된 표준 모형에서는 대체로 안정된 경제에 교란이 발생하는 것으로 간주된다(상자 10.1 참조). 저명한 뉴케인지언이자 전 IMF 수석 연구자였던 올리비에 블랑샤르(Olivier Blanchard, 2014, p.28)가 말했듯이, '이 분야의 사람들은 경제가 대략 선형적이며, 끊임없이 다른 충격을 받고, 끊임없이 변동하지만, 시간이 지나면 자연스럽게 안정 상태로 돌아간다고 생각한다'고 했다. 적어도 2008년 글로벌 금융 위기 이전에는 대다수 경제학자들이 이러한 입장을 취했다.

10.4　맑스 및 케인즈: 위기는 자본주의에 내재된 것

자본주의가 본질적으로 위기에 취약한 경제 체제라는 상반된 견해를 이해하려면 맑스로 거슬러 올라가야 한다. 맑스는 생전에 1847년 영국 은행 위기, 1866년 오버랜드 앤 거니(Overend & Gurney) 사태 등 순전히 금융적인 위기와 1873~1896년의 장기 불황을 모두 보았다[2]. 또한 경제사학자로서 그는 이번 위기가 자본주의 체제가 생겨난 이래 오랫동안 이어져 온 일련의 위기 중 가장 최근의 위기일 뿐이라는 것을 알고 있었다.

　　이러한 지식을 바탕으로 맑스는 근본적으로 모순을 안고 있는 자본주의의 역학 관계에 대한 과학적 이해를 제공하고자 했다. 자본주의의 고유한 특징인 욕구 충족보다는 잉여 가치(이윤)를 추구하는 체제 맥락에서 상품의 사용 가치(상품체)와 교환 가치(화폐로서의 상품) 간 모순은 위기가 발생하는 조건이 된다(9장 참조). 이러한 이해에서 위기는 자본주의 경제의 놓여있는 정상적인 상태의 모순을 해결하기 위해 필요한 정화 작용을 하는 것이다. 이를 통해 축적 과정을 재개할 수 있다.[3]

　　안타깝게도 맑스는 생전에 완전히 정교한 위기 이론을 완성하지 못했기 때문에, 우리는 주로 『자본』 제3권(1991)과 『잉여가치론』(1971)에 실린 그의 논의의 단편만 남아있다. 그러나 맑스주의 위기 이론(그리고 실제로 비맑스주의 위기 이론의 상당 부분)은 이러한 논의의 단편을 통해 발달하였다. 이러한 이론을 대략 두 진영 중 하나로 분류할 수 있다.

　　첫 번째, '실현성 위기'로, 불균형과 과소 소비(또는 과잉 생산)의 위기를 그보다 아래에 놓을 수 있다.

---

2 자본주의가 한 균형상태에서 다른 균형 상태로 나아갈 때 자본을 효율적으로 배분하는 모든 시스템 중 최고로 묘사하는 '한계 혁명'(발라스, 제본스, 멩거, 마샬)이라고도 불리는 신고전학파의 등장이 자본주의가 역사상 가장 심각한 불황을 겪고 있던 바로 그 시기에 발생했다는 점은 흥미로운 점이다.

3 다른 많은 위기 이론 학파와 마찬가지로 마르크스주의 위기 이론은 단기 경기와 장기 산업 사이클과 관련된 실물 변수의 변동과 장기적 침체로 인한 장기간 경기후퇴(스위지(Sweezy), 슈타인들(Steindl)), 금융 / 경제 위기 시 생산과 고용의 붕괴, 자본주의의 궁극적 붕괴를 알리는 위기(그로스만(Grossmann))를 구분하는 데 있어 불명확한 경우가 많다.

두 번째, '수익성(profitability) 위기'로, 이윤 압박, 계급 갈등, 변화하는 자본의 유기적 구성에 초점을 맞춘 이론이 여기에 해당한다.

많은 연구자들이 이러한 역학 관계를 다양하게 조합하여 표현하는데, 이는 이들 간의 차이는 때때로 그 종류보다는 그 강조점이 더 큰 의미를 갖는 경우이다.

10.5   실현성 위기(Crises of realisation)

불비례(disproportionality)란 시장 경제의 무정부적 과정으로 인해 원활한 성장 경로를 보장하지 못하는 것을 말한다. 어떤 의미에서, 진짜 문제는 왜 성장이 안 되는가보다 어떻게 그런 체제에서 성장이 이루어질 수 있는가 하는 것이다! 이윤 추구란 수요가 공급을 앞지르는 영역에서 투자를 재분배하여 상품이 가치보다 높은 가격으로 판매하는 것으로 이해된다. 그러나 생산과 실현에 모두 시간이 걸리고 자본가들이 상품에 대한 신호를 다른 시장소음과 구분하고 그에 따라 대응하는 데 어려움을 겪는 현실 세계에서는 (일반적으로 관측하기 어려운) 단일 부문 또는 (특히 해당 부문이 경제의 핵심인 경우 경기 침체의 원인이 될 수 있는) 일련의 부문에서 정기적으로 과잉 / 과소 생산이 발생할 가능성이 높다. 불비례(disproportionaliy)는 (제1 부문과 및 제2 부문이라고 하는) 투자와 소비재 생산 간 불안정(imbalance)을 나타낼 수도 있다. 소비재에 비해 투자재에서 과잉 생산이 발생할 수도 있고(또는 그 반대일 수도 있다), 화폐와 신용이 도입되면서 두 부문 모두에서 과잉 생산이 발생할 수도 있다. 힐퍼딩(Hilferding, 1981, 18장)은 신용이 새로운 불균형을 모호하게 만들 수 있으며, 이자율은 수익성 변동을 증폭시켜 호황 초기에는 하락했다가 과잉 생산이 시작되면 상승한다고 주장했다. 대부분의 위기 상황에서 불비례는 의심할 여지없이 어떤 형태로든 존재하지만, 많은 사람들은 이것이 위기의 원인인지 아니면 단순히 위기의 한 징후인지에 대해 의문을 제기한다.

더 논쟁이 되고 있는 것은 과소 소비 이론으로 알려진 두 번째 실현성 위기를 주장하는 집단이다. 맑스(1991, p.568)는『자본』제3권에서 '모든 현실적 위기의 마지막 원인은 전체 사회의 절대적 소비력만이 한계가 되는 방식으로 생산력을 발전시키는 자본주의 생산의 경향에 비해 대중의 빈곤과 그에 따른 제한된 소비 능력에 항상 남아 있다'고 주장했다. 20세기 초 독일에서 저술한 힐퍼딩(Hilferding, 1981)은 자본주의 경제의 본질에 두 가지 큰 변화가 있음을 관찰했다. 첫 번째는 주식회사가 (자본주의 기업의 컨소시엄인) 카르텔(cartel)과 (합병으로 인해 점점 더 대형화되는 기업인) 트러스트(trust)로 형성되는 것이었다. 현대의 대기업은 '가격 조절의 교란을 악화시키는'(1981, p.296) 위기 속에서도 경영의 일부를 지속할 수 있으며, 위기를 비카르텔화 부문으로 전가하고, 애초에 위기의 조건을 만들었던 불균형을 증폭시켜 과잉 생산을 초래할 수 있다. 생산된 상품이 소비자를 찾지 못하기 때문에 과잉 생산은 과소 소비로 인식될 수 있다. 그가 연구 대상으로 정한 독일에서 특히 두드러진 두 번째 변화는 은행 고유업무인 예금과 대출업무를 중심으로 하는 상업은행업과 신탁업무, 증권업무, 보험업무와 장기의 산업금융까지 수행하는 투자은행업을 겸한 종합은행업(universal banking)의 등장이다. 힐퍼딩(1981, p.293)은 이러한 '은행 통제'가 산업에 개입하면 이전의 위기를 촉발했던 투기적 활동을 방지하는 데 도움이 될 수 있다고 믿었다. 자본주의 체제의 주기적 혼란을 대형 은행의 행동을 통해 완화할 수 있다는 이 제안은 당연히 '개혁적(reformist)' 맑스주의자와 '혁명적(revolutionary)' 맑스주의자 사이에 논쟁을 불러일으켰다. 그러나 불안정성을 가져오는 신용 시스템과 투기의 역할에 대한 힐퍼딩의 조사를 훗날 케인즈에서 민스키에 이르는 이론가들이 받아들인다. 힐퍼딩의 연구 직후 자본주의는 1929년에 시작된 10년간의 대공황을 경험했다. 자본주의 체제에서 위기 역할에 대한 이론적 이해에 미친 영향은 매우 컸다. 케인즈는 대규모 비자발적 실업이 완전고용이라는 신고전학파 가설과 총 수요를 소홀하게 여기고 있다는 문제를 제기했다. 케인즈는 '완전고용과 관련된 유효수요는 소비 성향과 투자 유인이 서로 특정한 관계에 있을 때만 실현되는 특수한 경우(1936, p.25)'라고 주장했다.

경제 활동 유지에 있어 소비와 투자의 중심적인 역할을 확립한 케인스는 위기가 '자본 재의 미래 수익률에 대한 기대'의 갑작스러운 붕괴와 연관될 수 있다고 주장했다. 이러한 갑작스런 붕괴는 미래에 대한 근본적인 불확실성이 존재하는 상황에서 인간 심리('동물적 본능')의 산물이다(후자는 오스트리아학파의 경제학자들, 특히 프랭크 나이트(Frank Knight)의 연구에서 가져온 것). 이러한 폭락이 유동성 선호(다른 금융 자산보다 현금을 보유하려는 욕구)의 증가를 동반하면 금리 상승으로 인해 투자 감소가 더 커질 수 있다. 마지막으로, 이러한 투자 감소는 실업률 상승과 소비 성향 하락으로 이어져 생산량 감소를 가속화할 수 있다.

케인즈의 위기에 대한 설명을 '과소 소비론자'라고 표현하는 것이 맞을까? 케인스 자신은 과소 소비이론이 정책의 지침으로서 '의심할 여지 없이 옳다'(1936, p.202)고 주장했지만, 재분배를 촉진하고 투자 촉진의 대가로 소비 성향이 높아져 소비가 늘어날 위험이 있다고 주장했다. 케인즈(1936, p.202)는 '소비와 투자 두 가지 측면을 동시에 진전시키는 것'이 최선의 방법이라는 해결을 제시했다. 이로 인해 과소 소비에 대한 강조에서 잉여 흡수, 즉, 자본가 자신의 소비와 투자를 통한 자본주의 잉여의 실현에 대한 강조로 전환되었다. 칼레츠키(1939)는 대공황 이후 위기의 여건을 조성하는 데 있어 과소투자의 중요성을 강조하였다. 칼레츠키(1965/1939, p.119)에 따르면, 자본가는 투자 지출을 통해 이윤 일부를 실현하기 때문에 '투자는 이전 시점의 투자 수준과 변화율에 의해 결정된다'고 한다. 칼레츠키는 자본스톡의 증가는 과거 이윤의 함수라고 주장했다. 호황기에는 안정적인 수준의 생산량과 더불어 자본 장비가 축적되어 수익률이 떨어진다. 이로 인해, 자본가들은 투자를 철회하게 된다. 칼레츠키는 투자와 경기 사이클 사이의 연결고리를 제시했지만, 금융의 취약성 이론이 없이는 완전한 위기 이론을 개발하지 못했다.

세계 2차대전 이후 미국 맑스주의자인 스위지(Sweezy)의 연구와 함께 과소 소비론의 발전은 계속되었다. 스위지(1942, p.184)는 과소 소비를 '… 자본주의의 무계획적 성격이 아니라 자본주의의 내적 본질에서 비롯된' 불비례(dis proportionality)의 특수한 사례로 보았다. 그는 이러한 내적 본질은 소비재에 대한 수요보다 소비재 생산 능력을 더 빠르게 확장하려는 내재적 경향 때문이라고 주장했다. 여기에는 두 가지 논거가 전제되어 있다.

첫째, (자본가 소비와 노동자 임금을 통한) 소비 증가율이 생산수단 증가율에 비해 상대적으로 감소할 것이라는 점이다.

둘째, 스위지는 경험적 증거를 인용하여 생산수단 증가와 소비재 생산량 증가 사이에 안정적인 관계가 있다고 가정했다.

이 두 가지 논거가 결합하면 소비재 수요 증가율이 소비재 생산 증가율보다 작은 경향이 발생하여 위기, 침체 또는 두 가지 모든 것이 발생할 수 있게 된다.

몇 년 후 오스트리아 태생의 슈타인들(Steindl)은 미국 자본주의의 성숙과 정체(*Maturity and Stagnation in American Capitalism*, 1952)라는 저서를 통해 자본주의의 고유한 과소 소비 경향에 대한 스위지의 결론을 받아들이면서도 그의 논리를 거부했다. 스타인들 (Steindl)은 케인즈와 칼레츠키 이론을 바탕으로 투자의 중요성을 되짚으며 투자의 하락과 과점화의 증가를 연결시켰다. 맑스가 설명한 자본주의의 집적(concentration)과 집중(centeralisation) 경향은 경제의 주요 부문에서 과점화가 심화되는 결과로 이어진다. 슈타인들(Steindl)은 이로 인해 잉여가치가 생산되는 비율은 증가하지만 잉여 가치가 실현되는 비율은 증가하지 않는다고 주장했다. 과점으로 인해 신고전학파 완전 경쟁 모형에서 자본의 경쟁 증가 메커니즘을 통해 제거하게 되는 과잉 생산 능력의 제거를 막게 된다. 과잉 생산 능력은 투자 감소와 축적률 하락을 가져온다. 독점 확산에 근거한 많은 과소 소비이론의 경우와 마찬가지로, 독점기업이 수요 부족에도 불구하고 생산능력을 계속 확대하는 이유는 명확하지 않다. 칼레츠키(Kalecki)와 슈타인들(Steindl) 연구 모두 스위지(Sweezy)에게 영향을 미쳤다(Toporowski, 2016). 스위지(Sweezy)는 바란 (Baran)과 함께 『독점 자본(Monopoly Capital)』(1968)에서 독점의 확산으로 인한 잉여 흡수 문제를 강조하고 광고, 군사, 금융 등의 분야에서 비생산적인 소비가 이러한 잉여를 흡수하고 위기의 시작을 막거나 최소한 지연시키는 역할을 한다는 가설을 세웠는데, 이는 슈타인들 (Steindl)이 주장한 것과 맥을 같이하는 것이다.

10.6 　수익성 위기(Crises of profitability)

맑스주의 위기론의 또 다른 주요 가닥은 이윤율 하락이 자본가들의 '투자 파업(investment strike)'과 생산량 및 고용 감소로 이어진다는 것이다. 축적의 외부적 한계에 직면하는 실현성 위기와 달리, 수익성의 위기는 자본주의의 주요 한계가 자본주의 자체의 기능에 있다고 가정한다. 맑스주의 전통 안팎의 저술가들은 왜 이윤이 하락할 수 있는지에 대해 여러 가지 관례적인 논거를 개발했다. 계급 갈등으로 인한 전후 노동소득 분배율(wage share) 상승(Bell and Cleaver, 1982), 자본가들이 물가 상승을 통해 임금 상승분을 전가하지 못하면서 발생한 '이윤 압박(profit sqeeze)'(Glyn and Sutcliffe, 1972), 유럽과 아시아에서 국가의 지원을 받는 새로운 산업 세력의 진입으로 인한 '과당 경쟁(over-competition)'(Brenner, 2003) 등이 그것이다.

　　그러나 맑스가 발전시킨 이윤율 하락의 내적 경향은 자본의 유기적 구성이 상승한다는 전제를 바탕으로 한 것이다. 맑스는 경쟁 압력으로 인해 개별 자본가들이 기계에 투자하게 되고, 이는 자본 - 산출 비율의 고도화로 이어진다고 주장했다. 맑스는 가변 자본(노동력)에 대한 고정 자본(생산 수단)의 가치 상승을 자본의 유기적 구성의 고도화라고 불렀다. 자본가의 잉여 가치는 노동 착취에서 비롯된 것이기 때문에, 시간이 흐르면서 가변 자본의 비중이 감소하면 잉여 가치의 하락으로 이어지게 된다.

　　수익성 위기 이론을 발전시킨 가장 저명한 현대 학자 중 한 명이 쉐이크(Shaikh, 2016)이다. 2007~8년 위기의 원인에 대한 분석에서 쉐이크는 생산과 유통 사이의 불비례성, 즉 부문 간 불비례의 한 형태로 볼 수 있다는 것부터 시작한다. 그는 금리 하락, 금융 규제 완화, 신용 조건의 전반적인 완화가 이전 호황을 촉진시켰던 역할을 강조한다. 노동에 대한 공격과 함께 임금은 하락한 반면 이윤은 상승했고, 소비 지출을 유지하기 위한 해답은 가계 부채를 확대하는 것이었다. 하지만 무엇이 신용 기반을 통한 이러한 경기호황을 종식시키고 경기 침체를 시작하게 만들었을까? 경기호황으로 기조가 전환되는 것을 대중 심리의 설명할 수 없는 변화로 설명한 케인즈와 달리, 쉐이크는 이윤율의 하락이라는 내재적 경향에서 그 원인을 찾았다. 쉐이크가 획기적인 것은 수익률의 증가율, 즉 전체 자본스톡의 비중보다는 가장 최근 투자에 대한 비중으로 수익을 강조하는 것이다. 쉐이크(2016, p.732)는 이 척도를 사용하여 1970년대 후반과 1980년대까지 미국의 이익 수준이 1990년대 후반에 정점을 찍었다고 주장한다. 쉐이크는 맑스와 케인즈를 상기시키면서, 실질 순이자율이 자본가들의 '동물적 본성'을 움직이는 물질적 토대라고 주장한다.

　　이윤은 또 다른 주요 비주류경제학자인 슘페터를 이해하기 위한 중심적 개념이기도 하다. 슘페터는 맑스의 저서에 매우 익숙했고, 맑스의 주요 특징 중 일부를 받아들였지만 이를 다른 방향으로 발전시켰다. 슘페터(1934)는 『경제발전의 이론』에서 스스로 재생산하지만 성장하지 않는 경제를 설명하면서 이러한 조건에서는 어떤 이윤도 창출할 수 없음을 보여준다. 경제가 혼란스러울때 이윤은 상승한다. 슘페터가 기업가(entrepreneurs)라고 부르는 일부 개인이 은행의 신용을 바탕으로 혁신적인 아이디어를 내고 이를 생산에 적용하면 이런 일이 발생한다. 이들은 한동안 혁신의 결실로 이익을 누리며 혁신기술을 모방하려는 자들을 끌어들여 투자에 박차를 가하고 성장을 촉진한다. 그러나 시간이 지나면서 경쟁과 은행 신용 계약이 증가하면서 수익이 감소하고, 능력이 떨어지는 일부 모방 업체는 어려움에 처하게 된다. 그러면 불황이 시작된다. 하지만, 경기침체가 고통스러운 것이긴 하지만 슘페터는 경기 침체를 필요한 것으로 보고 있다. 비효율적인 생산자를 걸러내고 혁신적인 프로세스를 경제의 생산적 구조로 흡수할 수 있다. 또한, 기업가들이 새로운 수익을 추구하면서 다음 혁신의 흐름을 만들기 위한 씨를 맺도록 한다. 따라서, 슘페터는 자본주의를 이윤을 추구하는 기업가들에 의해 주도되는 본질적으로 불안정한 체제로 이해하며, 이들의 혁신이 '창조적 파괴(creative destruction)'의 반복적인 순환을 만들어낸다.

10.7 금융 불안정성(financial instability) 위기

케인즈 위기 분석에 대한 가장 일반적 해석은 총수요 감소의 역할을 강조하는 것이다. 민스키(Minsky, 1982)는 케인즈에 대한 다른 해석을 바탕으로 금융 불안정성 가설(FIH; *Financial Instability Hypothesis*)을 세웠다. 민스키는 케인즈의 『일반이론』을 통해 생산량 대비 자본자산 가치에 대한 불균형적인 힘의 영향을 확인할 수 있으며, 근본적인 불확실성에 직면한 자본주의 경제 주체들이 보다 유동적인 포지션을 선호한다는 사실을 이해할 수 있다고 주장했다. 민스키(2010 [1931])는 또한 은행의 경기 순응적(pro-cyclical) 행태에 대한 케인즈의 유명한 비난을 강조한다. '… 견실한 은행가는 아쉽게도 위험을 예견하고 피하는 사람이 아니라, 그가 파산했을 때 동료들과 함께 관습적이고 정통적인 방식으로 파산하여 아무도 그를 비난할 수 없도록 하는 사람이다…'.[4] 동시에 민스키는 맑스와 마찬가지로 케인즈가 투자나 소비 활동의 급격한 감소를 설명하기 위해 대중 심리학에 의존하는 것을 비판했다.

　　민스키는 1970년대 미국의 스태그플레이션과 1982년 멕시코에서 시작된 남미 부채 위기를 목격하면서 1980년대에 금융 불안정성 가설(FIH)을 개발하였다. 이 책이 출간된 직후 1987년 '블랙먼데이(Black Monday)'로 알려진 주가 폭락과 1989~1991년 미국의 저축대부조합 위기(S&L 사태: Savings and Loan Crisis)가 발생했다. 민스키는 특히 1960년대 이후 자본주의가 점점 더 복잡해지는 금융 상호 관계의 구조로 인해 위기에 취약한 시스템이라는 점을 분명히 인식했고, 경제학자들은 그 변동성의 원인을 제대로 이해하지 못했다. 민스키에 따르면 기업, 정부, 가계[5]는 레버리지 수준과 관련하여 세 가지 태도를 취하고 있다. 그는 성장기에 기업의 일반

---

4 은행가들의 행동에 대한 이러한 구조적 제약에 대한 이해는 2007년 금융위기가 발생했을 때 차입매수를 위한 주요 자금 공급자로서 씨티은행의 역할에 대해 '음악이 흘러나오는 한 일어나서 춤춰야 한다'는 전 씨티은행 최고 경영자 척 프린스(Chuck Prince)의 유명한 논평을 떠올리게 한다.

5 민스키는 기업의 부채 발생이 불안정성을 이해하는 데 중요한 역학관계라고 믿었다. 가계 및 정부 부채가 전반적인 안정성에 영향을 미칠 수 있지만, 그는 이를 '중요한 요소'로 보지 않았다(1982, p.18). 2007년의 위기가 '민스키 모멘트

적 포지션을 '헤지(hedge)', 즉, 차입금에 대한 이자와 원금을 모두 영업이익으로 상환할 수 있는 능력을 보유하는 것으로 설명했다. 그러나 민스키의 주장의 핵심은 바로 이러한 안정성이 불안정하다는 것이다. 서로 경쟁하기 위해 자본가들의 레버리지는 점점 더 커질 것이고, 금융 부문의 혁신은 그에 수반되는 위험의 증가를 감추기 위해 맞물릴 것이다. 민스키가 '투기적'이라고 표현한 다음 단계는 부채에 대한 이자만 갚을 수 있는 능력을 유지하는 기업의 비중이 늘어나는 시기이다. 민스키는 마지막 단계는 기업이 '폰지' 단위[6]가 되어 이자나 원금을 갚을 능력을 상실하는 것이라고 주장했다. 이 시기에는 금리 상승으로 인해 부채가 점점 더 감당할 수 없게 되어 기업이 파산하고 노동자들이 거리로 내몰리면서 부채 디플레이션(피셔[Fisher, 1911])이 발생하게 된다.

민스키의 금융 불안정성 가설(FIH)에 대한 논의에서 종종 놓치는 것은 기업이 왜 폰지사기로 내몰리게 되는지에 대한 민스키가 제시하는 이유이다. 그는 두 가지 이유를 들었다.

첫째, 은행이 대출을 축소하거나 중앙은행이 과열된 경제를 억제하려고 시도하면서 내생적인 금리 상승으로 인해 부채 비용이 감당할 수 없게 될 수 있다.

둘째, 민스키(1982, p.29)는 마르크스의 말을 인용해 총자본 소득이 감소하는 이유는 이윤의 결정요인(그리고 미래 수익성에 대한 기대)이 떨어졌기 때문이라고 주장한다.

두 가지 요인이 모두 존재하는 경우 경제는 심각한 불황에 빠질 수 있다. 민스키는 이윤의 결정 요인으로 생산성, 대외수지, 정부 적자, 가계 저축률의 변화를 지적한다.

슘페터와 제도학파로부터 영감을 받은 민스키는 금융 불안정성 가설(FIH)을 특정 역사적 맥락에 적용하는 데에도 열중했다. 특히 민스키는 현재 자본주의의 국면을 '자금 관리자 자본주의(money manager capitalism)', 즉 개방식 투자신탁인 상포 기금(mutual funds)와 연기금, 보험사 같은 기관 투자자 등 자금관리자가 경제의 역동성을 주도하는 핵심 주체로 부상하는 단계로 규정한다. 이러한 주체들이 오늘날의 금융 시스템에서 차지하는 지분을 고려해보면, 민스키의 통찰력은 예언적임이 입증되었다.

10.8 경제위기 상황 대처하기

위기에 대응하는 방법에 대한 경제학 내의 여러 학파에서 제시하는 권장 사항에는 많은 차이가 있지만, 이러한 차이의 대부분은 위기를 초래하는 조건에 대한 분석의 차이에 비추어 이해할 수

(Minsky moment)'이었는지에 대한 논의에서 민스키에 대한 이러한 견해는 종종 그것이 옳든 그르든 간에 그렇지 않다는 것을 암시하기 위해 언급된다.

6 역주: 정상적인 경제활동에 따른 현금수입으로는 이자는 물론 원금도 갚을 수 없는 경제 단위를 의미

있다. 합리적 행위자가 시장을 효율적으로 배분하는 목표를 추구하는 신고전학파 접근방식으로 보면 위기는 정의에 따라 시스템에 대한 일종의 외부 충격에서 비롯되어야 한다. 이는 종종 '부정적 펀더멘털', 즉 정부가 시장의 적절한 기능을 위한 필요 조건을 제공하지 않거나, 같은 정부(또는 노동조합과 같은 다른 제도)가 불균형을 야기하는 개입 행위로 설명한다. 신고전학파 옹호론자들은 금융위기 이후 연방 모기지 제공업체인 패니매(Fannie Mae)와 프레디맥(Freddie Mac)의 부적절하고 과도한 대출부터 연방준비제도가 '자연' 이자율보다 낮은 금리를 유지해 자산 가격 인플레이션을 초래한 것까지 다양한 국가 주도의 개입을 비난의 대상으로 지목했다. 이러한 분석에 따르면 위기 대응은 '악영향을 미치는 것'을 처벌하거나, 불균형을 초래한 것으로 간주되는 제도의 실패를 인정하거나, 문제가 재발생하기 전에 경쟁의 힘으로 문제가 있는 제도를 뿌리뽑을 수 있도록 규제를 더욱 완화하는 방식으로 이루어진다.

주류경제학계는 신고전주의 종합학파 또는 뉴케인지언 학파에서 훈련받은 경제학자들이 더 지배적이다. 정보 비대칭성(또는 가격 경직성의 다른 원인)은 이 집단이 면밀하게 전거를 들고 있는 일련의 시장 실패의 원인이다. 이는 비합리적인 행동으로 보일 수 있으며, 장기적으로 사회적 비용이 많이 드는 불균형한 결과를 초래할 수 있다. 이러한 분석에 따라 이번 사태의 원인으로 지목된 시장 실패를 해결하기 위한 권고안이 마련되었다. 역사적으로, 이러한 주장은 예금 보험 제공, 신용 등록부 작성, 금융 시장의 시장 실패를 막기 위한 다양한 규제 개입의 도입을 정당화하는 데 사용되었다. 글로벌 금융위기 이후 이 집단은 은행의 유동성 및 자기자본 비율(CAR)에 대한 규제 변화와 다양한 금융기관 및 상품에 대한 공시 개선에 중점을 두었다.

뉴케인지언 경제학자들은 경기 침체 시 적극적인 거시경제 안정화를 주장하기도 한다. 이들은 주로 앞 절에서 설명한 목표 인플레이션 규칙에 따라 확장적 통화 정책의 사용을 지지하지만, 심각한 경우에는 재정 부양책도 사용한다. 경제 자체는 결국 스스로 안정될 수 있지만, 이렇게 되려면 매우 오랜 시간이 걸릴 수 있으며 특히 높은 실업률로 인한 사회적 후생 손실은 감당하기 어려운 사회적 비용이 될 수 있다고 주장한다. 그러나, 거시경제를 안정시키기 위해 정부가 얼마나 '적극적으로' 개입해야 하는지에 대해서는 학계 내에서도 이견이 존재한다.

비주류경제학자들에게 경제 위기는 일탈이나 실패가 아니라 자본주의 경제의 내재적 불안정성의 결과이다. 포스트 케인지언들에게 급격한 불확실성의 환경에서 기대 변화는 경기순환에 따라 취약성을 키우는 결과를 가져온다. 이 집단의 위기 대응은 경기 대응적(counter-cyclical) 규제 조치, 금융 부문 억제, 국가 개입에 초점을 맞추고 있다. 케인즈(1936, 24장, II-III)는 저금리 부과와 투자 사회화를 통한 '임대자의 안락사'를 주장한 것으로 유명하다. 민스키는 상업은행의 기업 차환을 보호하기 위해서는 중앙은행의 개입이 필수적이며, 수요와 이익을 강화하기 위해서는 중앙정부의 재정적자 지출이 필요하다고 주장했다. 그는 이러한 행동의 결과가 물가 상승과 활력없는 성장(anaemic growth)이 될 수 있음을 인식하고 다음과 같이 주장했다. '우리가 더 잘하려면 부채 비중이 높은 재무구조로 인한 불안정성이 줄어들도록 우리 경제의 구조를 개혁해야 한다'(1982, p.57). 글로벌 금융위기 이후 이 학교는 다음과 같은 일련의 조치 - 경기 순환 단계에 따라 은행이 보유해야 하는 자본의 양을 달리하는 등의 경기 순환에 부합하는 조치, 직접 신용 규제, 은행 대차대조표 규모 제한, 자본 통제를 통한 국경 간 금융 흐름 통제 등을 통한 민간 금융의 억제, 중앙은행의 의무 변경 및 불평등 심화를 해결하기 위한 재분배 조치 등 규제 이상의 조치들-를 권고했다.

　　맑스주의 학자들은 자본주의를 안정화하려는 모든 시도에 대해 회의적인 시각을 가지고 있다. 이는 위기를 해결하기 위해 채택된 수단은 '더 광범위하고 더 파괴적인 위기의 길을 열어주고 … 위기를 예방할 수 있는 수단을 감소시키는' 대가를 치른다는 맑스(2002, p.79)의 견해를 반영한다. 경제위기는 자본주의 경제에서 축적 과정을 회복하는 데 필요한 것이다. 그러나, 이것을 곧 행동하지 말라는 의미로 해석하는 것은 잘못된 생각이다. 맑스주의자들은 경제 전반에 걸쳐 대중과 집단의 역할이 커져야 한다고 주장한다. 여기에는 금융, 유틸리티, 중공업과 같은 주요 부문을 국유화하라는 요구와 기업에 대한 노동자 소유권 증진이 포함될 수 있다. 더 넓게 보면, 이 분석은 가장 취약한 계층이 위기의 영향을 받지 않도록 노동자 계층을 조직하고 보호하는 데 도움이 된다. 여기에는 작업장 조직화와 실질 임금 인상을 위한 투쟁, 다양한 공공 서비스의 확대가 포함된다.

10.9　결론

2008년에 시작된 글로벌 금융위기 이후, 자유로운 시장이 최적의 안정적인 생산량 증가를 가져온다는 신고전학파 관념은 많은 사람들의 신뢰를 잃었다. 그러나, 본질적으로 위기에 취약한 사회경제적 재생산 시스템으로서의 자본주의에 대해 반대하는 비주류 해석은 주류 사상 및 정책 결정에서 발판을 마련하는 데 똑같이 실패했다. 초기 정책 대응은 포스트 케인지언의 권고에 따라 이루어졌지만, 이제는 행동경제학의 통찰력을 활용하여 시장의 불완전성을 개선하려는 뉴케인지언 프로젝트로 전환되고 있는 것으로 보인다.

　　이것은 '자본주의와 위기의 관계에 대한 대중의 이해라는 측면에서 대공황에 대한 대응이 글로벌 금융위기 이후의 대응보다 더 광범위했던 이유는 무엇일까?'라는 경제사상사가들에게 흥미로운 질문을 부과하고 있다. 확실히 사회적 경제적 상황은 달라졌다. 복지 국가는 수십 년 동안의 신자유주의 공격에 방어적인 입장이었지만, 1930년대 노동자 계급이 겪었던 위기와 비교했을 때 최근 위기의 영향을 일부 완화하는 데 기여했다. 중앙은행 대차대조표의 적극적이고 전 세계적으로 조율된 확대는 금융 시장 및 기관의 유동성을 유지하면서 동시에 재분배적 재정 조치의 사용에 대한 근거를 제공했다. 그러나 경제학계의 지배적 사상은 의심할 여지없이 중요한 역할을 해왔다. 전 세계 경제학과에서 비주류경제학자들을 걸러내기 위한 공동의 노력은 경제학계에서 보다 진보적인 목소리를 내는 사람들의 연구 역량과 정책 홍보 능력을 약화시켰다. 위기가 곧 기회라고 한다면, 이번 위기는 아직 실현되지 않았다.

토론거리 및 세미나 활동

• 위기에 대한 정통적 분석은 '도덕적 해이'와 '역선택'의 문제를 강조한다. 이 개념들을 설명하라. 2008년 에 시작된 대침체에서 이러한 문제의 어떤 예를 볼 수 있다.

• 많은 평론가들이 2008년에 시작된 위기를 처음에 '민스키 모멘트'이라고 표현한 이유는 무엇이라고 생각 하는가? 그런것 같은가?

• 신고전학파, 신케인즈학파, 포스트케인지언, 맑스 학파의 위기 이론의 주요 차이점은 무엇인가? 각 이론의 강점과 약점은 무엇이라고 생각하는가?

• 위기의 주요 원인인 수익성 하락에 대한 슘페터주의와 맑스주의의 견해는 어떻게 다른가?

• 케인즈-하이에크 논쟁을 보면서 케인즈와 하이에크가 논의하는 경제학 개념을 메모해보라. 케인즈와 하이 에크는 위기의 근본적인 원인을 어떻 게 보았는가?

더 읽을 거리

• Bertocco, A. (2017). *Crisis and the failure of economic theory: The responsibility of economists for the great recession* (New directions in Post-Keynesian economics series). Cheltenham: Edward Elgar

• Kindleberger, C. P. (2011). *Manias, panics and crashes: A history of financial crises* (Ed. Z. Aliber, 6th ed.). Basingstoke: Palgrave Macmillan.

• Shaikh, A. (1978). An introduction to the history of crisis theories. In U.S. Capitalism in crisis (pp.219-241). New York: URPE. [Online] Available at:

http://www. anwarshaikhecon.org/index.php/publications/political-economy/421978/84-an-int roduction-to-the-history-of-crisis-theories.

참고문헌

Baran, P. A., & Sweezy, P. M. (1968). *Monopoly capital: An essay on the American economic and social order*. Harmondsworth: Penguin.

Bell, P., & Cleaver, H. (1982). Marx' s theory of crisis as a theory of class struggle. *Research in Political Economy*, 5, 189-261.

Blanchard, O. J. (2014). Where danger Lurks. *Finance and Development*, 51(3), 28-31.

Brenner, R. (2003). *The boom and the bubble*. London: Verso.

Carlin, W., & Soskice, D. (2009). Teaching intermediate macroeconomics using the 3-equation model. In G. Fontana & M. Setterfield (Eds.), *Macroeconomic theory and macroeconomic pedagogy*. Basingstoke: Palgrave.

Corsetti, G., Pesent, P., & Roubini, N. (1999). Paper tigers?: A model of the Asian crisis. *European Economic Review*, 43(7), 1211-1236.

Diamond, D. (1984). Financial intermediation and delegated monitoring. *Review of Economic*

Studies, 51(3), 393-414.

Fisher, I. (1911). *The purchasing power of money: Its determination and relation to credit, interest, and crises*. New York: The Macmillan Co.

Friedman, M., & Schwartz, A. J. (1963). *A monetary history of the United States, 1867-1960*. Princeton: Princeton University Press.

Glyn, A., & Sutcliffe, B. (1972). *British capitalism, workers and the profit squeeze*. London: Penguin Books.

Hilferding, R. (1981). *Finance capital*. London: Routledge.

IMF. (2009, April). *World Economic Outlook*. International Monetary Fund.

Jevons, W. S. (1875). *Money and the mechanism of exchange*. London: Appleton.

Kalecki, M. (1939). *Essays in the theory of economic fluctuations*. London: Allen & Unwin.

Keynes, J. M. (1936).   *The general theory of employment, interest and money*. New York: Harcourt, Brace, Jovanitch.

Keynes, J. M. (2010). The consequences to the banks of the collapse of money values. In *Essays in persuasion* (pp.150-158). Basingstoke: Palgrave Macmillan.

Marx, K. (1971). *Theories of surplus value. Part III*. Moscow: Progress Publishers.

Marx, K. (1991). *Capital: Critique of political economy*. London: Penguin Books.

Marx, K., & Engels, F. (2002). *The Communist Manifesto*. London: Penguin.

Minsky, H. P. (1982). *Can 'It' happen again? Essays on instability and finance*. Armonk: M.E. Sharpe.

Prescott, E. C. (1999). Some observations on the great depression. *Federal Reserve Bank of Minneapolis Quarterly Review*, 23, 25-31.

Say, J.-B. (1803). *A treatise on political economy*. Philadelphia: Lippincott, Grambo & Co., 1855.

Schumpeter, J. A. (1934). *The theory of economic development: An inquiry into profits, capital, credit, interest, and the business cycle*. New York: Transaction Publishers.

Shaikh, A. (2016) *Capitalism: Competition, conflict, crises*. Oxford:Oxford University Press.

Steindl, J. (1952). *Maturity and stagnation in American capitalism*. New York: Monthly Review Press.

Sweezy, P. (1942). *The theory of capitalist development*. New York: Monthly Review Press.

Tobin, J. (1986). The future of Keynesian economics. *Eastern Economic Journal*, 12(4), 347-356.

Toporowski, J. (2016). The crisis of finance in Marxian political economy. *Science & Society*, 80(4), 515-529.

Walras, L. (1954). *Elements of pure economics*. London: Allen & Unwin.

Woodford, M. (2003). *Interest and prices: Foundations of a theory of monetary policy*. Princeton: Princeton University Press.

RECHARTING THE HISTORY OF **ECONOMIC THOUGHT**

어떻게 경제는 성장하는가?

Chakib Bourayou and Elisa Van Waeyenberge

11.1 서론

이 책의 일부 장(6장, 10장, 15장)에서는 전통적으로 경기순환 이론(BCT)의 일부라고 이해되는 쟁점을 다루고 있다. 이러한 분석은 '잠재'산출량과 편차에 주력하기 때문에 흔히 '단기적'이라 한다. 주류 거시경제학의 경기순환론에서 잠재 생산량이란 주어진 생산 능력을 완전히 활용하는 경제 활동 수준에 해당한다. 경기순환론에서는 경제가 완전히 가동되는 상태를 '장기(long-run)' 이라고 부르기도 한다. 그러나, 경제학자들은 경제의 잠재적 생산량(또는 생산 능력)의 변화를 주도하는 요인을 이해하는 데도 관심을 기울여 왔으며, 일반적으로 '성장 이론'이라고 불리는 이 분석은 종종 장기(또는 '매우 장기적인') 분석이라고도 불린다. 따라서, 경기순환 및 성장 이론에서 단기 및 장기라는 용어는 다소 혼동될 수 있다. 이에 대한 자세한 내용을 아래 서론에서 설명한다.

경제 성장을 어떻게 분석해야 하는지에 대해서는 주류경제학과 비주류경제학 간에 논쟁이 존재하는 분야이다. 주류경제학에서는 성장을 생산, 소비, 경제 조직에 근본적인 변화를 일으키는 과정으로 이해하기보다는 단순히 총량적 수준에서 더 많은 생산량을 창출하는 것으로 이론화하는 경우가 많다. 예를 들어, 경제 전반에 걸쳐 정보통신(ICT) 기술이 광범위하게 보급되는 것(정보통신기술(ICT) 혁명)은 대부분의 성장 이론에서 단순히 노동의 생산성을 높여 총생산을 증가시키는 생산성 향상 기술로 분석한다. 그러나 정보통신기술(ICT)은 생산성을 높일 수도 있지만, 상품 생산 방식(예, 새로운 생산 방식), 생산되는 상품(예, 새로운 산업), 소비 패턴(예, 온라인 쇼핑 등 중간재와 최종재 수준), 제도(예를 들면, 영국의 복지제도 개편 방식)에도 변화를 가져온다. 이러한 변화는 새로운 도전과 투자 기회를 창출함으로써 고용, 소득 분배, 생산 인구 통계, 산업의 운명에 중대 한 영향을 미친다. 따라서, 성장은 단순히 같은 일을 더 많이 하는 것이 아니라 변화의 과정이다. 여기에는 GDP 성장률이라는 양적 측정 외에도 중요한 질적 차원이 존재한다. 그럼에도 불구하고, 아래에서 자세히 설명하겠지만 신고전주의 성장학은 '획일적인 (one-size-fits-all)' 성장 모델과 정상상태의 균형 성장 개념에 집착하여 성장이 가져오는 (질적) 변화를 고려하지 못했다. 또한, 장기성장 경로는 장기성장 경로 주변의 단기적인 변동과 무관한 것으로 간주되는 경우가 많다. 이 두 가지 상태 또는 경제에 대한 설명이 서로 어떻게 관련되어 있는지에 대해서는 거의 고려하지 않는 경향이 있다.

이 장에서는 성장과 시간(그리고 서로 다른 기간 간의 관계)이 어떻게 개념화되는지에 초점을 맞추어 주류 성장 이론과 그 대안적 접근에 대해 논의한다. 성장에 대한 주류경제학의 관심은 한계학파 한계혁명과 함께 정적 자원 배분의 효율성 문제로 관심이 옮겨 가면서 다소 관심이 저하되었다(6장 참고). 이러한 상황은 축적(혹은 성장)의 역학관계가 고전학파 정치경제학자들의 핵심 관심사였다는 현실과는 동떨어진 것이었다. 잠시 주춤 했던 경제학은 1930년대 후반에 이르러 성장에 대한 관심을 재발견했고, Harrod(1939)와 Domar(1947)의 중요한 기여로 '현대 성장 이론'의 토대를 마련하게 되었다(Sen, 1970).

이 장에서의 논의는 다음과 같이 진행된다. 다음 절에서는 먼저 성장 이론에서 시간이 어떻게 이해되는지에 대한 문제를 다루기 위한 몇 가지 사전적인 문제에 대해 다룬다. 이어서 현대 성장 이론의 토대를 마련한 해로드-도마 모형(Harrod-Domar Model)부터 시작하여 주류 성장 이론에 대한 논의를 한다. 해로드-도마 모형의 불안정성 문제를 해결하기 위해 '구(Old)' 신고전학파 성장론이 어떻게 등장했는지를 강조하고, 구 신고전학파 성장 이론에서 성장의 궁극적인 원천임에도 불구하고 외생적인 것으로 남아 모형 외부에서 결정되는 기술 변화를 설명하려 했던 '새로운(New)' 신고전학파 성장론과 대비한다. 그런 다음 이 장에서는 주류 성장 분석의 대안적 접근방식에 대해 다룬다. 여기에는 고전학파 정치경제학자, 포스트케인지언, 슘페터 및 진화경제학자들의 독창적인 기여를 포함한다.

11.2   성장분석을 위한 사전작업

경기순환과 경제성장 사이의 단기적, 장기적 이분법(dichotomy)에 대해서는 앞서 간략하게 설명했다. 성장론은 경제의 장기적인 추세 또는 경로를 다루기 때문에, 이것이 의미하는 바가 무엇이며 시간에 대한 우리의 이해와 어떤 관련이 있는지 이해할 필요가 있다. 경제학에서 장 - 단기 이분법은 여러 학파를 특징짓는 다양한 용도로 사용되며, 종종 간과되는 문제이기도 하다. 이론적 명제(혹은 논리적 시간)를 포착하기 위해 이분법을 사용하는 것과 비교하여 역사적(즉, 연대기적) 시간의 기간을 지칭하기 위해 장 - 단기를 사용하는 것에서 혼란이 발생하는 것 같다. 예를 들어, 단기는 논리적 시간을 나타내는 이론적 명제인 고정 자본 스톡이 특징인 경제를 지칭하는 데 사용되며, 장기는 모든 것이 완전히 유연하지만 잠재 생산량이 고정된 기간이고, 궁극적인 장기는 잠재적 생산량이 변할 수 있는 기간으로 성장론의 주제가 된다. 이러한 어려움은 경제의 '균형'에 대한 다양한 해석으로 인해 더 복잡해진다(6장 참조).

시간에 대해 구체적으로 개념화 하기 위해서는 단기적 움직임이나 변동이 장기적인 결과에 영향을 미치는지, 따라서 단기적 거시경제 정책이 성장에 중요한지 여부에 대한 질문을 수반하게 된다. 이를 경로 독립성(내지 의존성)(path (in)dependence)이라는 개념으로 포착하는 경향이 있다. 경로 독립성이란 '개인이 취하는 행동에 영향을 받지 않고 경제가 일반적으로 움직이는 경향이 있는 … 어떻게든 이미 정의된 균형 위치가 있다는 생각'이다(Arestis and Sawyer, 2009a, b, p.13). 따라서, 경로 의존성은 실제 생산량의 움직임이 균형을 향한 경로(존재하는 경우)와 함께 경제가 최종적으로 어디로 향하는지에 영향을 미친다는 개념을 반영한다. (되돌릴 수 없는 현실의 시간과 달리) 논리적 시간의 핵심은 모든 것이 되돌릴 수 있기 때문에 한 번 내린 결정은 간단히 되돌릴 수 있어 경제를 이전의 균형 상태로 되돌릴 수 있다는 것이다. 주류경제학은 논리적 시간을 두 가지 방식으로 나타내고 있다. 전후 신고전파 경제학은 (경제가 수렴하는) 장기 상태가 현재 기의(단기적) 움직임 및 결정에 영향을 받지 않으며, 따라서 생산량 경로가 경제가 최종적으로 도달하는 상태에 영향을 미치지 않는다고 가정하는 경로 독립성을 가정하는 경향이 있다. 이는 단기적 분석 대상인 경기순환과 장기적 분석 대상인 경제 성장을 분리하려는 것을 의미한다. 이 두 가지가 서로 관련이 없다고 가정한다. 그러나, 추가적인 가정을 할 때만 경로 의존성이라는 개념이 존재할 수 있다. 예를 들어, 여러 개의 장기 균형 성장 경로와 경제의 경로를 변화시키는 단기 움직임을 함께 가정하여 단기 움직임이 장기적으로 영향을 미칠 수 있도록 하는 것이다. 그러나, 가역성에 대한 가정은 여전히 유지되며, 이는 초기 이동 효과를 되돌릴 수 있는 충분한 단기 이동을 통해 원래의 평형 경로를 (이론적상으로는) 달성할 수 있다는 것을 의미한다.

　　대부분의 비주류경제학에서 취하고 있는 역사적 시간상으로 보면 이러한 가역성이 불가능하며, (즉시 취소할 수 있는 극히 작은 결정의 경우는 예외이지만) 경로 독립성의 가능성도 배제된다. 바두리(Bhaduri; 1993, p.60)는 로빈슨(Robinson;1980, p.7)의 말을 다음과 같이 인용한다. '공간이라면 왔다 갔다 할 수 있지만 시간의 경우 한 방향으로만 가고, 실수를 바로잡기 위해 되돌릴 수 없으며, 시행착오의 과정을 통해 균형에 도달할 수 없다 … 오늘은 돌이킬 수 없는 과거와 알 수 없는 미래로부터 시시각각 움직이면서 단절되어 있다.' 역사적으로 볼 때, 오늘 내린 결정은 내일 내릴 수 있는 결정, 이러한 결정의 결과, 그리고 결정이 내려지는 맥락에 영향을 미친다. 어떤 결정이 내려지면 다른 사람들이 결정을 내리고 새로운 정보가 반영된다(경제는 상호의존성으로 가득 차 있다). 결과적으로, 결정이 번복되면 원래 상황은 더 이상 우세한 상황이 되지 않는다. 이는 우리가 원래의 양적 상황(예를 들어, 사용된 투입재 양)으로 돌아가더라도 경제는 이제 질적으로 달라질 것임을 의미한다. 아레스티스와 소여(Arestis and Sawyer; 2009a, pp.13-14)는 이러한 문제를 숲의 비유로 요약하고 있다.

> 숲을 통과하는 주 경로가 있고, 주 경로에서 벗어난 샛길이 있지만 샛길을 따라가면 항상 주 경로로 돌아갈 수 있도록 되어 있다고 가정해 보자. 이는 경로가 이미 존재하며 누군가가 그 경로를 따라 여행하기를 기다리고 있고, 누군가가 주 경로를 벗어나면 다시 경로로 돌아오게 하는 '힘'이 있으며, 고유한 목적지가 있다는 점에서 가장 단순한 신고전학파 접근 방식과 유사한 것이다. 다른 목적지로 연결되는 두 번째 주 경로와 두 개의 주 경로를 연결하는 보조 경로를 도입하여 경로 종속성의 한

형태를 도입할 수 있다. 그러면 최종 도착 지점은 경로 의존적이라고 할 수 있으며, 이는 다수의 평형 (multiple equilibria)에 해당한다. 경로 의존성 접근법[역사적 시간]은 명확하게 표시된 길이 없는 숲 속을 여행하는 것과 비슷하며, 덤불을 헤쳐나가야 하는 문제이다(최종 도착 지점도 없고 숲은 영원히 계속될 수도 있다!). 각 단계는 이전 단계와 위치 도달 범위를 기반으로 해야 한다. 되돌릴 수 없는 것이 있다. 나무를 베었다면 그 후 발걸음을 되돌리더라도 나무가 바로 다시 나타나지 않으며, 나무를 베었던 경험으로 인해 인식이 달라졌을 수도 있다.

11.3   주류경제학 성장론

경제의 성장과 발전은 고전학파 경제학의 핵심적인 특징이었지만(아래 참조), 19세기 후반의 한계주의 혁명 이후 이 주제에 대한 관심은 줄어들었다. 또한 1929~1939년의 대공황과 1936년 케인즈의 일반이론이 발표되면서 경제 분석이 경제의 단기적 측면으로 옮겨가면서 '거시경제학'이 탄생하게 되었다. 그러나 정통 경제학에서 성장과 발전(12장 참조)에 대한 관심은 전후 해로드(1939, 1948)와 도마(1947)의 출판 이후 더욱 커져 이른바 해로드-도마 모형(Harrod-Domar Model)을 탄생시켰다.

해로드-도마 모형은 '균형의 거시동학(equilibrium macro-dynamics)'의 실험이다. 이 모형은 자본주의 경제 성장 연구를 시작하는 가장 좋은 방법으로 동학적 이론에 대한 간 단한 시작을 제안한다. 이는 **정상상태 균형성장**(SSBG; steady-state balanced growth) 경로를 따라 성장하는 것을 이론화하는 것을 의미한다. **정상상태**(steady state) 성장 경로를 따른다는 것은 생산량, 노동력, 자본을 포함한 모든 변수는 **일정한 비율**로 성장한다는 것을 의미한다(즉, 그 크기는 증가하지만 일정한 비율로 성장하고 그러기에 그 비율이 변하지 않는다). **균형**(balanced) 성장 경로를 따라 모든 변수가 **동일한 비율**로 성장한다. 정상상태 균형성장(SSBG) 경로는 시간이 흐르면서 모든 변수가 일정하고 동일한 비율로 성장하는 일종의 '균형'을 의미한다. 즉, 경제는 더 커지지만 다른 모든 측면은 동일하게 유지된다는 의미이다. 예를 들어, 자본 - 산출 비율 (COR;capital-out ratio)과 같은 경제의 비율이 일정하게 유지된다는 것을 의미한다. 정상상태 균형성장(SSBG)경로를 따른 경제를 경제의 다른 측면은 변화하지 않고 규모만 확대되는 특정한 형태라고 생각하면 된다.

성장 이론에 다양한 획기적 방법이 등장하였지만, 이하에서 지적하듯이 신고전파 경제학은 정상상태 균형성장(SSBG) 분석 틀에서 한발짝도 벗어나지 못했다. 따라서, 신고전학파 성장 이론은 과거와 현재를 막론하고 정상상태 균형성장(SSBG)의 한계로 인해 근본적인 제약이 있다. 예를 들어, 모든 변수가 동일하고도 일정한 비율로 성장한다는 정상상태 균형성장(SSBG)경로에 따르면, 모든 구조적 변화를 배제하게 되어 구조적 변화는 가능하지 않게 된다. 실제로, 성장과 발전의 필수적인 특징인 구조적 변화는 특정 부문이 GDP에서 차지하는 비중이 증가하면 자본 산출비율(COR)이 변화한다는 것을 의미한다. 예를 들면, 산업화는 경제내 자본 - 산출비율

(COR)을 증가시킨다.

이 장의 나머지 부분을 다음과 같이 구성한다. 먼저, 해로드-도마 성장 모형의 가정, 작동 방식 및 한계를 소개한다. 이어서 (구 신고전학파 성장 이론인) 솔로우-스완 모형(Solow-Swan model)과 그 한계에 대응하여 등장한 (신 신고전학파 성장 이론인) AK 모형 (AK model)에 대해 소개한다.

11.3.1 해로드-도마 성장모형(Harrod-Domar growth model)

성장에 대한 관심이 줄어들고 있는 상황에서 해로드(1939, 1948)와 도마(1947)는 투자가 현재 기의 총수요 수준과 미래의 자본 스톡(capital stock), 따라서 잠재적 산출량 (따라서 성장)에 영향을 미치는 이중적 역할을 한다는 점을 인식하여 단기적인 케인즈주의 분석을 장기적으로 확장하고자 했다. 해로드-도마(HD) 이론은 정상상태 균형성장(SSBG) 이 발생하는 조건과 이 성장 경로가 안정적인지 여부를 규명하고자 했다. 이 모형은 경제가 단기적으로 완전고용 균형 상태에 도달할 수 있다는 케인즈의 회의론적 태도를 공유하며, 이하에서 살펴보는 바와 같이 균형성장 경로에서 조금만 벗어나도 성장이 가속화되거나 경기침체가 점진적으로 악화되는('칼날 (knife-edge)' 문제) 극히 제한적인 조건에서 정상상태 균형성장(SSBG)을 달성할 수 있는 조건을 제시한다.

해로드(1939)에 따르면, 해로드-도마(HD) 모형에서는 세 가지 성장률을 구분한다. **실제 성장률**(G_A)은 경제가 실제로 경험하는 생산량의 증가율이다. **적정 성장률**(G_W)은 자본을 완전히 활용하는데 필요한 생산량 증가율(또는 투자자의 기대가 완전히 실현되는 성장률)이다. **자연 성장률**(G_N)은 증가하는 노동력을 고용하기에 충분한 생산량 증가율 이다. 실제 성장률이 적정 성장률을 초과하면 투자 계획이 저축 계획을 초과하여 경제는 같은 성장률에서 멀어지게 된다. 실제 성장률이 적정 성장률보다 적으면, 투자 계획이 저축 계획보다 적고 성장률이 적정 수준보다 더 작아진다. 모형에서 기대가 형성되는 방식 때문에 실제 성장률의 이러한 움직임은 스스로 강제력을 가지게 되며, 투자 증가 / 감소는 추가적인 투자 증가 / 감소로 이어진다. 이를 칼날 문제라고 하는데, 날 부분($G_A = G_W$일 때)에서는 경제가 괜찮지만 날 부분의 어느 한 쪽에서는 경제가 확장 또는 수축 역학이 가속화되는 것을 경험하게 된다(자세한 내용은 파인과 디마쿠(Fine and Dimakou; 2016) 참조).

그러나 생산량과 생산 능력(즉, 실제 생산량과 적정 생산량)이 같은 비율($G_A = G_W$)로 증가하더라도 이는 노동력 증가율보다 낮을 수 있으며, 이는 경제가 완전 고용에 미치지 못하는 수준으로 성장하고 있음을 의미한다. 경제가 완전 고용과 최대 생산 능력으로 성장하려면 세 가지 성장률, 즉 G_A, G_W, G_N이 서로 같아야 한다. 이것이 바로 정상상태 균형성장(SSBG)의 조건이다.

해로드-도마(HD) 모형은 당시의 케인즈주의 거시경제 이론에 기반하고 있다. 이에 따라 해로드-도마 모형은 총수요 수준이 단기 총생산 수준을 결정한다고 주장했다. 이 모형에서는 투자 수준에 초점을 맞추었으며, 특정 기간의 산출 수준은 승수와 가속기 원리에 따라 결정된다. 승수의 크기는 한계 저축 성향(s)에 반비례하여 달라지며, 한가저축성향(s)이 높을수록 소득 증가분 중 더 많은 부분을 저축하여 소비를 줄인다는 의미이다. 수리적으로 나타내면 다음과 같다.

$$Y_t = \frac{I_t}{s} \qquad (11.1)$$

여기에서, Y=산출량, I=투자, $s =$ 한계저축성향, 그리고 t는 시점을 나타낸다.

투자 결정은 지난 기에 비해 이번 기에 수요(따라서 생산량)가 증가(또는 감소)할 것 인지에 대한 기대치와 추가 생산량을 생산하기 위해 필요한 자본량(따라서 새로운 수요 수준을 충족하기 위해 얼마나 많은 투자가 필요한 지)을 보여주는 자본 - 산출 비율(COR)에 따라 투자 수준(따라서 자본 재고 수준)이 달라진다는 가속기를 통해 모형화한다. 자본 - 산출 비율(COR)이 일정하다고 가정한다.[1]. 수학적으로 표현하면 다음같이 나타낼 수 있다.

$$I_t = \nu\big(e(Y_t) - Y_{t-1}\big) \qquad (11.2)$$

여기에서, I_t는 특정 시점의 투자이고, ν는 고정되어 있다고 가정한 자본 - 산출 비율을 의미하고, Y는 산출량을, $e(\ )$는 기대값을 의미하기에 $e(Y_t)$는 특정시점의 기대산출량 수준을 의미한다. 따라서 생산량(따라서 수요)이 지난 기간보다 클 것으로 예상되는 경우 ($e(Y_t) > Y_{t-1}$) 투자가 증가하며, 그 반대의 경우도 마찬가지이다. 새로운 생산량 수준을 충족하기 위해 자본을 더 많이 늘려야 하므로 $COR(\nu)$가 클수록 더 많은 투자가 이루어지게 된다.

방정식 (11.1)과 (11.2)를 통해, 현재 기의 산출량을 가속기 효과와 승수 효과의 곱으로 나타낼 수 있다. 이를 통해 다음과 같은 방정식을 얻을 수 있다.

$$Y_t = \frac{\nu\big(e(Y_t) - Y_{t-1}\big)}{s} \qquad (11.3)$$

따라서, 특정 기간 동안의 생산량(Y_t)은 해당 기간 동안의 투자가 기반이 된 (실현 전의) 예상 생산량 수준에 따라 달라진다. 따라서 두 기 사이의 생산량 증가는 예상 생산량 증가 (두 기 사이의 예상 생산량 증가)에 따라 달라진다. 생산량 증가율은 $\dfrac{Y_t - Y_{t-1}}{Y_t}$와 같으므로, 방정식 (11.3)의 양변을 예상 생산량 수준으로 나누면 예상 증가율을 구할 수 있다.

---

1 예를 들어, 생산량 1단위를 추가로 생산하기 위해 자본 3단위가 추가로 필요한 경우 자본 산출 비율은 3/1 = 3로 나타낸다.

$$\frac{Y_t}{e(Y_t)} = \frac{(e(Y_t) - Y_{t-1})}{(s \times e(Y_t))}$$

$\dfrac{(e(Y_t) - Y_{t-1})}{e(Y_t)}$ 는 예상 성장률로 $e(g)$로 표시하여 다음과 같이 다시 정리할 수 있다.

$$\frac{Y_t}{e(Y_t)} = \frac{\nu e(g)}{s} \tag{11.4}$$

그래서,

$$e(g) = \frac{Y_t}{e(Y_t)} \times \frac{s}{\nu} \tag{11.5}$$

장기적으로 기대 성장률이 실제 성장률과 일치하면($e(Y_t) = Y_t$), 장기 성장률인 보증 성장률(Gw)은 다음과 같은 식으로 나타낼 수 있다.

$$G_{\mathrm{w}} = \frac{s}{\nu} \tag{11.6}$$

실제 및 적정 성장률에 따라 완전 고용을 실현하는 최대 수준의 생산량 증가를 제공하는 '자연 성장률'도 있다. 자연 성장률은 노동 공급의 증가(n)와 (일부 연구에서는) 기술 성장 (m)을 통해 발생하며, 이 두 가지 모두 외생적으로 결정된다.

$$G_n = m + n \tag{11.7}$$

정상상태 균형성장(SSBG)의 경우, 실제 성장률(G_A)은 자연 성장률(G_N)과 같은 적정 성장률(G_N)과 같아야 한다. 또한 정상상태 균형성장(SSBG)의 경우에는 다음과 같다.

$$m + n = s/\nu \tag{11.8}$$

그러나, m, n, s, ν는 모두 외생적으로 결정되므로 이 조건이 유지될 이유가 없다. 솔로우(1988, p.307)의 말을 빌리자면, '꾸준한 성장의 가능성은 기적과도 같은 행운일 것이다'. 해로드-도마 모형과 정상상태 균형성장(SSBG)이 이루어지고 유지될 수 있는 조건의 제한성에 따라 경제학자들은 앞으로 나아갈 길을 모색했다. 새로운 모색을 한 논문들의 기여는 매개변수(s, ν, n, m) 중 하나를 내생화하여 모형 내에서 결정될 때 정상상태 균형성장(SSBG)이 발생할 수 있는 상황을 탐색하고자 한 것이다. 신고전학파 솔로우-스완 모형에서 자본 - 산출 비율(COR) 또는 ν의 내생화를 통해 고전적 노선을 따르고, 케인즈주의 노선을 따라 다양한 소득 분포가 어떻게 해로드-도마(HD) 성장 방정식(칼도-파시네티 모형)을 만족하는 저축률(s)을 가져오는지 분석했다. 우리는 먼저 솔로-스완 모형을 논의한다. 이어서 솔로우-스완 모형의 한계에 대응하여 등장한 신고전학파 성장 이론의 발전 과정에 대한 논의를 한다. 그 다음 절에서는 비주류 성장 이론에 대한 개요의 일환으로 더 많은 케인즈주의 성장 모형에 대해 설명한다.

11.3.2   구 신고전학파 성장이론: 솔로-스완 성장 모형

해로드-도마 모형에서 적정 성장률과 자연 성장률 사이의 불안정성은 고정 생산요소 비율에 대한 가정에 따라 결정적으로 달라진다. 솔로우(1956)와 스완(1956)은 이 가정에 의문을 제기하며 자본 집약도가 변할 수 있고, 따라서 G_w가 G_n로 맞춰지면서 장기적으로 안정적인 성장을 이룰 수 있다는 성장 모델을 독자적으로 개발했다.[2] 우리가 솔로우의 모형 설명에 집중하는 이유는 이 모델이 이후 가장 주요한 모형이 되었기 때문이다.

솔로우는 성장이 자기균형화된다는, 즉 약간의 편차가 발생하면 경제가 다시 균형 상태로 돌아간다는 것을 보여주는 모델을 개발하고자 했다. 이를 위해 그는 고정 요소 비율에 대한 해로드의 가정을 제거하여 노동자당 자본 집약도(즉, 자본-노동 비율, $\frac{K}{L}$)가 달라질 수 있도록 했다. 자본 장비(또는 기계)는 노동과 원하는 비율로 사용할 수 있다는 점에서 '가변적'인 개념이다 (Sawyer, 1989, p.387). 자본량 수준을 결정한 후에도 노동으로 투입되는 인원을 무한대로 변경할 수 있다.

솔로 성장 모형은 콥-더글라스 유형의 총생산함수(APF)를 기반으로 한다. 그리하여 다음과 같은 생산공간에 집어넣는다.

$$Y = AF(K,L) = AK^\alpha L^{1-\alpha} \quad \text{여기에서 } \alpha < 1 \tag{11.9}$$

경제 총생산량(Y)은 자본(K)과 노동(L), 기술 진보(A)의 함수이며, 이는 외생적인 것이라고 가정한다. A를 소위 솔로 잔차(solow's residual)라고 하며, 총요소생산성을 측정한다. 총요소생산성(APF)은 한 국가내 모든 기업의 생산량을 나타내는 것이다. 이는 요소 투입의 한계 생산성은 감소하는 반면 규모의 수익률은 일정하다는 의미로, '연속적이고 매끄러운 참한 함수'라 가정한다(자세한 설명은 4장 참조). 한계 생산성이 감소하면 한가지 생산요소 투입량(K 또는 L)이 증가할 때, 생산량은 감소하는 비율만큼 증가한다. 그림 11.1에는 1인당 총요소생산성(APF)을 표시하고, 상자 11.1에서는 이 모델의 가정과 1인당 총요소생산성(APF) 도출에 대한 자세한 내용을 확인할 수 있다.

거시경제를 총생산함수로 요약하면, 경제에서 소비와 생산의 투입재로 모두 사용될 수 있

---

2 장기적인 불안정성 문제는 해결했지만, HD 모델의 주요 불안정성인 G_a와 G_w 사이의 불안정성을 해결하지 못했다.

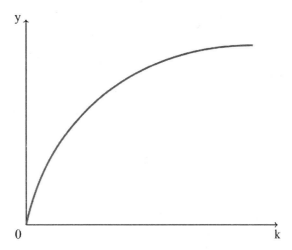

그림 11.1 1인당 총생산함수(Y/L)는 y로, K/L을 k로 하는 1인당 생산함수

는 하나의 재화를 생산하는 부문이 하나만 존재한다는 뜻이다. 이를 가장 간단하게 생각하면 옥수수를 소비하고 저장(및 투자)할 수 있는 옥수수 경제를 떠올릴 수 있다.

총요소생산성(APF)을 사용한다는 것이 이 모형의 심각한 한계이다. 총요소생산성(APF)은 미시경제 이론의 결과를 합해서 거시경제가 얻어진다고 주장하는 방법론적 개인주의를 통해 거시경제로 바뀌게 된 미시경제적 생산 개념(4장 참조)에 기초한다. 캠브리지 자본 논쟁(Cambridge Capital Controversy)에서 이 모형의 심각한 한계가 드러났는데, 두 가지 이상의 자본 투입을 포함하도록 모형을 확장하면 단일 자본 투입 APF의 이론적 결과가 성립하지 않는다는 사실이 밝혀졌다.[3] 또한, 실증적으로 총요소생산성(APF)을 테스트하려는 모든 시도가 유효하지 않다는 것이 입증되었다(Shaikh, 1974).이는 '기만적인(Humbug)' 데이터 세트를 통해 잘 입증되었다(상자 11.2 참조).

솔로 성장 모형의 작동 방식은 '요소 투입물'인 K와 L의 상대적 희소성을 반영하는 가격 메커니즘에 대한 반응을 중심으로 전개된다. 이렇게 하면 자본-노동 비율(k)이 변경되어 해당 자본-산출비율(COR)인 ν가 도마(HD) 방정식($\frac{s}{\nu} = n$)을 만족되도록 바뀐다. 예를 들어, 노동력(L)이 자본스톡(K)보다 빠르게 증가하면 가격 메커니즘은 더 많은 노동집약적 기술의 사용하도록 하여 K를 낮추고 따라서 v를 낮추거나 그 반대의 방식으로 작동하게 된다. 이리하여, G_N이 G_W보다 크다면 자본 - 산출비율(GOR) 내지 ν가 떨어져 G_N에 비해 G_W를 상승하게 한다. 반대로, G_W가 G_N보다 크다면 자본 - 산출비율(GOR) 내지 ν가 올라가 Gw에 비해 G_N이 상승하게 한다.

---

3 캠브리지 자본 논쟁에 대한 논의는 코헨(Cohen)과 하코트(Harcourt)(2003)를 참조하라.

이 조정 메커니즘은 두 가지 중요한 가정이 전제가 된다.

첫째, 노동과 자본의 상대 가격이 탄력적이라는 것이다. 이는 노동과 자본시장에 완전 경쟁
　　　이 존재하고 이러한 '요소' 시장의 가격 메커니즘이 '다른 시장'처럼 작동한다고 가정
　　　한다.

둘째, 이 모형은 생산량과 '투입요소'를 연관시키는 연속 생산함수를 따라 선택할 수 있고

상자 11.1: 솔로 스완 성장모형: 몇 가지 가정들

솔로우-스완 성장 모형의 핵심 가정은 일정한 규모의 수익률(CRS)로, 자본과 노동이 동일한 비율로 증가하면
(예를 들면, 근로자 수가 두 배로 증가하고 기계 사용량도 두 배로 증가하면) 총생산량 Y도 비례적으로 증가
한다는 것을 의미한다(이 예에서는 두 배로 증가). 개념적으로 이는 과거에 분업과 전문화로 인한 모든 이득
이 소진되었다는 것을 의미하며, 이는 영(Allen Abbott Young)이나 칼도(Nicholas Kaldor) 같은 경제학자
들이 격렬하게 반박했던 가정이다. 규모수익 불변(CRS)을 가정하면 모형을 노동자 1인당 형태로 표현하여
단순화 할 수 있다. 처음에는 기술 발전 A를 무시할 수 있는 수준(또는 $A = 0$)이라고 가정할 수도 있다.

$$\frac{Y}{L} = F\left(\frac{K}{L}, \frac{L}{L}\right) \tag{11.10}$$

이것을 일반적 형태로 다음처럼 표현한다.

$$y = f(k) \tag{11.11}$$

여기서 $\frac{L}{L} = 1$이지만, $y = \frac{Y}{L}$, $k = \frac{K}{L}$이다. 이를 통해 총 생산함수를 2차원 공간에서 표현할 수 있다(그림
11.1 참조). 이는 근로자당 생산량(y)이 자본 대 노동비율(k = K)의 함수라는 것을 나타낸다.

이 모형에서는 케인즈 저축함수로 저축을 정의한다. 사람들이 특정 기에 저축 하는 금액은 소득과 저축 성향,
즉 저축하려는 성향의 척도에 따라 달라진다.

$$S = sY \tag{11.12}$$

투자는 단순히 시간에 따른 자본량(K) 변화를 측정한다. 따라서, $t + 1$기 자본량은 이전 기간 t의 자본금에
해당 기에 수행된 모든 투자(I_t)를 더한 값으로 구성된다.

$$K_{t+1} = K_t + I_t \tag{11.13}$$

생산 공정에서 기계가 마모되기 때문에 감가상각률을 d로 계산한다. 이 감가 상각은 자본량을 줄이게
된다.

$$K_{t+1} = (1-d)K_t + I_t \tag{11.14}$$

완전 고용의 폐쇄 경제에서는 저축과 투자가 동일해야 하며(S = I), 저축의 변화는 투자의 변화로 이어진
다고 가정한다.

경제가 원활하고 쉽게 적응할 수 있는 (생산함수에 의해 주어진 한 가지 기술에 비해) 다양한 기술이 존재한다고 가정한다.

상자 11.2: 기만적 생산함수(The Humbug Production Function)

케임브리지 자본 논쟁은 총요소생산성(APF)에 대한 이론적 비판을 제안하며, 한 분야를 넘어서 총요소생산성을 확장하는 것이 갖는 의미에 초점을 맞췄다(4 장 참조). 이러한 비판은 신고전파 경제학이 총요소생산성(APF)에서 도출한 결론이 모델에 두 개 이상의 부문을 포함할 경우 유지될 가능성이 낮다는 점을 보여주면서 심각한 의문이 제기되었다.

이러한 이론적 비판은 널리 받아들여졌지만, 신고전파 경제학에서는 여전히 경제 현상을 분석(집계)하는 데 총요소생산성(APF)을 사용하는 것이 널리 확산되어 있다.

신고전파 경제학자들은 실증 분석을 근거로 총요소생산성(APF)의 지속적인 사용을 옹호해 왔다. 신고전파 경제학은 모형이 현실을 얼마나 잘 설명하는지보다는 예측력을 강조하는 경향이 있다. 프리드먼(1953, pp.4-5)은 '매우 중요하고 유의미한 가설은 현실을 매우 부정확하게 묘사하는 "가정"을 가지고' 있지만 '충분히 정확한 예측을 산출하는 것으로 밝혀질 것'이라고 주장하면서 이를 명확히 설명한다. 펠리페와 맥콤비 (2014, p.61)는 다음과 같이 지적한다. '이론적 결점이 무엇이든 간에 총생산함수가 널리 사용되는 이유는 프리드먼이 염두에 둔 의미에서 '작동'하기 때문'이다.

그러나 쉐이크(Shaikh;1974), 그리고 펠리페와 맥콤비(Felipe and McCombie; 2014)는 생산요소 비율이 상당히 안정적이라면 어떤 데이터 집합에서도 총요소생산성(APF)을 뒷받침하는 결과를 얻을 수 있기 때문에 이러한 방어가 유효 하지 않다는 것을 보여주었다. 그 이유는 총요소생산성(APF)을 계산하는 데 사용되는 데이터 내에 기본 국가 회계를 식별할 수 있는 구분이 존재하기 때문이다.

$$V \equiv wL + \pi K \qquad\qquad (11.15)$$

여기에서, V는 총산출량 가치, w는 임금, L은 노동, π는 이윤, K는 자본가치를 의미한다. 즉, 산출물의 가치는 반드시 노동으로 돌아가는 소득과 자본으로 돌아가는 소득의 합과 같아야 한다(두 가지 투입물만 고려되는 경우).

수학적 조작을 통해 이러한 구분에서 솔로와 같은 콥-더글라스 총요소생산성(APF)을 구할 수 있음을 알 수 있다. 즉, 총요소생산성(APF) 추정은 국민소득 정체성을 추적하는 것일 뿐이므로 데이터의 성격에 관계없이 일정한 규모의 수익률을 가진 콥-더글라스 총요소생산성(APF)을 나타내는 데 사용할 수 있다 (Felipe and McCombie, 2014).

이는 쉐이크(Shaikh, 1974, p.118)에 의해 설명되었는데, 그는 생산량과 자본을 함께 그래프로 표시할 때 기만적인 데이터 세트가 '일정한 규모의 수익률, 중립적인 기술 진보, 요소 보상과 동일한 한계 생산물을 갖는 콥-더글라스 생산 함수로 매우 잘 표현될 수 있다'는 것을 보여주었다. 즉, 데이터에 잘 맞는다는 경험적 증거가 총요소생산성(APF) 사용을 뒷받침한다는 주장은 유효하지 않게된다. '잘 맞는(good fit)' 결과는 데이터와 관계없이 순전히 국가 회계 정체성 때문에 생성되며, 이는 기만적 생산 함수로 표시된다(자세한 것은 Felipe and McCombie (2014)참조).

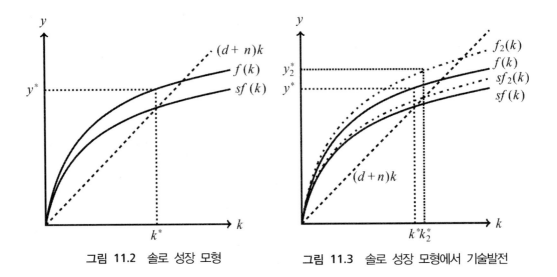

그림 11.2 솔로 성장 모형   그림 11.3 솔로 성장 모형에서 기술발전

솔로 모형은 세 가지 구성요소로 이루어져 있다.

(1) 1인당 저축 / 투자,
(2) 정상상태의 1인당 투자,
(3) 총생산함수

　이 이론의 주요 요소는 그림 11.2에 나타나 있다. 그래프는 1인당 생산함수(상자 11.1 참조)를 보여 주는데, 이는 1인당 생산량(y)과 자본 - 노동비율(k)을 연결한 것이다. $sf(k)$ 곡선은 1인당 저축액을 나타내며, $S = I$로 가정하므로 실제 1인당 투자 수준을 알 수 있다. 증가하는 노동력(n)의 각 구성원이 동일한 1인당 자본(감가상각 허용, d)을 갖추는 데 필요한 투자, 즉 정상상태의 1인당 투자는 (d + n)k 선으로 표시된다. 해당 k에 대한 1인당 총생산(GDP)(y)은 $f(k)$로 주어진 총생산함수에 의해 결정된다. 정상상태 균형성장(SSBG)은 저축액이 1인당 정상상태의 투자와 같거나, $sf(k)$가 $(d+n)k$와 교차할 때 발생한다. 이를 통해 자본-노동 비율(k^*)을 구할 수 있으며, 경제가 균형성장(SSBG) 경로에 있는 경우 COR, $v*$ 및 1인당 생산량(y^*)을 구할 수 있다.

　정상상태 균형성장(SSBG)에 도달하면 더 이상 자본 축적이 성장 과정을 주도하지 않는다. 저축 성향이 높을수록 1인당 소득이 증가하지만($sf(k)$선이 위로 이동하는 것으로 나타남), 이는 정상상태의 1인당 소득에서 다른 정상상태로 조정되는 동안 일시적으로 성장률을 높일 뿐이다. 이는 솔로우-스완 모델의 중요한 측면으로, 정상상태 균형성장(SSBG) 경로에서 경제는 '기술'의 발전으로 인해 A로 주어진 투입물의 생산성이 증가할 때만 (1인당 기준으로) 성장할 수 있다. 솔로 모형 내에서 기술 성장의 효과는 그림 11.3에 나와 있다. 기술이 투입물의 생산성을 향상시키면 생산 함수는 단순히 $f(k)$에서 $f_2(k)$로 바깥쪽으로 이동한다. 즉, 기술이 발전하여 모든 작업자가 같은 양의 기계로 더 많은 생산량을 생산할 수 있게 된다. 결과적으로, 1인당 저축액이 더 많아졌다(저축 성향은 변하지 않았지만 소득은 증가했다). 저축액이 많을수록 더 많은 투자가 이루어지고 자본-노동 비율이 높아진다. 새로운 균형은 k_2^*에서 발견되며, 이는 노동자 1인당 생산량과 소득이 y_2^*로 상승한다는 것을 의미한다. 따라서, 장기적으로 볼 때(일단 정상상태 균형성장(SSBG) 경로에 진입하면) 기술 성장만이 성장의 원인이 된다.

여기서는 솔로 모형에 대한 주요 쟁점을 제기한다. 이 모형에서 기술 발전이 장기 성장의 궁극적인 동인이지만, 기술 발전(A)이 외생적이라고 가정한다. 즉, 이 모형에는 기술 발전의 이유와 과정에 대한 설명이 없다. 이 문제는 경험적 연구 결과, 특히 미국 성장 원인에 대한 솔로(1957)의 연구로 인해 더 복잡해졌다. 솔로는 1909~1949년 까지 미국 성장의 12.5%만이 요소 투입의 증가에 기인한다는 사실을 발견했다. 이를 통해 그는 성장의 87.5%가 기술 발전(또는 A의 변화)에 의한 것이라는 결론을 내렸다. 기술은 외생 적이라고 이해하기 때문에 성장의 주요 동인이 솔로 성장 모형으로는 설명되지 않는다는 것을 의미했다. 이를 통해 성장의 주요 원인에 대해 전혀 언급하지 않는 성장 모형이 얼마나 유용할지에 대한 의문이 제기되었다. 수익률의 감소(따라서 저축률이 증가할 때 1인당 생산량의 증가가 점점 더 작아진다는 가정)와 성장을 이끄는 주요 경험적 요인으로서 기술의 외생적 지위에 대한 불신은 신고전파 경제학에서 성장에 관한 새로운 이론 흐름을 가져왔다. 새로운 신고전학파 성장 이론의 주요 목표는 두 가지로, 기술 변화에 대한 내생적 설명을 제공하는 것과 자본 축적이 진행됨에 따라 1인당 생산량이 비례 이상의 비율로 증가한다는 것을 의미하는 규모 수익률 체증을 통합할 수 있는 모형을 만드는 것이었다.

11.3.3   새로운 신고전학파 성장 이론: 기술 발전을 통한 성장

솔로 성장 모형은 성장의 주요 원천 중 하나인 기술 발전을 포착하는 데 어려움을 겪고 있다. 1980년대에 로머(1986)와 루카스(1988)와 같은 경제학자들은 기술 변화를 내생화, 즉, 성장 모형에서 기술 진보를 외생적으로 결정된다고 가정하는 대신 명시적으로 설명하기 시작했다. 이른바, 새로운 성장 모형이라고 불리는 이 새로운 모형은 솔로가 사용한 총생산함수를 수용하되, 그 기본 가정 중 일부를 완화시켰다. 예를 들어, 자본과 노동에 대한 한계 수익률은 (솔로우가 제안한 것처럼 감소하는 것이 아니라) 일정하다고 가정하여 규모에 따른 수익률을 높일 수 있다.

가정에 대한 변화는 몇 가지 중요한 결과를 가져왔다. 솔로 성장 모형과 달리, 새로운 성장 모형에서는 저축률이 증가하면 성장률이 높아진다. 경험적으로 볼 때, 이는 새로운 성장 모델이 솔로우 모델에서 설명하지 못했던 부유한 국가와 가난한 국가 간의 성장률 격차를 설명할 수 있다는 주장을 가져왔다(수렴 가설에 대해서는 아래 상자 11.3을 참조). 새로운 성장 모형도 성장 정책을 재활성화하였다. 이 모형에 따르면, 성장은 인구 증가나 감가상각과 같은 변수에 의해 결정되기보다는 특히 교육과 혁신을 지원하는 정책을 통해 정부가 적극적으로 영향을 미칠 수 있다. 또한, 거시경제정책은 투자와 학습에 미치는 영향을 통해 성장에 영향을 미칠 수 있는 여지가 다시 한 번 주어졌다.

가장 간단한 새로운 성장 모형은 이른바 AK모형이다. 이 모델에서 자본과 노동이라는 두 가지 생산 투입물은 물적 자본(예: 기계)과 인적 자본(예: 노동)을 모두 나타내는 광의의 자본 척도(Kph)로 대체된다. 인적 자본은 인력의 교육 수준, 경험, 재능 및 기타 특성을 파악하기 위한 매우 포괄적 개념이다. 이 새로운 유형의 자본은 '잘 정의된' 생산함수 처럼 한계 생산물이 감소하는 것이 아니라 일정한 생산성을 누리고 있다. 이러한 가정 변경은 정상상태의 자본 집약도나 성장률이 존재하지 않는다는 것을 의미한다. 따라서 저축 성향 (s)의 증가는 지속적인 방식으로 성장률에 영향을 미칠 수 있으며, 소득 수준의 수렴은 더 이상 이 모델의 예측이 아니다.

새로운 생산함수를 다음처럼 쓸 수 있다.

$$Y = F(A, K_{ph}) \tag{11.16}$$
$$Y = AK_{ph} \tag{11.17}$$

A는 기술에 영향을 미치는 모든 경제 전반의 요인을 포착한다. 특정 국가에서는 기술이 독점적으로 사용되지 않는 것으로 가정하며, 이는 각 근로자가 사회 전체와 동일한 지식에 접근할 수 있는 비경합적 특성을 의미한다. 그러나 기술 수준은 국가마다 다를 수 있으며, 이는 일반적으로 성장률의 차이를 설명하는 것으로 이해된다. 따라서 기술은 더 이상 국제적인 공동재가 아니다.

단순화를 위해 감가상각(d)을 추상화하면 다음과 같은 균형 조건에 도출한다(유도식은 방정식 11.9, 11.10, 11.11 및 11.12 참조).

$$\dot{K}_{PH} = sF(A, K_{PH}) \tag{11.18}$$
$$\dot{K}_{PH} = sAK_{PH} \tag{11.19}$$

즉, 자본 스톡의 성장률(물적 자본과 인적 자본을 모두 포함한다는 점을 기억하라)은 다음과 같이 주어진다.

$$\frac{\dot{K}_{PH}}{\dot{K}_{PH}} = sA \tag{11.20}$$

따라서, 저축 성향(s)과 경제 전반의 지식 수준(A)이 성장률을 결정한다. 저축률 증가는 솔로 성장 모형처럼 1인당 소득의 일회성 증가가 아니라 성장률의 영구적 상승으로 이어 진다. 총 생산량(Y)과 총 생산량에서 일정한 비율을 차지하는 자본스톡(K_{PH})은 아래 그림 11.4와 같이 그래프로 나타낼 수 있다.

새로운 성장 모형은 해로드 칼날 문제를 다시 불러일으킨다는 비판을 받아왔다. 방정식 11.19에 따르면, 자본스톡 성장률($\dot{K}_{PH}$)은 자본스톡의 크기 자체에 의존하지 않는다. 방정식 11.18을 다음과 같이 해석할 수 있는데, 이는 인적 및 물적 자본의 한계 생산성이 일정하다고 가정한 것이다.

$$\alpha = 1\text{일 경우, } \dot{K}_{PH} = sAK_{PH}^\alpha \tag{11.21}$$

솔로(1997, p.654)는 새로운 성장 모형은 '정확히 일정한 자본 수익률'을 요구하기 때문에 매우 취약하고 견고하지 못하다고 비판했다. α가 1보다 조금이라도 큰 것으로 판명되면, 예를 들어 자본수익률 증가가 미약하게 나타나는 1.05가 되면, 한 국가의 생산량은 유한한 시간 내에 무한대의 성장률로 나타나게 된다. 솔로는 저축 성향이 10%이고 $\alpha = 1.05$인 국가의 예를 들어 200년 내에 생산량이 무한대라는 것을 보였다. 이는 믿을 수 없는 일이며, 솔로우가 반박하려 했던 해로드-도마 모형의 폭발적인 성장 경로를 다시 소개한다.

새로운 성장 모형의 또 다른 중요한 단점은 그 모형의 가능성만큼 성과를 내지 못한 다는 것이다. 기술 발전이 어떻게 일어나는지, 무엇이 현실 세계에서 기술 발전을 주도하는지 설명할 수 없다. 그들은 경험적 증거를 참고하지 않고 어떻게 이런 일이 일어날 수 있는지 이론적으로만 설명한다. 예를 들어, 로머(Romer, 1986)는 행동에 의한 학습에 관한 애로우의 초기 연구 (Arrow, 1962)에서 영감을 얻어 기업의 투자가 학습 효과(투자에 의한 학습)를 통해 지식과 기

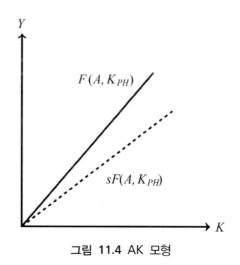

그림 11.4 AK 모형

술에 긍정적인 영향을 미친다는 모델을 개발했다.

루카스(Lucas, 1988)는 교육을 통한 축적된 인적 자본이 기술 발전의 중요한 동력이라고 주장했다. 그의 모형은 소비를 위한 소득을 제공하는 일과 교육에 투자하는 것 중 어느 쪽을 택할 것인지에 대해 상충되는 개인 선택문제를 중심으로 한다. 인적 자본에 투자하면 현재 기간에는 생산량과 소비량이 감소하지만, 노동력이 생산에 활용되면서 미래 생산성을 높이는 지식을 창출하여 미래에 더 높은 생산량(및 소비량)을 달성할 수 있게 된다. 따라서, 경제주체는 현재 기간에 일할 것인지, 아니면 현재 기간에 투자하고 소비를 희생할 것인지에 대한 시점간 선택(intertemporal choice)문제에 직면하게 된다. 따라서, 로머 (Romer)와 루카스(Lucas)는 기술 발전의 원동력에 대해서 서로 다르게 설명한다. 그러나 두 경우 모두 자본(로머의 경우 물적 자본, 루카스의 경우 인적 자본)에 대해 수익률이 불변이라는 것이 핵심 가정이다.

다른 새로운 성장 모형에서는 연구 개발(R&D)에 대한 투자의 중요성을 강조한다. 예를 들어, 로머(Romer, 1990)는 한 부문이 최종재를 생산하고, 다른 부문이 중간재를 만들고, 마지막으로 연구 부문이 새로운 아이디어를 발견하는 경제의 3 부문 모형(three-sector model)을 제시했다. 다른 연구자(그로스만과 헬프만(Grossman and Helpman, 1991))들은 소위 수평적 혁신으로 특징되는 유사한 모형을 개발했다. 그로스만과 헬프만은 기술 발전을 상품의 다양성을 넓히는 동시에 품질을 향상시키는 것이라고 이해한다. 하지만, 신제품이 기존 제품을 쓸모없게 만들지는 않는다. 이렇게 기술 진보를 온정적으로 보는 시각에 대해서는 경제학계에서 논쟁의 대상이 되고 있다. 오스트리안 경제학자인 슘페터(Schumpeter)는 기술 변화로 인해 다른 기업이 새로운 제품을 성공적으로 출시하면 일부 기업이 도산한다는 생각을 제시한 것으로 유명하다(이 과정을 그는 '창조적파괴'(creative destruction)라고 불렀다)(아래 참조).

따라서 기술 변화를 주도하는 요소를 모형화하는 방법에는 여러 가지 가능성이 있다. 그것이 투자를 통한 교육일까, 아니면 기술혁신일까? 투자라면 새로운 기계에 대한 지출로 충분할까, 아니면 R&D 지출이 중요할까? 혁신은 생산자와 제품 공급의 증가로만 이어질까, 아니면 기존의 일부 기업과 제품이 시장에서 밀려나 쓸모없는 제품이 될까? 혁신 과정이 실제로 어떻게 작동하는지에 대한 질문에 답하기 위해, 솔로(1997, p.657)는 '생산성 향상 혁신과 개선의 흐름을 모델링하는 좋은 방법을 제시할 수 있는 다양한 사례 연구, 비즈니스 역사, 인터뷰, 전문가 증언 등 모든 것을 참조할 것'을 제안했다. 하지만 지금까지 새로운 성장 이론은 이러한 유형의 질적 연구와 크게 관련이 없었다.

상자 11.3: 수렴가설

솔로 성장 모형은 산업 경제를 염두에 두고 개발되었다. 개발도상국의 맥락에서 보면 솔로 성장 모형은 수렴 가설을 낳게 하였다. 절대적 수렴 가설에 따르면, 자본이 국경을 넘어 자유롭게 이동할 수 있다면 장기적으로 모든 국가의 소득 수준이 수렴할 것이라고 주장한다. 이 논리적 과정은 다음과 같다. 모든 국가가 같은 생산 기술을 이용할 수 있다. 모형의 저축이 1인당 소득을 결정한다. 신고전학파 이론에서는 투입 요소가 많아질 수록 투입에 따른 한계 생산물이 감소한다. 결과적으로, 이 모형의 예측에 따르면, 가난한 나라에서는 자본의 상대적 희소성으로 인해 더 높은 한계 수익을 얻을 수 있기 때문에 자본은 부유한 나라에서 가난한 나라로 흘러간다. 시간이 흐르면서 자본 집약도는 국가 간에 같아지고 전 세계적으로 1인당 소득 수준이 수렴하고, 가난한 경제는 안정 상태로 전환하는 과정에서 더 높은 성장률을 경험하게 될 것이다.

그러나 19세기 초부터 실제로 관찰된 것은 "대분기(Divergence, Big Time)"(랜트 프리쳇(Lant Pritchett), 1997)(그림 11.5 참조)였다. 절대적 수렴 가설은 믿기 어렵다. 전 세계에서 부유한 국가를 따라잡은 가난한 국가는 거의 없다. 실증적으로 보면, 부유한 국가에서 가난한 국가로의 대규모 자본 이동은 현실화되지 않았고(Lucas, 1990), 이는 자본의 한계 생산성이 감소한다는 가정을 약화시켰다. 경제학자들은 모델에서 예측한 대로 자본 집약도의 차이를 통해 부유한 국가와 가난한 국가 간의 소득 차이를 설명하기 위해 애써왔다(Mankiw, 1995).

다른 주장도 제기되었다. 절대적 수렴이 아닌 조건부 수렴이 존재할 수 있다. 여기서, '경제는 자체적인 안정 상태로 수렴하며, 이는 다시 자체적인 저축률과 인구 증가율에 의해 결정된다'(Mankiw, 1995)고 설명한다. 조건부 수렴 가설은 국가 간 기술에 대한 평등하고 자유로운 접근이라는 가정이 틀렸다는 것을 인정한다.

이리하여 '수렴 그룹(convergence clubs)'이 등장할 수 있다. 즉, 어느 정도 비슷한 국가들 사이에서 소득 수준이 평준화되는 경향을 말한다. 이러한 수렴을 미국 연방주나 유럽 지역, 그리고 2차 세계대전 이후 OECD 국가들 사이에서 관찰할 수 있다. 그렇다면, 이러한 유사성은 무엇일까?

이 질문은 사회경제적 제도와 성장 간의 연관성에 대한 연구 주제로 발전 했다. 노스(North, 1989)나 아제몰루와 로빈슨(Acemoğlu and Robinson, 2003)과 같은 신 제도주의 경제학자들은 민주주의와 강력한 재산권이 성장의 필수 전제 조건이라고 주장하며, 일부 지역에서는 성장 경로가 수렴하지만 전 세계적으로는 절대적인 수렴이 존재하지 않는다고 설명했다. 이러한 관점에 대한 비판자들은 오늘날의 부유한 국가들이 개발 초기 단계에 안정적인 재산권이나 작동하는 민주주의 시스템을 갖추지 못했다고 지적한다(Chang, 2002). 따라서 이러한 '좋은' 제도가 성장의 전제 조건이라고 주장하기는 어렵다. 사실 인과관계는 그 반대일 수도 있다. 국가가 부유해지면 '좋은' 제도를 개발하고 유지할 수 있는 역량도 더 커진다. 12장에서는 이러한 문제에 대해 자세히 설명한다.

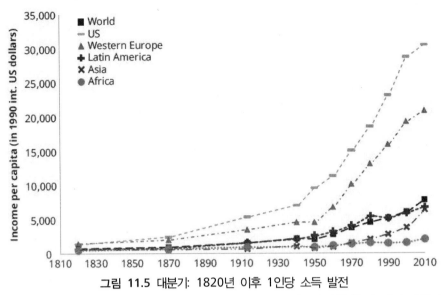

그림 11.5 대분기: 1820년 이후 1인당 소득 발전

매디슨 프로젝트 데이터베이스, 버전 2018. 개별 국가에 대한 원본 연구에 대한 참조는 Bolt 외(Bolt et al., 2018)의 부록 A를 참조
출처: 메디슨 데이터셋(Maddison dataset), 그로닝겐 경제발전 연구센터 플랫폼(Groningen Growth and Development Centre)

11.4   경제성장론의 다른 대안들

11.4.1   고전학파 정치경제학에서 성장

18세기와 19세기의 산업혁명을 바탕으로 성장은 자본주의 경제에 대한 고전학파의 연구에서 주요한 관심사가 되었다. 성장은 스미스의 『국부론』에서 중심적인 역할을 했다. 이는 본질적으로 생산량 증가의 주요 원천이었던 분업을 주도하는 자본의 축적에서 비롯된 것으로 스미스(1976, p.277)는 다음과 같이 주장한다.

> 상황상 자산 축적이 노동의 분업보다 선행되어야 하므로, 자산이 이전에 점점 더 많이 축적되어야만 그 비율에 따라 노동을 다시 더 작게 나눌 수 있다.

저축이 자본 시장을 통해 투자로 전환될 것이라는 견해가 지배적이었기 때문에 저축은 성장을 고할 경우에 중요한 역할을 한다. 자본은 부문 간 이동을 통해 수익성 있는 투자 기회를 찾고, 이는 경제 전반의 수익률을 균등하게 만드는 경향이 있다(7장 참조). 국내외 시장의 확대는 성장을 결정하면서도 제약하게 되고, 성장이 멈추면 경제의 정체 상태를 가져올 수 있다는 것이 이러한 시장 확대의 한계이다. 그러나, 브루어(Brewer, 2010, p.12)는 고전학파 정치경제학자들의 경우 '[성장이] 정지 상태에 도달하면 결국 멈출 수 있지만 … [그들은] 정지 상태를 실제 미래 가능성으로 생각했는지 아니면 단순한 분석적 장치로 생각했는지 알기 어려울 정도로 먼 장래의 전망으로 취급했다'고 강조한다.

리카도는 자본 축적에 의한 성장에 대한 스미스의 독창적 설명을 소득 분배, 특히 인구의 식량 수요 증가로 인해 농업에 점점 더 한계 토지가 증가하면서 식량 가격, 임금, 이윤 및 축적에 영향을 미칠 때 어떤 일이 발생하는지에 대한 통찰을 더욱 발전시켰다(7장 참조). 식량 생산 비용의 증가는 임금, 임대료 상승과 이윤 하락을 유발한다. 이는 경제가 정상상태(축적이 일어나지 않는 상태)에 도달할 때까지 축적(및 성장)을 늦춰진다. 리카도 분석에서는 활용 가능한 토지(및 토지 보유 구조)가 궁극적으로 성장에 제한을 가한다. 이미 7장에서 리카도가 축적(및 성장)을 멈추게 하는 경제의 정상상태를 피하거나 지연시키기 위한 방법으로 값싼 수입 식량의 경쟁으로부터 대지주를 보호하려는 영국의 곡물법 폐지를 위해 적극적으로 캠페인을 벌였다는 점을 지적한 바 있다.

스미스나 리카도와 비슷한 맥락에서 맑스도 경제 성장을 축적 과정의 결과로 설명했지만, 5장에서 언급했듯이 맑스에게 축적(원시적 축적과 구별되는 자본주의적 의미에서의 축적)은 생산 과정에서 노동자가 창출한 잉여가치를 전용하는 것에서 비롯된다. 6장에서 다룬 자본 순환을 다시 살펴보면, 잉여가치가 자본가가 이전한 원래의 자본량(M)보다 더 큰 새로운 화폐량(M′)의 형태로 실현되면 자본가는 생산수단과 노동력에 대한 다음 단계의 투자에 관한 결정을 내려야 한다. 자본가는 소비에 얼마를 지출할지, 얼마를 저축 / 비축할지, 얼마를 재투자할지 등 새로 생긴 돈으로 무엇을 할 것인지에 대해 여러 가지 선택지를 갖게 된다. 자본가가 첫 번째 생산 주기에서와 동일한 양의 화폐를 투입하면 동일한 양의 잉여 가치가 만들어진다. 단순 재생산이라고 하는 이 상황에서 시스템은 이전 생산 주기에서 생산 과정에서 소진된 것과 동일한 가치의 상품을 (재)생산하므로 성장이 일어나지 않는다. 그러나, 자본가가 이전 생산과정보다 더 많은 생산수단과 노동력을 구매하면 더 많은 잉여 가치가 창출되어 각 생산 주기에서 생산되는 잉여 가치의 양이 이전 주기보다 많아지는 확대 재생산으로 이어진다. 따라서 축적된 자본의 양이 증가하면 자본가들은 생산 규모를 지속적으로 늘릴 수 있는 자원(즉, 경제 성장)을 확보할 수 있다. 경쟁을 통해 자본주의 경제의 핵심 원동력인 무한한 경제 성장의 필요성을 강조하면서, 자본가가 단순 재생산보다는 확대 재생산에 투자하도록 하게 한다.

11.4.2 포스트 케인지언 성장이론

칼도(Kaldor), 칼레츠키(Kalecki), 해로드(Harrod), 파시네티(Passinetti), 로빈슨(Robinson), 아레스티스(Arestis), 블레커(Blecker), 콘월(Cornwall), 라부아(Lavois), 팔레(Palley), 소여(Sawyer), 세터필드(Setterfield) 등 몇 세대에 걸쳐 포스트 케인지언 경제학자들은 성장(및 발

전) 이론에 중요한 공헌을 해왔다. 포스트 케인지언 성장 이론은 성장 과정에서 총수요의 중요성을 강조한다. 분석의 핵심은 장기적으로도 총수요가 전체 고용 생산량 수준으로 수렴을 보장하지 않는다는 믿음이다. 따라서, 포스트케인지언 분석은 장기적인 총수요 결정과 그것이 전체 고용 생산량의 증가와 어떤 관계가 있는지 분석하려 한다. 이는 앞서 살펴본 공급 측면에만 초점을 맞추고 장기적으로 수요를 거의 또는 전혀 중요하게 생각하지 않는 신고전학파 성장 이론과는 극명한 대조를 이룬다. 포스트 케인지언 성장 분석에서는 소득 분배가 총수요에 미치는 영향을 통해 성장 과정에서 소득 분배의 역할에 중점을 두는 경우가 많다. 이 절에서 이러한 문헌을 검토하는 데 주력한다. 먼저, 포스트 케인지언 성장 이론의 역사적 발전에 대한 간략한 개요를 제공한다. 이어서 임금 주도 성장과 이윤 주도 성장의 성장 과정에 대한 최근의 포스트 케인지언 논쟁과 실제 성장 수준에 대한 정상상태 균형성장(SSBG) 경로를 내생화하는 모형에 대해 간략히 살펴본다.

포스트 케인지언 성장 이론의 발전을 이해하려면 해로드-도마 모형과 이를 기반으로 한 초창기 포스트 케인지언 외연확대에 대해 살펴보아야 한다. 해로드의 연구가 포스트 케인지언 연구로 간주되지만, 해로드-도마 모형과 칼날 문제의 한정된 성격에 대해서는 불만이 있었다. 초창기 포스트 케인지언 경제학자들은 경제가 정상상태 균형성장(SSBG) 경로로 수렴할 수 있는 메커니즘을 통합할 수 있도록 해로드-도마(Harrod-Domar) 모형을 확장했다. 실제 이자율과 적정 이자율 간의 관계에 초점을 맞춘 시도도 있었지만(Harrod, 1939 참조), 가장 영향력 있는 모형은 적정 이자율과 자연 이자율에 초점을 맞췄다.

해로드-도마 모형으로 되돌아가서, 적정 성장률과 자연 성장률이 같아야 하는 정상상태 균형성장(SSBG) 조건은 $s/v = m + n$으로 주어진다. 앞서 강조한 것처럼, s, v, m, n이 외생적이라는 점을 고려하면, 이런 일이 발생할 가능성은 거의 없다. 신고전학파 경제학자들은 자본-생산 비율(v)의 변화를 통해 이 문제를 '해결'했지만, 정상상태 균형성장 (SSBG) 경로가 등장할 수 있는 다른 메커니즘도 존재한다. 여기에는 저축률(s)의 변화, 기술 성장(m) 또는 인구 증가(n)가 포함된다.

특히, 칼도(Kaldor; 1955, 1957)와 파시네티(Pasinetti; 1962) 등 일부 포스트 케인지언들은 적정 성장률과 자연 성장률 사이의 균형을 회복하는 메커니즘으로 저축률에 주목 했다. 소득 분배 함수로 이해하면서 이러한 문제를 해결할 수 있었다. 경제를 자본가와 노동자의 두 집단으로 나뉘는 것으로 이해한다. 여기에는 서로 다른 한계 저축 성향(MPS)을 가지며, 자본가(s_c)의 한계저축성향이 노동자(s_w)보다 더 크다고 가정한다. 그 다음 소득 분배 변화에 따라 s를 조정하여 $G_w = G_n$이 되도록 할 수 있다.

그래서, 총저축(S)는 다음 같은 소득분배에 의존하게 된다.

$$S = s_c \pi + s_w W \text{ 여기서, } s_c > s_w \tag{11.22}$$

여기에서 π는 총이윤으로 이것은 (단순하게 하기 위해) 자본가에게 주어지고 자본을 통해 얻어진다고 가정된다. W는 총임금량으로 노동자에게 준다고 가정한다. 평균저축율(s)은 (총 수 입 내지 GDP인) Y로 나누면 얻을 수 있다.

$$s = \frac{S}{Y} = \frac{s_c \pi}{Y} + \frac{s_w W}{Y} \tag{11.23}$$

$$\text{여기에서,} \quad Y = \pi + W \tag{11.24}$$

소득은 임금(W) 또는 이윤(π)에서 발생하므로 π / Y는 이윤(즉, 자본가)에게 돌아가는 소 득의 몫을, W/Y는 임금의 소득 몫을 나타낸다. $s_w < s_c$처럼, 소득에서 임금의 비중이 증가/감 소하면 평균 저축률이 감소 / 증가한다. 또한 방정식 11.23에서 임금 몫이 증가 / 감소함에 따라 이익 몫이 감소 / 증가한다는 점에 유의하라.

그런데 왜 소득분배가 균형을 회복하는 방향으로 변화하여 정상상태 균형성장(SSBG) 조건 을 충족하는 것일까? 칼도(1957)는 이 과정 배후에 가격 메커니즘이 있다고 설명했다. 평균 저축 률이 너무 높아서 $G_w > G_n$이 되면 자본이 노동보다 빠르게 성장하게 한다. 이로 인해 노동력 이 부족해져 임금 상승 압력이 발생하고, 분배가 노동자에게 편중되어 결국 s의 하락으로 이어 져 균형이 회복된다. 다른 한편, s가 너무 적다면, 노동은 자본보다 빨리 성장하여 자본부족으로 인해 이윤율을 증가시키고 결국 s가 증가하게 된다.

포스트 케인지언들은 이론상으로는 이러한 메커니즘이 존재할 수 있지만, 현실 세계에서는 정상상태 균형성장(SSBG) 경로로 완전한 수렴이 일어날 가능성이 낮다고 주장한다. 칼레츠키 (1938)는 현실 세계는 과점 경쟁이 지배적이며, 이로 인해 생산량과 임금이 (장기적으로도) 정 상상태 균형성장(SSBG)치 이하로 하락하여 수요 감소로 인해 경제가 정상상태 균형상장(SSBG) 경로로 수렴하는 것을 막는다고 강조했다. 즉, 장기적으로 공급 측면의 성장만 중요시하는 신고 전학파 이론과 달리 성장은 수요에 의해 결정되는 것으로 보고, 수요 수준이 경제가 정상상태 균형성장(SSBG) 경로로 수렴하는 능력을 제약하고 있다고 본다. 이는 장기적으로 충분한 수준 의 총수요를 창출하기 위해 소득 분배가 필요 하다는 점을 강조하는 것이다. 소득 분배와 장기 총수요에 초점을 맞춘 연구는 현대의 포스트 케인지언 성장 담론을 지배하는 이윤 대 임금 주도 성장 논쟁을 등장하게 하였다.[4] 이 논쟁은 소득 분배를 분석의 중심에 두고 분배의 변화가 총수 요와 (때로는) 공급의 변화를 통해 성장에 어떤 영향을 미치는지 묻는다(아래 참조). 이 문헌은 노동에 대한 소득 재분배가 장기적인 총수요에 긍정적인 영향을 미치는지 살펴본다. 높은 임금 분배율이 큰 수요에 부합하는 투자를 촉발할 수 있는가(소득 주도)? 혹은 반대로, 높은 임금율이 투자를 줄이도록 이윤마진 폭을 압박하여 부정적인 영향을 미칠 것인가(이윤주도)? 이 질문에 대한 답은 임금 및 이윤 소득 중 소비 성향, 매출 또는 이윤의 변화와 비용 변화에 대한 투자의

---

4 더 자세하고 이해하기 쉬운 소개는 Lavoie와 Stockhammer(2013), Bhaduri와 Marglin(1990)논문을 참조.

민감도, 비용 변화에 대한 수출입의 민감도 등 경제의 행태적 측면에 따라 달라진다 (Lavoie and Stockhammer, 2013). 이러한 행태 측면이 임금률 인상이 경제의 수요와 공급 측면에 미치는 영향, 즉 전반적인 거시경제 효과를 결정한다. 한계 소비 성향이 작거나 큰 차이가 있고, 투자가 매출에 민감하지 않거나 민감하지만 소득 비중에는 민감하지 않은 경우, 수출과 수입이 비용 변화에 민감하거나 민감하지 않은 경우, 임금 인상은 총수요에 부정적 / 긍정적 영향을 미칠 가능성이 높으며, 따라서 경제는 이윤 / 임금 주도 수요 체제를 갖게 된다.

지금까지는 정상상태 균형성장(SSBG)의 성장이 총수요와 소득 분배의 경로에 외생적인 영향을 미친다고 가정했다. 그러나, 일부 포스트 케인지언 논문들에서는 정상상태 균형성장 (SSBG)을 향한 실제 성장 경로와 소득 분배가 모두 장기적으로 영향을 미치는 모형에 대해 설명하려고 시도했다. 이 연구들은 경제가 지속적으로 정상상태 균형성장(SSBG) 경로를 추구할 때, 그 한계를 극복하기 위한 인센티브가 생성된다고 주장한 칼도(Kaldor, 1954, 1957)의 독창적 공헌를 따랐다(Kaldor, 1954, p.67). 이러한 경제 상황에서는, 기술 혁신에 더 많은 자원을 투입할 것이라고 예상할 수 있다. 칼도(1957)는 생산량 증가가 학습 효과를 통해 생산성 증가를 촉진한다는 '버둔의 법칙(Verdoon's Law)'을 제안한 바 있다. 또한, 소득 분배 자체가 혁신에 영향을 미칠 수 있다는 의견도 제시하고 있다. 예를 들어, 인건비 증가로 임금 비중이 높아지면 노동의 생산성을 높이기 위한 활동에 인센티브가 주어져 노동 투입이 줄어들어 완전고용 총공급에 유익한 영향을 미친다(Lavoie and Stockhammer, 2013). 이러한 기여를 통해 임금 주도 성장과 이윤 주도 성장의 논쟁에 일종의 경로 의존성이 더해지게 된다. 예를 들어, 한 경제가 오랜 기간 낮은 임금 비중으로 인해 수요 부족을 겪는다면 그 경제의 기술력 수준은 수요 부족을 겪지 않은 경제보다 더 낮은 기술력 수준에 머물러 있을 것이다.

11.4.3 슘페터에서 진화경제학으로

슘페터는 고전학파, 특히 맑스의 연구에서 영감을 얻고 이를 바탕으로 경제 발전은 기업 수준의 '혁신'으로 인한 생산 기술과 산출물(및 시장 상호작용)의 질적 진전을 통해 이루어진다고 주장한다. 혁신이란 새로운 생각이나 방법을 사용하거나 새로운 환경에서 오래된 생각을 사용하는 것이라고 정의된다. 따라서, 슘페터는 혁신의 과정과 혁신을 주도하는 주체, 즉 '기업가'에 주목한다. 슘페터는 혁신이 새로운 혁신과 양립할 수 없거나 경쟁력이 없는 낡은 기법, 기술, 산출물, 구조를 쇠퇴시키고 파괴하는 창조적 파괴(creative destruction)의 과정을 통해 발전이 이루어진다고 주장했다. 좀 더 구체적으로, 슘페터(1983/1934, p.66)는 경제 발전이 기업 및 산업의 다섯 가지 유형의 혁신 수준을 통해 이루어질 수 있다고 주장한다. 첫째, 제품 혁신이 있는데, 이는 '새로운 재화의 도입 … 또는 새로운 품질의 재화'를 담아낸다. 둘째, '새로운 생산 방법의 도입'을 의미하는 생산 혁신, 셋째, '새로운 시장, 즉 해당 국가의 특정 제조 부문이 예전에는 진출하지 않았던 시장의 개척'인 시장 혁신, 넷째, '원자재 또는 반제품의 새로운 공급원'으로서의 투입재 혁신, 마지막으로 다섯째, 조직 혁신 또는 '독점적 지위의 창출과 같은 어떤 산업의 새로운 조직의 수행 … 또는 독점적 지위의 해체'를 담고 있다. 슘페터는 혁신 간에는 상호의존성이 존재하며, 하나의 혁신이 다른 혁신의 기회를 열어줄 수 있다고 주장한다. 현대적인 예를 들자면, 글로벌화와 (프로세스 혁신의 일종인) 아웃소싱은 정보통신기술(ICT)의 발전이 없었다면 불가능했을 것이다. 혁신 간 상호의존성은 슘페터 이론에서 혁신이 경로 의존적이라는 것을 의미하는데, 이는 특정 혁신프로젝트를 수행하기로 결정하면 다른 혁신이 발생할 뿐만 아니라 그 결과로 나타나는 혁신의 연쇄반응도 달라질 수 있다는 것을 의미한다.

슘페터 분석의 중심에는 기업가와 금융 시장이 있다. 슘페터는 혁신적인 활동을 하는 모든 사람에게 '기업가(entrepreneur)'라는 명칭을 사용했다. 성공적인 혁신을 통해서만 얻을 수 있는 일시적인 독점 이익인 '기업가적 이익(entrepreneurial profits)'을 얻을 수 있는 기회는 기업가들에게 혁신하려는 동기가 부여되는 요소가 된다. 이러한 이익은 혁신과 연결되어 있기 때문에 '혁신 지대(innovation rents)'라고 불리지만, 경쟁 경제에서는 모방과 새로운 혁신이 이를 파괴하기 때문에 일시적인 현상일 뿐이다. 이러한 이익을 얻을 수 있는 기회와 혁신이 성공하게되는 연결 고리가 자본주의를 역동적일 수 있도록 하는 큰 부분이 된다. 슘페터는 일단 발전 과정이 시작되면, 가족과 기업의 운명이 적응능력에 달려 있는 자본주의 경제에서 혁신을 통해 부를 얻을 수 있는 기회와 새로운 혁신으로 인한 사업 정리의 위협이 모두 존재하기 때문에 지속적인 혁신이 존재한다고 주장한다(Schumpeter, 1994/1976, pp.73-74). 그 결과, 경제는 지속적으로 구조조정을 하고 오래된(이제는 쓸모없어진) 방식과 생산물을 새로운 방식으로 자원을 재할당하는 상태에 놓이게 될 것이다. 슘페터는 기업 이윤은 어느 정도의 독점이 있을 때만 달성할 수 있기 때문에(4장 참조), 역동적 경제에서는 어느 정도의 독점(즉, 독점 및 과점 경쟁 또는 독과점)이 있는 시장이 완전경쟁시장의 경우 혁신에 대한 유인이 없기 때문에 완전경쟁보다 더 효율적이라고 주장한다. 그러나 독점적 경쟁은 혁신에 대한 중요성에서 비롯된 이득일 뿐 그 자체로 유익한 것은 아니다.

슘페터의 분석에 따르면, 기업가들이 직면한 주요한 문제는 혁신을 위한 생산의 필요 투입물을 확보하는 것이다. 슘페터는 금융 시장이 기업가들이 혁신 활동에 자금을 조달할 수 있도록 함으로써 혁신을 가능하게 하는 데 중추적인 역할을 한다고 주장한다. 따라서, 슘페터는 그의 분석에서 사회 시스템과 시장의 구조 및 운영 모두에 관심을 기울인다.

슘페터는 발전 과정에서 혁신의 중요성을 강조했지만, 혁신이 실제로 어떻게 발생하는지에 대해서는 거의 언급하지 않았고, 혁신의 지식이 어디에서 오는지에 대한 질문에도 답하지 못했다. 진화경제학(Evolutionary economics)은 이 질문에 답하기 위해 학습 동학, 생산 및 상호작용의 환류에 관심을 가지고 학습된 내용이 경험, 과거 지식 및 환경에 의해 어떻게 형성되는지를 강조한다.[5] 서로 다른 재화를 생산하려면 근본적으로 다른 생산 프로세스와 서로 다른 지식

---

5 가장 저명한 진화론 경제학자는 안드레오니(Andreoni), 베스트(Best), 도시(Dosi), 넬슨(Nelson), 디 토마소(Di

과 능력이 필요하다는 것을 명시적으로 인식하는 (역량 접근법 (capabilities approach)이라고도 하는) 역량기반 접근법(competence-based approach)을 기반으로 하는 진화경제학은 기업의 역량 변화를 통해 혁신이 일어난다는 점을 강조한다. 기업의 역량이 제품 생산 방식을 결정하기 때문에, (기업의 조직 구조와 함께) 기존 역량은 학습 기회와 학습 내용을 형성한다. 진화경제학자들은 새로운 것을 생산하는 방법에 대한 지식은 갑자기 생겨나는 것이 아니라 기업이 이미 보유하고 있는 기존 지식을 바탕으로 새로운 역량이 구축된다는 점을 강조한다(Andreoni [2014] 및 Dosi et al.[2009]의 다양한 기여 참조). 따라서, 진화경제학에서 성장과 발전은 근본적으로 경로 의존적 과정이다(역량 개발의 경로 의존적 특성에 대해서는 wernerfelt[1984]를 참조).

진화경제학은 성장과 발전을 위한 경제의 구조적, 사회적, 제도적 측면의 중요성을 강조하기 위해 구조 및 제도 경제학(12장 참조)을 활용한다. 구조 진화경제학에서 경제 발전을 점점 더 첨단 기술 산업(및 제조업)으로 이동하는 것으로 이해한다. 이러한 산업은 필요한 지식의 발전으로 인해 생산에 필요한 역량이 희소하기 때문에 부가가치가 높으며, 이는 하이테크 기업이 제품을 판매할 때 상당한 시장 지배력을 갖는다는 것을 의미한다. 혁신에 의존하는 매우 높은 수준의 경제 발전에서도 학습 역학 및 피드백으로 인해 개발 과정에서 산업과 제조업의 중요성이 강조된다(극도로 낮은 수준의 개발은 제외). 예를 들어, 미국에서 제조업은 혁신이 일어날 수 있도록 지식 피드백을 제공한다는 점에서 여전히 중요한 역할을 하고 있다(Andreoni and Chang, 2016; Andreoni와 Gregory, 2013 참조). 산업계에서는 허쉬먼의 연구를 바탕으로 학습 역학에 대한 상호의존성('연결'이라고 함)의 중요성이 강조되고 있다(12장 참조). 그 결과, 정책 권고안은 제조업 전반의 진흥을 강조할 뿐만 아니라 현재 경제의 기업들과 연관성이 있는 산업을 육성하고 상호 의존적인 기업 및 산업 간의 지식 교류에 초점을 맞추고 있다(Pitelis et al., 2006; Hirschman et al., 2015 참조).

11.5 결론

이 장에서는 경제사상의 역사를 관통하는 경제 성장 이론을 소개한다. 성장 이론에 대한 신고전학파, 고전학파, 포스트 케인즈학파, 진화론자의 공헌을 설명하기 전에 시간이라는 핵심 개념 문제를 살펴봤다. 이 장에서는 신고전학파 성장 이론의 발전 과정을 추적했는데, 이는 크게 두 단계로 나눌 수 있다. 기존의 외생적 성장 이론(해로드-도마 모형과 솔로우-스완 모형)은 성장의 원천으로 자본 축적에 초점을 맞췄다. 새로운 내생적 성장 이론은 성장의 주요 원천인 생산성 증가에 초점을 맞추고 있다. 신고전학파 성장 이론의 두 시대 사이에는 상당한 차이가 있지만, 경제가 자동으로 수렴하는 단일 (고유한) 정상상태 균형성장(SSBG) 경로를 따라 성장하는 데 초점을 맞추는 등 기존 성장 이론의 핵심적인 특징은 유지되고 있다. 즉, 신고전학파 성장 이론

Tommaso), 수그덴(Sugden), 윈터(Winter) 등이 있다.

은 과거와 현재를 막론하고 성장 과정에 경제 구조의 변화와 성장 과정에서 수요의 역할이 어떻게 수반되는지를 인식하지 못했다. 또한, 단기적인 변화는 지속적인 영향을 미치지 않으므로 장기적으로 성장은 '경로 독립적'이라고 가정하는 경우가 많다.

고전학파, 포스트 케인즈학파, 진화론 등 대안적 성장 이론도 검토되어 신고전학파 성장 이론과 대조하였다. 위에서 살펴본 바와 같이 이러한 이론은 신고전주의 성장 이론과 크게 다르다. 첫째, 모형 내에서 시간을 개념화하는 방식, 즉 논리적 시간인지 역사적 시간인지, 경제를 경로 독립적으로 볼 것인지 경로 종속적으로 볼 것인지, 둘째, 분석에서 균형의 역할과 균형의 관점, 정상상태 균형성장(SSBG) 경로의 역할, 셋째, 성장 과정에서 수요의 역할, 넷째, 성장 과정을 어떻게 구상하는가, 즉 정상상태 균형성장(SSBG) 경로를 따라 점진적으로 안정적인 변화의 과정인지 아니면 경제의 현재 작동을 방해하는 변화의 과정인지 등 네 가지 주요 차이점을 강조할 수 있다.

토론거리 및 세미나 활동

- 현실 세계의 경제 성장을 설명하는 데 가장 설득력이 있다고 생각하는 이론적 접근 방식은 무엇인가?
- '시간'은 얼마나 중요할까?
- 성장에 대한 다양한 이론적 관점에서 소득 분배는 어떤 역할을 하는가?
- 대부분의 이론적 접근 방식에서 나타나는 성장의 주요 결정 요인은 무엇 인가?

더 읽을 거리

- *On the subject of time*: Sanfilippo (2011) and Arestis and Sawyer (2009a, b).
- *On Classical Growth theory*: Brewer (2010).
- *On An overview of Alternative growth theories*: Setterfield (2010).
- *On Post-Keynesian growth theory*: Lavoie and Stockhammer (2013), Lavoie (2015), and Setterfield (2002).
- *On Evolutionary growth theory*: Hirschman et al. (2015), Nelson and Winter(2004), Dutrénit et al. (2013), and Pitelis et al. (2006).

참고문헌

Acemoglu, D., & Robinson, J. A. (2003). *Economic backwardness in political perspectives.* NBER working paper no. 8831.

Andreoni, A. (2014). Structural learning: Embedding discoveries and the dynamics of production. *Structural Change and Economic Dynamics*, 29, 58-74.

Andreoni, A., & Chang, H.-J. (2016). Bringing production and employment back into development: Alice Amsden's legacy for a new developmentalist agenda. *Cambridge Journal of Regions, Economy and Society*, 10, 173-187.

Andreoni, A., & Gregory, M. (2013). Why and how does manufacturing still matter: Old rationales, new realities. *Revue d' économie industrielle*, 144(4), 17-54.

Arestis, P., & Sawyer, M. C. (2009a). Path dependency and demand-supply interactions in macroeconomic analysis. In P. Arestis & P. Arestis (Eds.), *Path dependency and macroeconomics* (International papers in political economy series) (pp.1-37). New York: Palgrave Macmillan.

Arestis, P., & Sawyer, M. C. (Eds.). (2009b). *Path dependency and macroeconomics* (International papers in political economy series). New York: Palgrave Macmillan.

Arrow, K. J. (1962). The economic implications of learning by doing. *The Review of Economic Studies*, 29, 155-173.

Bhaduri, A. (1993). *Unconventional economic essays.* New Delhi: Oxford University Press.

Bolt, J., Inklaar, R., de Jong, H., & van Zanden, J. L. (2018). *Rebasing 'Mad-dison': New income comparisons and the shape of long-run economic development.*

Maddison project working paper 10.

Brewer, A. (2010). *The making of the classical theory of economic growth.* London: Routledge.

Chang, H. J. (2002). *Kicking away the ladder.* London: Anthem Press.

Domar, E. D. (1947). Expansion and employment. *The American Economic Review*, 37, 34-55.

Dosi, G., Nelson, R. R., & Winter, S. G. (Eds.). (2009). *The nature and dynamics of organizational capabilities* (Reprint ed.). Oxford: Oxford University Press.

Dutrénit, G., Lee, K., Nelson, R. R., Soete, L., & Vera-Cruz, A. O. (Eds.). (2013). *Learning, capability building and innovation for development* (EADI global development series). Houndmills/Basingstoke/Hampshire/New York: Palgrave Macmillan.

Felipe, J., & McCombie, J. S. L. (2014). The aggregate production function: 'Not even wrong'. *Review of Political Economy*, 26, 60-84.

Fine, B., & Dimakou, O. (2016). *Macroeconomics: A critical companion, political economy and development.* London: Pluto Press.

Grossman, G. M., & Helpman, E. (1991). Quality ladders in the theory of growth. *The Review of Economic Studies*, 58, 43-61.

Harrod, R. F. (1939). An essay in dynamic theory. *The Economic Journal*, 49, 14. Harrod, R. F. (1948). *Towards a dynamic economics* (1st ed.). London: Macmillan. Hirschman, A. O., Adelman, J., Rothschild, E., & Sen, A. (2015). *The essential Hirschman.* Princeton: Princeton University Press.

Kaldor, N. (1954). The relation of economic growth and cyclical fluctuations. *The Economic Journal*, 64, 53-71.

Kaldor, N. (1955). Alternative theories of distribution. *The Review of Economic Studies*, 23, 83-100.

Kaldor, N. (1957). A model of economic growth. *The Economic Journal*, 67, 591-624. Kalecki, M. (1938, April). The determinants of distribution of income. *Econometrica*. Keynes, J. M. (1936). *The general theory of employment interest and money*. London: Macmillan.

Lavoie, M. (2015). *Post-Keynesian economics: New foundations* (Paperback ed. reprinted with amendments). Cheltenham: Edward Elgar.

Lavoie, M., & Stockhammer, E. (2013). Wage-led growth: Concept, theories and policies. In M. Lavoie & E. Stockhammer (Eds.), *Wage-led growth* (pp.13-39). London: Palgrave Macmillan.

Lucas, R. E. (1988). On the mechanics of economic development. *Journal of Monetary Economics*, 22, 3-42.

Lucas, R. E. (1990, May). Why doesn' t capital flow from rich to poor countries? *American Economic Review*.

Mankiw, N. G. (1995). The growth of nations. *Brookings papers on economic activity*.

Nelson, R. R., & Winter, S. G. (2004). *An evolutionary theory of economic change*, digitally (Reprinted. ed.). Cambridge, MA: The Belknap Press of Harvard University Press.

North, D. C. (1989, September). *Institutions and economic growth: An historical approach*. World Development.

Pasinetti, L. L. (1962). Rate of profit and income distribution in relation to the rate of economic growth. *The Review of Economic Studies*, 29, 267-279.

Pitelis, C., Sugden, R., & Wilson, J. R. (Eds.). (2006). *Clusters and globalisation: The development of urban and regional economies*. Cheltenham/Northampton: Edward Elgar.

Pritchett, L. (1997). Divergence, big time. *The Journal of Economic Perspectives*, 11, 3-17.

Romer, P. M. (1986). Increasing returns and long-run growth. *Journal of Political Economy*, 94, 1002-1037.

Romer, P. M. (1990). Endogenous technological change. *Journal of Political Economy*, 98, 32.

Sanfilippo, E. (2011). The short period and the long period in macroeconomics: An awkward distinction. *Review of Political Economy*, 23, 371-388.

Sawyer, M. (1989). *The challenge of radical political economy*. Chester: Harvester Wheatsheaf.

Schumpeter, J. A. (1983). *The theory of economic development: An inquiry into profits, capital, credit, interest, and the business cycle* (Social science classics series). New Brunswick: Transaction Books.

Schumpeter, J. A. (1994). *Capitalism, socialism and democracy*. London: Routledge.

Sen, A. (1970). *Growth economics: Selected readings*, penguin modern economics readings. Harmondsworth: Penguin.

Setterfield, M. (Ed.). (2002). *The economics of demand-led growth: Challenging the supply-side vision of the long run*. Cheltenham/Northampton, MA: Edward Elgar.

Setterfield, M. (Ed.). (2010). *Handbook of alternative theories of economic growth*. Cheltenham/Northampton: Edward Elgar.

Shaikh, A. (1974). Laws of production and laws of algebra: The humbug production function. *The Review of Economics and Statistics*, 56, 115-120.

Solow, R. M. (1956). A contribution to the theory of economic growth. *The Quarterly Journal* of Economics, 70, 65-94.

Solow, R. M. (1957). Technical change and the aggregate production function. *The Review of Economics and Statistics*, 39, 312-320.

Solow, R. M. (1988). Growth theory and after. *The American Economic Review*, 78, 307-317.

Solow, R. M. (1997, May). Is there a core usable macroeconomics that we should all believe in? *American Economic Review*.

Swan, T. W. (1956). Economic growth and capital accumulation. *Economic Record*, 32, 334-361.

Wernerfelt, B. (1984). A resource-based view of the firm. *Strategic Management Journal*, 5, 171-180.

국가는 어떻게 발전할까?

Ewa Karwowski and Elisa Van Waeyenberge

12.1 서론

11장에서 논의한 성장 이론은 주로 선진국을 대상으로 제시된 것으로, 애초에 개발도 상국이 직면한 현실을 담아내기 위한 것이 아니었다. 그러나 1940년대부터 경제학자들은 개발도상국의 특수성을 이론화하기 위해 노력해 왔다. 이로 인해 '개발경제학'이 생겨났고, 개발경제학에 대한 초기 기여 또는 흔히 '오래된' 개발경제학이라고 불리는 것은 구조적 전환에 대한 고전적 생각에서 크게 영향을 받았다. 그 후 개발경제학은 고전학파 정치경제학과의 명백한 연관성을 가지고 경제학 내에서 비주류적 전통으로 부상했다. 경제학에서 이러한 비주류적 전통에 기여한 학자들은 역사적 발전 패턴에 의존하고 개별적인 특수한 사실이나 현상에서 그러한 사례들이 포함되는 일반적인 결론을 이끌어내는 귀납적 추론 방법을 선호하는 경향이 있었다. 이들은 개발이 내포하는 광범위한 경제 및 사회적 변화에 주목했고, 국가의 역할이 중요하다는 점에 주목했다.

그러나 1980년대 초, 신고전학파 경제학이 '새로운' 개발경제학을 내세우며 이 영역을 점점 더 잠식함에 따라 개발경제학 연구는 주제와 방법이 급격히 좁아졌다. 이는 개발 연구에서 신고전학파 사상을 무차별적으로 채택한 것이 특징이다. 신고전학파 전통에서 개발경제학은 다른 경제학 분야와 마찬가지로 경제적 합리성과 선택 이론을 바탕으로 진행되기 때문에 하위분야 학문으로 분리해야 할 이유가 사라지게 된다. 이는 구조적 변화와 사회정치적, 경제적 변화의 광범위한 역사적 궤적에는 거의 관심을 두지 않고 보편적 사실로부터 구체적 사실을 추론해 내는 방식인 연역적 원칙에 매몰된 개발경제학에 새로운 길을 제시했다. 주류경제학이 발전함에 따라 새로운 개발경제학은 시장 실패와 경제적 규모 수익률 증가와 관련된 발견을 포함하여 그 발견을 통합하려고 노력했다. 이로 인해 1980년대의 신개발경제학에서 무시되었던 개발도상국 상황의 핵심적인 특징을 되살리려는 '새로운' 개발경제학이 등장했다. 여기에는 신고전학파 경제학이 부과한 제약 안에서 기존 개발경제학의 구조주의적 아이디어를 재구성하려는 후속 시도도 포함된다. 그러나 개발도상국 현실의 핵심적인 특징을 되살리려는 이러한 시도는 신고전학파 전제에 기반할 때 이론화가 진행되는 초기 원칙에 의해 제한되었다. 여기에는 합리적 선택과 합리성 원칙에 대한 집요한 집착이 포함되며, 이러한 집착은 개발이 내포하는 사회경제적, 정치적 변화의 복잡한 문제를 포괄적으로 이해하는 데 방해가 된다.

경제사상의 역사에서 신고전학파 발전경제학은 그 대안에 대해 논의하기 전에 중요한 사전 설명을 하고자 한다. 개발의 경제적 분석에 대한 기여는 종종 주로 '설명'보다는 '해결책'을 제공해야 한다는 인식이 특징이었다. 유명한 개발경제학자인 허쉬만(Hirschman; 1981, p.13)은 '[개발경제학은] 저개발국의 일반적인 경제 문제에 대한 새로운 통찰과 대규모 해외 원조와 같이 손에 닿는, 또는 닿을 수 있다고 생각되는 수단으로 빠른 발전을 이루고자 하는 지배적인 열망이 결합되어 탄생했'고 강조한 바 있다. 이러한 접근성은 1980년대 이후 주로 국제 개발 공동체에서 주도적인 역할을 맡아온 세계은행이라는 특정 국제 개발 기관의 부상과 함께 두드러지게 나타났다. 따라서 개발 과정에서 예를 들어 워싱턴 컨센서스와 포스트 워싱턴 컨센서스에 대한 언급을 들을 수 있다. 여기에는 세계은행에서 강력하게 추진해온 개발도상국의 정책 추진 방식에 대한 구체적인 아이디어가 담겨 있다. 그런 다음. 우리는 이러한 특정 (그리고 매우 영향력 있는) 정책 패러다임에 대한 신고전주의적 분석 기반이 구체적으로 무엇인지 이해하는 데 흥미가 있다.

이 장은 다음과 같이 진행한다. 다음 절에서는 1980년대 이후 각광을 받기 시작한 신고전학파 개발경제학의 주요 발전에 대해 설명한다. 그다음에는 개발도상국의 많은 지역이 독립을 위해 성공적으로 투쟁하고 독립국가 수립 후 특정 문제에 초점을 맞춘 별도의 경제학 하부 주제가 필요해지면서 이 학문이 처음 등장했을 때 이 분야를 지배했던 수많은 공헌을 바탕으로 경제 발전의 대안 이론이 개요에 대해 살펴본다. 이러한 기여에는 때때로 개발경제학의 일부로 묶여서 구조주의 경제학, 종속성 이론, 근대화 이론 등과 같은 다양한 접근법이 포함되어 있다. 이러한 대안 이론들은 축적과 성장에 관한 고전 정치경제학의 초기 논의와 밀접한 관련이 있으며, 그 중 일부는 11장에서 논의한 바 있다.

12.2 신고전학파 개발경제학

이하에서 자세히 설명하겠지만, 개발경제학은 신고전학파 원칙이 아닌 비주류 경제학 전통에서 출발했다. 대신 자본 축적과 구조 전환(structural transformation)에 관한 고전학파 정치경제학자들의 논쟁에서 영감을 받았다. 이는 구조 변화가 발전을 이해하는 방식의 핵심이라는 것을 의미했다. 그러나 이러한 강조는 1980년대에 세계은행이 대대적으로 추진한 신개발경제학(New Development Economics)이 떠오르게 되면서 대부분 사라졌다. 신개발경제학(New Development Economics)은 1980년대 초부터 형성되기 시작한 개발도상국에서 시장과 가격 인센티브의 역할을 강조하는 정책의제에 대한 분석적 토대를 제공했다. 이른바 '워싱턴 컨센서스(Washington Consensu)[1]'를 통해

---

1 1워싱턴 컨센서스(Washington Consensus)란 윌리엄슨(Williamson, 1990)이 만든 용어로 세계은행, 국 제통화기금, 미국 재무부가 공유하는 일련의 아이디어를 말한다. 시장(즉, 가격 메커니즘)이 자원을 배분하고 성장을 촉진하는 가장 효율적인 방법이라고 보기 때문에 개발 과정에서 다양한 형태의 규제 완화, 자유화, 민영화를 장려한다(Van Waeyenberge, 2006 참조).

이 정책의제가 추진되었다. 이러한 정책의제는 발전에서 국가의 중심적인 역할을 강조하던 발전 정책 패러다임을 대체했다(이하 및 15장 참조).

신개발경제학(New Development Economics)에서는 '경제적 합리성'이 저개발국과 선진 국이라는 요인이라는 생각이 지배적이었다. 합리성과 최적화의 원칙을 포함한 신고전학파 경제 학의 가설이 보편적으로 적용 가능한 것으로 이해되었다. 그 결과, 개발경제학은 시공간을 초월 하여 선진국과 개발도상국 모두에게 적용되는 '단일경제학'이 등장하면서 경제학의 하부 학문으 로 더 이상 존재하지 않게 되었다(Hirschman, 1981). 이러한 생각은 1980년대 초 세계은행 수 석 이코노미스트가 된 크루거(Krueger, 1986, p.62)가 "개인이 인센티브에 반응하고, '시장 실 패'가 무반응이 아니라 부적절한 인센티브의 결과라는 것이 인식되면, 개발경제학이라는 학문의 분리성은 거의 사라진다"고 쓴 글에서 명확히 드러난다.

워싱턴 컨센서스로 알려진 이 정책은 성장을 위한 최적의 경로로 추정되는 '완전한 시장'을 가로막는 모든 장애물을 제거하기 위한 경제 정책 개혁을 목표로 했다. 워싱턴 컨센서스는 통화 공급 통제를 통해 경제를 안정시키고 민간 부문 활동을 촉진하기 위한 일련의 공급 측면 조치를 통해 성장을 강화할 것을 제안했다. 이 발전 정책 패러다임은 외부효과, 공공재, 자연독점이 없 고 완전한 시장[후생경제학 제1정리]이 존재할 때 경쟁 시장이 후생을 극대화하는(또는 파레토 효율적) 결과를 산출한다는 발라스 일반균형 이론에 기반한다(5장 및 6장 참조). 모든 파레토 효율적 배분은 시장을 통해 달성할 수 있으며(후생경제학 제2정리), 이는 분배 중립적인 시장 메커니즘을 의미한다. 여기서 균형은 시장의 작동을 저해하지 않는 한 완전 고용인 상태를 의미 한다. 경제에서 유통되는 화폐량은 이 (실물)산출량에 영향을 미치지 않는다(8장 참조). 인플레 이션은 과도한 통화량 증가로 인해 발생하는 것으로 이해되며, 통화 공급을 줄여 해결해야 한다. 정부의 역할은 잘 정의된 재산권을 제공하고, 희소성과 선호도를 반영한 가격 신호가 '올바르게' 작동하도록 하며, 개별경제 주체들이 이러한 가격 신호에 대응하여 자원을 효율적으로 배분할 수 있도록 하는 것이다(15장 참조).

자유화된 시장을 통한 정태적 배분 효율성 향상에 대한 이러한 주장은 성장 제약조건에 대 한 특정 사고와 결합하여 세계은행이 인정하는 개발 재원 배분을 지원하기 위해 사용한 수정된 최소 표준 모형, 즉 해로드-도마 모형의 수정된 버전으로 등장했다(Tarp, 1993 참조). 11장에서 논의한 바와 같이, 이 모형에서는 자본이 성장의 주요 제약 요인으로 나타나고, 성장 과정이 정 상상태의 균형 과정으로 모형화되어, (총수요 부족이 없이) 투자 가능한 자원이 자동으로 투자된 다는 기본 가정이 있고, 경제를 단일 부문 총량으로 모형화한다(이러한 다양한 비판은 11장 참 조). 발전이라는 맥락에서 이 모델의 한계는 다음과 같다. 발전 과정의 핵심인 구조적 전환에 대한 인식 부족(정상상태 균형성장 경로에서는 배제), 자본 희소성에 초점을 맞추다 보니 파편화 된 국내 자원 동원과 부족한 자본을 보완하는 요소(예: 숙련노동)의 중요성에서 벗어나 있다는 점, (낮은 평균 소득으로 인한) 수요 제약이 생산력 활용(따라서 투자 수준)에 영향을 미친다는 점 등이 그것이다. 이는 기술 변화에 대한 제한된 이해와 한 부문 모델에서 다중 부문 경제로 통찰력을 추정하는 데 따르는 어려움과 결합합니다(이를 케임브리지 자본 비판이라고 한다. 11 장 참조).

세계은행과 국제통화기금(IMF)이 자금을 지원하는 프로그램의 워싱턴 컨센서스 식 정책조 건은 예상한 성과를 거두지 못한 것은 당연한 결과일 것이다. 개발도상국 대부분에서 성장과 발 전이 크게 개선되지 못했으며, 특히 투자 수준, 부채 초과, 사회 현실에 부정적인 영향을 미쳤다 (예: 개발도상국의 실질 임금이 공식부문 고용과 함께 급격히 하락하고 공공 서비스 제공이 심각 하게 축소됨). 1990년대 초에 이르러 이러한 실패가 널리 알려지면서 워싱턴 컨센서스를 넘어서 야 한다는 강력한 요구가 제기되었다. 여기에는 세계은행의 2대 주주였던 일본이 1960년대 이후 매우 빠르게 성장한 동아시아 경제의 역사적 경험이 세계은행이 추진한 신고전학파의 처방이 적절히 반영되지 않았다는 점을 인식하고 압력을 가한 것도 포함되었다.

세계은행은 동아시아 개발 경험에 초점을 맞춘 보고서를 발간하여 이러한 요구에 처음으로 부응 하고자 했다(World Bank, 1993). 그러나 동아시아 기적 보고서는 신고전주의 경제학의 한계에 머물러 있었으며, 흔히 '산업 정책' 개입으로 묶이는 다양한 형태의 '시장 왜곡 정책'을 필요로 하는 기술 진보 및 일반적인 생산성 향상과 관련된 발전의 핵심적인 역동적 현실을 수용하지 못했다. 그 후 과제는 개발 연구에서 신고전주의 원칙에서 벗어날 방법을 찾는 것이었는데, 이는 일본 원조 관계자의 말에 따르면 '개발경제학의 최전선에 있는 문제'였다(Goto, 1997, p.8).

1997년 세계은행 수석 이코노미스트가 된 스티글리츠(1998)는 워싱턴 컨센서스 이후 체제 를 요구하면서 이 문제가 제기되었다. 스티글리츠(1998)는 워싱턴 컨센서스가 잘못 인도하고 불 완전하다고 지적했다. 이는 '완전 시장' 패러다임을 조장하는 잘못된 분석 원칙에 기반을 둔 것 이었다. 대신 그는 개발도상국 시장은 여러 번의 실패로 특징지어지며, 전면적인 자유화, 규제 완화, 민영화라는 워싱턴 컨센서스의 처방은 이를 고려하지 못했다고 주장했다. 워싱턴 컨센서 스 이후의 대책은 '불완전한 시장' 패러다임을 추구하면서 주류경제학에서 점점 더 인기를 얻고 있는 일련의 혁신에 기반을 두고 있다. 여기에는 새로운 케인즈주의 또는 신 제도주의 경제학을 통한 발라스 일반균형 이론에 대한 거부와 내생적 성장 이론을 통한 성장 이론의 혁신이 포함되 었다. 개발도상국이 불완전한 경쟁, 불완전한 정보, 제한된 합리성, 시장 부재, 규모의 경제에 따른 수익률 증가 등으로 인해 발라스의 가정을 위반하는 경향이 있다는 사실이 인식되자, 완전 경쟁 시장의 배분 효율성이라는 전통적인 결론은 더 이상 적용되지 않게 되었다. 또한, 11장에서 설명한 바와 같이 성장 이론은 외생적 설명에서 기술 변화를 내생화하고 규모의 경제에 따른 수익률 증가를 반영하려는 시도로 발전했다. 워싱턴 컨센서스 이후에는 이러한 통찰력을 경제 발전 연구에 통합하고자 했다. 한 평론가는 '경제 이론이 정보에 기반한 시장 실패, 조정 실패, 가격의 다중 역할, 시장 상호작용의 잠재적 복잡성에 대한 일반적 개념에 대한 연구로 더 많이 향하면서 필연적으로 오랫동안 개발경제학을 행사해 온 질문으로 향하게 되었다'(Bardhan, 1993, p.139)고 관찰했다.

워싱턴 컨센서스의 통치 기간 동안 일시적으로 후퇴했던 개발경제학은 '(성장과 발전을 구분하지 않고 성장지상주의 경제학을 추구하는) 단일경제학(monoeconomics)'의 분석이 소홀히 다뤄져 불완전했던 이슈들을 통합하려는 신개발경제학의 틀(Fine, 2006)과 함께 부활하는 듯 보였다. 워싱턴 컨센서스 이후에는 발전에 대한 경제적 분석을 보다 광범위한 현실에 기반을 두어야 한다고 주장했다. 지지자들의 말에 따르면, 워싱턴 컨센서스의 특징이었던 (인플레이션) 안정화에 대한 거시적 편향과 시장과 가격에 대한 미시적 편향을 넘어서는 포괄적인 발전 체제를 제공했다. 그러나 워싱턴 컨센서스 이후에도 이러한 주장을 실행할 수 있을지는 의문으로 남았다. 자세히 살펴보면, 스티글리츠 등이 제안한 새로운 개발경제학은 본질적으로 이전 경제학과 동일한 최적화와 선택의 원칙에 따라 진행된다. 주요 차이점은 경제 주체들의 속성과 이들이 최적화하는 환경(불완전한 정보, 제한된 합리성, 수익률 증가, 시장 부재 또는 불완전한 경쟁을 허용함으로써)의 변화에 있다. 가정을 '연성화'하면 방법론적 개인주의에 기반한 사회 이론(또는 경제학)이 더 강화된다. 그러나 방법론적 개인주의는 '경제적'(또는 사회적) 요소를 먼저 제거하고 나중에 독립적인 경제 주체들의 최적화 작업의 결과로 다시 도입하기 때문에 '경제적'(또는 사회적) 요소를 다루기에는 잘 알려진 한계를 가지고 있다.

그러나 워싱턴 컨센서스 이후의 분석은 비역사적이고 비사회적이며 환원주의적인 방법론으로 인해 근본적인 한계에 부딪혔다. 개인의 선택과 최적화는 여전히 경제 및 사회 현상에 대한 궁극적인 설명을 제공한다. 결정적으로 워싱턴 컨센서스 이후에는 수익률 증가를 반영했음에도 불구하고 기술 발전과 일반적인 생산성 증가와 같은 문제에 제대로 대처하지 못했다. 경제는 여전히 주로 교환이라는 프리즘을 통해 이해되고 있으며 (생산 함수가 여전히 생산 분석의 중심이 되어 블랙박스가 되고 있다), 가치 창출에 영향을 미치는 제도적 장치에 대한 통찰력은 거의 없다. 본질적으로 성공적인 산업화는 시장 실패를 제거하고 잘 작동하는 시장을 향한 움직임의 결과로 이해된다. 이는 시장 실패가 생산 과정에 내재되어 있으며, 성공적인 산업화는 (시장 실패의 교정이 아니라) 종종 시장 실패와 자원 배분의 왜곡을 야기한다는 사실을 무시하는 것이다. '가격을 잘못 잡으려는' 의도적 시도가 종종 성공적인 산업화 궤적의 핵심적 부분이다(Amsden, 2004 참조).

이러한 문제는 발전 국가를 둘러싼 (비주류) 논쟁을 촉발하였으며, 이는 발전의 역사적 경험에서 국가의 중심적인 역할에 대해 관심을 갖게 되었다. 이는 무역 관세, 수입 대체, 수출 촉진, 투자에 대한 성과 요건 등 다양한 정책 수단의 사용을 강조했다(Amsden, 1989; Wade, 1990)(15장 참조).

워싱턴 컨센서스 이후 개발경제학이 머물러 있는 동안 동안, 세계은행 내부에서 이 학문의 방향을 바꾸려는 또 다른 시도, 즉, 린이푸(林毅夫, 2012)의 신구조경제학이 있다. 린은 2008년에 세계은행의 수석 이코노미스트로 임명되어 2012년 임기가 끝날 때까지 근무했다. 그는 남반구 저개발국(Global South) 출신으로는 최초로 수석 이코노미스트가 되었다. 린은 신 구조경제학을 통해 특히 저소득 국가에 산업 정책의 필요성에 주목해 왔다.

그러나, 린은 개발을 촉진하기 위한 국가개입이 필요하다고 분명히 주장하지만, 국가의 규범적 역할에 대한 그의 약속은 주로 국가가 비교 우위를 추구하는 민간 부문을 지원할 수 있는 방법이라는 측면에서 협소하게 정의되어 있다. 실제로, 그의 이론적 틀은 요소 부존과 비교 우위라는 개념을 중심으로 구성되어 있다. 간단히 말해, 모든 국가는 노동력, 자본, 자연 자원을 보유하고 있다. 이는 역사적 궤적의 결과로 이해되기보다는 국제 및 국내 정치, 금융, 경제, 상업 관계의 포괄적 맥락의 상황으로 놓여있다. 린에게 요소 부존은 생산에서 특별한 비교 우위를 가져다 준다. 산업은 이러한 비교우위에 따라 발전해야 하며, 이는 가장 경쟁력 있고 최적의 성장 경로를 제공하여 가장 큰 경제적 잉여와 가장 빠른 자본 축적을 가져올 수 있기 때문이다. 그러면 국가 역할은 민간 부문이 이러한 비교 우위에 따라 생산 능력을 조직할 수 있도록 지원하는 것이다. 자본이 축적되면 요소 부존이 바뀌고 새로운 비교 우위가 나타난다. 본질적으로 정부는 비교 우위를 무시하기보다는 비교 우위를 따라야 한다. 그의 분석은 발전에서 생산의 핵심 역할에 대한 관심의 전환을 환영하지만, 예를 들어 유치산업에 대한 전통적인 주장이 가진 복잡성을 받아들이지 못하는 신고전주의적 전제(아래 자세히 보기)나 비교우위 이론(주어진 기술, 요소 이동성 등이 없는 두 재화, 두 국가의 세계에서만 엄밀하게 적용되는)의 결함을 극복하지 못하고 있다.[2]

주류 개발경제학의 최후 저항이자 점점 더 영향력이 커지고 있는 것은 Banerjee and Duflo(2011)가 옹호하는 '빈곤경제학'이다. 이 접근 방식은 개발도상국 빈곤층의 의사결정 과정을 파악하고, 그들이 직면한 인센티브 구조를 파악하여 결과적으로 더 나은(그리고 '더 나은') 의사결정을 내릴 수 있도록 이러한 인센티브 구조를 어떻게 수정할 수 있는지 알아보고자 한다. 행동경제학(3장 참조)에서 얻은 통찰력을 바탕으로 실험적 방법과 무작위 대조군 실험(RCT, 상자 12.1 참조)을 사용하는 이 접근법은 산업화나 거시경제 발전에 대한 논의와 달리 개인의 행동을 강조한다. 기업 활동을 촉진하기 위해 고안된 소액 금융 제도, 현금 이체 및 사회 보호 제도, 공식 금융 기관에서 배제된 사람들을 대상으로 한 보험 및 저축 제도가 포함된다. 이러한 개입은 다양한 이차적 개발 문제를 해결하는 핵심 메커니즘으로 간주되며(예: 가정 내 성 관계를 개선하는 소액 금융), 다양한 결과에 미치는 영향은 무작위 대조군 실험(RCT)을 통해 정량화된다.

이러한 마지막 언급은 신고전주의적 분석 원칙을 채택함으로써 스스로를 제한하지 않고 개발의 핵심 특징을 다루고자 했던 기존의 개발경제학에 대한 논의는 다음 절에서 이어진다.

---

2 2자세한 비평은 Fine and Van Waeyenberge(2013)를 참조

상자 12.1: 무작위 대조군 실험 - 개발경제학의 새로운 표준?

발전에 대한 '(성장을 중심에 두는) 단일경제학(monoeconomics)' 관점의 지배는 소위 엄밀한 방법 (rigourous method)에 더 중점을 두게 되었다. 즉, 개발경제학이 인류학이나 사회학 등 사회경제 현상에 대한 유용한 통찰력을 제공할 수 있는 다른 사회과학에서 눈을 돌리는 대신 내부 또는 STEM(과학, 기술, 공학, 수학) 분야로 눈을 돌리면서 계량적 기법이 점점 더 선호되었다. 오늘날 세계은행과 IMF에서 정책 중심 개발 연구의 상당 부분이 RCT를 통해 수행되고 있다. 이 연구 설계를 지지하는 사람들은 RCT만이 '실증에 기반한' 정책 결정을 허용한다는 의미에서 개발경제학의 새로운 '최적 표준(gold standard)' 이라고 주장한다(Ravallion, 2018).

무작위 대조군 실험(RCTs)은 새로운 의약품의 효과를 평가하기 위해 개발되어 널리 사용되고 있다. 이 아이디어는 한 집단의 사람들에게 치료를 제공하면서 이 치료의 영향을 평가하기 위해 이 치료를 받지 못하는 비교 집단을 사용하는 것이다. 예를 들어, 특정 학교에서는 교실에 보조 교사를 두는 것이 학생들의 시험 점수가 향상하는지 평가하기 위한 목적으로 추가 수업에 대한 지원금을 받을 수 있다. 무작위 대조군 실험(RCT)이 잘 설계된 경우 두 집단은 하나의 참여 집단에서 무작위 표본을 대표해야 하며 두 집단 간 평균 결과의 차이를 통해 개입, 즉 정책 개입의 효과를 추정할 수 있다. 무작위 대조군 실험(RCT)을 지지하는 사람들은 이 방법이 정책효과를 편견 없이 평가할 수 있는 최선의 방법이라고 주장한다. 2000년 이후 무작위 대조군 실험(RCT)이 점점 인기를 얻으면서 주류경제학자들(Deaton and Cartwright, 2018; Ravallion, 2018)은 물론 외부에서도 이러한 유형의 연구 설계에 대한 비판의 목소리가 높아졌다 (Reddy, 2012).

통계적 특성에 초점을 맞춘 비판, 윤리적 문제를 지적하는 비판, 더 광범위한 사회적 중요성을 강조하는 비판 등 크게 세 가지 유형의 비판이 있다. 저명한 계량경제학자들은 RCT가 반드시 편향적이지 않다는 주장은 오해의 소지가 있다는 지적을 하였다. 동일한 모집단에서 추출한 두 샘플의 무작위성은 치료 효과의 추정치(실제 값이 아님)만을 제공한다.

또한, 이러한 유형의 연구를 수행하는 데 드는 높은 비용을 고려할 때 RCT는 너무 적은 인원을 조사에 참여시켜 통계적으로 신뢰할 수 없는 결과를 도출할 수 있다(Deaton and Cartwright, 2018). 윤리적으로 보면, 무작위 배정은 필요한 사람에게는 자원을 보류하고 필요하지 않은 사람에게는 자원을 제공하는 것이므로 매우 의심스러운 방식이다. 이는 사실상 자원을 의도적으로 잘못 할당되었음을 의미한다(Reddy, 2012). 마지막으로, RCT는 잘 정의된 '소규모 수정' 개입에 사용되는 경향이 있지만, 개발에 중요한 많은 정책은 거시경제적인 측면이 있다. 따라서 기후 변화나 환율 체제에 대한 접근법을 평가하는 RCT를 설계하는 것은 불가능하지는 않더라도 어려워 보인다. 따라서 RCT에 초점을 맞추면 개발과 구조적 변화를 위해 어떤 경제 제도가 어떻게 작동하는지에 대한 질문을 피할 수 있다(Reddy, 2012).

12.3   개발경제학의 대안

앞서 논의한 신고전학파 원칙이 지배적인 오늘날의 개발경제학 접근방식은 1940년, 1950년대에 별도의 하위 학문이 등장했을 때의 초창기 기여와는 매우 달라진 모습이다. 구 개발경제학이라는 이름으로 함께 분류되는 이러한 기여는 크게 두 가지 주요한 관점을 대표하는 것으로 구분할 수 있다. 한편으로는 허쉬만(Hirschman), 루이스(Lewis)[3], 넉세(Nurkse), 로스토우(Rostow),

로젠스타인-로단(Rosenstein-Rodan) 등 주로 유럽과 북미에서 시작된 학술적 기여가 있는데, 이를 '근대화 이론(modernization theory)'이라고도 한다. 다른 하나는 프레비쉬(Prebisch)와 유엔 라틴아메리카 경제위원회(UNECLA, 스페인어와 포르투갈어의 약자를 따서 CEPAL)의 동료들을 포함하여 주로 라틴아메리카에서 나온 기여이다. 이를 흔히 '구조주의(structuralism)'라고 한다. 또한, 1960년대 말과 1970년대 초에는 '종속(dependency)'이라는 틀 안에서 저개발과 불평등한 교환이라는 주제를 강조하는 또 다른 학파가 등장했다.

초창기 개발경제학자들은 뚜렷한 분석을 제공하면서도 고전학파 정치경제학자와 경제사로부터 영감을 얻기도 했다. 이들은 저개발국에 대한 실행 가능한 경제 분석을 제공하기 위한 방법으로 신고전학파 원칙을 거부하고 산업화와 구조적 변화가 경제 발전의 핵심임을 강조했다. 이러한 아이디어는 성공적인 경제 발전을 위해서는 상당한 수준의 국가 개입이 필요하다는 인식과 결합되었다(Hunt, 1989 참조). 기존의 개발경제학은 역사적 궤적에 특별한 관심을 가지고 토지 소유권이나 세계 경제에서 국가 통합의 성격과 같은 특정 구조적 특징이 개발에 중요한 영향을 미친다는 점을 강조했다. 각 분파에 대해 차례로 논의할 것이다.

12.3.1 **근대화 이론**(Modernization Theory)

고전학파 정치경제학에 뿌리를 둔 근대화 이론가들은 스미스(1776)가 처음 제시한 아이디어 중 일부를 20세기에 공식화했다. Young(1928)은 분업이 생산성 향상을 가져오는 (국내 및 국제) 시장의 규모에 대한 스미스의 강조를 재검토했다. 그러나 그는 시장이 성장한 것은 지리적 확장이나 인구 증가뿐만 아니라 1인당 소득 증가의 결과라고 덧붙였다. 이는 생산 공정의 기계화에 따른 생산성 향상으로 이어졌다. 따라서 신고전학파 이론에서 주장하는 것처럼 규모의 경제는 일정하지 않고, 더 많은 상품을 생산할수록 생산성이 증가하기 때문에 생산량에 따라 수익률이 증가한다(즉, 규모불변이 아닌 규모체증의 경제이다). 따라서 영(Young)은 근대화 이론의 두드러진 특징이 된 두 가지 중요한 측면을 강조했다. 첫째, 성장이 시장을 창출한다는 인식이 있었다. 둘째, 영(Young)은 발전의 원동력으로서 제조업 부문에 주목했다. 가난한 국가는 일반적으로 노동력의 대부분이 농업과 광업에 고용되어 있고 생산량도 매우 제한적이다. 따라서 영(Young)은 산업 생산으로 경제적 전환이 필요하다고 주장했다.

가난한 국가의 발전 문제를 최초로 다룬 경제학자 중 한 명은 폴란드 태생의 로젠스 타인-로단(Rosenstein-Rodan)이다. 1943년, 그는 제2차 세계대전이 끝나면 닥칠 경제적 어려움을 예상하면서 동유럽과 남동유럽의 발전을 어떻게 촉진할 것인가에 대해 논의했다. 로젠스타인-로단은 사실상 실업 상태이거나 사실상 실업 상태인 수많은 농촌 빈곤층을 산업 고용으로 전환하

---

3 루이스는 원래 카리브 해 섬나라인 세인트루시아 출신이지만 런던의 런던정경대(LSE)에서 공부한 후 맨체스터 대학교에서 강사가 되었다. 그 후 그는 직장 생활의 대부분을 미국과 카리브 해 지역에서 보냈다.

기 위해서는 대규모 투자 계획의 형태로 '빅 푸시(Big Push)'가 필요하다고 생각했다. 로젠스타인-로단은 세 가지 주요 장애 요인, 즉 세 가지 불가분의 관계로 인해 민간 투자가 이루어지지 않았기 때문에 계획 수립을 매우 중요한 것으로 여겼다. 첫째, 소득 수준이 낮은 국가에서는 내수 시장이 취약한 경향이 있다. 다수의 부문에서 동시에 성장해야만 민간 투자를 실현할 수 있는 충분한 수요, 즉, 수요의 불가분성을 창출할 수 있다. 로젠스타인-로단(1943, p.206)은 신발공장을 예로 들어 이 점을 설명했다.

> 저개발국에서 위장 실업(disguised unemployment) 상태에 있던 … 노동자 100명이 신발공장에 투입되면 그들의 임금은 추가 소득이 된다. 새로 고용된 노동자가 추가 수입을 모두 신발 생산에 사용한다면 신발공장은 판로를 확보하고 성공할 수 있다. 그러나 실제로 추가 수입을 모두 신발에 지출하지는 않는다.

신발 제조업체는 직원들에게 신발을 지급할 수 없기 때문에 창업을 하지 않을 가능성이 높다. 하지만, 식품, 의류, 신발, 주방용품 등 일상생활에 필요한 모든 상품을 생산하는 공장이 100개가 동시에 가동된다고 가정해 보면 생산된 신발, 의류 및 기타 상품을 구매할 수 있는 충분한 노동자가 존재하게 될 것이다. 하지만, 이 100개 기업이 운영을 시작하려면 인프라가 필요하게 된다. 이제 두 번째 불가분성, 즉 생산의 불가분성이다.

생산에는 에너지 생산, 상수도, 제대로 작동하는 도로, 철도 및 기타 교통 연결, 통신 네트워크 등의 인프라가 필요하게 된다. 인프라는 비용이 많이 들고 수익을 완전히 내부화할 수 없기 때문에 민간 투자로 이루어질 가능성은 낮다. 예를 들어, 도로 건설에 비용을 지불하지 않은 다른 누군가가 도로 존재로 인해 수익을 얻게 되는 것은 긍정적인 외부효과를 창출하는 전형적인 사례이다. 그러나 로젠스타인-로단은 외부효과를 넘어 인프라를 특징짓는 '불가분성'에 주목했다. 이는 시기, 내구성, 공사 기간 및 유틸리티 유형에 따른 최소 조합을 나타낸다. 일반적으로 공장 운영을 시작하려면 먼저 인프라를 제공해야 한다. 예를 들어, 도로는 오래도록 사용할 수 있도록 건설되기 때문에 회사 소유주가 공장과 가장 가까운 도시를 연결하는 도로를 건설할 가능성은 거의 없다. 인프라는 건설에 오랜 시간이 걸리는 경우가 많기 때문에 민간 투자자가 감당하기가 어렵다. 마지막으로, 인프라가 제공해야 하는 더 이상 최소화할 수 없는 산업구성이 있다. 따라서, 전기 공급도 제공되어야 하므로 도로, 상수도 및 하수도 시스템을 구축하는 것만으로는 충분하지 않게 된다.

마지막으로, 근대화 이론가들이 주장하는 투자 가속화는 가난한 국가의 저축 능력을 훨씬 뛰어넘는 높은 저축률에 달려 있으며, 이로 인해 저축의 불가분성이 지적된다. 저축은 소득에서 이루어지기 때문에 가난한 국가에서는 총 저축액이 적고 민간 투자가 저해된다.

넉세(1952)는 로젠스타인-로단과 비슷한 주장을 펼치며 가난한 나라의 균형 잡힌 성장(*Balanced Growth*)을 촉구했다. 둘 다 소득이 증가하면 시장이 확대되어 민간 부문의 투자와 생산성 성장이 촉진될 것이라는 영(Young)의 생각에서 출발했다. 로젠스타인-로단과 넉세는 모두 개발도상국 산업화의 원동력이 수출 시장이라고 하는 생각에 대해 비관적이었다.

　　로젠스타인-로단과 넉세는 시장이 자원, 즉 노동과 자본을 가장 잘 배분할 것이며, 그 결과 가난한 나라에서 자발적인 성장과 발전이 이루어질 것이라는 견해에 반대했다. 비너(Viner, 1953)와 같은 동시대 신고전학파 학자들은 국제 시장이 국내 투자와 관계없이 가난한 나라에 충분한 수요와 규모의 경제를 제공할 것이므로 빅 푸시가 필요하지 않다고 주장했다. 신고전주의 개발 경제학자들은 가격 메커니즘이 공포 자원을 가장 잘 배분할 수 있기 때문에 '가격을 올바르게 책정해야 한다'는 주문(mantra)을 따랐다. 관세 및 기타 무역 장벽을 제거하여 세계 무역을 개방하는 것만으로도 가난한 나라들이 비교 우위에 따라 가장 잘 생산할 수 있는 상품을 생산하고 수출할 수 있다. 이는 시간이 흐르면서 각국의 소득 수준을 높이는 데 도움이 될 것이다. 따라서 신고전주의 경제학자들은 산업화를 목표로 정부가 시행하는 대규모 투자 프로그램에 반대했는데, 그 이유는 이러한 프로그램이 예를 들어 제조 기업에 대한 보조금 신용을 통해 산업 투자를 선호하는 가격을 왜곡할 수 있기 때문이다(위 참조).

　　로젠스타인-로단과 넉세는 라틴아메리카 구조주의자들(아래 참조)과 함께 자유무역이 가난한 나라에 발전을 가져올 것이라는 신고전학파 권고에 대해 회의적이었다. 그들은 가난한 경제 국가들이 농산물과 채굴된 자원과 같은 1차 상품을 국제 시장에서 판매하는 경향이 있다고 올바르게 진단했다. 그러나 근대화 이론가들은 산업화 없이는 발전이 불가능하다고 생각했다. 결국, 이 방법은 부유한 국가들도 택했던 길이었다. 넉세 입장으로는, 1차 원자재에 대한 세계 수요의 활발한 증가가 이들 경제가 국내 산업을 일으켜 세우는 데 도움이 되었을 것이다. 이러한 발전이 없는 상황에서 국내 시장을 위한 생산 다각화가 필요했다. 이는 제조업 부문에 대한 투자를 통해 가장 잘 달성할 수 있다.

　　그럼에도 모든 산업화 지지자들이 빅 푸시 접근 방식에 동의한 것은 아니다. 로젠스타인-로단과 넉세는 동시대 학자들, 특히 불균형 성장(Unbalanced Growth)을 옹호한 허쉬먼(1958)으로부터 비판을 받았다. 허쉬먼은 가난한 국가가 대규모 투자 프로그램을 계획하고 실행할 수 있는 능력에 대해 비관적이었다. 그는 개발도상국의 내수 및 저축이 부족하다는데 동의했지만, 대규모 투자 프로그램을 고안하고 운영하는 데 필요한 관리 기술도 마찬가지로 부족할 것이라고 강조했다. 따라서 그는 잠재적인 기업가에게 투자기회의 신호를 알리는 것은 불균형이나 병목 현상의 발생이라고 보았다. 그러나 그는 제조업 생산 촉진의 중요성에 대해서는 동의했다. 허쉬먼에게 제조업이란 구조 혁신의 핵심 동력인데, 제조 공장을 설립하면 전후방 연쇄효과를 통해 더 많은 제조업 활동이 출현할 수 있기 때문이다. 예를 들어, 시멘트 공장을 설립하면 인근에 시멘트를 담을 수 있는 (몇 겹의 종이를 겹대 만든) 다중 포대(multi-wall bags)를 생산하는 산업용 포장 공장을 설립할 수 있다. 이것이 시멘트 사업에서 투입재로 사용할 수 있는 상품의 생산을 촉진하기 때문에 후방연쇄이다. 전방연쇄는 기존 상품을 추가로 가공하는 제조업체의 출현을 촉진한다. 이 예에서는 (모래를 시멘트와 섞어 만든 가벼운 블록인) 시멘트 블록(cement breeze block), 즉 콘크리트 빌딩 블록을 생산하는 공장이 시멘트 제조업체 옆에 설립될 수 있다. 허쉬먼의 생각은 오늘날에도 개발도상국의 산업화와 성장을 목표로 하는 정책을 어떻게 설계해야 하는지에 대한 문제를 다루는 산업 정책 논쟁에서 여전히 중요한 역할을 하고 있다.

　　포스트 케인지언 경제학자인 칼도(Kaldor) 역시 수출 주도의 산업화를 통해 발전을 이룰 것을 주장하며 발전경제학에 중요한 공헌을 했다. 이 정책 권고안은 칼도(Kaldor; 1966, 1981)가 1960년대와 1970년대에 제정한 세 가지 성장법칙을 기반으로 한다. 칼도는 주요 선진국 경제를 연구하면서 첫째, 1인당 소득의 증가가 제조업 생산 확대와 밀접한 상관관계가 있다는 사실을 발견했다. 그는 제조업 생산량과 GDP 사이의 양의 상관관계는 (그 반대가 아니라) 제조업 생산량이 많은 부유한 국가보다는 제조업 부문이 작지만 성장하는 국가에 경험적으로 유지되기 때문에 산업화가 성장을 주도했다고 주장했다. 칼도에 따르면, 제조업이 발전의 핵심인 이유는 규모의 경제를 실현하는 유일한 분야이기 때문이다. 따라서 둘째, 제조업의 생산성 증가는 제조업 생산량 증가와 밀접한 관련이 있다(이를 버둔의 법칙(*Verdoon's Law*) 이라고도 한다). 기업이 기술을 개선하고 근로자가 생산하면서 학습하고 누적 제조 생산량이 증가하기 때문이다. 셋째, 제조업 부문의 성장은 농업 생산 및 서비스 부문의 생산성 향상과 정(正)의 상관관계가 있다. 농업과 서비스업의 수익이 감소하거나 위장 실업이 존재하면, 제조업의 고용이 증가하면 이들 부문의 생산성도 높아질 것이다.

　　칼도는 개발도상국이 국내 시장보다는 글로벌 수요를 성장과 구조적 변화의 동력으로 삼아야 한다고 믿었다. 결국, 글로벌 수요는 훨씬 더 어마어마하다. 이런 의미에서 칼도는 빅 푸시에 대한 신고전학파 비판 의견에 동의했다. 그가 동의하지 않았던 것은 시장과 '올바른' 가격이 구조적 변화를 이끌 것이라는 신고전학파 명제였다. 신고전주의 경제학자들에게 이는 정부의 개입을 제한하는 것을 의미하지만, 칼도르와 같은 경제학자들은 보조금과 기타 국가 지원을 수반하는 적극적인 산업 정책을 선호했다. 신고전학파 경제학자들에게 이 명제는 정부 개입 제한을 의미하지만, 칼도와 같은 경제학자들은 보조금과 기타 국가 지원을 수반하는 적극적인 산업 정책을 선호했다.

　　마지막으로 가장 영향력 있는 근대화 이론가로는 세인트루시아의 노벨상 수상 경제학자 루이스(Lewis)가 있다(Kirkpatrick and Barrientos, 2004). 그의 주요 저서인 '노동의 무제한 공급을 통한 경제 발전'(Lewis, 1954)은 가난한 나라의 실업에 대한 그의 깊은 관심을 반영한다. 루이스(1954)는 개발도상국에서는 인구의 상당수가 때로는 위장된 방식으로 실업 상태에 놓여 있다고 주장하면서 '잉여 노동'이라는 용어를 차용하였다. 그의 주장에 따르면, 개발도상국의 많은 사람들은 공식적으로 실업 상태는 아니지만 근무 시간 동안 자신의 모든 시간이나 힘, 기술을 필요로 하지 않는 일을 수행하는 경향이 있다. 그의 이중 부문 모델은 구조적 변화로서의 발전의 의미를 가장 강력하게 설명했다(상자 12.1 참조). 그는 발전 과정의 중요한 요소로 이중성과 관습을 소개했으며, 더 많은 양의 저축이 필요하다는 점을 강조함으로써 오늘날 발전경제학의 분위기를 조성했다.

> 경제 발전 이론의 핵심 문제는 과거 국민 소득의 4~5% 이하를 저축하고 투자하던 사회가 국민 소득의 12~15% 이상을 자발적으로 저축하는 경제로 전환하는 과정을 이해하는 것이다(Lewis, 1954, p.155).

근대화 이론의 전형처럼, 루이스는 저축 부족과 같은 성장의 내부 장벽이 극복되면 선순환적 성장 동력이 거의 자동으로 한 국가에 나타날 것이라고 믿었다. 그의 모형에서 지속적으로 낮은 임금은 결과적으로 저축을 축적하여 전적으로 재투자할 수 있는 소수의 국내 자본가 그룹에게 이익이 된다. 저임금은 이중 노동시장의 결과이다. 이중 노동시장은 노동 공급이 풍부한 전통적인 부문과 신고전학파 이론에서 가정한 대로 노동자에게 한계 생산물을 지급하는 현대 부문의 고용이 공존한다(7장 참조). 축적 과정은 잉여 노동력이 모두 고용될 때까지 계속되며, 이 시점에서 발전 과정이 완료된다. 지속적인 영향력에도 불구하고 루이스 모델은 혹독한 비판을 받아왔다. 이는 임금 정체에 결정적으로 의존하며 소득 불평등의 증가를 불가피할 뿐만 아니라 발전의 필수 부산물이라고 가정한다.

이 모형은 또한 이중성을 묘사한다. 실제로, 전통 부문과 현대 부문은 완전히 분리되어 있는 것이 아니라 서로 영향을 주고받으며 발전하는 것이 일반적이다. 루이스의 단순한 이중성 묘사는 현대 부문을 제조업으로, 전통 부문을 농업으로 구분하는 모형에 대한 해석을 야기시킨다. 그러나 루이스가 식량 가격(그리고 그에 따른 임금)이 조기에 상승하는 것을 막기 위해 농업 생산을 기계화하여 현대 부문의 노동자들에게 충분한(그리고 저렴한) 식량 공급을 보장해야 한다고 강조한 것이 반드시 이런 것을 염두에 둔 것은 아니다(상자 12.2).

이 모형의 가장 큰 단점은 자본가들의 저축이 자동으로 재투자되어 잉여 노동력이 지속적으로 흡수된다고 가정한다는 점이다. 석유 산업을 예로 들어보자. 많은 개발도상국은 자원이 풍부하고 원유 1차 채취에 중점을 둔 현대식 산업을 보유하고 있다. 석유 및 광업은 자본 집약적인 산업으로 악명이 높으며 일자리를 거의 창출하지 못한다. 더 큰 문제는 많은 국가에서 이러한 산업을 소유한 다국적 기업이 현지가 아닌 해외에 재투자할 수 있다는 점이다. 또는 기업이 수익을 전혀 재투자하지 않거나 적어도 일자리를 창출하는 생산에 재투자하지 않을 수도 있다. 그들은 주식, 채권 또는 기타 수익성 있는 금융 자산에 투자할 수 있는 대안이 있다. 예를 들어 이탈리아의 한 석유 회사가 가나에서 석유 채취를 통해 얻은 수익을 런던 증권거래소에 재투자할 경우 일자리는 거의 없거나 거의 없을 것이다. 근대화 이론의 대부분은 개발도상국이 처한 글로벌 맥락을 무시한 채 성장과 발전을 가로막는 국내 장벽에 초점을 맞추고 있다.

상자 12.2: 루이스의 이중부문 모형(Lewis's dual sector model)

루이스(1954)는 가난한 경제와 부유한 경제를 구분하는 구조적 차이를 설명하기 위해 이중 부문 모델을 제시했다. 그는 1950년대 경제학의 두 가지 지배적인 접근 방식인 신고전학파 경제학과 케인즈 분석을 개발 도상국의 맥락에서 모두 명시적으로 거부했다. 전자는 완전 고용을 가정한 반면, 후자는 저축을 풍요로운 것으로 간주했다. 그러나 루이스에 따르면 가난한 나라에서는 저축이 부족한 상태에서 '잉여 노동력'이 우세할 것이다. '잉여 노동'이라는 개념은 1950년대에 논란의 여지가 있는 개념으로 논의되었다(Viner, 1953). 오늘날 일반적으로 가난한 경제에서는 공식 부문 고용이 사라지고 비공식 부문의 사람들은 대안이 없어 생계형 및 기타 생산성이 낮은 일자리를 맡는 경우가 많다는 것이 인정되고 있다.

　　루이스는 빈곤 국가를 잉여 노동력이 있는 전통부문과 기본적인 생산 기술을 갖춘 전통 부문 두 가지 부문으로 구성하는 것으로 모형을 설정하였다. 이 두 부문의 경우 노동의 한계 생산(MP_L)은 0에 가깝기 때문에 생산량 감소없이 이 노동력의 일부를 다른 부문으로 옮길 수 있다. 이는 남은 인력이 그 빈자리를 메워 더 오래 일할 수 있기 때문이다. 전통적인 부문의 '급여'는 관례에 따라 결정되며 생계비(S)와 동일하다. 이후 이 모형을 해석할 때 전통적 부문은 종종 생계형 농업으로 간주되는데, 루이스에 따르면 이는 전통적 부문의 일부일 뿐이다. 반면, 보다 개선된 기술이 특징인 현대 산업에서는 노동자에게 한계 생산물을 지급한다.

　　이 모형은 두 부문 간의 복잡한 상호작용을 포착하기 위해 현대 부문의 임금 (W)이 생계비 임금(S)에 일정 금액이 더해져 노동자를 더 불편한 현대 부문의 고용으로 유인한다고 설명한다. 따라서 그래프에서 노동 공급 곡선은 평평하게 된다. 즉, 잉여 노동력이 있는 한 노동 공급은 임금 W에서 완벽하게 탄력적으로 이루어진다. 1기에서는 현대 부문의 자본가들은 Q_1 노동자를 수요할 것이다. 이렇게 하면 자본가는 노동 공급 곡선 위의 파이 조각과 동일한 이익을 얻게 된다(즉, $N_1 Q_1 W$). 루이스는 자본가들이 2기에 전체 이익을 재투자하여 고용이 증가한다고 가정했다(이제는 Q_2).

W가 변하지 않으면 이윤은 $N_2 Q_2 W$로 증가한다. 이러한 축적 과정은 (두부문의) 노동 시장이 완전히 통합되어 잉여 노동력이 모두 흡수될 때까지 계속될 것이다. 이것이 루이스의 전환점이다. 여기서 임금이 상승하기 시작하고 현대 기술이 경제 전반에 보급된 것으로 추정된다. 두 부문이 통합되어 구조적 변화를 통한 발전 과정이 완성된다.

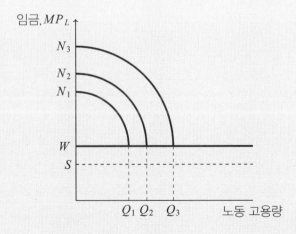

12.3.2 **구조주의**(structuralism)

구조주의는 발전에 대한 대안적 이해를 제시하며 경제 변화의 필요성을 강조했다. 그러나 근대화 이론가들이 이러한 변화에 대한 국내 장벽에 초점을 맞춘 반면, 1940년대 후반 라틴 아메리카에서 등장한 구조주의 학파는 개발에 대한 외적 제약을 명시적으로 강조했다. 아르헨티나 경제학자 프레비쉬(Prebisch)는 이러한 발전 전통을 창시한 인물로 평가받는다. 1950년에는 새로 창설된 유엔 라틴아메리카 카리브 경제위원회(ECLAC(Economic Commission for Latin America and the Caribbean) 또는 CEPAL(Comisión Económica para Amèrica Latina y el Caribe))의 사무총장으로 임명되었다. 프레비쉬는 아르헨티나를 비롯한 라틴 아메리카 국가들이 세계 무역에 편입되었음에도 불구하고 자국민의 경제 상황을 개선하는데 어려움을 겪고 있는 경제적 문제에 관심을 갖고 있었다. 그는 세계대전과 같이 유럽에 경제적 혼란이 있을 때마다 라틴아메리카는 수출 상품에 대한 유럽 수요 감소로 인해 부정적인 영향을 받는다는 것을 관찰했다. 동시에 유럽과의 무역 연결이 완화되면서 국내 산업의 발전이 촉진되어 유럽의 소비재 및 투자재 수입이 국내 제품으로 대체되는 것처럼 보였다. 이에 대응하여 구조주의 학파는 중심 - 주변 패러다임을 공식화했다.

중심 - 주변 패러다임은 가난한 국가와 부유한 국가 간의 무역 관계에 대한 정형화된 사실을 포착한다. 북반구의 부유한 국가들, 즉 유럽과 미국이 핵심을 이루고 있다. 북반구는 기술이 발달하고 노동조합이 강하며 고용과 임금이 상대적으로 높다. 반면 주변부, 즉 라틴아메리카를 포함한 남반구는 수출용 생산을 하는 몇몇 산업 섬을 제외하고는 기술이 더 기초적인 경향이 있으며, 주변부는 대부분 원자재를 수출한다. 하지만 이러한 수출 산업은 부유한 국가에 본사를 둔 외국 기업이 소유하고 있는 경우가 많다. 남반구에는 생산 능력이 부족하기 때문에 대부분의 소비 및 투자 상품은 중심부에서 주변부로 수입되고 있다.

가난한 나라에서는 노동력이 풍부하고 노동조합이 약하거나 존재하지 않아 저임금과 높은 실업률로 인해 개발이 더욱 불리하게 기울어져 있는 상황이다. 이러한 환경에서 발전을 위해서는 근대화 이론가들이 주장한 것처럼 산업화라는 형태의 구조적 변화가 필요하다. 그러나 구조주의자들은 '중심부'와의 연결고리로 인해 주변부의 발전을 저해한다고 덧붙인다. 중심부와 주변부 간의 자유무역은 가난한 국가의 국내 제조업 발전을 저해하는데, 주변부는 북반구의 선진적이고 경쟁력 있는 생산자들과 경쟁할 수 없기 때문이다. 따라서, 현지 제조업을 육성하기 위해서는 수입 대체 산업화(ISI) 정책이 필요하게 된다. 해외 경쟁으로부터 국내 시장을 보호하는 것이 이 정책의제의 최우선이었다. 국내 제조업체들은 북반구 글로벌 기업들에 비해 초기 단계에 있었기 때문에 높은 생산 비용에도 불구하고 외국 기업들과 경쟁할 수 있도록 수입 관세 등 정부 지원이 필요했다. 국내 제조업자들이 국제적 기술 경쟁에 점차적으로 적응할 수 있도록 하는 것이 목표였다. 보호받으면서 학습하고, 경쟁력을 높이고, 생산 비용을 낮출 수 있을 것이라는 생각에서였다. 결국, 정부의 지원 없이도 글로벌 시장에서 경쟁할 수 있게 되고, 무역 장벽이

표 **12.1** 한국과 남미 일부국의 비교

	GDP 성장(%)			투자(GDP의 %)			무역적자(GDP의 %)		
	1960년대	1970년대	1980년대	1960년대	1970년대	1980년대	1960년대	1970년대	1980년대
아르헨티나	4.0	3.0	-1.4	22.3	26.0	19.9	0.3	1.2	2.4
브 라 질	6.2	8.5	1.8	19.7	22.9	21.0	0.2	-1.2	2.4
멕 시 코	6.8	6.7	1.9	18.9	22.6	22.3	-2.0	-1.2	3.4
한 국	8.7	9.1	9.7	18.9	26.7	28.3	-10.3	-5.9	0.4

a출처: 세계은행 세계발전지수

나 보조금 및 기타 지원 정책도 단계적으로 폐지될 수 있다. 따라서 해외에서 생산되어 수입되던 상품을 국내 생산품으로 대체할 수 있다. 허쉬먼은 의류와 식료품 등 가벼운 소비재를 먼저 생산한 다음 냉장고와 세탁기 등 백색가전, 마지막으로 산업 기계와 장비 등 투자재를 생산해야 한다고 조언했다.

수입대체 산업화(ISI)는 라틴아메리카에서 산업화를 시작했지만, 이 정책이 유엔 라틴 아메리카 카리브 경제위원회(CEPAL)가 기대했던 것처럼 불평등과 산업 집중을 줄이는 데 반드시 성공하지는 못했다.

고용이 증가하면 임금 수준이 상승하고 결과적으로 소득 불평등이 감소할 것이라는 생각에서였다. 동시에 새로운 제조업체의 등장은 산업 집중도를 낮춰 남미 경제를 더욱 역동적이고 과점적이지 않게 만들 것이다. 많은 남미 경제에서 수입대체 산업화(ISI) 통해 성장이 가속화되었지만(표 12.1 참조), 소득 불평등과 산업 집중은 감소하기보다는 오히려 악화되었다(Hira, 2007). 제조업 생산을 강화하기 위해 부유한 국가로부터 더 많은 기계를 수입해야 하는 상황은 브라질과 같은 일부 국가에서는 무역 적자 증가를 의미하기도 했다(표 12.1 참조). 이는 라틴아메리카 구조주의자들에게 매우 실망스러운 일이었고, 일부 유엔 라틴아메리카 카리브 경제위원회(CEPAL) 회원들은 라틴아메리카에 대해 훨씬 더 비관적인 전망을 채택하게 되었다.

12.3.3 **종속이론**(Dependency theory)

종속 학파(소위 종속주의자(dependentistas)는 자본주의하에서 국가가 산업화를 시도할 경우 자본주의로부터 경제적 해방이 아니라 오히려 더 많은 종속을 초래할 것이라고 주장하며 등장했다. 남미 경제의 무역 적자 증가와 대외 부채 증가는 이러한 의존성의 징후로 해석한다. 종속주의자들에 따르면 유일한 탈출구는 자본주의와 완전히 결별하고 사회주의를 채택하거나 (덜 현실적인) 자급자족을 채택하는 것이었다.

종속이론에는 두 가지 주요 경향이 있다. 한편으로는 독일계 미국인 경제학자 프랭크(Frank)를 중심으로 미국 내에서 강력한 종속 운동이 일어났다. 반면, 도스 산토스(Dos Santos)처럼 환멸을 느낀 남미 구조주의자들은 주변부 국가에서 종속 사상을 발전시켰다. 두 접근 방식 모두 맑스주의 사상의 영향을 많이 받았으며 네오맑스주의 발전 이론이라고도 불린다. 프랭크 (1978)는 맑스주의 경제학자 바란(Baran)이 제시한 독점 자본주의의 개념을 기반으로 한다. Baran(1957)에 따르면, 부유한 국가의 성숙한 자본주의는 이윤을 더 이상 국내 생산에 재투자할 수 없는 시점에 도달하게 된다. 자본가들은 수익을 '해결'하기 위해 가난한 나라에 대한 외국인 투자 등 다른 투자 기회로 눈을 돌린다. 가난한 나라와 부유한 나라 사이의 힘의 관계가 후자에 유리하게 왜곡되어 있기 때문에 해외 투자에 대한 추진력은 매우 빠르게 제국주의화 된다. 예를 들어 채굴과 같이 주변부에서 발생한 이익은 부유한 국가에 기반을 둔 대기업이 뽑아내어 중심부로 송금된다. 따라서 주변부에서 중심부로 잉여를 생성하는 주요 메커니즘은 무역이라고 프랭크는 설명한다. 주변부는 중심부의 독점적 거래자, 즉 가격을 결정하고 싸게 사서 비싸게 팔 수 있는 더 강력한 실체와 마주하게 된다. 따라서 중심부 발전은 주변부의 저개발을 가져온다. 종속 주의자들은 가난한 국가가 단순히 부유한 국가보다 발전 초기 단계에 있는 것이 아니라고 주장했는데, 이는 근대화 이론에서 널리 알려진 주장이다. 부유한 사회의 번영이 가난한 사회의 빈곤과 직결되는 반면, 발전 과정은 선형적이지도 않고 균등하지 않다.

　　종속 이론의 두 번째 중요한 흐름은 라틴 아메리카, 즉 주변부에서 발전했다. 도스 산토스는 주변국들의 국내적 특성을 고려하면서 종속 이론을 발전시키기 위해 노력했다. 프랭크와 다른 사람들은 종속 사회의 계급 역학 관계에 충분히 관여하지 않았고, 종속을 순전히 외부적인 현상으로만 묘사했다. 대신 주변부 엘리트들은 잉여 가치의 중심부로의 유출을 적극적으로 도우며 국내 발전을 저해했다. 도스 산토스에게 주변부 경제혁신에는 세 가지 주요 제약이 있었다. 첫째, 주변부 경제는 산업 생산에 필요한 주요 투입재를 수입하는 데 필요한 외환을 창출하기 위해 수출 부문에 의존하고 있다. 이로 인해 해당 산업을 통제하는 자본가들은 경제적으로 강력한 힘과 정치적인 영향력이 있다. 이들은 종종 외국 자본가로서 이익을 국내에 투자하지 않고 해외로 송금하는 경우가 많았다. 둘째, 주변부는 산업 생산에 필요한 수입 수요로 인해 무역 적자가 발생하기 쉽지만, 국제 교류 관계가 부유한 국가에 유리하게 기울어져 있기 때문에 더욱 그렇다. 실제로 경제가 열악한 국가에서 수출하는 원자재는 저렴하고 합성 물질로 대체할 수 있는 반면, 핵심 제조 제품은 비싸고 쉽게 복제할 수 없는 경향이 있다. 무역 적자는 주변부 해외 계정 균형을 맞추기 위해 자본 유입이 필요하기 때문에 주변부의 중심부에 대한 재정적 의존을 야기한다. 마지막으로, 산업 생산은 중심부에 대한 주변부의 기술적 종속성 때문에 수입 투입물에 의존하게 된다. 기계와 장비를 해외에서 구매해야 하므로 무역 수지가 악화되고, 노동력이 풍부한 경제에 적합하지 않은 기술을 수입해야 한다.

　　특히 맑스주의 학계에서는 종속 이론이 채택한 일부 맑스주의 개념에 대한 해석에 의문을 제기하며 의존성 이론의 여러 부류에 대한 많은 비판을 가했다. 그러나 경험적 발전의 경험이 이 이론에 대한 가장 치명적인 비판이 되었다. 종속주의자들에 따르면 구조적 제약으로 인해 주변부의 개발은 불가능하다. 따라서, 종속학파는 20세기의 중요한 개발 성공인 동아시아의 기적을 설명하는 데 어려움을 겪고 있었다. 위의 표 12.1은 산업화에 성공한 한국이 1960년대와 1970년대에 지속적으로 높은 무역수지 적자를 경험한 후 무역수지 균형에 성공할 수 있었던 과정을 보여준다.

　　돌이켜보면 많은 경제학자들은 남미의 산업화 및 수입대체 산업화(ISI) 추진을 실패한 것으로 간주한다. 많은 라틴 아메리카 국가들이 수입대체 산업화(ISI) 기간 동안 성장과 구조적 변화를 상당히 가속화했기 때문에 이러한 평가가 전적으로 정당한 것으로 보이지는 않는다. 가장 대표적인 예로 최근 세계은행(World Bank)이 선정한 13가지 국제 성장 성공 사례 중 하나로 꼽은 브라질을 들 수 있다(World Bank, 2008). 수입대체 산업화(ISI)에 대한 부정적인 평가는 주로 동아시아 경제의 성공 사례(13개 성공 사례 중 동아시아 9개국이 포함됨)와의 비교에 근거한 것으로 보인다. 중남미의 수입대체 산업화(ISI)는 일본을 필두로 한국, 대만, 싱가포르와 홍콩이 수출 주도 성장 전략에 따른 이른바 '동아시아 기적'과 종종 대조된다. 이 두 지역 성장 사례를 단순하게 해석하면 남미의 수입대체 산업화(ISI)는 보호주의적이고 내부지향적이어서 실패한 반면, 동아시아의 기적은 무역 개방으로 인해 성공했다는 것이다. 두 경험을 좀 더 정교하게 읽어 보면 동아시아 경제가 수출 주도 전략을 지원하기 위해 사용한 수입대체 산업화(ISI) 유형의 개입을 강조한다(자세한 내용은 Zhu, 2006 참조).

12.4　결론

이 장에서는 지난 세기 동안 발전경제학이 어떻게 발전해왔는지 개괄적으로 살펴보고자 했다. 기존의 발전경제학은 명시적으로 고전학파 정치학에 의존하지만, 1980년대 초 새로운 하부 학문 분야로 등장하였는데, 이것은 신맑스주의자들의 위험한 담합으로 종속성 이론과 신고전학파 경제학의 부흥을 통해서 가능했다. 그 이후로 세계은행은 개발도상국의 생활 수준 향상을 가속화하기 위해 발전을 이해하는 방식과 어떤 정책을 추진해야 하는지에 영향을 미치는 데 핵심적인 역할을 해왔다.

　　21세기가 시작되면서 남반구의 여러 국가에서 이질성이 증가했지만, 남반구의 광범위한 지역에서 저개발이라는 극명한 현실이 지속되고 있다. 그러나 신고전학파 경제학이 채택한 좁은 분석 프레임은 역사적 발전 경험의 핵심으로 강조되고 개발에서 제조업의 역할에 관한 핵심 분석 통찰을 반영하는 도구들이 공식 차관, 양자 간 투자 조약 또는 세계무역기구 가입 조건 등 개도국의 정책 공간에 대한 다양한 제한으로 인해 지속적으로 제대로 평가되지 않고 종종 명시적으로 손이 닿지 않는 정책 공간을 만들어 냈다.

토론거리 및 세미나 활동

- 성공적인 개발 궤적의 필수 요소는 무엇이라고 생각하는가? 20세기 후반에 성공적으로 발전한 국가를 예로 들어 이에 대해 논의할 수 있는가?

- 신고전학파 경제학이 이러한 성공적인 발전 경험을 쉽게 설명할 수 있다고 생각하는가?

- 발전에서 세계은행의 역할은 무엇인가? 세계은행의 역할이 개발에 대한 분석과 정책 모두에 어떤 영향을 미쳤는지 논의할 수 있는가?

- 이 장에서 논의한 (신고전학파가 아닌)대안적 발전경제학파에서 공유되는 필수 요소를 식별할 수 있는가?

- 기존 발전경제학의 기여에서 고전학파 정치경제학의 강력한 유산을 어떤 방식으로 식별할 수 있는가?

참고문헌

Amsden, A. (1989). *Asia's next giant: South Korea and late industrialisation*. New York: Oxford University Press.

Amsden, A. (2004). *The rise of 'the rest'. Challenges to the west from late-industrialising countries*. New York: Oxford University Press.

Banerjee, A., & Duflo, E. (2011). *Poor economics*. London: Penguin.

Baran, P. (1957). *The political economy of growth*. New York: Monthly Review Press.

Bardhan, P. (1993). Economics of development and the development of economics. *Journal of Economic Perspectives*, 7(2), 129-142.

Bayliss, K., Fine, B., & Van Waeyenberge, E. (Eds.). (2011). *The political economy of development. The World Bank, Neoliberalism and development research*. London: Pluto Press.

Chang, H. J. (2002). *Kicking away the ladder*. London: Anthem Press.

Chang, H. J. (Ed.). (2003). *Rethinking development economics*. London: Anthem Press.

Deaton, A., & Cartwright, N. (2018). Understanding and misunderstanding randomized controlled trials. *Social Science and Medicine*, 210, 2-21.

Fine, B. (2006). Introduction. In K. S. Jomo & B. Fine (Eds.), *The new development economics. After the Washington Consensus*. London. New York: Zed Books.

Fine, B., & Van Waeyenberge, E. (2013). A paradigm shift that never was. *Competition and Change*, 17(4), 355-371.

Frank, A. G. (1978). *Dependent accumulation and underdevelopment*. Basingstoke: Macmillan.

Goto, K. (1997). Some thoughts on development and aid: Japan's strategic response. *OECF Journal of Development Assistance*, 3(1), 1-18.

Hira, A. (2007). Should economists rule the world? Trends and implications of leadership patterns in the developing world, 1960-2005. *International Political Science Review/Revue internationale de science politique*, 28(3), 325-360.

Hirschman, A. (1958). *The strategy of economic development*. New Haven: Yale University Press.

Hirschman, A. (1981). *The rise and decline of development economics. In Essays in trespassing*. Cambridge: Cambridge University Press.

Hunt, D. (1989). *Economic theories of development*. Lanham: Barnes and Noble.

Jomo, K. S., & Fine, B. (Eds.). (2006). *The new development economics. After the Washington consensus*. London/New York: Zed Books.

Kaldor, N. (1966). *Causes of the slow rate of growth of the United Kingdom*. Cambridge: Cambridge University Press.

Kaldor, N. (1981). The role of increasing returns, technical progress and cumulative causation in the theory of international trade and economic growth. *Economie Appliquée*, 34(4), 593-615.

Kirkpatrick, C., & Barrientos, A. (2004). The Lewis model after 50 years. *The Manchester School*, 72(6), 679-690.

Kitching, G. (1989). *Development and underdevelopment in historical perspective*. Milton Keynes: The Open University.

Krueger, A. (1986). Aid in the development process. *World Bank Research Observer*, 1(1), 57-78.

Lewis, W. A. (1954). Economic development with unlimited supplies of labour. *The Manchester School*, 22(2), 139-191.

Lin, J. (2012). *New structural economics. A framework for rethinking development and policy*. Washington, DC: The World Bank.

Nurske, R. (1952). Some international aspects of the problem of economic development. *American Economic Review*, 42(2), 571-583.

Orqubay, A. (2015). *Made in Africa: Industrial policy in Ethiopia*. Oxford: Oxford University Press.

Ravallion, M. (2018). *Should the randomistas (continue to) rule?* Working paper 492, Center for Global Development.

Reddy, S. (2012). Randomise this! On poor economics. *Review of Agrarian Studies*, 2(2), 60-73.

Rosenstein-Rodan, P. (1943). Problems of industrialization of Eastern and South-Eastern Europe. *The Economic Journal*, 53(210/211), 202-211.

Smith, A. (1776). *An inquiry into the nature and the causes of the wealth of nations(5th ed.)*. London: Methuen &Co Ltd./Library of Economics and Liberty.

Stiglitz, J. (1998, January 7). *More instruments and broader goals: Moving toward the post-Washington consensus*. Wider Annual Lecture, Helsinki.

Tarp, F. (1993). *Stabilisation and structural adjustment: Macroeconomic frameworks for analysing the crisis in SSA*. London: Routledge.

Van Waeyenberge, E. (2006). From Washington to post-Washington consensus: Illusions of development. In K. S. Jomo & B. Fine (Eds.), *The new development economics. After the Washington consensus*. London/New York: Zed Books.

Viner, J. (1953). *International trade and economic development*. Oxford: Clarendon Press.

Wade, R. (1990). *Governing the market: Economic theory and the role of government in East Asian industrialization*. Princeton: Princeton University Press.

Williamson, J. (1990). What Washington means by policy reform. In J. Williamson (Ed.), *Latin American adjustment: How much has happened?* Washington, DC: Institute for

International Economics.

World Bank. (2008). *The growth report. Strategies for sustained growth and inclusive development*. Washington DC: The World Bank on behalf of the Commission on Growth and Development.

World Bank. (1993). *The east miracle: Economic growth and public policy*. New York: Oxford University Press.

Young, A. A. (1928). Increasing returns and economic progress. *History of Economic Thought*, 38, 527-542.

Zhu, T. (2006). *Rethinking import-substituting industrialization. Development strategies and institutions in Taiwan and China*. UNU-WIDER working paper 76/2006.

경제학은 젠더 문제를 어떻게 다루는가?

한나 바르가위(Hannah Bargawi)

13.1 서론

주류경제학과 경제학의 역사에서 젠더를 경제학에 통합하는 것에 관한 장은 어떤 면에서는 매우 짧을 수 있다. 실제로 경제 분석에 젠더를 도입하려는 시도에도 경제학은 완전한 젠더 학문이 되기에는 아직 갈 길이 멀다. 과거와 현재 모두 경제 분석에 젠더 문제를 통합하여 다루려는 시도가 단편적으로 이루어지고 있다는 점을 감안하여, 이 장에서는 젠더 문제가 반복적으로 제기되는 특정 영역에 초점을 맞추고자 한다. 이 장에서는 노동과 관련하여 노동의 세계에서 젠더 차이와 그 결과가 경제사상의 역사에서 어떻게 이해되어 왔는지, 그리고 이러한 다양한 접근 방식이 어떤 특정한 해결책을 낳았는지를 살펴보려고 시도한다. 젠더와 노동의 문제에 집중함으로써 다양한 학파가 젠더와 노동이라는 주제를 어떻게 다뤄왔는지, 어떤 방법과 모형이 적용되었고 이해의 격차는 왜 남아있는지 등 풍부한 비교를 통한 이해를 얻을 수 있다.

이 장은 다음과 같이 구성되어 있다. 첫 번째 절에서는 젠더의 의미를 정의하고 경제학에서 젠더를 통합하는 방식에 있어 이러한 정의가 가지는 중요한 의미에 대해 살펴본다. 이어지는 절에서는 이러한 정의에 대한 논의를 바탕으로 젠더에 대한 단편적인 이해가 문제에 대한 방법과 접근 방식, 그리고 그에 따른 해결책에 어떤 영향을 미쳤는지를 살펴보고 강조한다.

다음 절에서는 특히 노동이라는 주제에 초점을 맞추어 젠더가 주류경제학에서 어떻게 다루어지고 통합되었는지에 대해 설명한다. 신고전학파 경제학에서 신 가정경제학으로, 그리고 거기에서 노동시장의 젠더에 대한 새로운 제도적 접근으로 변화하는 과정을 추적 해본다.

1950년대 이전 신고전학파 경제학은 젠더를 거의 무시했지만, 신 가정경제학은 신고전학파 방법과 모형을 가정 내 행동과 의사 결정을 이해하는 데 적용함으로써 표면적으로는 경제학에서 젠더 격차를 해소할 것을 예고했다. 그러나 앞으로 살펴보겠지만, 특히 선진국의 노동 시장 발전과 관련된 일련의 불합리한 발전은 더 큰 통찰력을 얻기 위한 방법으로 젠더와 노동 문제에 새로운 제도적 개념을 적용하는 방향으로 전환하게 되었다. 이러한 시도 중 일부는 새로운 가정경제학의 명백한 공백을 메우는 데 유용한 것으로 입증되었지만, 여전히 의문과 우려가 남아 있다. 따라서 이 장의 다음 섹션에서는 다른 경제학파에서 비롯된 노동시장에서의 젠더에 대한 대안적 접근법을 살펴봄으로써 독자들이 젠더에 대한 주류경제학 접근법을 더 깊이 이해할 수 있도록 한다.

3절에서는 젠더와 노동 문제에 대한 구제도 경제학의 대안적 접근 방식을 살펴보고, 이를 오늘날 주류경제학에 통합된 신 제도적 접근 방식과 대조한다.

4절에서는 고전학파 정치경제학으로 돌아가 젠더의 포함을 고민하고, 주류경제학의 남성 중심적 편향이 고전학파 정치경제학의 주제, 방법, 접근법으로 돌아가 극복될 수 있는지 논의한다. 고전학파 정치경제학자들, 특히 맑스가 젠더와 경제학을 다루는 데 기여한 중요한 공헌은 사회적 관계와 권력 역학에 중점을 둔 방법론과 관련이 있다.

5절에서는 페미니스트 경제학자들이 더 나은 경제학이 가능하다는 것을 입증하기 위해 비주류경제학의 접근 방식, 방법, 아이디어를 어떻게 활용했는지 살펴봄으로써 이 장을 마무리한다. 이 장에서는 비교적 새로운 분야인 페미니스트 경제학의 발전에 있어 경제사상의 역사가 갖는 중요성을 강조한다. 페미니스트 경제학자들은 주류 정통 경제학이 젠더 문제를 분석에 충분히 반영하지 못한다는 점에서 주류경제학에 대한 공통된 불만을 가지고 있다. 페미니스트 경제학자들은 주류경제학을 비판하기 위해 대안 이론을 자주 활용했다. 이 비판은 주류경제학에서 탐구하는 주제와 이를 탐구하는 데 사용하는 방법 및 모형의 스펙트럼을 포괄한다. 페미니스트 경제학자들에게 경제사상의 역사에서 차용하고 확장한 대안적 방법과 모델의 사용은 한편으로는 기존 문제를 더 풍부하게 이해하고 다른 한편으로는 정통 경제학과 비교해 새로운 질문을 제기하는 데 도움이 된다.

13.2   젠더 문제를 경제학에 도입하는 방법은 무엇인가?

젠더를 다루려는 현재 정통적 입장의 시도에 무엇이 문제인지, 그리고 젠더를 통합하려는 이전 시도의 한계가 어디에 있는지 이해하려면 (생물학적) 성(sex)과 (사회적) 성(gender)을 구분하는 중요한 구분이 필요하다. 이러한 구분이 경제학을 젠더화하는 것이 왜 중요한지의 핵심이다. 주류경제학에서 통용되는 기존의 방법과 모형을 여성의 삶과 관련된 주제에 적용할 필요가 있을 뿐만 아니라, 경제학이 여러 가지 젠더화된 가정, 편견, 가치에 기반하여 사회를 단편적으로 이해하는 방식을 면밀히 검토하고 문제를 제기해야 하기 때문에 중요한 문제이다.

따라서, 대부분의 페미니스트 경제학자들에게 (생물학적) 성(sex)과 (사회적) 성(gender)의 구분은 경제학이 젠더를 다룰 능력을 평가할 때 중요한 출발점이다. 생물학적 성(sex) - 사회적 성(gender) 구분을 통해 현재의 신고전학파 경제학이 남성 중심적으로 성별화한 사회적 신념을 반영한 방식이 얼마나 남성 중심적인지를 강조할 수 있다(Nelson, 1995). 따라서 경제학이 변화하기 위해서는 먼저 우리가 던지는 질문과 그 질문에 답하기 위해 사용하는 방법과 모형을 통해 그러한 성별특징에 대한 가정이 경제학에 들어온다는 사실을 인정해야 한다. 경제학이라는 주제가 질문과 채택하는 방법에서 가치관이 없고 객관적이며 공평하다고 가정하는 대신, 이 주제에 영향을 미친 남성 중심적 성별 규범을 밝혀야 한다(상자 13.1).

> ### 상자 13.1: 경제학에서 생물적 성(sex) 대 사회문화적 성(gender)
>
> '생물적 성(sex)'과 '사회적 성(gender)'를 구분하고, 경제학에서 이러한 범주를 어떻게 이해되고 활용되는지 구분하는 것이 중요하다. 생물적 성(sex)은 여성 또는 남성과 관련된 생물학적 특성과 관련이 있지만, 사회문화적 성(gender)은 성 차이에 기초하여 사회 자체에 의해 구성된다. 세계보건기구의 정의는 생물적 성(sex)과 사회문화적 성(gender)의 이러한 정의 차이를 강조한다.
>
> > 성(sex)은 인간을 여성 또는 남성으로 정의하는 생물학적 특성을 말한다. 이러한 생물학적 특성은 두 가지를 모두 가진 사람도 존재하기 때문에 상호 배제적이지는 않지만, 남성과 여성으로 구분하는 경향이 있다(세계보건기구(WHO), 2006, p.5).
>
> 그러나 '(성(gender)은) 특정 시점에 남성 또는 여성이라는 것과 관련된 경제적, 사회적, 문화적 속성 및 기회를 의미한다(World Health Organisation, 2001). 하지만 이러한 차이가 경제학자들에게 왜 중요할까? 이 중요한 의문은 여성의 뇌의 무게가 평균적으로 남성의 뇌보다 적다는 사실이 밝혀진 19세기의 사례를 통해 답을 찾을 수 있다. 이러한 생물적 성(sex) 차이에 대해서는 여전히 논란의 여지가 있다. 그러나 이 결과를 바탕으로 여러 가지 사회 문화적 성(gender)에 따른 결론이 도출되었다. 여성은 뇌 크기가 작기 때문에 덜 이성적이고 히스테리에 시달릴 가능성이 높으며 이성보다 감정에 더 이끌린다고 인식되었다 (Nelson, 1995; Barker, 2001; Barker and Feiner, 2004).
> 이러한 생물적 성(sex)에 기반한 결론을 불식시키기 위해 먼 길을 걸어왔지만, 경제 현실을 뒷받침하는 생물적 성(sex) 차이에 대한 본질주의적 관점은 여전히 경제학계 전반에 걸쳐 광범위하게 퍼져 있다. 이 장에서 강조했듯이, 현재와 과거의 경제 사고에서 성별과 일의 문제 전반에 걸쳐 성별 임금 격차, 직업 분리, 가정 내 남녀 간 노동 분업과 같은 현상을 이해하고 합리화하는 데 성별 차이를 활용하여 왔다.

경제학에 젠더 문제를 어떤식으로 끼어들어 있는지를 인정하면 두 가지 중요한 진전을 이룰 수 있다. 첫째, 젠더에 대한 질문이 현재처럼 내재된 문제이지만 잘 이해되지 않는 것이 아니라 분석의 전면에 등장할 수 있다. 둘째, 우리는 가치에 대한 판단(경제학에서 가치 있고 중요하다고 생각하는 것)을 젠더에 대한 인식과 연결시키려고 하는 것에서 벗어날 수 있다(Nelson, 1995, 2008). 이를 통해 경제 이론이 지나치게 추상적이기보다는 경제 현실을 조명하는 데 도움이 될 수 있다.

상자 13.2: 국내 총생산(GDP): 페미니스트의 비판

한 국가의 국내총생산(GDP)이라는 척도로 요약되는 경제 활동과 개선의 주요 척도에 대한 Waring(1988)의 페미니스트입장에서의 비판은 이러한 총체적 회계 측정이 가부장적 가치와 특정하고 매우 제한된 인간 경험을 반영하도록 구성된 현실에 의해 어떻게 뒷받침되고 있는지를 밝혀주었다. Waring 연구는 우리에게 다음과 같은 질문을 한다. 무엇이 GDP에 포함되고 포함되지 않을까? 누가 계산을 하는가? 그리고 사용되는 데이터는 무엇인가?

이러한 질문을 던지면 전통적으로 여성들이 해왔던 노동이 경제 발전의 척도에서 어떻게 배제되어 왔는지 바로 알 수 있게 된다. 전통적으로 시장과 연결되어 지불되는 경제활동을 노동이라고 정의하고 있다. 따라서 한편으로는 담배 생산이나 공장의 오염과 같이 사회, 환경 또는 건강에 해로울 수 있는 노동 경제 발전의 주요 척도에 포함된다. 반면, 전통적으로 여성이 수행하는 무급 돌봄 노동은 금전적 가치가 없는 것으로 간주되어 GDP 회계에서 제외된다. 무급 돌봄, 생계형 생산, 비공식 고용 및 자원봉사도 국제적으로 비교 가능한 GDP 측정에서 제외된다. 이러한 각 활동은 특히 젠더를 충분히 고려할 수 있는 활동들이다(Beneria, 2003). 워링(Waring)이 국가 회계 관행과 조치에 대해 비판한 이후, 시간 사용량 조사로 도출한 위성 계정(satellite accounts)을 통해 여성의 경제 기여도를 측정하는 데 진전이 있었다. 그러나 이러한 조사는 보편적이지 않으며, 생산적인 업무가 무엇인지, 따라서 총체적인 수준에서 무엇을 고려해야 하는지에 대한 우리의 정의를 근본적으로 바꾸기 위한 작업이 남아 있다.

13.3 경제적 인간(Homo Economicus)에서 신 제도주의 경제학으로: 젠더와 노동에 대한 주류 접근방식

오늘날 주류경제학의 성별 자격 증명(gender credentials)을 조사하는 것부터 시작하겠다. 19세기 후반의 한계 혁명은 제약조건하에서 합리적 행위자의 선택을 최적화하는 과학적 연구로서 경제학의 출현을 가져왔다(2장 참조). 분석의 단위는 개인이거나 기업이다. 이러한 주체의 행동은 제한된 자원이 주어졌을 때 효용이나 이익을 극대화하기 위해 한계상황에 의사 결정을 내리기 때문으로 추정할 수 있다. 새로운 경제학은 그 관심을 시장 활동으로 제한했는데, 피구(1920)가 말했듯이 경제학은 '사회 후생에서 직접 또는 간접적으로 화폐라는 단위와 관련시킬 수 있는 부분'(피구, 1920, p.11)에 관심을 가졌다. 이처럼 신고전학파 경제학자들은 시장 영역에서 '생산적' 활동에 소요되는 시간과 시장 영역 밖에서 '비생산적' 또는 '여가' 활동으로 간주할 수 있는 기타 활동에 소요되는 시간을 매우 민감하게 구분했다. 중요한 것은 무급 가사노동, 생계형 생산, 시장 노동을 하는 개인의 재생산과 관련된 노동 등 돈이라는 잣대로는 설명할 수 없는 활동은 제외된다는 점이다(상자 13.2 참조). 대신 이러한 활동은 비생산적이거나 시장 영역에서 벗어난 것으로 분류되어 신고전학파 분석 틀에서는 '여가' 활동으로 분류된다. 19세기 후반에 등장한 신고전학파 경제학의 핵심인 합리적 개인은 고립된 사회적 진공 상태에서 노동과 여가 사이에서 선택을 하는 것은 남성이었다. 넬슨(1995, p.135)이 간결하게 요약한 것처럼 '경제인은 사회의 영향을 받지 않고 사회에서 상호작용하며, 그의 상호작용 방식은 가격이 유일하고 유일하게 필요한 의사소통의 형태를 형성하는 이상적인 시장을 통해 이루어진다'(Nelson, 1995, p.135)고 할 수 있다. 경제인에 대한 이러한 가정은 19세기와 20세기 초의 경제 현실(또는 적어도 특정 계층의 남성들이 관찰한 경제 현실)에 어느 정도 영향을 받았다. 예를 들어, 1900년에는 미국 여성의 20% 미만이 급여노동을 했으며, 전통적으로 남성 생계부양자 가구가 일반적이었다. 이러한 변화하는 현실 속에서 Becker(1965, 1981), Schultz(1974, 1975), Mincer(1962) 등이 가계와 개인을 동일시하는 경제학의 통설에 최초로 도전하며 문제점을 지적한 학자로 널리 알려져 있다.

특히 베커와 슐츠는 가정이나 가족 단위의 의사 결정과 행동을 이해하기 위해 기존의 신고전학파 방법과 수단을 적용해야 한다고 주장했다. 이를 통해 합리적 선택 경제학을 가족의 영역으로 확장하여 결혼, 이혼, 모성과 같은 주제를 분석하고 특정 성적(gender)현상과 성별(gender) 역할을 설명할 수 있다. 이러한 설명을 도출하기 위해 연구진은 표준 신고전주의 경제학에서 파생된 몇 가지 단순화 가정을 기반으로 분석을 진행했다(상자 13.3 참조)(5장 참조). 그러나 앞으로 살펴보겠지만, 신 가정경제학(New Home Economics)의 발전은 20세기 후반에 등장하기 시작한 젠더 및 노동 시장과 관련된 경제적 현실을 충분히 다루지 못했다. 주류경제학계에서 새로운 제도적 경제 접근법을 도입한 후에야 지속적인 성별 임금 격차나 노동시장 차별과 같은 문제가 분석되었다.

> **상자 13.3: 새로운 가정 경제학(New Home Economics)에서 가족에 대한 가정**
> • 가정은 소비도 하지만 생산도 한다. 각 가정 또는 가족은 소규모 기업과 같아서 경제와 가족 구성원에게 가치 있는 시장 및 비시장 산출물이나 서비스를 생산한다.
> • 가족에 대한 1차적 투입재는 각 가족 구성원의 시간이다.
> • 가구 / 가족 산출물에는 시장 재화와 서비스(가정 외부의 유급 노동)와 비시장 재화와 서비스(육아, 청소, 요리와 같은 가정 내부의 무급 노동)가 포함됨
> • 자원(시간과 돈)이 부족하고 이러한 자원의 제약 속에서 선택이 이루어진다.
> • 선호는 안정적이고 상호 의존적이며 가정에 외생적이다.

상자 13.3의 가정을 바탕으로 신 가정경제학자(New Home Economists)들은 부부는 왜 결혼하고 왜 이혼하는가 등의 질문에 대한 답을 찾고자 했다. 중요한 것은 일과 노동 시장과 관련된 문제도 다루기 시작했다는 점이다. 특히, 유급 노동에서 여성이 남성보다 소득이 적은 이유, 여성이 남성보다 가사 노동을 전문으로 하는 경향이 높은 이유, 남성이 고임금 유급 노동을 전문으로 하는 이유를 설명하고자 했다. 그들의 추론은 인적 자본 접근 방식에 크게 의존했고, 이것은 스미스의 분업 이론을 가정에 적용하는 것과 연결되었다. 추론은 다음과 같이 진행되

었다(Mincer, 1962; Schultz, 1974).

우선, 남성과 여성의 수입과 생산성은 인적 자본에 대한 개인의 투자를 반영한다. 평생 동안 평균적으로 여성은 남성과 같은 금액이나 유형의 인적 자본에 투자하지 않으며, 자녀 양육을 위해 노동 시장을 떠나면서 이러한 투자를 중단하고, 이는 결국 여성의 낮은 생산성과 낮은 상대적 임금으로 반영된다. 따라서 이러한 인적 자본 분석은 여성이 남성보다 임금을 적게 받는 이유와 여성이 노동 시장을 떠나 자녀를 양육하는 동안 인적 자본이 고갈될 가능성이 적은 특정 '저숙련' 부문에서 일하기를 선택하는 이유를 설명할 수 있다. 가족 내 유급 노동과 무급 노동 간의 분업을 설명하기 위해 인적 자본 접근법을 사용한다(Becker, 1965). [상자 13.3]의 가정, 특히 가정이 생산자이자 소비자라는 가정에 따라 개별 가구 구성원은 비교 또는 상대적 효율성에 따라 활동에 할당되어 궁극적으로 가족 공동의 효용이 극대화되도록 해야 한다. 즉, 시장 활동에 더 효율적인 가족 구성원은 시장 활동을, 가정내 생산 활동에 더 효율적인 가족 구성원은 가정의 관리 활동을 전문화해야 한다. 그런 다음 생산된 자원을 모아 공동의 가구 효용을 극대화할 수 있다. 가정이나 시장 생산 활동에서 어느 가족 구성원이 더 효율적인지 어떻게 알 수 있을까? 위에서 논의한 인적 자본 투자에 따른 성별(gender) 차이와 그 결과로 나타나는 시장 활동에서의 보수의 차이는 남성이 시장 활동에, 여성이 가정 생산 활동에 전문적으로 종사하게 되는 이유를 설명하는 데 도움이 된다.

시장 생산 활동에서 남성과 여성의 소득 격차의 원인은 최근까지 주류경제학자들 사이에서 밝혀지지 않은 채 방치되어 있었다. 가정 내 분업에서 중요한 것은 이러한 소득 격차가 존재하고 이를 악용하여 누가 가정과 시장 활동을 전문적으로 담당해야 하는지를 결정하는 현실이다. 남성과 여성의 소득 차이는 매우 작을 수 있고 결정적으로 어느 쪽이 시장과 가정 생산 모두에서 더 효율적일 수 있지만, 비교 우위를 고려하면 여전히 성별 분업이 우세한 것이 현실이다. 베커(Becker;1981, p.39)는 다음과 같이 요약한다.

> 남녀 간 비교 우위의 생물학적 차이는 일반적으로 가정에 남녀가 모두 있는 이유뿐만 아니라 여성이 일반적으로 자녀 출산과 양육 및 기타 가사 활동에 시간을 보내는 반면, 남성은 시장 활동에 시간을 보내는 이유도 설명한다. 이러한 성적 분업(sexual division of labor)은 거의 모든 인간 사회와 암컷의 몸 안에서 난자를 수정하는 대부분의 다른 생물 종에서 발견된다.

주류경제학에서는 20세기 후반에 새로운 제도적 접근 방식이 점점 더 많이 도입되었다. 성별(gender)과 노동 관련 문제는 경제학에서 이러한 발전의 영향을 받지 않은 적이 없다. 특히, 성별 임금 격차에 대한 해답을 찾지 못한 문제와 여성의 노동 시장 참여 증가에 대한 변화하는 흐름은 연구자들이 신 가정경제학(New Home Economics)을 넘어서 답을 찾도록 하였다. 노스(1991)와 윌리엄슨(1993)의 신제도경제학(NIE) 토대는 개인 또는 기업 차원의 의사 결정이 이루어지는 맥락을 형성하는 데 있어 제도의 역할에 주목하는 새로운 시대를 예고했다. 신제도주의 경제학(NIE)은 여전히 신고전학파 분석 틀에 의존하며, 제도가 효율성이나 경쟁 결과에 중요한 이유와 방법에 대해 고려한다.

이러한 분석 틀을 젠더 문제에 적용하면서, 주로 두 가지 미결 문제에 답하고자 하는 연구가 탄생했다. 첫째, 여성 노동력 참여율의 증가를 설명하고, 둘째, 유급 노동에서의 성별 직종분리(occupational segregation)와 그에 따른 성별 임금 격차를 설명하기 위해서이다.

이 중 첫 번째, 미국과 유럽의 여성 노동력 참여율 상승을 살펴보면, 인적 자본 접근법에 따른 신고전학파 설명이 크게 부족하다는 것이 분명해졌다. 골딘(Goldin; 2014)의 연구에 따르면 20세기 후반에 여성들이 전례 없이 노동 시장에 진입한 이유를 이해하기 위해서는 교육 수준 향상과 여성 직무 훈련의 증가를 봐야 한다는 사실을 반복해서 밝혔다. 이러한 공백을 메우기 위해 오펜하이머(1970)는 이러한 성별 노동 시장의 변화를 설명하기 위해 제도적 요인으로 눈을 돌린다. 오펜하이머의 연구는 교육 및 훈련과 관련된 공급 측면의 요인에만 의존하지 않고 기업과 고용주의 수요 측면의 변화가 어떻게 여성을 위한 일자리 증가로 이어졌는지도 고려한다. 그녀는 경제에서 성별에 따른 직종분리를 받아들이며, 이는 사회 제도나 규범이 바뀌는 데 오랜 시간이 필요한 결과라고 생각한다. 대신, 그녀의 주장은 여성 전용 일자리에 대한 수요가 증가하고 있다는 가정에 기반을 두고 있다. 이는 미국과 유럽에서 서비스 중심 경제로의 광범위한 변화와 육체노동에서 두뇌가 필요한 직종으로 이동하는 추세의 일환으로 볼 수 있다.

임금 및 직종 분리와 관련된 노동시장 결과에 대한 두 번째 질문을 탐구하는 신제도주의 경제학 관련 연구는 비대칭 정보의 맥락에서 차별에 관한 경제학 문헌의 영향을 많이 받았다(Goldin, 2014a, b). 이 분야에서 선구적인 연구를 수행한 베르그만(Bergmann; 1974)은 남성에 비해 여성의 임금이 낮은 근본적인 이유가 남성보다 인적 자본을 덜 소비하려는 합리적인 선택 때문이 아니라 고용주들 간의 차별에서 비롯된다는 사실을 입증했다. 베르그만의 과밀화 이론(overcrowding thesis)은 남성과 여성 간의 차별(또는 인종이나 민족에 따른 차별)의 존재를 당연시하고 그러한 차별의 결과에 초점을 맞추고 있다. 그녀의 연구는 신고전학파 경제학의 개념을 차용하여 남성이든 여성이든 노동자는 노동의 한계 생산물에 대한 대가를 받고 한계생산물 만큼 생산한다고 가정한다. 그러나 결정적으로 베르그만은 완전 경쟁적인 노동 시장이라는 가정을 버리고 대신 노동 시장이 여성이 지배하는 부문과 남성이 지배하는 부문으로 세분화된다고 제안한다.

베르그만은 성별에 따른 차별이 존재하기 때문에 여성이 남성보다 더 적은 수의 일자리로 제한되어 있다고 주장한다. 그 결과, 여성들은 적은 수의 일자리를 놓고 서로 경쟁하게 되고, 이는 해당 일자리의 노동 공급을 증가시켜 해당 부문의 임금을 감소시키는 원인이 된다. 이러한 차별에 구애받지 않는 남성은 '원하는 직업을 자유롭게 선택할 수 있고', 남성 중심 분야에서 여성과의 경쟁을 덜 겪을 수 있다. 이는 남성이 지배적인 부문의 노동 공급을 감소시켜 해당 부문의 임금을 상승시키는 결과를 낳는다. 베르그만의 연구는 원래 신고전학파 모형처럼 노동 시장이 완전 경쟁적이라는 가정을 없애고 대신 노동 시장을 세분화된 것으로 이해함으로써 성별 직종 분리와 임금 격차 사이의 연결고리를 제공한다.

13.4 성별(gender)과 노동에 대한 주류 접근 방식에 의문 제기

노동 시장 분석에 성별(gender) 문제를 통합하는 주류의 접근 방식을 면밀히 살펴보면 여러 가지 우려할 사항을 발견할 수 있다. 이러한 고민은 페미니스트 경제학자들이 경제사상의 역사를 탐구하는 등 대안적인 설명을 모색하는 출발점이 되었다(아래 참조).

성별과 노동에 대한 주류경제학의 접근 방식에 대한 논의에서 분명하게 드러나는 것은 가사 노동과 유급 노동 사이의 성별 분업, 성별 소득 격차, 성별에 따른 직종 분리 등 현실 세계에서 관찰되는 결과가 모두 합리적인 주체의 선택으로 설명한다는 것이다. 이 접근 방식은 이러한 결과에 영향을 미칠 수 있는 다른 요인을 고려할 필요 없이 개인, 가정 또는 기업의 의사 결정 프로세스를 기반으로 이러한 결과를 충분히 이해할 수 있음을 의미한다. 그러나 가정과 사회 전반에서 성별(gender) 의사 결정에 영향을 미치는 사회 및 성 규범(gender norms)을 비롯한 여러 가지 요인이 있다(Folbre, 1997).

신 가정경제학의 지속적인 문제 중 하나는 성별(gender) 및 노동 시장과 관련된 다양한 역설적 경향을 설명하지 못한다는 점이다. 예를 들어, 신 가정경제학에서는 시간이 지나면서 여성의 노동시장 참여가 증가한 것은 가사 노동이 다른 가족 구성원, 특히 남성에게 재분배되고 가정 내 기술 발전으로 인해 여성이 가정 밖에서 추가적인 유급 노동을 할 수 있게 되었다고 가정한다. 그러나 페미니스트 경제학자들은 이러한 현상이 이론에서 제시하는 정도까지 발생하지 않았다는 사실을 여러 차례 밝혀냈다. 대신 여성의 유급 및 무급 노동에 대한 이중 부담이 증가하고 있다(England, 2005; Antonopoulos, 2009).

합리적인 개인과 가구가 의사결정을 내리는 방식에 관한 [상자 13.2]의 제한적 가정은 현실에서 너무 추상적이어서 근본적으로 전혀 설명할 수 없다는 것이 이제 명백해졌다 (Kabeer, 1998). 실제로, 신 가정경제학과 성별(gender)을 다루는 신 가정경제학의 방식은 학제로서 경제학이 매우 제한적인 방식으로 성별(gender)을 분석에 포함시키는 데 열려있음을 강조했다. 가정 내 동학과 경제의 광범위한 구조적 특징을 이해하는 주류 접근방식의 취약함으로 인해 응용경제학 및 페미니스트 경제학에서 다양한 대안적 가정 모형이 등장 했다. 이러한 모형에 대해 더 자세히 알고 싶다면 Agarwal(1997)의 리뷰와 Himmelweit 외(2013)의 개요를 참조하기 바란다.

이러한 비판과 대안적 가정 모형의 등장에도 신 가정경제학은 특히 학부 수준에서 가르치는 방식과 관련하여 미시경제학을 중심으로 하고 있다. Pollak(2003, p.137)은 그 방법을 다음과 같이 설명한다.

게리 베커의 영향력은 가족 경제에 널리 퍼져 있다. 그의 생각은 가족경제학 연구를 지배하며 우리가
사용하는 도구, 질문, 답변에 영향을 미쳤다.

신 가정경제학에서 제기된 문제와 성별(gender)과 노동에 관한 더 깊은 문제를 다루지 못
한 점을 고려할 때, 성별(gender)과 노동에 대한 신제도주의 경제학(NEI)의 영향을 받은 접근법
의 장점을 평가해 볼 필요가 있다. 월러와 제닝스(Waller and Jennings; 1990)는 현대의 제도
분석에 성별문제(gender)를 통합할 수 있는 도구가 있음에도 불구하고, 제도경제학(또는 신 제
도 경제학)은 초창기 제도학파 학자들의 더 넓은 관점을 추구하는 대신 주류경제학의 수단이
여전히 방해를 하고 있다고 강조한다(이하에서 논의할 것이다).

신제도주의 경제학(NEI) 접근법의 주요 단점 중 하나는 시간에 따른 변화와 같은 역 동적
인 분석이 부족하고, 제도적 규범에 의해 결정되는 성별(gender) 결과가 경제나 사회 발전에
더 광범위하게 영향을 미치는 방식을 설명하는 데 있어 권력의 역할을 무시한다는 점이다. 그럼
에도 불구하고 베르그만과 오펜하이머의 연구는 '노동시장 차별은 직장과 가족 모두에서 경제적,
사회적, 정치적, 문화적 힘의 다차원적 상호작용으로 임금, 고용, 지위와 관련된 차별적 결과를
초래한다'(Figart, 1997, p.7)고 주장하면서 다른 페미니스트 경제학자들이 차별의 개념에 대해
더 깊이 질문할 수 있는 문을 열어주었다. 이처럼 신제도주의 경제학(NEI)의 기여는 여성과 노
동 문제에 대한 대안적인 정책 처방의 필요성을 강조했다. 여성 스스로 인적 자본 투자를 늘리기
위해 무엇을 할 수 있는지를 규정하는 대신, 기업과 국가가 직장 내 차별과 성 편견을 해결하기
위해 무엇을 해야 하는지에 초점을 맞췄다.

신 가정경제학과 신제도주의 경제학(NEI) 접근법의 또 다른 문제점은 큰 그림을 보는 능력
이 제한적이라는 점이다. 예를 들어, 노동 시장에서의 성별(gender)에 따른 결과를 이해하려면
국가의 성격과 역할에 대한 이해도 필요하다. 마찬가지로, 노동 시장을 성별 (gender)로 세분화
하면 계급과 인종 등 다른 중요한 세분화(그리고 그 교차점)를 놓치게 된다. 위에서 제기한 더
큰 사회적 문제와 관련된 몇 가지 관심사는 18~19세기 고전학파 정치경제학자들의 분석의 중
심이었다. 이제 젠더와 관련하여 그들이 했던 말을 다시 살펴보기 위해 먼저 구 제도주의 사상가
들과 고전학파 정치경제학자들을 살펴보자.

13.5   성별(gender)문제 이해에 대한 구제도주의 기여

이름과 달리 신제도주의 경제학(NIE) 관점은 성별(gender)과 노동에 대한 구 제도주의 관점과
는 크게 다르다. 사실 구 제도주의는 위에서 언급한 경제학자들보다 사회학 및 인류학과 더 많은
공통점을 가지고 있으며, 주류경제학자들보다 훨씬 더 풍부한 성별(gender)에 대한 이해를 제안
하고 있다.

구제도 경제학의 설립자라 불리는 베블렌은 신고전학파 경제학(신 가정경제학과 신제도주의 경

제학(NEI) 모두)의 경우처럼 경제 현실을 사회 제도 안에 확고하게 뿌리내린 것으로 간주하고 이를 추상화하지 않음으로써 성별(gender) 문제를 암묵적으로 다루고 있다. 소비, 일, 여가와 관련된 결정, 행동, 결과는 개인의 합리적 선택에서 비롯되는 것이 아니라 사회적으로 만들어진 것으로 이해한다(5장 참조). 베블렌의『유한계급론』(1899)에서 가부장제와 사회적 성별(gender) 규범은 우리가 무엇을 어떻게 소비하는지를 설명하는 데 핵심적인 역할을 한다(Gilman, 1999). 예를 들어, 이러한 성별(gender) 규범은 여성, 특히 중산층 여성이 과시 소비를 할 때 남편의 대리인 역할을 하는 '과시 소비(conspicuous consumption)'가 종종 성별화(gendered)되는 이유를 설명하는 데 도움이 된다.

> **훌륭하게 보이려면 빈둥거리는 것처럼 보여야 한다… 그들은 생계 수단뿐만 아니라 그들이 아무런 직업 없이 잘 살고 있다는 개연성을 광고하는 수단도 제공해야 하며, 움직이기 어렵고 산업 효율성도 떨어뜨리는 특별히 고안된 의복을 입고 이 모든 일을 해야 한다**(Veblen, 1894, p.204).

소비에 관한 베블렌의 생각은 통찰력이 있었지만(5장 참조), 노동현장에서의 여성에 대한 그의 분석은 덜 주목받았다. 그러나 이후 많은 페미니스트 경제학자들이 성별(gender) 노동시장 결과를 이해하기 위해 그의 보다 역동적인 제도적 접근 방식을 도입했다. 이들은 특히 자본주의와 가부장제와 관련된 권력에 대한 깊은 이해를 바탕으로 논의를 전개하고, 이를 성별화(gendered)된 사회 규범과 이것이 노동 시장과 어떻게 관련되는지에 대한 이해에 적용한다. 이는 노동 시장 자체를 성별화(gendered)된 제도로 보는 접근법(Elson, 1999)에서 잘 드러나는데, 이는 다양한 방식으로 성별(gender) 불평등을 지속적으로 포함하고 전하고 있다. 이러한 접근법은 경제적 상호작용에 대한 이해가 성별(gender) 노동시장 결과와 정책 결정에 대한 모든 분석의 출발점이 되어야 한다고 주장한다(Odebode와 van Staveren, 2014).

13.6　고전학파 정치경제학, 성별(gender)과 노동

스미스(Smith), 맑스(Marx), 리카도(Ricardo) 같은 고전학파 정치경제학자들이 성별(gender)을 분석 중심 대상으로 간주하지 않았다는 사실은 놀라운 일이 아니다. 그러나 경제학에서 성별(gender)에 대한 이해에 기여한 이들의 공헌을 무시하는 것은 시기상조일 수 있다.

고전학파 정치경제학자들은 생산만큼이나 분배에도 관심을 가졌다. 신고전학파 학자들과 달리 이 정치경제학자들은 국가 부의 본질과 원인, 축적과 분배 등 제약하에서 효용의 최적화와는 매우 다른 문제에 관심을 가졌다(Smith, 1776).

그러나 스미스는 이러한 부강한 국가를 육성하는 데 있어 여성의 역할에 대해서는 거의 언급하지 않았다. 실제로 그의 저술은 이후 경제학자들 사이에서 관심 분야를 구분하는 데 기여했다. 푸졸(Pujol; 1992, pp.22-23)이 강조한 것처럼, '공적 영역과 사적 영역, 시장과 가정, 생산과 재생산 사이의 구분이 완성되면서 경제학 저술은 이러한 이분법의 첫 번째 요소에만 초점을 맞추게 된다.' 그 결과 고전학파 정치경제학자와 신고전학파 학자들의 저서에서 여성, 가정 영역 또는 생식(reproductive) 활동과 생산 활동의 관계에 초점을 맞춘 내용은 거의 찾아볼 수 없었다.

이러한 일반적인 지적에도 불구하고 경제사학자(Pujol, 1992; Dimand 외, 2004)들은 '여성 문제'에 대한 스미스의 생각이 그의 공식 출판물에서 제시하는 것보다 더 발전했다고 인정하고 있다. 그의 『법학 강의록』(Smith, pp.1762-64 [1978])를 자세히 읽어보면 남성과 여성 사이에는 선천적인 차이가 있지만 '이러한 형태의 인간 다양성의 사회적 중요성은 사회의 물질적, 문화적 특성에 따라 달라진다'는 점을 강조하면서 성별 구분의 시작을 알 수 있다(Dimand 외, 2004, p.231). 스미스의 전반적인 주장은 상공업이 발전하면 힘보다 두뇌의 중요성이 높아져 많은 여성들이 더 나은 삶을 살 수 있다는 것이었다. 그 결과 남성과 여성의 선천적 차이는 주로 농민 사회보다 상업에 기반을 둔 사회에서 덜 중요해질 것이다.

성별(gender) 평등과 관련된 스미스의 생각은 그의 경제 저술에서 다른곳에서 발전되지 않았고 1790년 그의 죽음으로 중단되었다. 따라서 이러한 아이디어를 발전시키는 것은 밀러(Millar; 1771[2006])과 밀(Mill; 1869)과 같은 그의 제자들에게 맡겨졌다. 한편으로 밀러(Millar; 1771[2006])와 같은 사회 보수주의자들은 여성이 경제적 자유를 얻으면 남성이 누리는 성적 자유(sexual freedoms)를 요구하기 시작할 것이며, 이는 잠재적으로 부권(父權)을 약화시키고 빅토리아 시대의 가족 단위를 파괴할 수 있다고 주장하면서 스미스의 여성 해방적 경제 발전관이 여성에게 미칠 잠재적 영향에 대해 우려했다(Dimand et al., 2004). 반면, 밀(1869)과 같은 자유주의자들은 다른 입장을 취했다. 밀은 아내인 영국 철학자이자 여성권리 옹호자인 해리엇 테일러 밀(Harriet Taylor Mill)과 함께 빅토리아 시대 사회에서 여성이 지배받는 것을 깊이 우려했다(Mill, 1869). 남편의 저술에 대한 해리엇 테일러의 영향력(심지어 일부에서는 밀의 저작물 중 일부의 단독 저자에 의문을 제기하기도 했다(Pujol, 1992])은 많은 경제사학자들의 관심의 대상이었다(Pujol, 1992; Bodkin, 1999). 밀과 테일러는 여성에 대한 억압이 인류의 발전을 심각하게 저해하는 이전 시대의 몇 안 되는 유물 중 하나라는 견해를 공유했다.

> 남녀 간의 기존 사회적 관계를 규제하는 원칙, 즉 한 성이 다른 성에 법적으로 종속되는 것 자체가 잘못된 것이며, 현재 인류 발전의 가장 큰 장애물 중 하나이다. 한쪽의 권력이나 특권, 다른 한쪽의 불리한 조건을 인정하지 않는 완전한 평등의 원칙으로 대체되어야 한다(Mill, 1869).

밀은 여성의 삶에서 세 가지 주요 측면, 즉 사회의 구성과 성에 대한 믿음, 여성의 교육 수준, 결혼 제도가 여성이 완전한 경제적 자율성을 확보하는 데 방해가 된다고 생각했다. 밀과 테일러는 신고전학파 주장을 하는 사람들과는 반대로 여성이 남성에게 의존하고 자율적인 존재가 아닌 어린아이처럼 취급받는 권력 관계로 남녀 관계를 처음으로 폭로했다. 이러한 여성에 대한 처우는 노동력 내에서뿐만 아니라 가정 내에서도 여성들이 동등한 임금을 받지 못하고 여성

일자리가 과밀화되어 임금이 더욱 악화되는 경우가 많다(Mill, 1848, 1869).

빅토리아 시대[1] 영국 여성의 상황에 대한 이러한 평가는 19세기에는 매우 새롭고 선도적인 것(avant-garde)이었다. 이러한 솔직한 견해에도 불구하고 행동에 대한 권고에 관해서는 밀과 테일러의 사상이 서로 엇갈렸고, 밀의 결론은 빅토리아 시대의 자유주의와 계급적 편견에 갇혀 있었다. 밀에게 결혼과 일자리는 여성에게 여전히 양립할 수 없는 일이었다. 대신 그는 남성이 가족 임금을 받음으로써 여성이 집에 남아 가사를 돌볼 수 있도록 지원했다고 주장한다. 그러나 테일러는 여성도 남성과 동일한 권리와 책임을 가지고 노동력에 참여할 수 있어야 한다고 주장 했다(두 사람의 견해 차이에 대한 자세한 내용은 Pujol, 1992 참조).

밀의 평가는 여성과 가족 단위에 대한 그의 생각에 모순이 산재해 있기 때문에 부족하다. 푸졸(Pujol; 1992, p.36)은 다음과 같이 간결하게 결론을 내린다.

> 밀의 자유주의의 주요 약점은 가부장제(결혼과 가족)와 자본주의(사유재산)라는 기본 제도의 완전성에 대한 믿음과 이 제도들 중 어느 것도 '공정한 재판을 받은 적이 없다'는 그의 선언에서 알 수 있듯이, 그 둘을 병행하는 데서 드러난다. 그는 두 시스템 모두 계급 간, 남녀 간 권력 관계에 의존하며 평등과 양립할 수 없다는 점을 간파하지 못한다.

사회 내 여성 문제에 대한 밀과 테일러의 해방적 입장은 맑스의 뒤를 이은 많은 정치경제학자들, 특히 룩셈부르크(Luxemburg)의 반대에 부딪혔는데, 그녀는 밀과 테일러가 기여한 여성 참정권 투쟁을 노동계급 남성들에 대항하는 부르주아 사회 여성들의 투쟁으로 간주했다. 따라서 룩셈부르크(1973)는 당시 부르주아 여성을 노예의 노예인 프롤레타리아 여성과의 공통성을 고려하지 않고 '기생충 중의 기생충'으로 보았다(MacKinnon, 1982, pp.521-522).

이제 맑스 자신에게로 눈을 돌려보면, 그는 성별과 여성 문제에 대해 거의 한 말이 없다는 것은 명백하다. 그러나, 자본주의 생산 방식을 이해하는 그의 분석 틀과 노동 가치 이론은 이후 특히 엥겔스(1902), 룩셈부르크(1973) 및 베벨(August Bebel, 1910)에 의한 성별(gender)관점 으로 더욱 발전했다. 그렇지만, 인종, 민족 및 기타 권력 관계의 영역과 마찬가지로 성별도 계급 관계의 파생물로 볼 수 있다는 가정하에 성별(gender)과 관련된 문제를 다루는 방식은 계급 환 원주의라는 비판을 받아왔다(Albelda, 2001).

엥겔스(1902)는 여성의 종속적인 경제적 지위는 생물학적 특징보다는 생산의 사회적 조직 에서 비롯된 것이라고 주장했다. 즉, 자본주의 체제는 가정 내 가사 노동을 통해 노동 계급 여성 의 종속과 착취를 조장하는 방식으로 조직되었다. 여성 초착취(superexploitation)문제에 대한 엥겔스와 베벨의 해결책은 자본주의 타도였다. 베벨은 사회주의의 도래는 남성과 여성에게 동등

---

1 역주: 문학사에서는 『폭풍의 언덕』을 쓴 에밀리 브론테(Emily Jane Brontë), 『제인 에어』를 쓴 샬럿 브론테(Charlotte Brontë), 『오만과 편견』을 쓴 제인 오스틴(Jane Austen) 등의 여성작가들이 여성의 글쓰기를 불온하게 여긴 가부장주의적 인 사회의 성적인 편견과 억압에도 소설가로서 활동한 시기였다.

한 혜택을 가져다준다고 보았다. '남성이 수천 년 동안 꿈꿔왔던 '황금 시대'가 마침내 올 것이다. 계급 지배는 영원히 끝날 것이며, 여성에 대한 남성의 지배도 함께 끝날 것이다'(베벨, 1910).

엥겔스나 베벨이 가정 내 여성 착취를 종식시킬 수 있는 메커니즘을 완전히 개발되지 못한 것은 안타까운 일이다. 그 결과, 이러한 맑스주의에 뿌리를 둔 분석은 가부장제의 중요성과 자본주의 생산 방식과 별개로 작동하는 '여성에 대한 남성의 지배'를 이끄는 역학을 무시함으로써 성문제에 대해 눈감고 있다고 주장한 하트만(1979)과 같은 페미니스트들의 거센 비판을 받게 되었다. 따라서, 많은 페미니스트들은 자본주의의 종말이 여성 해방을 의미한다는 결론을 받아들이기 어려웠다(Jefferson and King, 2001).

13.7 페미니스트 경제학자들이 다시 찾은 맑스

20세기 초 맑스 자신과 그의 접근법을 직접적으로 따르는 사람들은 경제시스템 내에서 성별 (gender) 문제에 대한 제한된 분석만을 제공했고 그 결과 지속적인 성 불평등에 대한 실질적인 해결책을 제시하지 못했지만, 1970년대와 1980년대에 이른바 사회주의 페미니스트 또는 맑스주의 페미니스트들에 의해 맑스의 접근법이 재검토되었고 오늘날에도 계속해서 논의되고 있다 (Fraser, 2014). 이 페미니스트들은 맑스의 방법론적 접근 방식인 역사적 유물론 방법론을 되살리고 확장하여 그들의 생생한 경험을 통해 여성의 억압을 조명하고자 했다.
맑스주의 페미니스트들은 자본주의 생산양식의 원동력인 자본가의 노동자 노동력 착취에 대한 맑스의 분석이 그러한 노동자들이 어디에서 발생하고 어떻게 재생산되는지 설명하지 못한다고 강조한다. 달리 말해, 그러한 노동자들이 어떻게 매일 살아남을 수 있을까? 일하는 동안 집과 옷은 누가 청소할까? 누가 식품을 구매하고 식사를 준비할까? 다음 세대 근로자는 어디에서 올까? 분명히 자본주의 시스템이 의존하는 임금 노동은 '가사, 육아, 학교 교육, 정서적 돌봄, 그리고 새로운 세대의 노동자를 생산하고 기존 노동자를 보충하며 사회적 유대와 공유된 이해를 유지하는 데 도움이 되는 다양한 활동의 부재나 부재 없이는 존재할 수 없다'(Fraser, 2014, p.61) 고 할 수 있다.

맑스주의 페미니스트들의 이러한 관찰에서 여러 가지 주목할 만한 논쟁이 발생한다. 첫 번째는 가사 노동이 맑스주의 개념에 어떻게 통합되는지와 관련되어 있다. 델피(1980)에게 가사노동은 자본주의(또는 다른 생산양식)하에서 다른 생산양식에 기여하고 공존하는 것이 아니라 그 자체로 뚜렷한 생산양식으로 볼 수 있다(Hartmann, 1979). 델피(1980)는 주부의 거의 모든 서비스가 시장화되어 이론적으로는 폐지될 수 있지만, 가사 노동은 무급이고 여성이 제공하기 때문에 계속 지속되고 있다고 강조한다. 남성의 무급 가사 노동을 통한 여성 착취를 고려할 때, 델피는 여성을 성에 기반한 착취라는 공통점을 공유하는 별도 '계급'으로 취급할 수 있다.

그러나 많은 맑스주의 페미니스트들에게 이러한 분석은 가족 단위 내에서 여성에 대한 남성 권력의 기원과 존재를 다른 생산 방식과 사회 구조하에서 질문하기보다는 주어진 것으로 간주하여 답변보다 더 많은 질문을 남겼다. 가사 노동을 남성과 여성을 별개의 계급으로 구분하여 별개의 생산 방식으로 볼 수 있다는 생각도 그러한 생산 방식이 독립적으로 재생산할 수 없다는 점을 감안할 때 빠르게 사라졌다. 즉, 이러한 '가사노동'은 자본주의와 같은 다른 생산 방식과 공존하거나 연결되어 있어야 한다(Himmelweit, 1984). 맑스주의 전통에서 비롯된 논쟁의 또 다른 중요한 측면은 가사 노동을 생산적인 것으로 볼 수 있는지 또는 맑스주의적 의미에서 가치와 잉여 가치를 창출하는지 여부에 초점을 맞추고 있다(Dalla Costa and James, 1975). 이러한 질문은 1970년대의 '가사 노동 임금' 시위와 같은 캠페인을 통해 학문적 영역을 넘어선 논쟁으로 이어졌다. 이 캠페인은 가사 노동과 가사 노동이 무급이기 때문에 실제 노동이 아니라는 일반적인 가정을 강화하여 여성들이 이에 맞서 투쟁하는 것을 허용하지 않는다고 주장했다(Federici, 1975). 여성에게 가사 노동 기여에 대한 임금을 지급함으로써 가사 노동의 생산성을 인정하고, 결과적으로 가사 노동에 종사하는 사람들은 임금 노동자와 비슷한 맥락에서 집단으로서 협상력을 높일 수 있다.

하지만 이 캠페인은 다음과 같은 여러 가지 우려에 직면해야 했다. 한편으로, 맑스주의적 의미에서 잉여 가치를 창출하는 가사 노동의 본질에 대해서는 여전히 논란이 있다. 반면, 가사노동에 대한 임금 지급이 성별에 따른 분업을 극복하는 데 도움이 되기보다는 오히려 이를 고착화한다는 우려의 목소리도 있었다(Himmelweit and Mohun, 1977).

보다 일반적으로 1970년대와 1980년대의 국내 노동에 대한 논쟁은 맑스의 틀을 바탕으로 더 많은 논쟁을 불러일으켰다(Molyneux, 1979). 일부 사람들은 임금 노동과 가사 노동자로서 여성의 역할이 증가하고 있음을 인정하기보다는 주부로서의 여성에 대한 불균형적인 초점이 있었다(Coulson et al., 1975). 다른 사람들에게는 국가의 역할이 충분히 명확하지 않았고, '가사 노동'이라는 포괄적인 용어는 너무 일반적이어서 돌봄과 가사 노동의 어떤 측면이 여성의 삶에 영향을 미치는지 철저히 이해할 수 없었다 (Fine, 1992). 맑스의 글에서 비롯된 특정 논쟁에 대한 일부 우려에도 불구하고, 페미니스트 경제학에 대한 맑스주의의 폭넓은 사고의 기여는 강조할 필요가 있다. 특히 현실적, 사회적, 역사 적으로 조건화된 맥락을 강조하고 일상생활의 생산과 재생산 문제에 초점을 맞춘 맑스의 역사적 유물론적 접근은 페미니스트 정치경제학자들이 공유하는 특별한 접근 방식이다. 맑스는 계급 관계에 초점을 맞추었지만, 이러한 접근 방식은 성별 사회 관계를 포함한 사회의 다른 권력 관계를 분석하는 데도 적합했다. 급변하는 글로벌 및 지역 상황의 맥락에서 이러한 변화가 성별 관계와 여성의 삶의 경험을 어떻게 형성하는지 이해하는 것은 여전히 매우 중요하고 관련성이 높은 문제이다. 따라서 페미니스트 정치경제학자들은 점점 더 성별과 함께 다른 범주를 분석하고 있으며, 성별을 분석의 유일한 목적이나 렌즈로 간주하지 않는다.

맑스의 정치경제학적 접근법을 따르는 페미니스트 정치경제학자들이 성별(gender)과 노동과 관련하여 도출한 정책적 결론은 성별(gender) 문제 차원뿐만 아니라 계급, 인종, 민족 등 다른 여러 사회적 범주와 어떻게 교차하는지에 초점을 맞춘 맥락에 따라 달라지는 경향이 있다. 이들은 성별(gender)와 노동 관련 결과에 영향을 미치는 국가와 공공 정책의 중요성을 보여주고 무급 돌봄 노동을 분석의 전면에 내세우며 현재 주류 경제 이론에서 무시되거나 제대로 이해되지 않고 있음을 강조하는 경향이 있다(Elson, 2008; De Henau 외, 2010; Bargawi 외, 2017).

역사적으로 그리고 사회적으로 결정된 지식에 대한 맑스의 이해는 학문으로서의 경제학을 조명하고 주류경제학의 지속적으로 성별 문제에 무지함을 우려하는 페미니스트 경제학자들에게 특히 중요했다. 이러한 방법론적 영향은 고전학파 정치경제학, 특히 맑스 분석이 페미니스트 경제학에 미친 가장 중요한 공헌일 것이다.

13.8   결론

이 장에서는 경제사상사에서 성별(gender) 문제를 다루며, 특히 여성과 노동 관련된 문제에 초점을 맞추어 이 주제가 과거와 현재의 경제학자들 사이에서 풍부한 논쟁과 토론을 불러일으켰다는 점을 살펴보았다.

이 장은 (생물적) 성(sex)과 (사회 문화적) 성(gender)을 명확히 구분하는 것으로 시작하여 경제학에서 성별(gender)문제를 다룰 필요성을 설명했다. 이 장에서는 성별(gender) 문제를 정통 또는 주류경제학으로 통합되는 것에 대해 개략적으로 설명했다. 신고전학파 경제학에서 신가정경제학으로, 그리고 거기에서 노동시장에서의 성별(gender)에 대한 신제도주의 접근방식으로 전환하는 과정을 추적하였다.

다음 절에서는 이러한 표준 접근법의 몇 가지 문제점을 논의하고 경제사상의 역사에서 나온 대안적 접근법이 이러한 단점을 해결하는 데 도움이 될지에 대해 생각해보았다. 따라서 이 장에서는 크게 두 가지 대안적 접근 방식에 대해 논의했다. 첫 번째는 성별(gender) 문제에 대한 구제도주의 관점이었고, 둘째, 고전학파 정치경제학과 그로 인해 생겨난 맑스주의 페미니스트 학문의 흐름에 주목했다. 두 사례 모두에서 우리는 비판적인 토론을 통해 이러한 대안적 방법이 성별(gender) 문제와 노동 관련 문제에 답하는 새로운 방식을 육성하고 대안적인 정책 해법을 제안하는 데 얼마나 중요한 역할을 하는지 보여주었다.

토론거리 및 세미나 활동

- '성별 임금 격차는 여성이 보수가 낮은 직업을 '선택'하기 때문에 존재한다.' 이 장에서 논의된 다양한 이론적 접근 방식을 사용하여 이 표현에 대해 평가하라.
- '가사노동에 임금을'이라는 캠페인이 현대 성별(gender) 문제를 어느 정도 해결할 수 있다고 생각하는가?
- 성별(gender)문제와 돌봄 경제에 대한 마르크스주의와 신고전주의적 접근법을 비교하고 대조하라.

참고문헌

Agarwal, B. (1997). 'Bargaining' and gender relations: Within and beyond the household. *Feminist Economics*, 3(1), 1-51.

Albelda, R. (2001). Marxist political economics. In J. Peterson & M. Lewis (Eds.), *The Elgar companion to feminist economics* (pp.536-544). Cheltenham/ Northampton:Edward Elgar.

Antonopoulos, R. (2009). The unpaid care work - Paid work connection. *ILO Working Paper*, 86.

Bargawi, H., Cozzi, G., & Himmelweit, S. (2017). *Economics and austerity in Europe: Gendered impacts and sustainable alternatives*. Oxford: Routledge.

Barker, D. K. (2001). Gender. In J. Peterson & M. Lewis (Eds.), *The Elgar companion to feminist economics* (pp.390-396). Cheltenham/Northampton: Edward Elgar.

Barker, D. K., & Feiner, S. (2004). *Liberating economics: Feminist perspectives on families, work and globalization*. Ann Arbor: University of Michigan Press.

Bebel, A. (1910). *Women and socialism*. New York: Socialist Literature Company.

Becker, G. (1965). A theory of the allocation of time. *Economic Journal*, LXXX(200), 493-517.

Becker, G. (1981). *A treatise on the family*. Cambridge, MA: Harvard University Press.

Beneria, L. (2003). *Gender, development and globalization: Economics as if all people mattered*. New York/Abingdon: Routledge.

Bergmann, B. (1974). Occupational segregation, wages and profits when employers discriminate by race or sex. *Eastern Economic Journal*, 1(2), 103-110.

Bodkin, R. G. (1999). Women's agency in classical economic thought: Adam Smith, Harriet Taylor Mill, and J. S. Mill. *Feminist Economics*, 5(1), 45-60.

Costa, D. L. (2000). From mill town to board room: The rise of women's paid labor. *Journal of Economic Perspectives*, 14(4), 101-122.

Coulson, M., Magas, B., *et al.* (1975). The housewife and her labour under capitalism - A critique. *New Left Review*, 90, 59-71.

Dalla Costa, M., & James, S. (1975). *The power of women and the subversion of the community*. Bristol: Falling Wall Press.

De Henau, J., Meulders, D., *et al.* (2010). Maybe baby: Comparing partnered women's employment and child policies in the EU-15. *Feminist Economics*, 16(1), 43-77.

Delphy, C. (1980, Summer). The main enemy. *Feminist Issues*, pp.23-40.

Dimand, R. W., Forget, E. L., *et al.* (2004). Gender in classical economics. *Journal of Economic Perspectives*, 18(1), 229-240.

Elson, D. (1999). Labour markets as gendered institutions: Equality, efficiency and empowerment issues. *World Development*, 27(3), 611-627.

Elson, D. (2008). *The three R's of unpaid work: Recognition, reduction and redistribution. Expert group meeting on unpaid work, economic development and human well-being.* New York: United Nations Development Programme.

Engels, F. (1902). *Origins of the family, private property and the state.* Chicago: Charles H. Kerr & Co..

England, P. (2005). Gender inequality in labor markets: The role of motherhood and segregation. Social Politics: International Studies in Gender, *State & Society*, 12(2), 264-288.

Federici, S. (1975). *Wages against housework.* New York: Power of Women Collective and Falling Wall Press.

Figart, D. M. (1997). Gender as more than a dummy variable: Feminist approaches to discrimination. *Review of Social Economy*, 55(1), 1-32.

Fine, B. (1992). *Women's employment and the capitalist family.* Oxford: Routledge.

Folbre, N. (1997). Gender coalitions: Extra family influences on intrafamily inequality. In H. Alderman, L. Haddad, & J. Hoddinot (Eds.), *Intrahousehold allocation in developing countries* (pp.263-274). Baltimore: Johns Hopkins University Press.

Fraser, N. (2014). Behind Marx's hidden abode: For an expanded conception of capitalism. *New Left Review*, 86, 55-72.

Gilman, N. (1999). Thorstein Veblen's neglected feminism. *Journal of Economic Issues*, 33(3), 689-711.

Goldin, C. (2014a). A grand gender convergence: Its last chapter. *American Economic Review*, 104(4), 1091-1119.

Goldin, C. (2014b). A pollution theory of discrimination: Male and female differences in occupations and earnings. In L. P. Boustan, C. Frydman, & R. A. Margo (Eds.), *Human capital in history: The American record* (pp.313-348). Chicago: University of Chicago Press.

Hartmann, H. (1979). The unhappy marriage of Marxism and feminism: Towards a more progressive union. *Capital & Class*, 3(2), 1-33.

Himmelweit, S. (1984). The real dualism of sex and class. *Review of Radical Political Economics*, 16(1), 167-183.

Himmelweit, S., & Mohun, S. (1977). Domestic labour and capital. *Cambridge Journal of Economics*, 1, 15-31.

Himmelweit, S., Santos, C., *et al.* (2013). Sharing of resources within the family and the economics of household decision-making. *Journal of Marriage and Family*, 75(3), 625-639.

Jefferson, T., & King, J. E. (2001). Never intended to be a theory of everything: Domestic labor in Neoclassical and Marxian economics. *Feminist Economics*, 7(3), 71-101.

Kabeer, N. (1998). Jumping to conclusions. In C. Jackson & R. Pearson (Eds.), *Feminist visions of development: Gender analysis and policy* (pp.91-107). London/New York:Routledge.

Luxemburg, R. (1973). *Gesammelte Werke.* Berlin: Dietz.

MacKinnon, C. A. (1982). Feminism, Marxism, method, and the state: An agenda for theory. *Signs*, 7(3), 515-544.

Mill, J. S. (1848). *Principles of political economy.* In W. J. Ashley (Ed.), *Principles of political economy with some of their applications to social philosophy.* London: Longmans,Green and Co.

Mill, J. S. (1869). *Subjection of women*. London: Longmans, Green, Reader and Dyer.

Millar, J. (1771 [2006]). The origin of the distinction of ranks. In A. Garrett (Ed.), *The works and correspondence of John Millar*. Indianapolis: Liberty Fund.

Mincer, J. (1962). *Labor force participation of married women: A study of labor supply*. Aspects of labor economics. National Bureau Committee for Economic Research. Princeton: Princeton University Press.

Molyneux, M. (1979). Beyond the domestic labour debate. *New Left Review*, 116, 3-27.

Nelson, J. (1995). Feminism and economics. *The Journal of Economic Perspectives*, 9(2), 131-148.

Nelson, J. (2008). Feminist economics. In S. N. Durlauf & L. E. Blume (Eds.), *The new Palgrave dictionary of economics*. London: Palgrave Macmillan.

North, D. C. (1991). Institutions. *Journal of Economic Perspectives*, 5(1), 97-112.

Odebode, O., & van Staveren, I. (2014). Feminist development economics: An institutional approach to household analysis. In C. Verschuur, I. Guérin, & H. Guétat-Bernard(Eds.), *Under development: Gender* (pp.103-126). London: Palgrave Macmillan UK.

Oppenheimer, V. (1970). *The female labor Force in the United States: Demographic and economic factors governing its growth and changing composition*. Berkeley: University of California.

Pigou, A. (1920). *The economics of welfare*. London: Macmillan.

Pollak, R. (2003). Gary Becker's contributions to Family and household economics. *Review of Economics of the Household*, 1(1), 111-141.

Pujol, M. A. (1992). *Feminism and anti-feminism in early economic thought*. Brookfield: Edward Elgar.

Schultz, T. (1974). *The economics of the family*. Chicago: University of Chicago Press.

Schultz, T. (1975). The value of the ability to deal with disequilibria. *Journal of Economic Literature*, 13(3), 827-846.

Smith, A. (1762-64 [1978]). Lectures on jurisprudence. In R. L. Meek, D. D. Raphael, & P. G. Stein (Eds.), *Glasgow edition of the works and correspondence of Adam Smith*. Oxford: Clarendon Press.

Smith, A. (1776). *An inquiry into the nature of causes of the wealth of nations*. Oxford: Clarendon Press.

Veblen, T. (1894). The economic theory of woman's dress. *Popular Science Monthly*, 46(November), 198-205.

Veblen, T. (1899). *The theory of the leisure class*. London: Macmillan.

Waller, W., & Jennings, A. (1990). On the possibility of a feminist economics: The convergence of institutional and feminist methodology. *Journal of Economic Issues*, 24(2), 613-622.

Waring, M. (1988). *If women counted: A new feminist economics*. San Francisco: Harper Collins.

Williamson, O. E. (1993). *The economic analysis of institutions and organisations-In general and with respect to country studies*. Economics Department Working Papers No. 133, pp.1-75. Paris: OECD.

World Health Organisation. (2001). *Transforming health systems: Gender and rights in reproductive health: A training manual for health managers*. Geneva: WHO.

World Health Organisation. (2006). *Defining sexual health: Report of a technical consultation on sexual health*, 28-31 January 2002, Geneva. Geneva: WHO.

RECHARTING THE HISTORY OF **ECONOMIC THOUGHT**

경제학은 환경을 어떻게 다루는가?

벤 그룸(Ben Groom), 마르타 탈레비(Marta Talevi)

14.1 환경자원경제학소개

환경자원경제학(ERE)은 사회과학 분야에서 새롭게 떠오르는 학문으로 여겨지는 경우가 많다. 그러나, 18세기와 19세기의 고전학파 정치경제학자들의 중요한 저술과 사회학, 정치학, 철학의 관련 저작을 살펴보면 자연 및 환경 자원의 희소성과 착취가 오랫동안 복지, 개발, 국가 부의 담론의 중심 주제였음을 알 수 있다. 역사적으로 환경 및 천연자원경제학의 주요 사상가 중 한 명으로 여겨지는 다음 장에서 논의되는 많은 이름은 이 책의 다른 장에서 이미 익히 들어봤을 것이다. Heal(2007)이 지적했듯이 환경자원경제학(ERE)는 본질적으로 학제간 연구이며, 항상 다른 경제학 분야와 사상, 이론 모형, 방법론 및 경험적 기여를 차용하고 빌려 오는 데 매우 개방적이어서 학문의 경계가 모호한 경우가 많다.

환경자원경제학(ERE)은 방법론적으로 서로 다른 두 가지 하부 분야인 환경경제학과 자원경제학으로 구성되어 있으며, 자연자원, 자연, 환경을 서로 다른 출발점에서 서로 다른 방법론적 시각을 통해 분석한다. 환경과 자원에 대한 경제학 연구에서 또 다른 중요한 차이점은 한편에는 환경자원경제학과 다른 한편에는 생태경제학이 있다는 것이다. 환경자원경제학은 신고전주의 경제 이론을 출발점으로 삼고 이 틀 안에서 환경과 자원 문제를 특징지어 분석한다. 대체로 환경을 경제 활동 투입재로 간주한다. 반면, 생태경제학은 경제 시스템을 더 큰 환경 - 경제 - 사회 연계의 일부로 보고 생태학에 더 확고하게 뿌리를 둔 방법론적 출발을 하고 있다. 대체로 환경자원경제학(ERE)은 환경을 경제 시스템의 일부로 보고 환경 파괴와 과도한 착취의 원인으로 시장 실패를 강조한다. 반면 생태경제학은 경제를 중요한 생태계의 일부로 보고 성장에 대한 생태적, 물리적 한계가 주요 관심사이다. 환경자원경제학은 현재 경제시스템 내에서 시장(및 정부)의 실패를 바로잡기 위해 규제가 필요하다고 주장한다. 생태경제학은 생태계, 더 넓게는 지구의 생태적, 물리적 경계에 맞게 경제를 재편해야 한다고 주장한다. 표 14.1은 이러한 다양한 접근 방식에 대해 대략적으로 비교한다. 실제로 이러한 서로 다른 관점은 방법과 궁극적으로 정책의 문

표 14.1 환경 및 경제학연구의 하부 학제들

	신 자원경제학	환경경제학	생태경제학
방법론적 출범론	신고전학파 성장경제학	후생경제학 및 시장실패분석	자연자원, 사회과학 및 인문과학적요소의 통합
인식	인구생태학(자원 관리), 즉 상호작용하는 인구 역학(즉, 시간에 따른 행동)에 관심이 있는 반면, 나머지 생태계는 외생적인 요소로 주어짐	생태계 생태학, 즉 '다양한 생태계 기능의 근간이 되는 생물학적 및 비생물학적 과정'(Dasgupta, 1996)에서 생태계는 주어진 것이 아니라 연구의 주요대상임	경제 - 사회 - 환경 결합의 생태학 시스템적 상호 작용
관심주제	생물경제학적 모델(예:포식자-먹이(또는 이 경우개체군-자연자원) 시스템의 상호작용을 연구하는 동적모델), 동적 수확 규칙(예:재생 불가능한 자원의 최적채취를 위한 호텔링 법칙), 임업, 어업 및 대수층 관리	환경오염 및 외부효과, 환경의 가치(사용, 비사용 가치), 비용편익분석(CBA) 및정책에 대한 가치 평가. 예, 자연, 수질 및 대기질, 경관 편의시설, 소음및 기후 변화의 경제적영향에 대한 건강 및경관 편의시설 가치	한계점(Tipping points)과 생태학적 한계점, 즉 비선형적인 생태학적 과정, 특정재화와 서비스희소성 및 대체불가능성
목적	자원에 대한 개방 / 폐쇄적접근, 재산권 체제(예: 0Gordon, 1954), 수확 비용, 수확자의 시간 선호도(예, 할인) 등 다양한 제도적 설정을 고려하여 자원의최적 수확 / 채취 속도 결정	경제 활동(예, 기술 및생산성, 비용 및 수익,시간 선호도)이 생태계에 미치는 영향 결정(예, 기후 변화에 대한 Stern, 2007). 시장 실패를 바로잡기 위한 도구에정보 제공	분석의 핵심 구성요소로 에너지 밓물질 유입과 유출, 사회경제 시스템이 준수해야 하는 생물물리학적 한계고려
분석의 대상,즉, 상태(혹은저량)변수	산림용 바이오매스, 인구규모, 토양 하부 광물 및석유 재고, CO_2와 같은오염 물질과 같은 수량마진으로 할당할 수 있는 분할 가능한 자원(석유배럴, 물고기 톤, 물세제곱미터 등)	대기, 토양, 수질 완화 또는 생태계 서비스제공을 나타내는 기타지표와 같은 품질 지표양이 아닌 질적 측면에서 검토할 수 있는 불가분적생태계 서비스: 생명유지, 기후 조절, 미적 혜택 등	생산 공정의 부산물 및 비가역성, 지속 가능성에 대한강점과 약점을 구분. 0% 성장 동학

출처: Dasgupta(1996)와 Perman(2003)에서 가공함

제에 대해 어느 정도 이견을 낳게된다. 이견이 있는 주요 영역 중 하나는 기술 변화가 생태적 제약을 완화하고 성장과 환경의 결합을 해체할 수 있는지에 관한 것이다. 그럼에도 환경, 자연 자원 및 생태경제학자들 사이에는 장기적인 후생의 결정 요인으로서 환경, 생태 및 자원의 중요 성을 강조하는 유사한 목표를 공유하는 경우가 많기 때문에 상당 부분 겹치는 부분도 있다. 이 장에서는 환경자원경제학(ERE)에 초점을 맞추고 대안적 접근 방식으로서 생태경제학에 대해 논 의한다.

환경자원경제학(ERE)의 기원과 별도의 학문으로서의 프레임워크는 논쟁의 여지가 있다. 일 부에서는 2차 세계대전 이후 환경주의와 생태 운동이라는 이데올로기의 등장으로 인해 환경자원

경제학(ERE)이 독자적인 학문으로 자리 잡았다고 주장한다. 실제로 경제학자들이 일반균형 이론과 동태적 최적화 기법, 최적 제어(Optimal control)라는 주류 한계주의 방법론을 사용하여 환경 및 자원 문제를 본격적으로 공식화하기 시작한 것은 전후 시기였다. 이는 여러 면에서 신고전학파 경제학의 특징인 문제와 분석기법의 상호작용을 반영하는 것으로, 샌드모(Sandmo; 2015)가 쿠프만스(Koopmans; 1957, 170)의 말을 인용해 지적한 바 있다. '필요한 분석기법을 알 수 없어 중요한 문제의 해결이 지연될 수 있다. 또는 특정 분석기법을 활용 가능하다는 것은 중요하든 그렇지 않든 그 분석기법 도움으로 해결할 수 있는 문제에 대한 인식으로 이어질 수 있다'고 말한다. 전후에 환경자원경제학(ERE)이 부상한 배경에는 희소성과 환경의 질적 저하라는 새로운 문제도 있었다. 2차 세계대전 중 식량, 연료, 금속과 같은 물질 조달의 어려움으로 인해 이러한 물질이 필수적이면서도 희소성이 있다는 사실이 분명해졌다. 20세기 후반, 1970년대와 1980년대의 에너지 위기와 같은 주요 사건으로 인해 자원이 고갈되는 상황에서 성장에 대한 관심이 더욱 커졌다.

마찬가지로 1990년대에 알래스카에서 발생한 엑손 발데즈(Exxon Valdez) 기름 유출 사고로 인한 피해 소송은 학계와 정책의 초점을 책임 추정과 비용 - 편익 분석(CBA)에 보다 일반적으로 정보를 제공하기 위해 환경에 대한 비사용 가치(9장 참조)를 평가하는 방향으로 방향을 바꿨다.

그러나 많은 사람들은 1950년대 초, 워싱턴 DC에서 미래 자원연구소(RFF)의 설립과 '파레이 위원회(Paley Commission)'라고도 알려진 미국 대통령의 재료 정책 위원회를 환경자원경제학(ERE)의 출발점이라고 지적한다. 이 위원회는 2차 세계대전 중 경제에 대한 중요성과 잠재적 희소성이 부각된 농업 자원, 광물 매장량, 에너지 공급의 동학에 관심을 기울였다. 이 기간 동안 자연 자원을 '공짜 선물'로 보는 전통적인 관점, 특히 맑스 (1894년, 『자본론』 제3권 제6부 44장)의 관점은 희소성에 대한 이야기로 대체되었다. 따라서 자연 자원은 인류의 복지를 극대화하기 위해 신중하게 관리해야 하는 희소성 있는 경제적 재화로 간주되기 시작했다. 환경 측면에서는 환경 운동의 성장과 레이첼 루이즈 카슨(Rachel Louise Carson)의 『침묵의 봄(*Silent Spring*)』 (1962)과 같은 중요한 출판물은 산업, 특히 농업 분야의 산업 관행이 환경의 질에 미치는 영향에 대한 인식의 증가를 대표적으로 보여주었다. 경제학자들은 이러한 만연한 영향을 환경 외부효과(externalities)라고 명명했는데, 지금까지는 경제 시스템에 대한 사소한 일탈로 여겨져 왔다. 이때부터 '환경경제학'이라는 용어가 사용되기 시작했고, 1970년대에 환경자원경제학이 본격적으로 성립하면서 이론적 정립이 이루어졌다(Pearce, 2002; Heal, 2007).

이 연대기에 비해 힐(Heal; 2007)은 시작 시점을 수십 년 뒤로 미루고 이 분야의 첫 번째 분석 논문으로 '고갈 자원의 경제학'에 관한 호텔링(Hotelling)의 논문(Hotelling, 1931)을 들고 있다. 샌드모(Sandmo; 2015)는 대신 이 주제가 20세기에 이르러서야 성숙해졌다고 하더라도, 그 '진정한 시작'은 18세기와 고전까지 거슬러 올라갈 수 있다고 주장한다.

이 장에서는 이러한 역사적 문제에 대해 자세히 알아보고 환경자원경제학(ERE)의 역사적 뿌리와 이 하위 주제가 현재 추진하고 있는 영역에 대한 그림을 그려본다. 다음 절에서는 환경 및 자원 문제에 대한 초기 작업에 대해 요약해본다. 다음 섹션에서는 신고전학파 패러다임이 초창기 모형에서 주로 자연을 무시했지만 그럼에도 1970년대에 성장 이론과 복지 / 공공 경제학을 바탕으로 환경 자원경제학을 공식화하는 데 기초를 제공한 방법에 대해 설명한다. 그런 다음 대안적인 관점과 비판에 대해 논의한 다음, 최근 몇 년간 환경자원경제학(ERE)이 정책에 미친 영향, 특히 오염 규제, 지속 가능한 개발 및 기후 변화와 관련하여 설명한다(상자 14.2).

14.2 환경에 대한 고전학파 접근방식

초창기 경제사상사에서 자연 자원과 환경은 후대에 비해 담론상 더 중요한 측면이 존재한. 산업 혁명 시기에도 농업과 광업은 여전히 경제에서 가장 큰 비중을 차지했고, 따라서 자연 자원은 경제의 중요한 중심주제이었다. 그러나 토지나 광물 같은 자연자원은 '자본에 대한 자연의 무상 선물'로 여겨졌기 때문에(예를 들어, 맑스, 1894, 『자본론』 제3권 제6부 44장 참조), 방법론적 접근 방식은 매우 달랐다. 분석은 대부분 농업과 가격 형성 이론에 국한되어 있었고, 오늘날 환경자원경제학(ERE)의 기초가 되는 외부효과, 시장 실패, 자원 관리의 개념은 부재했다. 자연의 산물인 원자재를 주로 무시했던 초기 신고전학파 이론과 달리 고전학파는 자연 자원을 국가의 부와 성장에 필수적인 요소로 간주했다. 이 시기의 희소성에 대한 개념은 자원은 유한하며, 특히 토지의 경우 규모의 경제에 따라 수익률이 감소한다는 생각을 중심으로 전개되었다. 따라서 많은 고전적 담론은 성장이 영원히 지속될 수 없으며 결국 (생존을 위한) 정상상태(stationary states)로 수렴할 것이라는 생각을 발전시키는 경향이 있었다. 그러나 경제 상의 초창기에 자원을 논의하는 방식은 당시의 주요 사상가들마다 상당히 달랐다.

스미스의 보이지 않는 손 정리(invisible hand theorem)의 중요한 예외는 특정 재화와 서비스에 대한 시장 실패와 이러한 실패를 바로잡기 위한 정부의 역할을 인정했다는 점이다. 경제학자들이 현재 공공재로 알고 있는 것과 관련하여 스미스(1776년, 1권, 5장 1절, 3부)는 다음과 같이 썼다.

> 주권국(sovereign) 또는 연방국가(commonwealth)의 의무는 그러한 공공 기관과 공공사업을 세우고 유지하는 것인데, 비록 그것이 위대한 사회에 가장 유익할 지라도 그 이익이 개인이나 소수의 개인에게 결코 비용을 상환할 수 없는 성격의 것일 수 있다.

이러한 원칙이 오늘날 환경자원경제학(ERE)의 핵심이다. 20년 후 맬서스의 "인구의 원리에 관한 논문"(맬서스, 1798)은 농업 생산의 맥락에서 인구와 자원 희소성의 동태적 상호작용에 초점을 맞췄다. 환경, 자연자원, 인구 증가 사이의 연관성, 수용 능력과 성장 한계에 대한 생태학적 아이디어의 강조는 오늘날에도 환경자원경제학(ERE)과 생태경제학의 핵심 관점으로 남아 있다.

실제로 맬더스의 아이디어와 리카도의 아이디어를 구분하는 것은 후대의 환경자원경제학(ERE)
과 생태경제학 분야의 차이점을 더 잘 반영하는 것이다. 리카도의 『정치경제학 및 조세의 원리
(*Principles of Political Economy and Taxation*)』(1817)는 물리적 환경의 한계에서 기술 변화
를 도입하여 이를 가장 잘 활용하는 방법으로 초점을 전환하여 성장 이론을 발전시켰다. 가다.
맬서스와 리카도의 아이디어는 인구 증가와 성장의 한계가 새로운 관심사로 떠오른 10년대에
다시 등장했다. 리카도의 자원 임대료 개념은 자연자원경제학에서 희소성을 연구하는 데 있어
중요한 개념으로 남아 있다.

공리주의의 창시자 중 한 명인 밀의 저작에서 주류경제학과 후생경제학의 철학적 토대를
찾을 수 있다. 밀의 『정치경제학 원리(*Principles of Political Economy*)』(1848)는 ERE의 맥락
에서 공공 및 공유 자원과 그 사용을 규제하기 위한 잘 규정된 권리와 제도의 중요성에 대해
논의한다. 일반적으로 자연 자원에 대해 밀(1848년, 5권 1장)은 이렇게 썼다.

> 이는 인류의 유산이며, 이를 공동으로 향유하기 위한 규정이 있어야 한다. 이 공동 상속 재산의 일부에
> 대해 어떤 권리를 어떤 조건에서 행사할 수 있는지를 결정되지 않은 상태로 둘 수 없다. 정부의 어떤
> 기능도 이러한 것들을 규제하는 것보다 덜 선택적이거나 문명사회의 이념에 더 완벽하게 관여하는
> 것은 없다.

따라서 밀의 연구는 오늘날에도 여전히 많은 논쟁이 벌어지고 있는 세대 간 정의와 지속
가능한 경제 발전이라는 환경자원경제학(ERE)의 핵심 주제 중 하나에 반영되어 있다. 또한, 밀
이 이전 사상가들이 강조한 한계보다는 자원의 사용과 배분에 초점을 맞춘 점도 주목할 만하다.
이러한 입장은 화석 연료 사용과 농업 생산 등 급속한 기술 혁신과 과학적 진보, 그리고 식민지
에 대한 더욱 강도 높은 착취로 인해 성장의 한계에 대한 문제가 덜 시급한 것처럼 보였기 때문
에 영향을 받은 것은 의심할 여지가 없다. 동시에 밀은 장기적인 행복을 추구하기 위해 산업
생산의 투입물로서의 사용과 균형을 이루어야 하는 가치인 휴양과 편의시설의 원천으로서의 환
경에 대해 처음으로 언급한다(Mill, 1848, 4권 6장 2절).

> 농업 개량이라는 미명하에 잡초로 박멸되지 않고 야생 관목이나 꽃이 자랄 수 있는 곳이 …거의 남아
> 있지 않은 세상을 바라보는 것도 그리 만족스럽지 않다. 만약 지구가 더 많은 인구를 부양하기 위한
> 단순한 목적으로, 더 행복하거나 더 나은 인구를 부양하기 위해 지구의 쾌적함의 상당 부분을 잃어야
> 한다면, 나는 후손을 위해 그들이 필요에 의해 그렇게 되기 훨씬 전에 고정된 상태로 만족하기를 진심
> 으로 희망한다.

맑스와 환경과의 관계에 대한 해석은 그가 반생태적이라는 것에서부터 지속 가능성 및 생
태경제학 논의의 선구자 중 한 명으로 간주되는 것까지 다양하다(Foster, 1997, 1999). 맑스의
환경 이론은 자본주의 생산이 '사회적 신진대사의 상호의존적 과정에 돌이킬 수 없는 균열'을

일으킨다는 생각을 중심으로 전개된다(맑스, 『자본』, 제3권). 도시와 농촌, 식민지와 제국의 중심지 사이의 격차가 커지면서 한쪽에서는 자연이 착취당하고 광물, 나무, 토양 영양분을 빼앗기고, 다른 한쪽에서는 무절제한 소비 중심의 생산 과정에서 발생하는 폐기물로 인해 도시가 오염되고 있다. 따라서 맑스는 환경의 물리적 한계를 강조하며 재사용 및 재활용과 함께 소비를 줄일 것을 권장한다('생산폐기물의 이용', 『자본』 제3권의 '생산폐기물의 이용'). 친환경 운동의 근본적 근거와 생태경제학의 일부 측면은 이러한 아이디어의 영향을 받았다. 맑스의 환경에 관한 글은 농업, 광업, 오염, 삼림 벌채 등 당시의 산업 및 인구 문제를 반영하며 인구에 의한 압력으로 인한 환경의 물리적 한계에 대한 논의로 정점을 찍는다. 또한, 맑스는 비료 산업의 성장과 유기 화학의 혁명을 언급하며 기술 변화가 환경에 유익할 수도 있고, 가속화되는 토양 고갈, 오염, 삼림 벌채와 같이 해로울 수도 있다고 언급하며 다른 고전 사상가들보다 더 구체적으로 기술 변화의 역할에 대해 설명했다. 맑스는 장기적으로 자원 사용을 유지하는 데 있어 재산권의 역할에 대해 밀과 반대 입장을 취하며 '사적 토지 소유는 생산 자체에 대한 장벽으로 나타나고 … 토양의 생명력을 착취하고 낭비하는 것은 … 영원한 공동 재산으로서 토양을 의식적으로 합리적으로 경작하는 대신에, 인류의 연속적인 세대들의 존재와 재생산을 위한 양도 불가능한 조건이다'(맑스, 1894, 『자본』, III권 제6부, 47장)라고 주장했다. 맑스는 사회의 다른 문제처럼 이러한 지속 불가능성은 시장의 맹목적인 힘으로 해결될 수 있는 것이 아니라 중앙 계획과 국가의 개입이 필요하다고 보았다. 다른 해석에 따르면, 맑스의 자연 개념은 오히려 일반적으로 반생태적이었으며, 사실상 여전히 자연 자원을 '자연의 공짜 선물'(맑스, 1894, 『자본』 제3권 제6부 44장)로서 인간의 복지를 위한 도구적 가치에 불과하다는 이전 학자 생각이 동일하게 스며들어 있다고 한다(Clark, 1989). 때로는 20세기 소련의 환경 착취가 불공평했다는 것이 이러한 입장에 대한 증거로 사용되기도 한다. 19세기 말, 경제학 학제에서 중요한 변화가 일어났다. 고전학파 경제학의 전형인 노동 가치 이론은 이제 상대적 희소성과 수요와 공급의 힘에 기반하여 가치가 형성된다는 이론과 경쟁해야 했다(9장 참조). 이 시기에 경제학의 수요 측면에 대한 분석이 활발해지기 시작했고, 공리주의 철학적 틀에 뿌리를 둔 효용 극대화 이론이 후생경제학 발전의 토대를 마련했다. 한계 분석과 수리화가 지배적인 방법론이 되었고(3장 참조), 한계주의 혁명이 진행 중이었다.

환경과 자연 자원과 관련하여 서구의 급속한 경제 성장은 이전 시대의 특징이었던 희소한 자원과 고정된 토지에 대한 이야기를 덮어버렸다. 그 결과, 생산 분석에서 토지와 자연 자원이 완전히 사라졌다. 마샬의 '경제학 원리(*Principles of Economics*)'(Marshall, 1890)는 고전학파 정치경제학에서 신고전학파 시대의 특징인 경제학의 수리화로 전환하는 계기를 마련한 책이다. 중요한 것은 마샬이 '외부 경제와 비경제', 즉 외부효과라는 개념을 만들어 냈다는 점이다. 그러나, 마샬의 관심은 주로 공해와 관련된 부정적 외부효과보다는 산업 집적의 긍정적 외부효과에 있었지만, '외부효과가 존재하면 경쟁 균형은 더 이상 사회적으로 효율적이지 않고 … 더 이상 사회적 잉여를 극대화하지 못한다'는 영향력 있는 결론에 이르렀다(Marshall, 1890). 즉, 시장은 사회적 가치를 반영하지 못해 재화(goods)의 공급 부족과 비재화(bads)의 과잉 공급으로 이어진다.

14.3　환경자원경제학에 대한 신고전학파 접근방식

14.3.1　신고전학파 환경경제학: 후생경제학, 외부성, 그리고 빠뜨린 시장들 (missing markets)

벤담과 밀의 결과론적 공리주의 목표를 바탕으로 한계론자들이 도입한 수학적 도구를 사용하여 파레토가 이끄는 신고전학파 경제학자들은 사회 후생을 극대화하기 위해 자원을 어떻게 배분해야 하는지, 즉 사회 내 구성원들의 효용의 총합을 탐구하기 시작했다.

　　특히 캠브리지에서 마샬(Marshall)의 후계자인 피구(Pigou)는 외부효과 이론을 더욱 발전시켜 오염과 산림의 탄소 저장 서비스 등 환경경제학의 전형적인 여러 문제를 분석했다(피구, 1920, 파트 2, IX장 11절):

> 도시의 민간 공원에 자원이 투자될 때 보상되지 않은 서비스가 제공된다. 일반 사람들이 공원에 들어가지 않아도 부근의 공기를 개선하기 때문이다 … 기후에 대한 유익한 영향은 종종 산림 책임자가 소유한 영지의 경계를 넘어 확장되기 때문에 조림에 투입된 자원도 마찬가지이다 … 공장 굴뚝의 연기 방지에 투입된 자원에 대해서도 마찬가지이다: 대도시의이 연기는 건물에 부상을 입히고, … 그리고 다른 많은 방법으로 지역 사회에 막대한 지불하지 않은 손실을 입힌다.

　　중요한 것은 피구는 자원 분배의 비효율성을 바로잡기 위해 세금과 보조금과 같은 재정 수단을 사용할 수 있는 가능성을 제기하였다는 것이다. 피구 자신도 인정했듯이, 이 이론적 처방을 현실 세계에 적용하는 것이 정부/제도의 실패 또는 순수한 정치경제학적 논쟁(예: 로비, 거래 비용)으로 인해 생각보다 간단하지 않을 수 있지만 '피구' 세(Pigouvian' tax)는 오늘날 환경자원경제학(ERE) 수단 중 핵심 수단으로 남아 있다.[1]

　　피구의 주장은 그 이전의 마샬의 주장과 마찬가지로 부분균형 분석 틀 안에서 이루어진 것이다. 몇 년 후, Arrow와 Debreu의 '경쟁 경제를 위한 균형의 존재'(1954)라는 획기적인 논문은 일반균형 분석의 시대와 신고전학파 수리 분석의 절정을 예고했다. 이후 후생경제학은 주로 경쟁 시장 경제에서 발생하는 교환이 활용 가능한 자원의 사회적 최적 배분으로 이어지기 위해 지켜야 할 조건(후생경제학의 제1 정리[2]와 제2정리[3])에 초점을 맞췄다. 그러나 환경자원경제학

1　예를 들어, 피구(1920), 2편, 20장, 4절 참조

2　번역자 주: (후생경제학 제1정리) 모든 소비자의 선호 체계가 강단 조성을 갖고 경제 안에 외부성이 존재하지 않으면 일반경쟁균형의 배분은 파레토 효율적이다.

3　번역자 주: (후생경제학 제2정리) 초기부존자원이 적절하게 분배된 상태에서, 모든 사람의 선호가 (연속적이고 강단조

(ERE)이 더 우려하는 것은 외부효과, 공공재, 비볼록성이 존재할 때 후생경제학 제1정리와 제2 정리가 성립하지 않는다는 것이다. 이런 의미에서 애로우의 연구는 궁극적으로 후생경제 정리의 한계를 드러냈고, 이후 환경자원경제학(ERE)이 전문적인 하위 학문으로 자리 잡는 데 기여했다.[4] 그러나, 환경자원경제학(ERE)은 시장 실패를 바로잡기 위한 후생 극대화 정책, 비시장적인 환경 자원의 가치를 평가하는 효용 이론에 기반한 지불 의사 측정 등 공리주의 및 후생주의 이론적 배경에서 크게 벗어나지 않는다. 환경 문제를 완벽하게 작동하는 시장을 이상적인 준거 틀로 간주하면서 시장과 외부 효과의 부재 문제라고 해석하였다. 실제로, 현재 환경자원경제학(ERE) 분석수단에서 피구 세의 존재가 부분적으로 일반균형의 맥락에서 교정적이고 복지를 향상시킨다는 특성을 보여준 Baumol(1972; Baumol and Oates, 1988 참조)에 의존하고 있다. 신고전학파 패러다임은 환경 문제에 대한 사고방식을 인간 중심적인 방식으로, 즉 인간 후생 극대화 문제로 규정함으로써 초기 환경경제학의 틀을 형성했다.

신고전주의 경제학의 형식적 특성은 결과 주의적 공리주의 윤리의 틀에서 비롯된 윤리적, 도덕적 유산을 은폐하는 경향이 있었다. 그러나 환경경제학에서는 무역이나 노동경제학과는 달리 윤리적 문제가 종종 논쟁의 중심이 되어 왔으며, 결과 주의적 주장의 한계, 지불 의사의 윤리적 토대, 기후 변화, 지속 가능성 및 세대 간 형평성 문제를 제기하는 기타 장기적 문제와 관련된 장기적 관점의 윤리는 일반적으로 표면에서 그리 멀지 않은 곳에 존재하게 된다.

14.3.2 코스 정리(Coase Theorem)

법경제학 분야는 신고전학파 경제학과 더불어 발전하면서 외부효과와 관련된 법적, 제도적 문제에 관심을 갖게 되었다. 1960년에 발표한 '사회적 비용의 문제'에서 코스(Coase)는 외부효과의 상호적인 특성 문제를 해결하기 위해 시장 메커니즘을 활용할 수 있다는 것을 알았다(Coase, 1960). 예를 들어, 공해의 경우 생산을 계속하기 위해 기꺼이 비용을 지불하거나 생산을 포기하고 배출을 중단하기 위해 기꺼이 비용을 지불할 의사가 있는 오염원과 배출을 중단하기 위해 비용을 지불하고 이를 감내한 것에 대한 보상을 받을 의사가 있는 오염 피해자를 찾을 수 있다. 따라서 '코스 정리'[5]에 따르면 재산권이 잘 명시되어 있고 거래 비용이 없다면 시장 거래는 효율적인 결과, 즉 오염에 대한 권리가 처음에 오염자에게 부여되었든 오염의 피해자에게 부여되었든 상관없이 가장 가치를 높게 평가하는 당사자에게 돌아간다는 결론에 도달하게 된다. 즉, 외부효과는 적어도 효율성이 문제는 정부의 개입이 필요 없이 완전히 내부화될 것이며, 분배 문제는 명시적으로 다루지 않는 다른 측면의 문제이다.

적인 위에) 볼록성을 가지면 파레토 효율적인 배분은 일반경쟁균형이 된다.

4 정보의 외부효과 및 관련 시장 실패를 탐구하는 정보경제학에서도 비슷한 논리를 사용할 수 있다.

5 이름과는 달리 이 '정리'의 저자는 실제로 조지 스티글러(George Stigler)이다(Stigler, 1966 참조).

이 정리의 핵심 가정은 잘 명시된 재산권이 존재하고, 따라서 협상을 막을 수 있는 거래 비용이 존재하지 않는다는 것이다. 실제로, 코스는 현실 세계에서 정부의 행동이 비용이 들지 않거나 완벽한 경우는 거의 없으며, 정부도 시장과 마찬가지로 실패할 수 있기 때문에 국가 개입을 모든 시장 실패의 만병통치약으로 간주하는 것을 경계하였다. 관료 기구가 기능하는 데 필요한 비용 외에도 정부는 피해 당사자보다 정보가 부족할 수 있으며, 주인 - 대리인 문제, 로비, 부패 및 기득권으로 인해 어려움을 겪을 수 있다. 전략적으로 선거 주기를 고려하거나 권한 및 정당성 부족도 정책을 방해할 수 있다. 비용이 들지 않는 개입이라도 의도하지 않은 부정적이고 2차적인 효과(Coase는 이를 '합법적인 방해 (legalized nuisances)'이라고 정의)를 유발하여 초기 현상보다 더 나쁜 상황을 초래할 수 있다. 따라서 피구가 언급한 정치경제적 이유 때문에 코스는 재산권을 정의하고 이를 오염 유발자와 오염 피해자 간에 교환할 수 있도록 하는 것이 환경 외부효과를 내부화하는 가장 효과적인 방법이 될 수 있다고 주장했다.

14.3.3 비용 편익 분석과 비시장재 가치측정(non-market valuation)

하지만 거래 비용이 무시할 수 없는 수준이고 시장과 제도 모두 실패할 가능성이 높다면 어떻게 해야 할까? 후생경제학에서 확립된 분석 틀을 사용하는 비용 편익 분석은 개인의 선호도 측면에서 다양한 정책과 프로젝트를 비교할 수 있는 주요 도구 중 하나가 되었다. 과거에는 이미 직관적인 형태로 사용되었지만,[6] 1939년 칼도와 힉스가 본격적인 이론의 형식을 갖추게 하였다 (Hicks, 1939; Kaldor, 1939). 환경을 고려하지 않고 독립적으로 개발되었지만, 초기에는 실제로 환경보존 및 자연 자원 관리 분야에 적용되었다. 1958년에 발표된 크루틸라(Krutilla)와 에크슈타인(Eckstein)의 '다목적 하천 개발(_Multipurpose River Development_)'과 에크슈타인 (Eckstein)의 '수자원 개발-프로젝트 평가의 경제학(_Water resource development - the economics of project evaluation_)'은 주목할 만한 두 가지 사례이다(Eckstein, 1958; Krutilla and Eckstein, 1958). 마찬가지로 오늘날의 오염 관리 정책은 배출 저감 비용과 오염으로 인한 피해를 비교하여 결정한다.

환경 비용 편익 분석의 가장 큰 어려움 중 하나는 시장, 즉 가격표가 존재하지 않는 재화와 서비스에 금전적 가치를 부여하는 것이다(9장 참조). 이러한 방향에서 비시장재 가치 평가는 환경 경제학이 더 넓은 경제 과학에 기여하는 주요 방법 중 하나라고 할 수 있다([상자 14.1]). 비시장재 가치 측정은 현시 선호(revealed preference; 행동결과조사)와 진술 선호(stated preference; 선호의식조사)라는 두 가지 주요 접근 방식에 의존하고 있다. 첫 번째 경우, 비시장재에 대한 선호를 관련 시장에서 개인의 행동에서 추론한다. 예를 들어, 이 접근법이 사용된 최초의 사례 중 하나인 호텔링(Hotelling)의 국립공원 가치평가(Hotelling, 1947)를 생각해보라. 미 국립공

---

6 예를 들어 쥘 뒤피(Jules Dupuit)의 1853년 '공공 사업의 효용 측정에 관하여'를 참조하라.

원관리청(US National Parks Service)의 의뢰를 받은 호텔링(Hotelling)은 사람들이 공원을 방문하기 위해 다른 곳에 여행할 때 발생하는 비용을 공원 자체에서 제공하는 공공 오락 서비스를 즐기기 위해 지불할 용의가 있는 비용의 하한선을 사용했다. 이를 통해, 수요 계획과 소비자 잉여의 추정치를 도출할 수 있다. 이 방법을 현재는 여행비용. 접근법(Travel Cost Method; TCM)이라고 한다. 대신 녹지와의 거리나 공기 질과 같은 환경적 특성이 주택과 같은 상품의 시장 가격에 직접적인 영향을 미칠 때 헤도닉 가격 모형(hedonic price model)을 사용할 수 있다. 현시 선호(revealed preference)의 단점은 즉각적인 사용 가치 외에 재화의 '총 경제적 가치'의 다른 구성 요소, 특히 '옵션' 가치(미래에 재화를 사용할 수 있을 가능성에 부여되는 가치, Weisbrod, 1964)와 '비사용' 가치(재화의 존재 자체에 부여되는 가치, Krutilla, 1967이 처음 이론화)를 포착할 수 없다는 점이다. 이러한 구성 요소를 평가할 때 어려운 점은 행동을 하지 않기 때문에 직접 요청하지 않으면 파악할 수 없다는 것이다. 진술 선호(stated preference)는 알래스카에서 발생한 엑손 발데즈 기름 유출 사고와 관련된 소송에서 단순한 경제적 이익을 넘어 환경에 대한 피해를 추정하기 위해 처음으로 사용되었다(Carson et al., 1994).

상자 14.1: 정책에서 환경 가치 측정의 중요성

비용 - 편익분석 : 화폐단위로 비용과 편익을 측정할 필요 있음

- 과세 : 피구 세를 설정하기 위해 화폐 단위로 외부성을 측정하는 것임
- 손해배상 소송 : 미국에서는 기름 유출, 토지 오염 등에 대한 보상금을 책정하는 데 가치 평가를 사용할 수 있음
- '자연 부' 및 '녹색' 국민계정 : '국가의 부'를 측정할 때 자연 자본을 포함해야 함
- 누락된 시장 창출 : 생태계 서비스에 대한 대가를 지불 하려면 서비스의 가치에 대한 지식이 있어야 적절한 가격을 책정할 수 있음

14.3.4 신고전학파 자연 자원경제학: 성장, 지속 가능성 그리고 최적 자원 채취

자연 자원은 '공짜 선물'이 아니라 희소한 경제적 투입물이라는 생각은 효용 극대화 분석 틀과 신고전학파 경제학의 수리화와 결합하여 일반균형 분석 틀에서 자연 자원모형 화에 대한 관심으로 이어졌다. 목적은 동태적 최적화 기법을 사용하여 최적 채취 속도와 재생 가능 및 재생 불가능한 자연 자원의 최적 사용 패턴을 결정하는 것이었다. 천연자원 분석이 시간에 따른 최적 채취 경로를 정의했다면, 최적 성장 이론은 천연자원이 존재하는 상황에서 지속 가능한 성장과 세대 간 형평성 분석의 기초를 가져왔다. 램지(Ramsey) 모형은 이러한 질문에 대한 중요한 출발점이었다(Ramsey, 1928; Dasgupta and Heal, 1979).

비슷한 시기에 '고갈 자원의 경제학'(Hotelling, 1931)에서 호텔링(Hotelling)은 1800년대 말에 고안된 변분법(變分法; calculus of variations)을 사용하여 재생 불가능한 자원을 최적으로 채취하는 방법을 분석했다. 이로 인해 고갈 자원의 가격 책정 조건인 이른바 호텔링 법칙 (Hotelling rule)이 생겨났는데, 이는 균형 상태에서 물리적 자본의 수익률과 자연 자원을 포함한 다른 형태의 자본의 수익률이 같아야 하며, 그렇지 않으면 시장에서 차익 거래가 가능하고 추가 수익을 얻을 수 있다는 것이다. 힐(Heal;2007)에 따르면, 이 논문은 환경 및 자원경제학 분석의 기초가 되는 논문이다. 호텔링(Hotelling)이 동태 최적화 방법[7]을 선도적으로 사용하면서, 경제학은 1950년대에 개발되었던 새로운 수학적 기법을 특히 수용하게 되었고, 이는 시간적 차원을 다루는 경제 분석에 새로운 가능성을 열어주었다.[8] 이는 상황에 맞는 역사적 사건과 함께 자원이 한정된 세계에서 총체적인 소비와 경제 성장이 지속될 수 있는지에 대한 연구를 촉발시켰다. 제2차 세계대전과 미국의 페일리 위원회(Paley Commission) 이후, 1972년 로마 클럽에서 유한한 천연자원에 의존하는 경제의 지속 가능성에 대한 우려가 더욱 커졌다(Meadows *et al.*, 1972). '성장의 한계' 보고서로 알려진 이 최종 보고서에서는 구리, 주석, 석유 등 재생 불가능한 자원의 고갈 시기를 예측하고 인구 증가로 인해 이 기간이 단축될 수 있는 방법을 논의했다.[9] 맬서스의 희소성 이론은 1973년 아랍 - 이스라엘 전쟁인 욤 키푸르 전쟁(Yom Kippur War)과 그에 따른 석유 위기, 1979년 이란 혁명에 따른 에너지 위기로 더욱 강화되었다. 이러한 사건으로 인해 신고전학파 분석 도구를 사용하여 재생 불가능한 자원의 성장과 장기적인 지속 가능성에 대한 학계의 관심을 불러일으켰다. 당시 1974년 경제학 및 통계학 논문집(Review of Economics and Statistics; RES)에 실린 '고갈 자원의 경제학에 관한 심포지엄(Symposium on the Economics of Exhaustible Resources)'에서 이 주제를 다루었다. 특히, 솔로(Solow;1974)는 재생 불가능한 자원을 유한하게 가진 경제에서 지속 가능한 소비가 가능한지 조사한 결과, 생산과 투입물의 대체 가능성에 대한 특정한 가정을 하면 가능하다는 결론을 내렸다. 다스굽타 (Dasgupta)와 힐(Dasgupta and Heal;1974)은 재생 불가능한 자원에 대한 공리주의적 현재가치 효용 극대화 문제를 수리화했고, 스티글리츠(1974a, b)는 기술 변화와 인구 증가를 설명하기 위해 이전 모형을 확대하였다. 이러한 기여의 핵심은 지속 가능성이 공리주의적 신고전학파 분석 틀에서 일반적으로 정의하는 최적성과 반드시 양립하거나 일치하는 것은 아니라는 점을 인정한 것이다. 예를 들어, 일정한 소비 경로의 목표는 이후 하트윅(Hartwick; 1977)이 사회 복지 함수가 공리주의가 아닌 최소수혜자의 소득을 최대로 하는 최소최대기준(maximin criterion)일 때 최적의 해결책이 된다고 하였다. 이러한 연구 결과는 지속 가능성의 정의가 세대 간 형평성에

---

7 동태 최적화의 목적은 시간이 흐르는 데 따른 최적 경로를 찾는 것이고, 정태적 최적화는 한 시점에 최적 자원 할당방법을 찾는 것이다.

8 1956년의 레프 세묘노비치 폰트랴긴(Lev Semenovich Pontryagin)의 최적원칙 및 동태제어이론 (Maximum Principle and Optimal Control Theory)과 1957년의 벨만(Bellman)의 동태계획법(Dynamic Programming)

9 기술 변화, 대체 가능성, 새로운 매장지 발견은 고려하지 않았다는 점에 유의하라.

대한 윤리적 입장에 얼마나 밀접하게 의존하는지를 명확히 보여준다.

지속 가능성에 대한 경제적 정의는 1978년 브룬트란트 위원회(Brundtland Commission)에서 처음 발표한 지속 가능성의 개념을 구체화하기 위해 경제학에서 소비나 효용이 일정하거나 감소하지 않는 것과 같이 일반적으로 사용되어 왔다.

> 지속 가능한 개발은 미래 세대가 자신의 필요를 충족할 수 있는 능력을 손상시키지 않으면서 현재의 필요를 충족하는 개발이다. 여기에는 두 가지 핵심 개념, 즉 '필요' 개념, 특히 세계 빈곤층의 필수적인 필요와 … 현재와 미래의 필요를 충족시키는 환경의 능력에 대한 기술 및 사회 조직의 한계라는 개념이 포함되어 있다(World Commission on Environment and Development, 1987).

이러한 접근 방식이 제공하는 지속 가능성에 대한 조작적 정의는 경제의 지속 가능성을 측정하고 지속 가능한 경제 발전을 달성하기 위한 운영 정책으로 이어질 수 있다. 하트윅-솔로 법칙(Hartwick-Solow Rule)에 따르면 재생 불가능한 자원을 빌려 재투자하면 인공 자본과 환경 자본을 포함한 자본량의 전체 종합 척도는 일정하므로 (특정 기술 조건 하에서) 소비도 일정해질 것이다. 그 이후로 다양한 이론적 결과가 이 기본적 결과를 일반화했고, 여러 국가에서 이 정책 규칙을 사용하여 즉, 저축에서 자원 고갈을 뺀 진정한 저축이 양수가 반드시 되게 되었다(Hamilton and Hartwick, 2014; Hamilton and Hepburn, 2017).

14.3.5 **기후 변화**(Climate change)

1990년대와 2000년대 환경경제학이 인간에 의한 기후 변화를 크게 주목하기 시작 했다. **스턴 리뷰**(*Stern Review*)(Stern, 2007; Weitzman, 2007)는 기후 변화를 '세상에서 본적이 없던 최대 시장 실패'라고 규정하며 공공재와 외부효과라는 시장 실패의 맥락에서 이 문제를 명확하게 정리했다. 기후 변화의 경제학을 연구하는 신고전학파 접근 방식은 통합기후모형(Integrated Assessment Models;IAMs)에 의존한다. 이러한 모형은 경제의 간단한 모형을 자연과학에서 개발된 기후의 단순 모형과 연결한다. 통합기후모형(IAM)의 첫 번째 사례 중 하나는 1990년대에 노드하우스(Nordhaus)가 기후변화를 장기 거시경제 모형에 도입한 동태통합 기후 - 경제(Dynamic Integrated Climate-Economy, DICE)이다(Nordhaus, 1994; Nordhaus and Boyer, 1999). 통합기후모형(IAM)에 포함된 경제 모형은 신고전학파 성장 패러다임(11장 참조)에 속하며, 총량적 생산 함수가 경제를 대표하고 공리주의적 시간간 사회후생함수를 사회목적 함수로 삼고 있다.

그러나 이러한 모델에 대한 주요 비판 중 일부는 경제학 자체에서 비롯되었으며, CO_2 배출에 대한 기후의 민감도 및 기후 변화로 인한 경제적 피해와 같은 모형의 많은 핵심 구성 요소의 자의적 특성을 겨냥했다(Pindyck, 2013 참조). 이러한 요인에는 많은 불확실 성이 존재하며,

분석이 이루어지는 기간이 길어질수록 이러한 불확실성이 커지는 경향이 있다. 사회적 탄소 비용(Social Cost of Carbon;SCC)으로 알려진 CO_2 톤당 피해 추정치는 기대 효용 접근법, 몬테카를로(시뮬레이션) 접근법 및 다양한 모델에 걸쳐 추정치의 범위를 제시함으로써 이러한 불확실성을 고려한다(NAS, 2017; Nordhaus, 2017;Stern, 2007). 모델과 시뮬레이션 전반에 걸친 사회적 탄소 비용(SCC) 추정치는 2018년 미국 정부가 사용한 $1/t CO_2$의 낮은 값부터 전 세계 피해와 세대 간 형평성 문제가 강조된 약 $40\sim$100/t CO_2$의 높은 값에 이르기까지 다양하다(NAS, 2017). 이러한 추정치에 대한 주요 비판은 설명용으로는 괜찮을지 모르지만, 정책적으로 사용하기에는 그다지 만족스럽지 않다는 것이다. 핀다이크(Pindyck; 2017, 2019)는 전문가 의견을 수렴하는 것이 잘 알 수 없는 복잡한 통합기후모형(IAM)보다 더 투명한 사회적 탄소 비용(SCC) 추정치를 구할 수 있다고 제안한다. 이러한 투명한 접근 방식은 안타깝게도 추정치의 범위를 좁히지 못하며, 실제로는 $10달러에서 $250/CO_2$에 이르는 사회적 탄소비용(SCC) 값으로 그 반대의 결과가 나온다. 명료함에 대한 절차적 측면도 논쟁의 여지가 있다.

　　이러한 통합기구 모형(IAM)의 사회적 탄소 비용(SCC) 추정치의 변동성 중 일부는 장기 기후 변화 피해에 대한 할인율의 선택에서 비롯된다. 스턴(Stern; 2007)은 기후 변화에 대한 즉각적인 대응과 $200/t CO_2$ 이상의 실효적인 사회적 탄소 비용(SCC)을 제안한 반면, 노드하우스(Nordhaus; 1994, 2007, 2017)는 보다 점진적인 대응과 그에 상응하는 약 $20\sim$40/t CO_2$의 낮은 사회적 탄소 비용(SCC)을 제안했다. 이 두 제안의 주요 차이점은 할인율과 세대 간 형평성에 대한 서로 다른 관점에 있다. 스턴(Stern; 2007)은 규범적 관점에서 순수 시간 선호율(효용에 대한 할인율)이 대략 0%가 되어야 한다고 주장한 바 있다. 이는 공정한 결과주의라는 후생경제학의 오랜 전통과 램지(Ramsey), 피구(Pigou), 해로드(Harrod), 시드윅(Sidgwick) 등이 주장한 윤리적 견해를 따른 것이다.[10] 반면, 노드하우스 (Nordhaus)는 이자율은 양수이어야 한다는 원칙과 시장 조정에 의해 결정되어야 하며, 시장에서 사용되는 "현실" 실질 이자율에 대한 관측을 바탕으로 2~3% 수준에서 결정되어야 한다고 주장했다. 할인에 대한 이러한 다양한 관점은 정책적 권고 차이가 가장 큰 비중을 차지하며, 긴 안목을 가진 공공 정책에서 할인율의 중요성을 설명하는 데 도움이 된다. 이러한 정책에는 기후 변화 외에도 생물 다양성 손실, 원자력, 공중 보건 등이 포함된다. 다시 한 번 강조하지만, 장기적인 환경 문제를 분석하려면 분석가는 개입 범위에 대한 후생차원의 판단을 내리기 위해 세대 간 형평성에 대한 윤리적 입장을 선택해야 한다.

---

10 램지(Ramsey; 1928)는 '이전의 즐거움과 비교하여 이후의 즐거움을 할인하는 것은 윤리적으로 옹호할 수 없는 관행이며 단지 상상력의 약함에서 비롯된 것'이라고 주장했다. 피구(Pigou)에게 미래 효용을 할인하는 것은 '결함이 존재할 수 밖에 없는 미래를 내다보는 능력'의 결과일 뿐이다(Pigou, 1920). 해로드(Harrod)는 할인을 '수난으로 인해 이성을 정복하고 수난을 정중히 표현한 것'이라고 정의했다(Harrod, 1948). 사회적 할인에 대한 다른 주요 참고 문헌으로는 골리에(Gollier; 2013)와 애로우 외(Arrow *et al.*, 2013)가 있다.

이는 어려운 결정이며, 0이라는 효용 할인율을 선호하는 것은 윤리적으로 보면 탐탁 찮은 선택이다. 일부는 먼 미래 세대가 혜택을 보기 위해서는 현 세대의 현재 소비를 대폭 줄이고 빈곤이 필요하고, 이를 정당화시키기 위해서 효용 할인율이 0이 되어야 한다고 주장한다. 따라서 애로우(Arrow; 1999)는 현 세대의 빈곤화를 피하기 위해 '행위자 상대적 윤리(agent-relative ethics)'와 0이 아닌 할인률로 전환해야 한다고 주장한다. 따라서, 사회적 할인율과 세대 간 형평성 문제에 대해 이견이 있다. 그러나, 최근 전문가를 대상으로 할인율에 대한 설문조사에 따르면 전문가의 90%가 100년 기간 동안 1~3% 사이의 할인율에 동의하는 것으로 나타났다(Drupp et al., 2018).

사회적 탄소비용(SCC)과 기후변화 완화시키기 위한 가치를 결정하는 핵심 쟁점은 기후변화로 인한 피해 기능과 피해가 가져올 치명적인 전망 때문이었다(Weitzman, 2010). 웨이츠만(Weitzman; 2009)은 스턴(Stern)은 기후 변화에 대한 신속한 조치를 촉구한 것이 '옳지만, 잘못된 이유'라는 것을 보여준다. 기후 피해의 확률 분포에 '정규분포에 비해, 극한상황에서의 확률이 더 높은 분포(fat tails)'가 있다면(즉, 정규 분포처럼 빠르게 0으로 사라지지 않는다면) 미래의 재앙을 피할 수 있는 현재 기대치는 할인률에 대한 가정과 거의 무관하게 매우 높기 때문이다. 따라서, 불확실성에 대한 후생경제학의 취급와 피해 함수에 대한 정확한 보정은 기후 변화의 경제적 분석에서 주요 과제로 남아 있다. 실제로 이 두 분야는 현재 경제학에서 중요한 연구 분야로 남아 있으며, 사회탄소비용(SCC)에 대한 단순화된 표현이 제안되고(예를 들어 van den Bijgaart 외, 2016), '새로운 기후 - 경제' 문헌에서 기후 변화의 피해 비용에 대한 경험적 추정이 더욱 상세해지고 있다(예를 들어, Dell et al., 2014).

14.4 대안적 접근방식들

14.4.1 신고전학파 환경자원경제학(ERE)에서 벗어나거나 신고전학파 환경자원경제학(ERE)을 확대

여러 학파가 환경자원경제학(ERE) 및 경제학 전반에 대한 신고전학파 접근 방식에서 발전했거나 이와 반대되는 방향으로 발전했다. 환경자원경제학(ERE)은 모형의 가정을 위반하는 모든 것을 시장의 올바른 기능에서 벗어나는 불완전성으로 간주하여 제거해야 한다고 생각하지만, 이러한 대안 학파는 현실 세계와 신고전학파 모형의 예측 사이의 차이를 모형 자체의 부적절성에서 기인한다고 본다. 이러한 출발점에서 행태경제학(2장 참조)과 같은 일부 연구 분야에서는 후생 극대화의 일반적인 틀을 계속 사용하지만, 그 시작이 되는 가정에 의문을 제기한다. 주요 환경 응용 분야로는 환경 행태에 영향을 미치고 ('넛지') 보존을 위한 정책을 설계하기 위한 선호 및 인센티브 메커니즘의 사용, 공공재 및 공유 자원 관리 등을 들 수 있다(Goldstein et al., 2008; Venkatachalam, 2008). 최근에는, 주관적 복리 가치측정법이 발전하여 금전적 측정이 삶의 만족도 또는 행복 지수를 대체하고, 경험적 효용 또는 명시적 행복이라는 개념이 결정 효용에 대한 대안으로 등장했지만, 두 접근 방식 모두 아직 초기 단계에 머물러 있다.

다른 접근법은 지나치게 일반적이고 수리화된 신고전학파 시장 모형에서 벗어나 경제 구조의 근간이 되는 사회적, 법적 제도로 분석의 초점을 옮겼다. 새로운 제도경제학의 방법론은 사례연구와 지역 및 상황별 모형을 포함하도록 개방되었다. 코스의 아이디어를 출발점으로 삼은 윌리엄슨은 제도 역할을 연구했지만, 시장 중심의 접근 방식이 아닌 공진화적이고 다차원적인 관점으로 분석의 틀을 잡았다. 특히, 그는 제도는 경제 체제의 내생적 요소이며 인간의 선호, 권력관계 및 기타 상황 요소에 따라 변한다고 주장했다. 공공재 및 공유 자원에 관한 문헌을 통해 재산권과 제도의 중요성이 더욱 분명해졌다. 1960~1990년대의 지배적 서사는 죄수의 딜레마에 대한 게임 이론의 예측에 따라, 개방된 자원에 접근할 수 있는 합리적 행위자의 지배적인 전략은 다른 사람들의 노력에 무임승차하여 공통의 자연 자원을 과잉 수확하는 것이라는 하딘(Hardin)의 '공유지의 비극'이라는 아이디어를 따랐다(Hardin, 1968). 따라서, '공유지의 딜레마'에 대한 유일한 해결책은 민영화 또는 엄격한 중앙집권적 정부 관리에 있는 것처럼 보였다. 이 분석 틀은 1990년대 정치경제학자 오스트롬(Ostrom)이 일련의 천연자원관리 사례연구를 통해 민영화나 중앙 통제 없이도 사실상 또는 법적으로 공유재산인 자원을 효과적으로 관리할 수 있음을 보여주면서 의문이 제기되기 시작했다. 지역 공공재의 채취나 제공에 있어 공유재산 관리 체제의 성공은 지역 차원에서 잘 정의된 감독과 집행, 해당 자원과 지역사회의 특성에 맞는 수확과 제공에 관한 집단적 규칙과 규범의 존재에 달려있다(Ostrom, 1990; Schlager and Ostrom, 1992 참조). 진정한 '비극'은 자원의 공유 특성보다는 재산권의 (잘못된) 지정, 즉 재화를 공동 이용한다는 사실에 있다.[11] 협력과 집단 행동은 자연 자원에 대한 효율적이고 종종 지속 가능한 관리 접근 방식인 것으로 보인다.[12] 오스트롬의 연구 결과, 공유 재산 제도는 사유 재산과 국가 재산 사이의 대안으로, 또는 더 나아가 대안의 연속체로 등장했다.

14.4.2 **생태경제학**(Ecological economics)

보다 근본적으로 일부 학자들은 경제동학이 하나의 구성요소에 불과한 행성의 경계 및 더 넓은 생물물리학적 체제에 대한 경제분석을 소홀히 하는 것에 문제를 제기하였다. 따라서 생태경제학은 비가역적 과정과 시스템의 복잡성을 고려하고 사회과학과 자연과학, 인문학을 아우르는 보다 학제적 접근 방식을 채택하여 포괄적인 경제 - 사회 - 환경이라는 연결고리에 대한 생태학적 관점을 옹호한다.

---

11 공유 재산은 사유 재산 및 국가 재산과 함께 재산 제도이며, 따라서 사회적 구성물이라는 점에 유의하라. 공용재, 공공재 또는 클럽재로 분류하는 것은 상품 자체의 물리적 특성, 특히 제외 가능 여부와 경쟁 상품 여부에 따라 달라진다.
12 이 아이디어는 죄수의 딜레마와 같은 비협력 게임과 달리 협력 게임이라는 제목으로 게임 이론에도 통합되었다.

'지구위험한계(Planetary Boundaries)'라는 분석 틀과 사회경제 시스템이 존중해야 하는 생물물리학적 한계에 대한 아이디어는 맬서스의 '절대적 한계' 개념으로 거슬러 올라갈 수 있기 때문에 경제학에서 완전히 새로운 아이디어는 아니다(Rockström *et al.*, 2009 및 2015년 스테펜(Steffen)의 갱신 참조). 1960~70년대에는 자원이 한정된 '우주선'으로 지구를 비유한 볼딩(Boulding)의 강력한 은유를 통해 그 인기가 되살아났다(Boulding, 1966).[13] 동시에 환경 운동과 환경 정의를 위한 사회 운동이 꽃을 피우고 있었다. 이러한 맥락에서 신고전학파 생산이론은 천연 자원과 에너지 투입의 고갈, 원하는 상품의 부산물로 발생하는 폐기물과 오염을 무시했다는 이유로 공격을 받았다. 1971년 제오르제스쿠-뢰겐(Georgescu-Roegen)은 '경제 과정에서의 엔트로피 법칙(The Entropy Law in the Economic Process)'에서 엔트로피와 열역학 법칙의 개념을 경제학으로 확장하여 이러한 관심사를 통합했다. 특히, 열역학 제2법칙에 따르면 폐쇄계 엔트로피는 항상 증가하는 경향이 있는데, 이는 생산 공정이 사용 가능한 에너지인 천연자원을 열이나 기타 폐기물과 같은 사용 불가능한 폐기물로 변환하는 것일 뿐이며, 더 중요한 것은 비가역적이라는 것을 의미한다(Georgescu-Roegen, 1971, 1975). 이후, 달리(Daly)는 생산 과정의 비가역성이 자본 형태의 대체 가능성과 지속 가능한 후생 방안에 대한 논쟁에 미치는 결과를 고려했고, 이후 '정상상태 경제'의 옹호자가 되었다. 이러한 전제를 감안할 때 일부 생태경제학자들은 무한한 경제 성장이 지구의 물리적 한계와 양립할 수 없다고 주장하며 '탈성장 (degrowth)' (16장 참조)을 옹호하지만, 이 학파는 여전히 이 주제에 대해 의견이 분분하다. 이러한 획기적인 공헌자들에 이어 생태경제학자들은 경제 프로세스가 실제로는 에너지와 물질의 유입과 유출을 포함하는 더 넓은 환경 속에 있어 지구의 수용 능력, 에너지 보존 및 엔트로피에 관한 열역학 법칙과 같은 생물-물리적 한계에 영향을 받기 때문에 진공 상태에서 일어나는 것으로 생각해서는 안 된다고 주장한다. 인간이 만든 자본만을 포함하고 에너지, 원자재, 폐기물, 열, 엔트로피 및 모든 생태계 서비스가 제공하는 모든 것을 무시하는 신고전학파 생산 함수는 의미가 없다.

> 솔로(Solow)의 요리법으로 요리사와 주방장만 있으면 케이크를 만들 수 있다고 말할 수 있다. 밀가루,
> 달걀, 설탕 등은 물론 전기나 천연가스, 심지어 장작도 필요하지 않다(Daly, 1997)

생태경제학의 중요한 교리는 강한 지속 가능성과 약한 지속 가능성을 구분하는 것이다. 신고전학파 생산 함수와 한계 가치측정은 서로 다른 형태의 자산과 서로 다른 천연 자원 간의 대체 가능성을 가정하는데, 이는 항상 증거로 뒷받침되는 것은 아니며 모든 사람이 기꺼이 받아들이지 않는 강력한 가정이다. 대체 가능성에 대한 가정이 거부되면 '하트윅 규칙(Hartwick rule)[14]'에 규정된 대로 자산의 전체 합계를 유지하는 것만으로는 충분하지 않고 대체 불가능하거

---

13 번역자 주: (역주) 케네스 볼딩(Kenneth Boulding)은 유명한 1966년 논문 '다가오는 우주선 지구의 경제학(The Economics of the Coming Spaceship Earth)'에서 그는 무한 팽창을 가정한 과거의 '카우보이 경제'가 끝나고, 닫힌 시스템인 지구라는 우주선 아래에서 살아야 할 '우주인 경제'에 대한 문제를 제기하였다.

나 '중요한' 자산의 최소량도 보장되어야 하기 때문에 지속 가능성의 개념에도 영향을 미친다(강력한 지속 가능성). 약한 지속 가능성 접근법(weak sustainability approach)은 자연 자산의 재고를 모두 소비하는 것이 가능하고 심지어 최적일 수도 있다는 가정에 의존하는데 비해, 생태경제학의 강력한 지속 가능성 접근법(strong sustainability approach)은 자연 자본은 인공 자본으로 대체할 수 없고 대기 및 기후 조절, 침수 및 흡수 기능, 물 순환과 같은 생명 유지 기능은 대체할 수 없다고 주장한다. 따라서 생태경제학자들은 신고전학파 모형에서 사용되는 매끄러움(smoothness)과 연속성(continuity)에 대한 가정은 자연 환경의 특징인 전형적인 생태적 임계치(thresholds), 폭발점(tipping point), 불연속성을 설명하지 못하는 수학적 인공물로서 한 요소의 작은 변화로도 전체 생태계의 붕괴를 유발할 수 있다는 것을 설명할 수 없다. 이러한 관점의 급격한 변화를 고려할 때, 생태경제학은 일부 겹치는 부분이 있긴 하지만 환경자원경제학(ERE)의 한 분야가 아닌 독자적인 학문으로 간주될 수 있다. 방법론적 관점에서 생태경제학자들은 보다 총체적이고 체계적인 분석 틀을 옹호한다. 학제 간 융합이 생태경제학의 강점인 것은 분명하지만, 이 분야는 아직 유기적이고 일관된 방법론을 제시하는 데 성공하지 못해 전통적인 환경자원경제학(ERE)과 다소 근본적 거리를 두는 다양한 접근법이 존재한다. 예를 들어, 생태 정치 철학 분야에 더 가까운 사람들은 경제학의 인간 중심주의에 의문을 제기하면서 환경을 인간의 복리를 위한 수단으로만 고려할 것이 아니라 그 자체로 목적이 되어야 한다고 주장하며 환경의 내재적 가치를 강조한다(Kortenkamp and Moore, 2001).

상자 14.2: 정책(1)

이 분야의 역사가 짧고 추상적이고 양식화되어 있음에도 그 연구 결과는 다양한 정책 수단에 영감을 주었다. 환경자원경제학(ERE)은 복잡한 문제를 간단한 해결책으로 단순화할 수 있다는 장점이 있으며, 완벽하지는 않지만 '인류세'의 여러 시급한 문제를 해결하기 위한 중요한 첫걸음이 될 수 있다. 다음에 나오는 목록은 결코 완전한 것은 아니지만, 이 장에서 다루는 이론에서 비롯된 가장 중요한 도구를 소개하기 위한 것이다. 특정 사용 상황에 맞게 조정되었지만, 이러한 도구의 기본 메커니즘은 현재 전 세계에서 시행되는 대부분의 환경 정책의 근간을 이루고 있다.

---

14 번역자 주: 하트윅 규칙(Hartwick Rule) 세계은행은 "하트윅 규칙은 재생 가능하지 않은 자원에서 나오는 지대가 소비를 위해 쓰이지 않고 지속적으로 투자될 경우에만 소비가 유지될 수 있다 –지속 가능한 발전의 정의는 주장이다".

상자 14.2: 정책 (2)

- 피구 세 / 보조금(Pigouvian tax/subsidy) : 피구(Pigou)가 처음 제안한 피구 세란 한계 사회적 비용과 한계 사적 생산 비용 사이의 격차를 줄이고 최적의 생산량을 달성하기 위해 부정적인 외부효과를 발생시키는 시장 활동에 부과하는 수수료이다. 이것은 양의 외부효과가 발생하는 경우에는 보조금이 된다.
- 배출권 거래(Tradeable permits) : 배출권 허가제(tradeable permit system)는 의도적으로 만들어진 시장이 외부효과의 가격을 결정할 수 있게 해주며, 따라서 '코스 정리'에 더 가깝다. 이러한 제도는 여러 가지가 존재한다. 배출 감축 크레딧은 국가 또는 단일 활동이 정해진 기준 이상으로 배출량을 줄이면 크레딧을 받을 수 있으며, 이 크레딧은 감축 비용이 높아서 정해진 기준 이하로 유지하는 데 어려움을 겪는 국가 또는 활동에 판매할 수 있다. 예를 들어 교토 의정서에 정의된 청정 개발 체제(CDM) 내의 배출 감축량(CER) 단위를 들 수 있다. 배출권 거래제는 정치와 경제 메커니즘이 혼합된 방식이다. 미국의 산성비 프로그램(Acid Rain Program)이나 온실가스 배출에 대한 EU 배출권 거래제(ETS)에서처럼 정치 기관이 허용할 총 배출량을 정하면 이에 상응하는 배출권을 공장들 간 할당하고 시장에서 거래하는 방식이다. 오염의 경우, 최적의 조건에서 배출량(또는 다른 오염 물질)의 사회적 비용을 반영해야 하는 소위 탄소 가격이 형성된다. 어업 부문에서도 총허용어획량(TAC)을 개별 양도 가능한 할당량(ITQ)으로 나누어 어민 간에 거래하는 총허용어획량 거래제도가 적용되고 있다.

상자 14.3: 정책 (3)

- 기타 재산권 기반 메커니즘 : 어업, 임업, 국제 배출 협약과 같은 경우에는 한 가지 오염 물질이나 한 종(種)에만 초점을 맞추기보다는 상호 의존적인 요소의 시스템을 규제하는 데 더 관심이 있다. 이 경우 신제도경제학의 정신에 따라 관심 있는 지리적 공간에 대해 지역적 사용권을 설정하여 공유자산 문제를 해결할 수 있다. 이러한 성공적인 사례로는 수 세기 동안 이어져 온 일본의 영해어업권(TURF) 제도와 최근 칠레의 관리 및 개발 구역(MEA)과 같은 영해어업권(TURF)이 있다.
- 자원 지대(Resource rents) 및 생태계 서비스 지불제(Payments for ecosystem services(PES)): '코스 정리'를 긍정적 외부효과에 적용하여 일부 국가와 '기부자' 그룹은 특정 생태계, 특히 산림이나 유역을 보전하기 위해 토지 소유자, 지역사회, 국가에 돈을 지불하여 일종의 생태계 서비스 시장을 형성하기 시작했다. 예를 들어 코스타리카의 국가 차원의 환경서비스 보상(Pagos Por Servicios Ambientales)과 REDD(삼림 벌채 및 산림 황폐화 방지) 국제 계획이 있다.
- 하트윅 규칙(Hartwick rule) : 하트윅 규칙은 지속 가능한 자원 관리를 위한 간단하고 직관적인 경험 법칙으로, 고갈되는[a] 자원에서 발생하는 모든 이익이나 임대료를 기계와 같은 재생산 가능한 자본에 투자'하도록 유도한다(Hartwick, 1977). 이러한 방식으로 전체 자산 재고의 가치는 미래 세대를 위해 보존한다. 노르웨이(Norway)의 석유 기금(oil fund)과 석유 수입의 사용 범위와 방법에 대한 엄격한 정책, 그리고 다이아몬드 수입을 보건과 교육에 투자하는 보츠와나(Botswana)의 정책은 이 규칙에서 영감을 얻었다.

---

[a] 이 아이디어는 죄수의 딜레마와 같은 비협조적 게임과 달리 협동 게임이라는 제목으로 게임 이론으로 통합되었다.

> **상자 14.2: 정책 (4)**
>
> 자연자본위원회(Natural capital committees), 녹색 국민계정(Green National Accounts), 그리고 국내총생산의 대안들(alternatives to GDP) : 마지막으로, 성장과 지속 가능성 이론에서 사용되는 '자연 자본'이라는 개념은 자연 환경과 생태계 서비스를 사회 복지의 제약이 아닌 자본 자산의 한 형태이자 부의 필수 구성요소로 인식하는 데 성공했다. 그 결과, 영국을 비롯한 많은 국가에서 다른 형태의 금융 및 물리적 자산과 유사한 방식으로 국가의 자연 자산 관리를 감독하기 위해 자연자본위원회를 임명하고 있다. 평가 기법의 발전 덕분에 녹색 국가 계정은 인공 자본에 대한 국민총생산(GNP)과 유사한 방식으로 국가와 관련된 자연 자산의 양을 추적하기 위해 만들어졌다. 인적 및 자연 자본과 같은 다른 형태의 자산이나 오염 재고와 같은 부채의 축적을 포함하는 부의 측정도 '녹색 GDP(Green GDP)', 세계은행의 '순조정저축(net adjusted savings)'('진정한 저축(genuine savings)'이라고도 함), '포괄적 부 (inclusive wealth)' 등 GDP와 GNP의 대안으로 제안되고 있다.

14.5 결론

경제사상의 역사를 보면 환경과 자원 문제는 항상 복리(well-being)와 발전에 대한 논의의 중심이었지만, 환경자원경제학(ERE)은 외부효과, 공공재 및 기타 시장 실패를 중심으로 하는 신고전학파 경제학 방법과 형식에 그 방법론적 뿌리를 분명히 두고 있다. 최근 몇 년 동안 행태경제학이나 환경-경제 인터페이스 모형화와 같은 분야로 출발했고, 다른 많은 경제학 분야보다 윤리적 이슈가 환경자원경제학(ERE)에서 더 우세하지만, 본질적인 장치는 거의 동일하게 유지되고 있다. 이 장치에 대해 어떻게 생각하든, 환경자원경제학(ERE)의 정책적 영향은 눈에 띄게 나타났으며, 환경자원경제학(ERE)은 환경 및 경제적 성과 측면에서 종종 성공적으로 여러 중요한 정책 수단을 실행에 옮기도록 이끌었다([상자 14.2]).

　　인류가 직면한 가장 중요한 문제인 기후 변화, 지속 가능성, 생태계 서비스 보존에 대한 분석을 중심으로 환경자원경제학(ERE)이 해결해야 할 과제는 여전히 많다. 주류 경제 분석의 경험적 도구는 기후 변화의 피해를 자세히 설명하고, 현재 직면한 지구 환경 문제와 관련하여 어떤 정책이 언제, 어떻게 효과가 있는지 설정하는 데 유용하다는 것이 입증되었지만, 환경자원경제학(ERE)은 환경 자원이 지속 가능성에 미치는 제약을 더 강조하고 소비의 지속적인 성장 목표를 덜 강조하는 보다 급진적인 자매 학문인 생태경제학에서 배울 것이 있을 수 있다. 자원 사용의 지구적 한계가 다가옴에 따라 이 두 학제 간의 명백한 중복성은 앞으로 더욱 커질 수 있다.

- 희소성 담론, 가격 및 가치 형성 이론: 환경자원경제학(ERE)의 역사에서 자원 부족에 대한 이야기는 어떻게 발전해 왔을까? 가치 형성 이론과 어떻게 조화를 이룰 수 있을까? 토론에 신고전학파의 한계주의적 접근 방식과 한계 가치에 대한 그들의 생각, 자연 자본의 개념과 그것을 측정하는 방법을 반드시 포함해보라.

- 자연 자본(Natural Capital) 및 지속 가능성(sustainability): (1) 자연 자원과 생태계 서비스를 '자연 자본'의 요소로 개념화하는 것의 장단점은 무엇인가? (2) 효용이 감소하지 않는 것에 의존하는 지속 가능성이라는 정의가 얼마나 유용할까?

- 세대 간 형평성과 정의: 사회적 할인과 세대 간 형평성에 대한 공리주의적 접근의 장단점은 무엇인가? 소셜 할인에 대한 규범적 접근 방식과 실증적 접근 방식의 원리에 대해 설명하라. 기후 변화의 경제적 분석을 위해 어떤 것을 선택하겠으며 그 이유는 무엇인가?

- 호텔링 법칙(Hotelling's rule): 지대 이론과 누가 지대를 지불해야 하는가(노동, 물적 자본 소유자, 자연 자본 소유자 등…). 이것이 현대의 가치평가 기법과 어떻게 연결될까?

- 정책 적용: 전 세계에서 시행되었거나 논의 중인 실제 환경 및 천연자원 정책을 생각해 보라. 이 장에 소개된 이론과 사상가들을 거슬러 올라갈 수 있을까?

- 생태경제학과 환경자원경제학(ERE): 주요한 차이가 무엇인가? 중복되는 점은 무엇인가? 인식론, 방법론, 목표 등의 측면에서 생각해보라.

- 신고전학파 경제학: 신고전학파 경제학이 현대 환경자원경제학(ERE) 발전에 어떻게 기여했는가? 어떻게 방해가 되었는가?

- 고전학파와 현대 환경자원경제학(ERE)의 환경: 주요 차이점은 무엇인가? 중복되는 점은 무엇인가? 인식론, 방법론, 목표 등의 측면에서 생각해보라.

참고문헌

Arrow, K. (1999). Discounting, morality, and gaming. In P. R. Portney & J. P. Weyant (Eds.), *Discounting and intergenerational equity* (pp.13-21). Washington, DC: Resources for the Future.

Arrow, K., & Debreu, G. (1954). Existence of an equilibrium for a competitive economy. *Econometrica: Journal of the Econometric Society*, 22(3), 265-290.

Arrow, K., Cropper, M., Gollier, C., Groom, B., Heal, G., Newell, R., Nordhaus, W. D.,

(2013). Determining benefits and costs for future generations. *Science*, 341(6144), 349-350.

Atkinson, G., Groom, B., Hanley, N., & Mourato, S. (2018a). Environmental valuation and benefit-cost analysis in UK policy. *Journal of Benefit-Cost Analysis*, 9(1), 97-119.

Atkinson, G., Groom, B., & Mourato, S. (2018b). *Cost benefit analysis for the environment* 2018. Paris: OECD.

Baumol, W. J. (1972). On taxation and the control of externalities. *The American Economic Review*, 62(3), 307-322.

Baumol, W. J., & Oates, W. E. (1988). *The theory of environmental policy*. Cambridge: Cambridge University Press.

Boulding, K. (1966). The economics of the coming spaceship earth. In H. Jarett (Ed.),

Environmental quality in a growing economy (pp.3-14). Baltimore: Johns Hopkins University Press.

Carson, R. T. (1962). *Silent spring*. Greenwich: Fawcett Publications.

Carson, R. T., Mitchell, R. C., Hanemann, W. M., Kopp, R. J., Presser, S., & Ruud, P.(1994). Contingent valuation and lost passive use: Damages from the Exxon Valdez(Discuss.Paper 94-18). Washington, DC: Resources for the Future.

Clark, J. P. (1989). Marx's inorganic body. *Environmental Ethics*, 11(3), 243-258.

Coase, R. H. (1960). The problem of social cost. In Classic papers in *natural resource economics* (pp.87-137). London: Palgrave Macmillan.

Daly, H. E. (1997). Georgescu-Roegen versus Solow/Stiglitz. *Ecological Economics*, 22(3), 261-266.

Dasgupta, P. (1996). The economics of the environment. *Environment and Development Economics*, 1(4), 387-428.

Dasgupta, P., & Heal, G. (1974). The optimal depletion of exhaustible resources. *Review of Economic Studies*, 41(5), 3-28.

Dasgupta, P. S., & Heal, G. M. (1979). *Economic theory and exhaustible resources*. Cambridge: Cambridge University Press.

Dell, M., Jones, B. F., & Olken, B. A. (2014). What do we learn from the weather? The new climate-economy literature. *Journal of Economic Literature*, 52(3), 740-798.

Drupp, M., Freeman, M. C., Groom, B., & Nesje, F. (2018). Discounting disentangled. *American Economic Journal: Economic Policy*, 10(4), 109-134.

Eckstein, O. (1958). *Water resource development-The economics of project evaluation*. Cambridge, MA: Harvard University Press.

Foster, J. B. (1997). The crisis of the earth: Marx's theory of ecological sustainability as a nature-imposed necessity for human production. *Organization & Environment*, 10(3), 278-295.

Foster, J. B. (1999). Marx's theory of metabolic rift: Classical foundations for environmental sociology. *American Journal of Sociology*, 105(2), 366-405.

Georgescu-Roegen, N. (1971). *The entropy law in the economic process*. Cambridge, MA: Harvard University Press.

Georgescu-Roegen, N. (1975). Energy and economic myths. *Southern Economic Journal*,41(3), 347-381.

Goldstein, N. J., Cialdini, R. B., & Griskevicius, V. (2008). A room with a viewpoint: Using social norms to motivate environmental conservation in hotels. *Journal of Consumer Research*, 35(3), 472-482.

Gollier, C. (2013). *Pricing the planet's future: The economics of discounting in an uncertain world*. Princeton: Princeton University Press.

Gordon, H. S. (1954). The economic theory of a common-property resource: The fishery. *Journal of Political Economy*, 62, 124-162.

Hamilton, K., & Hartwick, J. (2014). Wealth and sustainability. *Oxford Review of Economic Policy*, 30(1), 170-187.

Hamilton, K., & Hepburn, C. (Eds.). (2017). *National wealth: What is missing, why it matters*. Oxford: Oxford University Press.

Hardin, G. (1968). The tragedy of the commons. *Science*, 162, 1243-1248.

Harrod, R. (1948). *Towards a dynamic economics, some recent developments of economic theory and their application to policy*. London: Macmillan.

Hartwick, J. M. (1977). Intergenerational equity and the investing of rents from exhaustible resources. *The American Economic Review*, 67(5), 972-974.

Heal, G. (2007). A celebration of environmental and resource economics. Review of Environmental Economics and Policy, 1(1), 7-25.

Hicks, J. R. (1939). The foundations of welfare economics. *The Economic Journal*, 49(196), 696-712.

Hotelling, H. (1931).The economics of exhaustible resources. *Journal of Political Economy*, 39, 137-175.

Hotelling, H. (1947). *The economics of public recreation. In The Prewitt report*. Washington, DC: National Parks Service.

Kaldor, N. (1939). Welfare propositions of economics and interpersonal comparisons of utility. *The Economic Journal*, 49, 549-552.

Koopmans, T. C. (1957). *Three essays on the state of economic science*. New York: McGraw-Hill.

Kortenkamp, K. V.,& Moore, C. F. (2001). Ecocentrism and anthropocentrism: Moral reasoning about ecological commons dilemmas. *Journal of Environmental Psychology*, 21(3), 261-272.

Krutilla, J. V. (1967). Conservation reconsidered. *American Economic Review*, 57(4),777-786.

Krutilla, J. V.,& Eckstein, O. (1958). *Multipurpose river development: Studies in applied economic analysis*. Baltimore: Johns Hopkins.

Malthus, T. R. (1798). *An essay on the principle of population*(2nd ed., 1803). Edited with an Introduction by Donald Winch. Cambridge: Cambridge University Press, 1992.

Marshall, A. (1890). *Principles of economics*. London: Macmillan (8th ed, 1920).

Marx, K. (1894).*Capital, Vol. III*. New York: Vintage, 1981.

Meadows, D. H., Meadows, D. H., Randers, J., & Behrens, W. W., III. (1972). *The limits to growth: A report for the Club of Rome's Project on the Predicament of Mankind*. New York: Universal Books.

Mill, J. S. (1848). Principles of political economy. In *Collected works of John Stuart Mill*. Toronto: University of Toronto Press, 1965.

National Academies of Sciences, Engineering, and Medicine (NAS). (2017). *Valuing climate damages: Updating estimation of the social cost of carbon dioxide*. Washington, DC: National Academies Press.

Nordhaus, W. D. (1994). *Managing the global commons: The economics of climate change* (Vol. 31). Cambridge, MA: MIT Press.

Nordhaus, W. D. (2007). A review of the Stern review on the economics of climate change. *Journal of Economic Literature*, 45(3), 686-702. https://doi.org/10.1257/jel.45.3.686

Nordhaus, W. D. (2017). Revisiting the social cost of carbon. *Proceedings of the National Academy of Sciences*, 114(7), 1518-1523.

Nordhaus, W. D., & Boyer, J. G. (1999). Requiem for Kyoto: An economic analysis of the Kyoto Protocol. *The Energy Journal*, 20, 93-130.

Ostrom, E. (1990). *Governing the commons: The evolution of institutions for collective action*. Cambridge: Cambridge University Press.

Pearce, D. (2002). An intellectual history of environmental economics. *Annual Review of Energy and the Environment*, 27(1), 57-81.

Perman, R. (2003). *Natural resource and environmental economics*. Harlow: Pearson Education.

Pigou, A. (1920). *The economics of welfare*. London: Macmillan.

Pindyck, R. S. (2013). Climate change policy: What do the models tell us? *Journal of Economic Literature*, 51(3), 860-872.

Pindyck, R. S. (2017). Taxes, targets and the social cost of carbon. *Economica*, 84, 345-364.

Pindyck, R. S. (2019). The social cost of carbon revisited. *Journal of Environmental Economics and Management*, 94, 140-160.

Ramsey, F. (1928). A mathematical theory of savings. *Economic Journal*, 38, 543-559.

Ricardo, D. (1817). *The principles of political economy and taxation* (P. Straffa, Ed.). Cambridge: Cambridge University Press, 1951.

Rockström, J., Steffen, W., Noone, K., Persson, A°., Stuart Chapin, F., Lambin, E. F., Le(2009). A safe operating space for humanity. *Nature*, 461(7263), 472-475.

Sandmo, A. (2015). The early history of environmental economics. *Review of Environmental Economics and Policy*, 9(1), 43-63.

Schlager, E., & Ostrom, E. (1992). Property-rights regimes and natural resources: A conceptual analysis. *Land Economics*, 68(3), 249-262.

Smith, A. (1776). *An inquiry into the nature and causes of the wealth of nations*. London: Printed for W. Strahan and T. Cadell

Solow, R. M. (1974). Intergenerational equity and exhaustible resources. *The Review of Economic Studies*, 41, 29-45.

Steffen, W., Richardson, K., Rockström, J., Cornell, S. E., Fetzer, I., Bennett, E. M., Bi (2015). Planetary boundaries: Guiding human development on a changing planet. *Science*, 347(6223), 1259855.

Stern, N. H. (2007). *The Stern review: The economics of climate change*. Cambridge: Cambridge University Press.

Stigler, G. J. (1966). *The theory of price* (3rd ed.). New York: Macmillan.

Stiglitz, J. (1974a). Growth with exhaustible natural resources: Efficient and optimal growth paths. *Reviews of Economic Studies*, 41, 123-138.

Stiglitz, J. (1974b). Growth with exhaustible natural resources: The competitive economy. *Reviews of Economic Studies*, 41, 139-152.

van den Bijgaart, I., Gerlagh, R., & Liski, M. (2016). A simple formula for the social cost of carbon. *Journal of Environmental Economics and Management*, 77, 75-94. https://doi.org/10.1016/j.jeem.2016.01.005

Venkatachalam, L. (2008). Behavioral economics for environmental policy. *Ecological Economics*, 67(4), 640-645.

Weisbrod, B. (1964). Collective consumption services of individual consumption goods. *The Quarterly Journal of Economics*, 78, 471-477.

Weitzman, M. L. (2007). A review of 'The Stern review on the economics of climate change'. *Journal of Economic Literature*, XLV, 703-724. https://doi.org/10.1257/jel.45.3.703

Weitzman, M. L. (2009). On modeling and interpreting the economics of catastrophic climate change. *Review of Economics and Statistics*, 91(1), 1-19.

https://doi.org/10.1016/10.1162/rest.91.1.1.

Weitzman, M. L. (2010). What is the 'damages function' for global warming and what difference might it make? *Climate Change Economics*, 1, 57. https://doi.org/10.1142/S2010007810000042.

World Commission on Environment and Development (WCED). (1987). *Our Common Future*. Oxford: Oxford University Press.

경제학에서 국가의 역할은 무엇인가?

샤우키 아리프(Shawky Arif)

서론

국가의 역할에 대한 경제학자들의 견해는 자유방임주의(즉, 불간섭주의)를 옹호하는 것에서부터 경제에 대한 국가의 적극적인 역할을 선호하는 것까지 다양하다. 고전학파 경제학자들은 오늘날 주류경제학 용어로 알려진 시장 실패를 인정하면서도 자유시장 시스템이 경제적 자유와 자유를 보장한다고 믿으며 자유방임주의 신조를 강력하게 옹호했다. 밀(Mill;1848, p.314)은 국가 개입은 '어떤 위대한 선이 요구하는 것'이 아니라면 개인의 복지와 자유를 감소시킨다고 주장한다. 이러한 관점은 1776년 국부론이 출간된 이래 경제사상을 지배해 왔지만 1930년대의 위기로 인해 도전을 받았다. 위기의 심각성으로 인해 경제학자들은 지배적 교리의 기본 가정과 견해, 특히 경제에서 국가의 역할과 관련된 가정과 견해에 대해 다시 생각하게 되었다.

1930년대 위기 당시 케인즈(1936)는 당시의 지배적인 경제적 신조에 문제를 제기하며 경제 활성화를 위해 정부 지출을 늘릴 것을 주장했다. 민간 투자 수준이 감소하고 실업률이 높아지면서 케인즈(1936/2013, p.164)는 '국가가 … 투자를 직접 조직하는 데 더욱 큰 책임을 져야 한다'고 주장했다. 힉스(Hicks, 1937), 모딜리아니(Modigliani; 1944), 사무엘슨(Samuelson; 1955)이 제시한 케인즈에 대한 특별한 해석, 일명 신고전학파 종합은 경제학과 정책 당국을 지배했고 전후 거시경제 관리를 뒷받침하는 이데올로기로서 작용했다.[1] 복지 국가라고도 알려진 새로운 사회 계약은 생산량과 고용 변동을 최소화하고자 했다. 그러나 1970년대에 이르러 복지 국가는 고전적 자유방임주의의 부활을 주장하는 이데올로기에 밀려 폐기되었다.

신자유주의는 복지 국가에 대한 비판에서 타협하지 않고 국가 개입이 민간의 주도권을 억압하고 비효율적인 결과를 낳는다고 주장한다. 그러나 신 자유주의자들은 국가 폐지를 옹호하지 않는다. 오히려 민간 기업에 도움이 되고 사유재산과 같은 경제적 권리를 보호하는 제도적 틀을 만들기 위해 그 기능을 재편하는 데 찬성하고 있다. 그러나, 2007 / 2008년 금융 위기는 신 자유주의적 합의에 도전하고 시장의 합리성에 대한 가정에 의문을 제기하며 경제에서 국가의 역할에 대한 논의를 다시 불러일으켰다. 제도주의자, 특히 구제도학파에 동조하는 사람들은 위기의

---

1 주류경제학 관점에서 본 신고전학파 종합에 대한 간략한 개요는 블랑샤(Blanchard; 1991)를 참조

원인을 규제의 부재에서 찾는다. 또한, 이들은 시장 우선주의 가정에 문제를 제기하며 시장이 국가와 같은 다른 기관만큼 중요하며 잘 작동하는 시장은 잘 작동하는 국가를 필요로 한다고 주장한다(Chang, 2002). 그러나 맑스주의자들은 국가를 지배계급인 부르주아지의 손에 쥐어진 억압의 도구라고 본다. 노동자 계급의 임무는 권력을 장악하고 경제를 국유화하여 시간이 흐르면서 생산수단의 공동소유 원칙에 따라 계급 없는 사회로 나아가는 노동자 국가를 여는 것이다.

이 장에서는 경제에서 국가의 역할에 관한 역사적으로 영향력 있는 주요 학파와 경제사상의 전통에 대한 개요를 제공한다. 이 글은 전적으로 시장 실패에 기초하여 진행되는 신 고전주의 국가 개입 이론의 주요 측면을 간략하게 설명하는 것으로 시작한다. 그런 다음 국가의 개입을 자유방임의 원칙에 대한 예외로 여겼던 고전학파를 살펴본다. 이어서, 1930년대 공황의 한가운데서 경제를 부양하기 위해 정부 지출을 늘리는 형태로 국가 개입을 지지했던 케인즈에 대해 논의한다. 그런 다음, 이 장에서는 신자유주의의 출현에 중요한 역할을 한 하이에크(오스트리아 경제학파)와 프리드먼(화폐 주의 학파) 같은 학자들의 견해를 살펴본다. 노스와 장의 연구를 바탕으로 국가의 역할에 관한 제도 주의적 접근을 검토한 후 마지막으로 맑스주의적 입장을 검토한다.

15.2 시장실패와 국가에 대한 신고전학파 이론

경제사상에서 국가의 역할에 대한 다양한 견해에도 불구하고 표준 경제학 교과서는 국가 개입의 해로운 영향에 대한 관심을 끌기 위해 국가가 일반적으로 부재하거나 언급하는 정형화된 특징의 경제를 홍보한다. 조지(George; 1990, p.863)는 주류 교과서가 정부를 '민간 부문이 자리를 잡은 후에야 등장한 … 침입적인 외계인'으로 묘사한다고 지적한다. 주류경제학은 국가가 없을 때 사회를 효용을 극대화하고 자기 이익을 추구하는 합리적 소비자가 독립적으로 행동하며 경쟁하는 이윤 극대화 기업으로부터 상품과 서비스를 구매하는 완벽한 경쟁시장으로 모델화한다(4장 및 5장 참조). 이 경제에서, 기업은 점점 더 비싼 가격으로 상품과 서비스를 판매하기 위해 한계 생산물가치만큼 지급받는 노동을 고용한다(7장 참조). 개별 기업은 가격에 영향을 미치지 않으며 가격을 받아들이는 가격수용자라 한다. 그러나 신고전파 경제학에 따르면 노동자는 노동을 싫어하기 때문에 노동(즉, 그 소득으로 누리게 되는 소비)과 여가 간 일정한 균형을 유지하려는 사람이다. 반면, 정교한 계산기계로 모형화된 소비자는 상품과 서비스의 효용 수준에 따라 상품 묶음의 순위를 매기는 복잡한 알고리즘을 지속적으로 처리한다. 신고전학파 소비자는 항상 주어진 예산 제약 및 기타 관련 정보하에서 가장 높은 수준의 효용을 얻는 상품묶음에 흥미를 가진다(5장 참조).

주류경제학 교과서에서는 자원의 초기 분배, 정보의 대칭성, 경제 주체들의 합리성, 국가 개입이 없는 자유 시장 환경을 가정하면 경제 주체 간의 상호작용이 가장 효율적인 결과를 낳는다는 입장을 취한다. 이 시나리오에서는 시장이 자원의 효율적인 배분을 보장하는 중심적인 역할을 한다. 그러나 국가의 개입은 정교하게 조정되는 시장 논리를 교란하여 후생 감소로 이어지기 때문에 바람직하지 않다. 예를 들어, 보조금, 가격 상한제, 가격 하한제는 잘 정의된 시장 실패의 예외적인 경우를 제외하고는 자원의 비효율적 배분을 초래하는 왜곡으로 간주되어 주류경제학자들이 일반적으로 반대하는 정책이다.

　　신고전학파 경제학은 원칙적으로 자유방임주의를 강력하게 옹호하지만, 시장 실패를 해결하기 위해 국가 개입이 필요하다고 주장한다. 시장 실패란 시장이 자원을 효율적으로 배분하지 못하는 상황을 말한다. 시장 실패의 사례로는 공공재 제공, 재산권 부족, 시장 지배력 남용, 정보의 비대칭성, 외부효과 등이 있다. 이러한 실패를 해결하고 자원의 효율적인 배분을 보장하기 위해서는 세금, 규제, 보조금을 통한 국가의 개입이 필요하다. 시장 실패를 설명하기 위한 표준 주류경제학 교과서에서 사용하는 대표적인 예는 공공재로서의 국방이 있다. 일단 제공되면, 모든 주민이 비용 지불 의사 여부와 상관없이 혜택을 받을 수 있다(Mankiw and Taylor, 2014; Greenlaw and Taylor, 2017). 또 다른 예는 시장 가격 내지 산출량에 영향을 미칠 수 있는 (단일 판매자인) 독점 내지 (단일 구매자인) 수요독점에 의한 시장지배력 남용이 시장실패를 가져올 수 있다. 이러한 유형의 시장 실패는 일반적으로 반경쟁적 행위에 대한 처벌을 목적으로 하는 독점금지법(경쟁법이라고도 함)으로 해결된다. 비대칭 정보는 시장 실패를 야기하는 또 다른 사례로, 계약의 일방이 상대방보다 더 많은 정보를 가지고 있어 일방이 유리할 때 발생한다. 이러한 유형의 시장 실패의 잘 알려진 예는 중고 자동차 판매의 경우이다(Akerlof, 1970). 중고 자동차를 보유하고 몰았던 판매자와 달리 중고차를 구매하는 당사자는 중고차에 대한 지식(서비스 이력, 과거 사고, 신뢰)이 제한적일 가능성이 높다. 이 시나리오에서는 구매자가 중고차의 가치보다 더 많은 금액을 지불할 때 시장 실패가 발생한다. 시장 실패의 네 번째 예는 부정적인 외부효과, 즉 오염과 같은 특정 경제 활동이 제3자에게 미치는 부정적인 영향이다(14장 참조). 이러한 외부효과가 존재하는 경우 사회적 비용은 사적 비용으로 충당되지 않으며, 이를 바로잡기 위해서는 해당 활동에 세금을 부과해야 한다. ('피구 세'라고도 하는) 세금은 부정적 외부 효과에 대한 사회적 비용과 같아야 그 영향을 상쇄할 수 있다(Pigou, 1932).

15.3　고전학파: 자유방임주의 예외로서 국가개입

『국부론』이 출간된 후 1세기 반 동안 지배적이었던 경제사상은 자유뿐만 아니라 번영에 도움이 되는 경제 시스템으로서 자유 시장의 우월성을 옹호했다. 스미스(Smith), 리카도(Ricardo), 세이(Say), 밀(Mill)과 같은 고전학파 정치경제학자들은 자유시장 환경에서 국가 개입의 제약을 받지 않는 이기적인 경제 주체들이 상호작용할 때 최대 만족도에 도달할 수 있다는 견해를 공유했다. 스미스(1776/2012, p.19)는 『국부론』의 잘 알려진 구절에서 다음과 같이 주장한다.

우리가 저녁 식사를 기대할 수 있는 것은 정육점 주인, 맥주 양조업자, 제빵사의 자비심이 아니라 그들의 이익에 대한 관심에서 비롯된다. 우리는 상대방의 인간성이 아니라 자기애에 대해 이야기하고, 우리 자신의 필요가 아니라 상대방의 이해득실에 대해 이야기한다.

스미스가 제시한 이기적인 방식으로 자신의 이익을 추구하다 보면 경제 주체들은 실수로 공동체 전체의 복지를 극대화할 수 있다. 스미스는 다음과 같이 주장한다.

모든 개인이 … 공공이익을 추구하지도 자신이 추구하는 것이 얼마나 많은 것인지도 알지 못하고 … 단지 자신의 안전만을 의도한다. 그리고 그 산업을 그 생산물이 가장 큰 가치를 가질 수 있는 방식으로 지시함으로써 그는 자신의 이익만을 의도한다. 그리고 다른 많은 경우와 마찬가지로, 그는 보이지 않는 손에 의해 자신의 의도가 아닌 목적을 촉진하도록 이끌고 있다. 그는 자신의 이익을 추구함으로써 실제로 홍보하려는 의도보다 더 효과적으로 사회의 이익을 촉진하는 경우가 많다.

개인이 자신의 시간을 어떻게 보낼지, 자신에게 주어진 자원을 어떤 방식으로 사용할지 자유롭게 결정할 수 있을 때 최대 수준의 복지를 달성할 수 있는데, 이는 '매우 개인이 자신의 지역적 상황에서 어떤 정치가나 입법자가 자신을 위해 할 수 있는 것보다 훨씬 더 잘 판단할 수 있기' 때문이다(Smith, 1776/2012, pp.445-446).

세이(Say; 1803/1971, p.144)는 18세기 후반 프랑스의 예를 들어, 국가 개입으로 옥수수 농지를 목초지로 전환(Enclosure 운동을 의미)해 더 많은 이익을 얻을 수 있는 기회를 본 사람들을 '박해하고 심지어 [발판으로] 끌어내기까지 했다'고 주장한다. 세이(Say; 1803/1971, p.144)은 '[자연스러운] 사물의 흐름을 방해하는 권력은 국가의 생산적 에너지의 일부를 더 시급한 다른 욕망을 희생시키면서 덜 욕망하는 대상으로 향하게 하여 자원의 비효율적 사용과 국가 후생의 손실을 초래한다'고 결론짓는다.

스미스에 동의하면서, 밀(Mill; 1859/2005, p.93)은 최대 다수의 최대 행복은 개인의 행동에 대한 불간섭 정책에서 비롯된다고 가정하는데, 그 이유는 '한 사람이나 그 어떤 사람도 다른 인간에게 그가 자신의 이익을 위해 자신의 삶으로 선택한 것을 하지 말라고 말하는 것은 정당화될 수 없다'는 것이다. '그는 자신의 잘못에 가장 관심이 많은 사람이다' 밀(1848/1985, p.314) '자유방임은 한마디로 일반적 관행이어야 한다: 어떤 위대한 선에 의해 요구되지 않는 한, 그것에서 벗어나는 모든 것은 어떤 악이다' 개인은 정부든, 개인 집단이든, 다른 어떤 종류의 권위로부터의 간섭이 없는 것이 더 낫다(p.307).

국내 경제와 마찬가지로 국제 무역도 내정 불간섭 원칙에 따라 이루어져야 한다. 1815년, 지주계급이 지배하던 영국 의회는 곡물법(Corn Law)을 제정했다. 이 법안은 옥수수(Corn)라고 통칭되는 밀과 기타 곡물을 영국으로 수입할 때 관세를 부과하여 국내 시장을 보호하기 위해 고안된 법안이다. 그해 말 출판된 팜플렛에서 리카도(Ricardo)는 곡물법이 노동자 계급의 생계수단 가격을 상승시켜 자본가 계급의 이익을 해칠 것이라고 주장했다(7장 참조). 리카도(Ricardo)

는 국내 수익률이 하락하면 국내 자본이 해외에서 더 높은 수익을 찾아 영국을 떠날 것이라고 주장했다. 그는 '그러므로 이러한 고려는 우리가 [곡물] 수입을 제한하는 것을 막는 강력한 이유가 되어야 한다'고 결론지었다(Ricardo 1815, 각주, p.13). 논쟁적인 팜플렛을 발표한 지 2년 후, 리카르도는 주요 저서인 『정치경제와 조세의 원리』에서 자유방임 원칙에 대한 자신의 신념을 다시 한 번 강조했다. 그는 '완전 자유 무역 체제하에서 각 국가는 자연스럽게 각자에게 가장 이익이 되는 고용에 자본과 노동을 투입한다'고 주장한다(Ricardo(1817/1996), p.93). 그는 계속해서 '와인은 프랑스와 포르투갈에서 만들고, 옥수수는 미국과 폴란드에서 재배하며, 하드웨어와 기타 상품은 영국에서 제조해야 한다'고 권고한다(p.93). 그리고 스미스의 보이지 않는 손이 개인이 자신의 이익을 추구함으로써 의도치 않게 일반의 이익을 증진시키는 것처럼, 리카도는 전문화와 자원의 효율적인 사용이 '생산의 총량을 증가시키면서 일반적 이익을 확산시키고 문명 세계 전체의 국가라는 보편적 사회를 하나의 공통된 이해와 교섭의 끈으로 묶는다'(p.93)고 지적한다.

고전주의자들은 불간섭 교리에 대한 강한 신념에도 불구하고 규칙의 예외를 인정하고 일부 역할을 국가에 귀속시킨다. 스미스의 경우(1776/2012, p.686)는 다음과 같이 주장한다.

> 천부적 자유 체제에 따르면, 주권[즉, 국가]은 세 가지 의무만 수행하면 된다. … 첫째, 다른 독립적인 사회의 폭력과 침략으로부터 사회를 보호해야 할 의무, 둘째, 사회의 모든 구성원을 다른 모든 구성원의 불의나 억압으로부터 가능한 한 보호해야 할 의무, 즉 정확한 정의의 행정을 확립해야 할 의무이다. 그리고 셋째, 개인이나 소수의 이익을 위한 것이 될 수 없는 의무인 특정 공공 사업과 특정 공공기관을 건립하고 유지하는 것이다.

밀(Mill)은 스미스(Smith)가 정부에 부여한 임무 목록에 교육을 추가한다. 그는 국가가 교육을 제공해야 하며 부모의 동의 여부와 관계없이 아동에게 의무적으로 교육을 제공해야 한다고 주장한다. 또한, 밀은 개인이 자신의 이익을 가장 잘 판단할 수 있다고 믿지만, 국가보다 민간영역이 제3자의 이익을 더 잘 관리한다고 가정할 이유가 없다고 주장한다. 밀(Mill; 1848/1985, p.326)은 주인을 대신한 대리인이 기업을 경영하는 경우 사적 경영이 공적 경영보다 낫다고 가정할 이유가 없다고 주장한다. 그는 다음과 같이 썼다.

> 정부 운영은 실제로 속담처럼 일만하고 부주의하며 비효율적이지만, 일반적으로 주식회사(joint-stock) 운영도 마찬가지이다. 주식회사의 이사는 항상 주주인 것은 사실이지만, 정부의 구성원도 항상 납세자이며, 이사의 경우, 정부의 경우와 마찬가지로, 좋은 경영의 이익에 비례하는 몫과 잘못된 경영으로 인해 발생할 수 있는 이익에 비례하는 몫을 계산하지 않더라도 동일하다.

밀(Mill; 1848/1985)은 국가 개입이 필요한 일반적인 규칙에 대한 여러 가지 예외에 대해 추가로 알아본다. 여기에는 개인이 스스로 판단하거나 행동할 수 없는 상황, 개인 이 미래의 면 시점에 자신의 이익을 위해 최선이 될 것을 돌이킬 수 없는 상황에서 지금 결정하려는 경우, 타인의 이익을 위해 행하는 행위(예를 들면 자선 행위), 개인이 행하는 행위가 개인을 넘어선 결과를 초래하는 경우, 공공 서비스를 수행해야 하지만 특별히 이해 당사자가 없는 경우 등이 포함된다. 이러한 예외 중 일부는 앞서 설명한 신고전학파가 강조한 시장 실패의 조짐이다.

세이(Say; 1803/1971, pp.131-132)는 현대 전문 용어인 '좋은 거버넌스'라고 부르는 것에 대해 다음과 같이 주장한다.

> 공권력은 그 자체로 강탈이 아니고, 국가가 할 수 있는 가장 큰 축본인 타인의 강탈로부터의 보호를 제공한다. 전체 공동체의 단결된 힘에 의한 각 개인의 보호 없이는 인간, 토지, 자본의 생산력의 상당한 발전을 상상할 수 없으며, 심지어 자본의 존재 자체를 상상할 수도 없다.

프랑스 경제학자인 세이(Say)는 다음과 같이 결론을 내린다.

> 이것이 바로 통상의 정부를 통하지 않고 어느 정도의 번영을 누린 국가가 없었던 이유이다. 문명 국가는 무한한 욕구를 충족시키는 무수히 많고 무한히 다양한 생산물뿐만 아니라 축적이 제공하는 고급 예술과 여가의 기회를 위해 정치 조직에 빚을 지고 있으며, 그 없이는 정신의 능력을 결코 배양할 수 없거나 인간은 그 수단으로 자신의 본성으로만 완전한 존엄성에 도달할 수 없다.

국가의 역할에 대한 고전학파의 견해는 절대 군주제와 자유가 부족했던 시대에 국가의 권한을 제한하는 것에 대한 자유주의적 합의를 반영한다. 고전적 자유주의의 기본 원칙 중 하나는 법은 국민의 이익을 위해 설계되어야 한다는 것이다. 고전학파 정치경제학자들은 경제 영역에 적용하여 경제생활을 지배하는 기본 원칙이 자유방임(또는 무간섭)이라고 주장했다. '모든 개인은 … 자신의 입장에서 어떤 정치가나 입법자가 자신을 위해 할 수 있는 것보다 훨씬 더 잘 판단하기 때문에'(Smith, 1776/2012, pp.445-446), '충분히 성숙한 나이의 사람이 다른 사람에게 자신의 이익을 위해 자신의 삶에서 무엇을 하기로 선택해야 한다'(Mill, 1859/2005, p.93)고 어느 누구도 주장할 수 없다.

그러나, 고전학파를 무조건 친-자유시장 입장을 가졌다고 보는 주류 경제학의 해석과는 달리 스미스와 그의 동료 정치경제학자들은 시장과 국가라는 두 기관의 역할에 대해 다소 미묘한 시각을 가지고 있었다. 고전학파는 자유방임주의를 원칙으로 옹호하면서도 국가에 몇 가지 역할을 부여했다. 예를 들어, 스미스는 국가가 공공 기관을 설립 및 유지하고, 법을 지키고, 사법 제도를 운영하며, 외국의 위협과 침략으로부터 국권을 보호할 것을 기대한다. 국가의 역할은 주류경제학에서 시장 실패라고 부르는 것에 국한되지 않고 기업 관리까지 확장된다. 밀(1848/1985)은 그동안의 원칙이라고 여겨져 왔던 것을 대신하여 대리인이 사업을 경영하는 것에 관한 글을 통해 민간 부문이 공공 부문보다 효과적이라고 가정할 이유가 없다고 주장한다.

15.4 케인즈의 실용주의(pragmatism)

1929년 10월 15일, 피셔(Fisher)(Keen 2011, p.270 인용)는 뉴욕 타임즈지에서 '주식가격이 이제 높은 고점을 찍은 것처럼 보인다. 조만간 현재 수준보다 50~60포인트 하락할 것이라고 생각하지 않는다 … 몇 달 안에 주식 시장이 현재보다 훨씬 더 높아질 것으로 예상된다.'고 관찰했다. 그로부터 2주 후, 같은 신문에서 '주식 가격이 어제 사실상 폭락했다 … 어떤 가격에든 팔아야 하는 증권을 현금으로 바꾸려는 압력으로 가격이 폭락하면서 수십억 달러의 공개 시장 가치가 사라졌다[2]고 보도했다. 미국 주식 시장의 붕괴는 지대한 영향을 가져왔고 세계 경제는 불황에 빠졌다.

위기 이전까지 전통 경제학은 시장이 효율적이고 합리적이며 스스로 조절한다고 가정했다. 간혹 수요와 공급의 불일치로 인해 균형이 흔들리는 경우가 있지만(6장 참조), 1929년 금융 붕괴와 같은 상황은 예상하지 못했다. 그 후 경제 위기로 인해 경제학의 여러 가지 가정에 의문이 제기되었다. 예를 들어, 당시 지배적인 전통경제학에서는 실업은 자발적이거나 마찰적이라고 한다. 즉, 경제에 실업이 발생하면 일부 노동자가 현재 임금 수준에서 일하지 않기로 결정하거나 노동자가 한 일자리에서 다른 일자리로 이동하기 때문(마찰적 실업)이다. 그러나, 경제 위기로 인해 실업이 비자발적일 수 있다는 것이 드러났다. 현재 임금을 받고 일할 의향이 있지만 일자리를 구하지 못한 노동자들이 있었다. 게다가 위기의 심각성과 규모를 보면 시장이 예상했던 것만큼 효율적이거나 자기 조절적이지 않다는 것을 알 수 있다.

케인즈는 『일반이론』 3장에서 자신의 이론의 핵심 개념인 유효 수요에 대해 설명한다. 케인즈(1936/2013, p.25)는 총공급(Z)과 총수요(D)가 모두 고용된 노동자 수(N)의 함수라고 가정하고 다음과 같이 주장한다.

> 주어진 N값에 대해 … D가 Z보다 크면 기업가들은 N 이상으로 고용을 늘리고 필요한 경우 생산요소를 놓고 서로 경쟁하여 Z가 D와 같아진 N의 값까지 비용을 인상하려는 인센티브가 있을 것이다. 따라서 고용량은 총수요함수와 총공급함수가 교차하는 지점에 의해 주어지며, 이 지점에서 기업가의 이윤 기대치가 최대화되기 때문에 고용량은 총수요함수와 총공급함수의 교차점에 의해 주어진다. 총수요함수와 총공급함수가 교차하는 지점에서의 D값을 유효 수요(effective demand)라고 한다.

위의 분석은 경쟁 자본가들이 국가의 간섭 없이 노동력을 활용하여 상품과 서비스를 생산하는 자유 시장 경제를 가정하고 있다는 점에 유의하라. 그러나 경제 위기와 파시즘의 부상 등과 같은 1930년대의 사회경제적, 정치적 상황으로 인해 케인즈는 자유방임주의에 문제를 제기하고 경기 침체기에 정부가 지출을 늘려 경기를 부양해야 한다고 주장했다. 케인즈(1936/2013, p.380)는 '기존 경제 형태[즉, 자본주의가 완전히 파괴되는 것]'을 피하고자 했다. 한 평론가는 케인즈에

---

2 2New York Times, 30 October 1929. http://www.nytimes.com/library/financial/103029crash-lede.html

게 '통제 경제'와 '자유 경제' 사이의 선택은 더 이상 존재하지 않았고, 통제방식이 다른 집합간 선택만 존재했다'고 말했다(Mattick 1974, p.113). 그러나 케인즈의 견해를 자유 시장 체제에 대한 위협으로 여기는 교조적으로 자유방임주의를 지지하는 사람들을 설득하는 것은 쉬운 일이 아니었다. 케인즈(1936/2013, p.380)는 '정부 기능의 확대가 … 19세기 정론가(政論家)나 현대 미국 금융가에게는 개인주의에 대한 엄청난 침해로 보일 수 있지만, [그는] 이를 옹호한다'는 사실을 알고 있었다. 케인즈(1936/2013, p.98)는 실업률의 증가와 소득 감소가 '일단 시작되면 극단으로 갈 수 있다'고 지적하며 다음과 같이 주장한다.

> 실제로 소비 성향에 변화가 없다면 고용은 투자 증가와 함께 동일한 비율(pari passu)로만 증가할 수 있다. 고용이 증가하면 소비자는 총공급가격의 증가분보다 적은 금액을 지출하게 되므로, 그 차이를 메울 투자가 증가하지 않는 한 고용 증가는 수익성이 없는 것으로 판명될 것이다.

투자 공백은 누가 메울까? 케인즈는 국가라고 답했다. 투자를 촉진하는 통화 정책의 효과에 회의적이었던 케인즈(1936/2013, p.164)는 '국가가 … 투자를 직접 조직하는 데 더 큰 책임을 지기를 기대했다'고 말했다. 극단적으로 케인즈(1936/2013, p.129)는 다음과 같은 이유를 들어 자신의 주장을 뒷받침한다.

> 재무부가 오래된 병에 지폐를 채우고 폐탄광에 적절한 깊이에 묻은 다음 마을 쓰레기로 표면을 채운 다음 자유방임의 원칙에 따라 민간 기업에 맡겨 지폐를 다시 파내도록 했다면 말인데 … 더 이상 실업이 없어야 하고, 그 파급 효과로 인해 지역 사회의 실질 소득과 자본 부도 실제보다 훨씬 더 커질 수 있다. 물론 집 등을 짓는 것이 더 합리적일 수 있지만, 정치적으로나 현실적으로 어려움이 있다면 위의 방법이 없는 것보다는 낫다.

케인즈의 견해와 그의 정책 권장 사항은 경기 침체기에 유효 수요를 촉진하는 데 중점을 두고 있다. 당시의 전통경제학에 문제를 제기한 영국 경제학자는 경제위기 시에는 자본가가 투자할 유인이 없다고 주장했다. 케인즈에 따르면 투자는 자본의 한계 효율성과 신뢰 상태라는 두 가지 요인에 의해 결정됩니다. 또한, 투자자는 '변화를 예상할 만한 확실한 이유가 있는 경우를 제외하고는 가장 최근에 실현된 결과가 계속될 것이라는 가정에 근거하여 기대치를 설정한다'고 말한다(Keynes, 1936/2013, p.51). 이는 케인즈가 주류경제학자와 달리 시장이 스스로 조절한다고 믿지 않았으며, 신뢰도가 낮은 위기 상황에서 자본가들은 현재의 상황이 당분간 지속될 것으로 예상하고 무대책으로 일관해 실업 문제를 악화시킬 것이라고 생각했음을 분명히 보여준다. 케인즈(1936/2013, p.381)는 주변국의 정치 상황을 염두에 두고 '오늘날의 권위주의적 국가 체제는 효율성과 자유를 희생하면서 실업 문제를 해결하는 것처럼 보인다'고 썼다. '그러나 문제에 대한 올바른 분석을 통해 효율성과 자유를 보존하면서 질병을 치료하는 것이 가능할 수 있다'고 말한다. 케인즈에 따르면, 올바른 분석을 위해서는 '투자를 직접 조직하는 데 더 큰 책임을 져야

하는' 국가의 역할에 대한 재고(再考)가 필요하다(케인즈, 1936/2013, p.164).

상자 15.1: 케인즈는 1930년대 위기에 대한 해결책을 찾아낸 경제학자였는가?

[돈의 주인(master of money) 시리즈 중 하나인] 케인즈에 관한 BBC 프로그램에서 전 영란은행 총재였던 머빈 킹(Mervyn King)은 '[전후의] 지적 분위기는 케인즈가 경제 문제를 해결했다는 생각에 의해 주도되었다'고 말했다. 그러나 증거는 그렇지 않다는 것을 나타낸다. 정치인들은 이미 경기 부양책으로 정부 지출을 늘리는 방안을 고려하고 있었지만, 정치적 이유로 꺼렸을 것이지만,[a] 후버 대통령은 정부지원 프로젝트로 경제 활성화를 시도했다. 그러나 이 프로그램은 한계가 있었고 투자는 계속 감소하고 실업률은 증가하는 등 경기 침체가 계속되었다. 1933년 3월 루스벨트는 대통령에 취임하여 뉴딜 정책의 가치 아래 정책을 확대했다. 『일반이론』이 출간되기 2년 전이자 미국에 뉴딜 정책이 도입된 지 1년 후인 1934년, 미국을 방문한 케인즈는 정부 지출이 경제를 부양하는 방법을 알아보고 이 정책을 확대할 것을 권고했다. 그럼에도 불구하고 미국의 데이터에 따르면 케인즈의 조언은 사실상 무시되었고 뉴딜 정책의 영향은 제한적이었다.[b]

---

[a] 1942년 케임브리지에서 열린 마셜 소사이어티 강연에서 칼레키는 '영구적인 완전 고용 체제하에서 '자루'는 징계 수단으로서의 역할을 더 이상 수행하지 못할 것'이라고 주장했다. 상사의 사회적 지위는 약화되고 노동자 계급의 자신감과 계급 의식이 커질 것입니다. 임금 인상과 근로 조건 개선을 위한 파업은 정치적 긴장을 조성할 것이다. 완전 고용 체제 하에서 이윤이 자유방임 체제하에서 평균보다 더 높은 것은 사실이지만 … 기업 지도자들은 이윤보다 '공장의 규율'과 '정치적 안정'을 더 높이 평가한다(Kalecki, 1943, p.326).
[b] 콜과 오하니언(Cole and Ohanian; 1999, p.5)에 보고된 데이터에 따르면 1939년 미국의 실질 생산량은 1929년 수준보다 27% 낮은 것으로 추정된다. 게다가 정부 지출은 상대적으로 안정적으로 유지되었다. 미국 경제가 위기에서 회복할 수 있었던 것은 전쟁기간(1939~1945년) 동안 막대한 정부 지출이 있었기 때문이다. 이 '결론'은 수많은 경제학자와 역사가의 연구에서 나타난다. 합의는 전쟁과 관련된 연방 재정 정책이 경제를 잠재적인 생산량(즉, 완전 고용 생산량)으로 가져 왔고 통화 정책이 재정 부양책을 수용함으로써 그 과정을 지원했다는 것이다(Vernon 1994, p.850).

15.5 신자유주의 국가 내지 시장 근본주의

1945년부터 1970년대까지 30년 동안 레 트혼트 글로히우스(*Les Trente Glorieuses*; 프랑스어로 영광의 30년을 의미하며, 자본주의의 황금기를 일컬음)라고 불리는 기간 동안 선진 자본주의 경제는 높은 수준의 경제 성장을 기록했다. 장하준(Chang; 2011b, p.484)은 이 기간 동안 국가가 경제에 크게 개입한 것이 특징인 선진 자본주의 경제는 '고전적 자유주의 시대(1820~1950년)보다 3~4배, 이후 신자유주의 시대(1980~2009년)보다 2배 빠른 속도로 성장했다'고 기록한다.

그러나 1960년대 후반에 이르러 자본주의의 황금기라 불리던 시대가 무너지기 시작했다. 서구 경제는 성장 둔화, 인플레이션 상승, 실업률 증가의 조짐을 보이기 시작했다. 1970년대 중반, 여러 OECD 국가들은 본격적인 경기 침체를 경험했고 전후 호황기에 국가 개입의 이념적 토대를 제공했던 케인즈주의적 합의가 무너지기 시작했다. 오스트리아학파의 학자이자 신자유주의 이데올로기의 핵심 설계자인 하이에크(Hayek; 2011, p.238)는 인플레이션은 노동조합의 단체 교섭으로 인해 발생했으며, 국가가 개입하여 이러한 추세를 역전시키고 기존 사회 질서를 구해야 한다고 주장했다. '정부가 전체 임금 구조를 결정하고 그로 인해 고용과 생산을 통제하게 되면 현재 노조의 권한이 훨씬 더 파괴될 것이다.' 영향력 있는 통화주의자이자 신자유주의 이론가인 프리드만(Backhouse, 2009, p.21에서 인용)은 '정부가 총수요를 늘리고 실업률을 '자연' 실업률 아래로 낮추면 그 결과는 지속 불가능한 임금 - 가격 상승과 인플레이션 가속화가 될 것'이라고 주장했다. 전후 시기를 지배했던 확장적 재정 정책 대신 엄격한 통화 정책과 공급 측면 정책을 결합할 것을 권고했다. 정부는 지출에 엄격한 현금 한도를 부과하고, 금리를 인상하여 통화 공급의 증가 속도를 늦추고, 민간 부문의 효율성을 높이기 위한 일련의 개혁을 수행하도록 권고하였다. 여기에는 노동 시장 규제 완화, 민영화, 금융 규제 완화 등이 포함되어 있다.

1979년 영국에서 마거릿 대처(Margaret Thatcher)가 총리로, 1980년 미국에서 로널드 레이건(Ronald Reagan)이 대통령으로 선출되면서 인플레이션에 대한 논쟁은 통화주의자들과 그들의 정치적 보수주의 동맹국들에게 유리한 방향으로 정리되었다. 그 이후 새로운 경제 정책과 정책적 우선 순위가 전후의 경제 정책을 대체했다. 서구선진국의 우경화는 엄청난 영향을 미쳤다. 또한, 세계은행과 국제통화기금(IMF)의 안정화 및 구조조정 정책을 통해 국제기구와 이를 통해 개도국 경제에 영향을 미쳤다(12장 참조).

신자유주의 이데올로기의 핵심은 복지 국가가 너무 관대해져서 개인을 복지 국가에 의존하게 만들고, 개인의 주도성을 저해하는 재정지원혜택 문화를 만들었다는 관점이다. 국가 개입에 반대하는 일부 신자유주의자들은 국가 기관의 폐지를 주장하는 데까지 나아간다. 예를 들어, 로스바드(2006, p.276)는 '정부와 중앙은행은 대위조범과 매우 유사한 사회적, 경제적 효과를 내며 정확하게 행동한다'고 주장한다. '선출직 정치인에 대한 임기 제한이 아니라 공무원 제도를 폐지하고 무엇보다도 전제적인 사법부를 없애야 한다'(Rothbard, 2006, p.486)고 주장한다.

자유로운 시장이 가격 시스템이 제대로 작동하기 위한 전제 조건이라고 한다. 보조금, 최저 임금 또는 가격 상한선, 또는 계획의 형태로 국가가 간섭하는 것은 왜곡을 일으키고 비효율적인 결과를 초래하기 때문에 반대한다. 하이에크는 '가격 시스템의 진정한 기능을 이해하려면 가격 시스템을 정보 전달의 메커니즘으로 봐야 한다'고 주장한다. '다수의 개별적인 사람들에 의한 분산된 계획 시스템'만이 '기존 지식을 더 충분히 활용할 수 있고'(Hayek, 1945, pp.526, 521), 더 효율적인 결과를 달성할 수 있다. 이 진술에서 하이에크(Hayek)는 1920년 미제스(Mises)가 계획 경제에서 계산의 문제라고 설명한 내용을 반복한다. 미제스(Mises; 1920/2012, p.25)는 '자유 시장이 없으면 가격 메커니즘도 없고, 가격 메커니즘이 없으면 경제적 계산도 없다'고 말한다. 따라서 국가가 아무리 정교하더라도 항상 지식의 일부를 놓치고 잘못된 정보에 기반한 결정을 내려 비효율적인 결과를 초래할 수 있다는 것이다. 국가가 경제 계획에 종합 통계를 사용할 때 직면하는 문제는 '그러한 중앙 기관이 사용해야 하는 데이터는 사소한 차이를 추상화하여 정확하게 도달해야 한다는 것'이다. 그리고 자유 시장을 더 효율적으로 만드는 것은 교환되는 재화와 서비스의 '위치, 품질 및 기타 세부 사항'(Hayek, 1945, p.524)과 관련된 차이로, 중앙 계획 당국은 구체적으로 모르지만 개별경제 주체는 알고 있다.

자유 시장을 옹호하고 국가 개입에 반대하는 신자유주의는 스스로를 고전적 자유주의의 계승자라고 한다. 그러나 비평가들은 신자유주의와 고전적 자유주의 사이에는 상당한 차이가 있다고 주장한다. 예를 들어, 미로브스키(Mirowski;2009, p.433)는 신자유주의는 고전적 자유주의와 달리 다음과 같은 문제에 관심을 가졌다고 주장한다.

> 개인의 자유, 정치적 평등, 인권 [신자유주의는] 자유 시장의 확립과 그러한 시장에 대한 국가의 개입을 억제하는 데 관심이 있는 순수한 경제 이념이다. 따라서 신자유주의는 주로 경제가 어떻게 조직되어야 하는지에 대한 이론이지 정치적 자유주의와 같은 의미의 정치 이데올로기가 아니라고 이해된다.

15.6 제도주의자들: '자유 시장 같은 것은 없다'

제도 정치경제학자 장하준(Chang; 2011a, p.1)에 따르면, '자유 시장은 존재하지 않는다. 모든 시장에는 선택의 자유를 제한하는 몇 가지 규칙과 경계가 있다.'고 한다. 아동 노동의 예를 들어, 장하준은 오늘날의 선진 자본주의 사회에서는 '가장 열렬한 자유 시장 지지자조차도 … 그들이 원하는 시장 자유화 정책의 일부로 아동 노동을 다시 도입하는 것을 생각하지 않을 것'이라고 주장한다. 특정 시장이 자유롭다고 인식하는 것은 '그 시장을 지탱하고 있는 규제가 시장에 녹아 들어 보이지 않게 되기 때문'이다(Chang 2011a, pp.1-3).

국가와 기타 제도들은 '정치적, 경제적, 사회적 상호작용을 구조화하는 인간이 고안한 제약으로 비공식적 제약(제재, 금기, 관습, 전통, 행동강령)과 공식적 규칙(헌법, 법률, 재산권)으로 구성된다.'(North, 1991, p.97)고 한다. 그러나 규칙과 규정이 존재하고 이를 일반적으로 받아들인다고 해서 그 자체로 시행이 보장되는 것은 아니다. 법치를 감독하고 법이 위반되었을 때 개입하는 당국이 있어야 한다. 현대 사회에서 그 당국은 바로 국가이다. 국가는 행정부, 의회, 사법부, 경찰 등 다양한 기관과 제도를 통해 법률과 규정을 제정하고 이를 집행한다.

신제도주의 접근법에 따르면 제도는 불확실성을 줄이고 경제 주체들이 정보에 기반한 결정을 내리고 행동할 수 있는 명확한 기대치를 공식화할 수 있도록 하는 매개 변수 또는 경계로 기능한다. 노스(North; 1991, p.97)에 따르면 제도는 '선택 집합을 정의하고 따라서 거래 및 생산 비용을 결정하며, 따라서 경제 활동 참여의 수익성과 타당성을 결정한다'고 한다.

'시장과 사유재산이 경제 번영에 필수적인 제도라고 굳게 믿으면서도' 장하준(2011b, p.3)은 노스(North)의 접근 방식을 특징짓는 '시장 우선주의 가정'에 문제를 제기한다. 이 가정에 따르면 비시장 기관은 '시장이라는 '자연적' 기관을 인위적으로 대체하는 것'이다 (Chang, 2002, p.547). 시장이 자연스러운 사물의 질서라는 개념은 단순하며 시장이라는 제도와 국가와 같은 다른 제도와의 관계를 간과한다. 장하준(2002, p.547)은 '자본주의가 등장하기 전까지 시장은 인간 경제생활에서 중요하지도 않았고 지배적인 부분도 아니었다'고 지적한다. 게다가, 시장이 자연적으로 진화하고 발전했다는 견해는 역사적 증거로 뒷받침되지 않는다. 장하준(2002, p.547)은 폴라니(1944/2001)의 초기 기여에 따라 '시장의 출현은 거의 항상, 특히 자본주의 발전 초기에 국가에 의해 의도적으로 설계되었다'는 점을 강조한다. 현대 자본주의에서도 국가는 시장을 형성하고 설계하는 데 있어 중심적인 역할을 한다. 잘 작동하는 시장에는 잘 작동하는 국가를 필요로 한다(Chang, 2002).

15.7 맑스주의 관점: 억압의 도구로서의 국가

주류경제학 문헌에서 국가와 정부라는 개념을 같은 의미로 사용한다. 이는 흔한 실수이다. 정부, 군대, 경찰, 사법부, 의회, 중앙 정부를 대리하는 지방 당국 및 중앙 정부의 대표는 모두 '국가를 구성하고 상호 관계가 국가 시스템의 형태를 형성하는'제도이다 (Miliband, 1970, p.54).

국가를 자발적으로 동의한 집단적 규범과 가치를 구현하는 기관으로 간주하는 자유주의 전통(Barry, 1982)과 달리 맑스주의는 국가를 지배계급의 손에 쥐어진 억압의 도구로 간주하며, 그것이 다수에게 동의한 것처럼 보이면 교육제도, 사법부, 언론, 종교 등 다양한 기관이 사람들이 국가를 자연스럽고 중립적인 기관으로 받아들이도록 유도하는 조건을 재생산하기 때문이다. 자본주의 사회에서 국가는 부르주아 계급의 이익을 증진하고 보존하는 도구로 기능한다. 맑스와 엥겔스는 『공산당 선언』에서 부르주아지가 '근대 산업과 세계 시장의 성립 이후, 근대 대의제 국가에서 독점적인 정치적 영향력을 스스로 정복했다'고 썼다. 공산당 선언의 저자들은 '근대 국가의 행정부는 전체 부르주아지의 공동 업무를 관리하는 위원회에 불과하다'고 덧붙인다. 반면, 노동자는 '부르주아 계급과 부르주아 국가의 노예'에 불과하다고 한다(Marx and Engels, 1848/2002, pp.221, 227). 레닌(1919/1967, p.286)은 맑스와 엥겔스의 주장에 동의하면서 '국가는 한 계급이 다른 계급을 억압하는 기계, 한 계급이 다른 계급, 종속된 계급에 복종하도록 하는 기계'라고 주장한다.

노동 계급을 정복하기 위해 국가는 폭력과 법적 수단을 포함한 다양한 형태의 억압에 의존한다. 예를 들어, 수 세기 동안 노동 계급은 조직할 권리를 거부당했었다. 또한, 언론의 지속적인 검열과 고발의 주제가 되었다(Goldstein, 1983). 투표 시스템이 도입될 당시에는 재산규모에 따라서 투표권을 가질 수 있었다. 어떤 형태의 민주 정부가 수립된 후에도 지배 계급은 정치적 자유를 제한하기 위해 수많은 조항을 법에 도입했다. 1848-49년 유럽 혁명 이후 독일의 새로운 체제를 연구하면서 엥겔스는 '민중이 결정적으로 민주적인 성격의 자유를 쟁취했다는 의미에서 승리했지만 … 즉각적인 지배 권력은 그들의 손에 들어가지 않고 대부르주아지에게 넘어갔다'(Engels, 1848)고 썼다. 노동자 계급에 대한 통제는 자유로운 이동에 제한을 가하는 정도까지 나아갔다. 예를 들어 프랑스에서는 정부가 내부 여권 제도를 도입하여 국가 내 노동자 이동을 규제했다. 맑스(1851)는 이 제도를 전제적이라고 비난하며 '봉건 시대의 농노제도는 인도의 추방자 제도(pariahdom)에 필적할 만한 것이 없다'고 말했다. 오늘날 대부분의 개발도상국의 지배 계급은 여전히 자신들의 이익을 지키기 위해 노동 계급에 대한 폭력에 의존하는 반면, 선진 자본주의 국가의 지배 계급은 소비주의 촉진, 인종 간 긴장관계를 이용한 착취, 선거와 다당제로 축소된 민주주의 등 좀 더 부드러운 수단에 의존하고 있다.

　　맑스주의 관점에서 노동계급을 통제하는 목적은 자본 축적에 유리한 조건을 조성하고 부르주아지의 이익을 보존하는 것이다. 이러한 사회 계층 간의 이해관계 충돌을 계급 투쟁이라고 하며, 국가는 갈등을 관리하는 데 중요한 역할을 한다. 이러한 역할에 대해 엥겔스(1884/1981, p.229)는 사회 '경제적 이해관계가 상충하는 계급이 무익한 투쟁으로 자신과 사회를 소모하지 않기 위해, 갈등을 중재하고 '질서'의 범위 내에서 유지하기 위해 분명히 사회 위에 서 있는 권력이 필요하게 되었으며, 사회에서 발생했지만 그 위에 자신을 배치하고 점점 더 사회로부터 소외시키는 이 권력이 국가'라고 썼다.

　　그러나 이것을 비판하는 사람들은 노동자와 자본가의 관계는 상호 이익에 기반한다고 주장한다. 예를 들어, '자본주의는 항상 [대중에게] 물질적 개선을 가져왔다'고 쓴 버틀러 (Butler; 2013, p.89)의 견해는 이러한 관점이다. 그러나 버틀러(Butler)의 지적은 100년 전 룩셈부르크 (Luxemburg; 1900/2008)가 자본주의 사회에서 국가는 부르주아지의 이익을 대변하지만, 노동 계급에게 유익할 수 있는 사회 발전을 촉진하는 기능을 맡을 수 있지만 그러한 발전이 부르주아의 이익과 충돌하지 않는 범위 내에서만 가능하다고 주장하면서 이미 제기된 바 있다. 전후 선진 자본주의 경제의 경제 구조가 이 점을 잘 설명해준다. 복지 국가는 고용, 의료, 사회복지, 교육 등 노동자 계급에게 혜택을 주었지만, 지배 계급은 경제의 생산 능력을 재건하고 자본 축적의 조건을 회복할 수 있었다. 그러나 1970년대 경제 성장률이 무너지고 이윤율이 하락하자 지배 계급은 노동에 부정적인 영향을 미치는 민영화와 규제 완화 캠페인을 시작하며 복지 국가를 공격했다.

　　맑스 시대에 자본주의는 대체로 국가 체제였으며 자본의 축적은 국경 내에서 이루어졌다. 그러나 19세기 말 자본주의 국가들이 높은 수준의 발전을 이룩하고 잉여 가치를 자 본화할 필요성이 커지면서 국경을 넘어 확장하기 위한 치열한 경쟁에 뛰어들었다. 이러한 발전은 자본주의의 질적 변화를 의미하며, 자본주의는 글로벌 제국주의 체제가 되었다.

　　레닌(Lenin; 1917/1967)은 홉슨(Hobson; 1902)과 힐퍼딩(Hilferding; 1910/1985)의 연구를 바탕으로 제국주의를 자본주의의 최고 단계로 설명하며, 독점과 금융자본의 지배가 특징인 단계라고 관찰한다. 룩셈부르크(1913/2016, p.325)에 따르면 제국주의는 '비자본 주의적 환경 중 아직 개방되어 있는 것에 대한 경쟁적 투쟁에서 자본 축적을 정치적으로 표현한 것'이다. 게다가 이 과정에서 룩셈부르크(1913/2016, p.325)는 '비자본주의 세계에 대한 침략과 경쟁 자본주의 국가들 간의 더욱 심각한 갈등에서 불법과 폭력의 수준'이 높아졌다고 지적한다.

자본주의의 제국주의 단계에서 국가는 국경 내에서 노동 계급을 억압하고 착취하는 것 외에도 국가 부르주아지의 이익을 위해 다른 영토를 지배하고 통제하기 위해 다른 국가와 경쟁한다. 유럽의 정치가들은 식민주의가 생존의 문제라는 것을 이해했습니다. 영국의 정치가이자 식민주의의 열렬한 지지자였던 세실 로즈(Cecil Rhodes)에게 제국주의는 영국 지배층이 '[유혈] 내전을 피하고 싶다면' 불가피한 것이었다(Lenin, 1917/1967, p.76에서 인용한 로즈(Rhodes)). 한편, 프랑스의 정치가 쥘 페리(Jules Ferry; 1890, pp.40, 42, 43)는 '식민지 정책은 산업화 정책의 산물이다 … 인류의 산업 시대에 사회 평화는 시장의 문제다 … 우리는 세계의 다른 지역에 새로운 범주의 소비자가 나타나게 해야 하며, 그렇게 하지 못하면 현대 사회는 파산할 것'이라고 말했다.

군사적, 정치적 힘을 직접적으로 행사한다는 의미에서 식민지 기업은 종식되었지만, 국가는 여전히 전 세계 자본가 계급의 이익을 보존하고 발전시키는 데 중요한 역할을 하고 있다. 이는 특히 미국과 서유럽과 같은 제국주의 국가가 국제기구를 장악하고 간섭하며 때로는 자국 기업의 이익을 지키기 위해 군사적으로 개입하는 경우에 해당한다. 예를 들어 개발도상국을 주로 상대하는 국제 금융 기관을 생각해보라. 이러한 기관의 투표 시스템은 1국가 1표가 아니라 제국주의 국가에 가난한 국가보다 더 많은 권한을 부여하는 방식으로 모형화된다. 2018년 말까지 미국만 해도 IMF와 세계은행의 국제부흥개발은행에서 전체 투표의 약 16%를 차지했다(IMF, 2018; World Bank, 2018). 또한, 주류경제학의 단순한 설명과는 대조적으로 국제 무역에 관한 그의 연구에서 Tandon(2015)은 미국과 유럽 국가들이 어떻게 WTO 규칙을 방해하고 아프리카 지도자들이 국민들의 삶에 부정적인 영향을 미치지만, 미국과 유럽 기업에는 이익이 되는 무역 협정을 받아들이도록 압력을 가하는지를 기록한다.

15.8   결론

주류경제학 교과서는 국가가 정교하게 조정된 시장의 논리를 방해하는 외계 침입 자라는 관점을 조장한다. 이 견해는 학생들에게 합의된 견해로 제시되고 다른 견해는 편리하게 무시된다. 그러나 국가의 역할에 대한 다양한 학파와 경제사상 전통의 다양한 견해는 합의된 것처럼 제시된 것이 실제로는 다른 견해들 사이에서 하나의 견해라는 것을 보여준다. 예를 들어, 고전학파는 자유방임주의를 원칙으로 옹호하면서도 국가에 일정한 역할을 부여한다. 이러한 역할에는 법의 수호, 국방, 교육 제공 등이 포함된다. 『국부론』이 출간된 이후 경제사상을 지배했던 자유방임주의 교리는 1930년대의 위기로 인해 도전을 받게 된다. 대공황 시기에 글을 쓴 케인즈는 경제 활성화를 위해 정부 지출을 늘리는 것을 지지했다. 신고전학파 종합으로 알려진 케인즈의 견해에 대한 특별한 해석은 전후 경제 모델의 이념적 토대를 제공한 합의를 형성했다. 하지만 1960년대 후반부터 선진 자본주의 경제는 성장 둔화 조짐을 보이기 시작했다. 1970년대 후반, 고전적 자유방임주의의 부활을 주장하는 이데올로기인 신자유주의가 전후의 케인즈주의적 합의를 대체했다. 국가 개입에 반대하는 신자유주의는 복지국가 정책이 비효율적인 결과를 초래하고 민간의 주도권을 억압했다고 주장한다. 따라서 국가의 역할은 민간 기업에 도움이 되는 제도적 틀을 만들고 무엇보다도 사유재산과 같은 경제적 권리를 보호하는 것이다. 그러나 2000년대 후반의 금융 붕괴에 따른 경제 위기는 시장의 합리성에 대한 신자유주의적 합의에 의문을 제기하고 국가의 역할에 대한 논쟁을 다시 불러일으켰다. 제도주의자들은 1980년대 초부터 시행된 규제 완화, 특히 금융 부문에 대한 규제 완화로 인해 위기가 발생했다고 주장한다. 시장을 자연스러운 질서로 보는 신자유주의자들과 달리 제도주의자들은 시장 제도가 국가와 같은 다른 제도만큼 중요하며, 잘 작동하는 시장은 잘 작동하는 국가를 필요로 한다고 주장한다. 맑스주의자들은 국가의 본질과 역할에 대한 분석에서 국가를 자본주의하에서 지배 계급인 부르주아지의 손에 쥐어진 억압의 도구로 간주한다. 그러나 노동자는 그 계급과 국가의 노예이다. 착취를 종식시키기 위해서는 프롤레타리아트가 조직화하여 국가기구를 장악하고 경제를 국유화하여 생산수단의 공동 소유와 관리에 기반한 계급 없는 사회를 열어야 한다.

세미나 거리 및 활동

다음 주장에 대해 논의하라
- 고전학파들은 국가의 역할에 대해 미묘한 시각을 가지고 있었다.
- 신자유주의 이데올로기는 어느 정도까지 고전적 자유주의의 부활일까?
- 전후(1945 1970년대) 복지국가는 자본주의 질서를 지키기 위해 자본이 노동에 양보한 것이었다.
- 국가는 경제적, 정치적으로 지배적인 사회 계층의 표현인가?

국가는 다음과 같은 활동에 참여해야 할까? 다양한 관점을 가진 경제학자들은 어떻게 대답할까?
- 흡연금지
- 설탕에 세금부과
- 군대에 투자

참고문헌

Akerlof, G. (1970). The market for 'lemons': Quality uncertainty and the market mechanism. *The Quarterly Journal of Economics*, 84(3), 488-500.

Backhouse, R. E. (2009). Economists and the rise of neo-liberalism. *Renewal*, 17(4), 17-25.

Barry, N. (1982). *An introduction to modern political theory*. Reprint. Surrey: The Macmillan Press.

Blanchard, O. J. (1991). Neoclassical synthesis. In J. Eatwell, M. Milgate, & P. Newman (Eds.), *The world of economics* (pp.504-510). London: The Macmillan Press.

Butler, E. (2013). *Ludwig von Mises - A primer*. London: The Institute of Economic Affairs.

Chang, H.-J. (2002). Breaking the mould: An institutionalist political economy alternative to the neoliberal theory of the market and the state. *Cambridge Journal of Economics*, 26(5), 539-559.

Chang, H.-J. (2011a). *23 things they don' t tell you about capitalism*. London: Pen-guin Books.

Chang, H.-J. (2011b). Institutions and economic development: Theory, policy and history. *Journal of Institutional Economics*, 7(4), 473-498.

Cole, H. L., & Ohanian, L. E. (1999). The Great Depression in the United States from a Neoclassical perspective. *Minneapolis Federal Reserve Quarterly Review*, 23(1), 2-24.

Engels, F. (1848, June 14). The Berlin debate on the revolution. *Neue Rheinische Zeitung*, No. 14.
https://www.marxists.org/archive/marx/works/1848/06/ 14a.htm

Engels, F. (1884/1981). *The origin of the family, private property, and the State*. London: Lawrence & Wishart.

Ferry, J. (1890). *Le Tonkin et la Mère-Patrie: Temoignages et Documents* (V. Havard, Ed.). Paris: Soc. d' Imp. Paul Dupont.

George, D. (1990). The rhetoric of economics texts. *Journal of Economic Issues*, 24(3), 861-878.

Goldstein, R. J. (1983). *Political repression in nineteenth century Europe*. Totowa: Barnes & Noble.

Greenlaw, S., & Taylor, T. (2017). *Principles of Microeconomics*. Scotts Valley: CreateSpace Independent Publishing Platform.

Hayek, F. A. (1945). The use of knowledge in society. *The American Economic Review*, 35(4), 519-530.

Hayek, F. A. (2011). *The constitution of liberty: The definitive edition* (The collected works of F. A. von Hayek) (R. Hamowy, Ed.). Chicago: University of Chicago Press.

Hicks, J. R. (1937). Mr. Keynes and the 'classics': A suggested interpretation. *Econometrica*, 5(2), 147-159.

Hilferding, R. (1910/1985). *Finance capital: A study of the latest phase of capitalist development*.London: Routledge.

Hobson, J. A. (1902). *Imperialism: A study*. New York: James Pott & Company.

IMF. (2018). *IMF members' quotas and voting power, and IMF Board of Governors*.
https://www.imf.org/external/np/sec/memdir/members.aspx

Kalecki, M. (1943). Political aspects of full employment. *The Political Quarterly*, 4(14),

322-330.

Keen, S. (2011). *Debunking economics: The naked emperor dethroned?* London: Zed Books.

Keynes, J. M. (1936/2013). The general theory of employment, interest and money. In E. Johnson & D. Moggridge (Eds.), *The collected writings of John Maynard Keynes* Vol. VII. London: Cambridge University Press for the Royal Economic Society.

Lenin, V. (1917/1967). Imperialism the highest stage of capitalism. In *Selected works Vol. I* (pp.673-777). Moscow: Progress Publishers.

Lenin, V. (1919/1967). The state: A lecture delivered at the Sverdlov University. In *Selected works Vol. III* (pp.277-293). Moscow: Progress Publishers.

Luxemburg, R. (1900/2008). Reform or revolution. In H. Scott (Ed.), *The essential Rosa Luxemburg: Reform or revolution & the mass strike* (pp.41-104). Chicago: Haymarket Books.

Luxemburg, R. (1913/2016). The accumulation of capital. In P. Hudis & P. le Blanc (Eds.), *The complete works of Rosa Luxemburg, Volume II: Economic writings 2* (pp.6-342). Verso: London.

Mankiw, G. N., & Taylor, M. P. (2014). *Microeconomics* (3rd ed.). Hampshire: Cengage Learning EMEA.

Marx, K. (1851, June 14). *The Constitution of the French Republic Adopted November 4, 1848.* Notes to the People No. 7.
https://marxists.catbull.com/archive/marx/works/1851/06/14.htm

Marx, K., & Engels, F. (1848/2002). In G. Jones (Ed.), *The communist manifesto* (Penguin classics). London: Penguin.

Mattick, P. (1974). *Marx and Keynes: The limits of the mixed economy.* London: Merlin Press.

Miliband, R. (1970). *The state in capitalist society.* London: Weidenfeld & Nicolson.

Mill, J. S. (1848/1985). *Principles of political economy with some of their applications to social philosophy*, books IV and V (D. Winch, Ed.). London: Penguin Books.

Mill, J. S. (1859/2005). *On liberty.* New York: Cosimo Inc.

Mirowski, P. (2009). Postface: Defining Neoliberalism. In P. Mirowski & D. Plehwe (Eds.), *The road from Mont Pèlerin: The making of the Neoliberal thought collective* (pp.417-455). Cambridge, MA: Harvard University Press.

Mises, L. (1920/2012). *Economic calculation in the socialist commonwealth.* Alabama: Ludwig von Mises Institute.

Modigliani, F. (1944). Liquidity preference and the theory of interest and money. *Econometrica*, 12, 45-88.

North, D. (1991). Institutions. *The Journal of Economic Perspectives*, 5(1), 97-112.

Pigou, A. C. (1932). *The economics of welfare* (4th ed.). London: Macmillan and Co.

Polanyi, K. (1944/2001). *The great transformation: The political and economic origins of our time.* Boston: Beacon Press.

Ricardo, D. (1815).*An essay on the influence of a low price of corn on the profits of stock; showing the inexpediency of restrictions on importation* (2nd ed.). London: Printed for John Murray.

Ricardo, D. (1817/1996). *Principles of political economy and taxation.* New York: Prometheus Books.

Rothbard, M. (2006). *Making economic sense.* Auburn: The Ludwig von Mises Institute.

Samuelson, P. A. (1955). *Economics* (3rd ed.). New York: McGraw-Hill.

Say, J.-B. (1803/1971). *A treatise of political economy or the production, distribution, and consumption of wealth*. New York: Augustus M. Kelley Publishers.

Smith, A. (1776/2012). *An inquiry into the nature and causes of the wealth of nations*. Hertfordshire: Wordsworth Editions Limited.

Tandon, Y. (2015). *Trade is war: The west's war against the world*. London: OR Books.

Vernon, J. R. (1994). World War II fiscal policies and the end of the Great Depression. *The Journal of Economic History*, 54(04), 850-868.

World Bank. (2018). *International bank for reconstruction and development:Subscriptions and voting power of member countries*.
http://pubdocs.worldbank.org/en/795101541106471736/IBRDCountryVotingTable.pdf

경제학이 모든 것을 설명하고
모든 우리 문제를 해결할 수 있는가?

케빈 딘(Kevin Deane)

16.1 서론

경제학은 표준 신고전학파 경제 도구와 원리를 적용하여 인간 행동과 사회에 대한 설명을 제공하고자 하는 다양한 서적의 형태로 대중문화에 스며들기 시작했다. 일반적으로 일반 대중을 대상으로 하며 경제학을 이해하고 홍보하려는 시도로 자리매김한 현재 잘 알려진 책으로는 스티븐 더브너(Steven Dubner)와 스티븐 래빗(Steven Levitt) 『괴짜경제학(Freakonomics)』, 팀 하포드(Tim Harford)의 『경제학 콘서트(The Undercover Economist)』, 로버트 프랭크(Robert Frank)의 『경제적 자연주의자(The Economic Naturalist)』 등의 제목이 있다. 이 책들의 주제는 반드시 경제에 관한 것이 아니라 스모 선수의 부정행위 여부(Dubner and Levitt, 2006), 미국 청소년들이 구강성교를 더 많이 하는 이유(Harford, 2007), 냉장고에는 전등이 있는데 냉동고에는 없는 이유(Frank, 2008) 등 광범위한 문제에 대한 경제적 접근 방식을 취한다. 이러한 문제를 설명해야 할 필요성 여부는 논쟁의 여지가 있지만, 이러한 문제에 접근하는 방식은 전통적으로 경제학 분야의 범위에 속하지 않는 주제에 경제 분석이 적용되는 방식을 잘 보여준다. 이 책들은 적용되고 있는 경제 원리의 종류에 대해 매우 명확하게 설명한다. 예를 들어, 프랭크(Frank; 2008)는 기회비용과 비용 편익 원칙(본질적으로 한계 원칙)에 대해 논의하면서 (주어진 행동의) 추가 비용과 추가 편익을 비교하고, 하포드(Harford; 2007)는 개인의 합리적 행동(2장 참조)이 우리 주변 세계를 층층이 벗겨 내고 이해하는 데 중요한 도구로 중요하다고 강조한다(Harford 2007). 이러한 원칙은 이 책에서 자세히 다루고 있으며, 대부분의 학생들이 접하는 표준 교과서 경제학의 핵심으로 인식될 수 있다. 신고전학파 핵심 개념의 이러한 적용의 중요성은 '우리 행동의 대부분을 이루는 합리적 선택을 이해하지 못하면 우리가 살고 있는 세상을 이해할 수 없다'(Harford 2007)고 지적한 하포트(Harford)와 '경제학이 거의 모든 것을 설명한다.'(Frank 2008)고 주장한 프랭크(Frank)의 설명력 정도에 달려 있다.

이 책의 마지막 장에서는 경제학이 모든 것을 설명하고 우리의 모든 문제를 해결할 수 있는지에 대한 질문에 대해 논의한다. 이전 장에서 살펴본 것처럼, 학문으로서의 경제학은 우리가 상품을 소비하는 이유와 방법(5장), 애초에 상품을 생산하는 방법(6장)에 관한 질문부터 글로벌 경제 위기(10장), 환경(14장), 사회문화적 성문제(13장)에 관한 광범위한 문제까지 우리의 일상과 우리가 살고 있는 사회와 관련된 많은 중요한 이슈를 다룬다. 이를 통해 독자들은 경제학이 다양하고 많은 모습으로 현실 세계에 대해 중요하고 독특한 이야기를 할 수 있다는 것을 알게 되었기를 바란다. 또한, 이 문제 제기의 동기는 주류 신고전주의 틀의 설명력을 주장하는 위에서 언급한 책들뿐만 아니라 최근 경제사상의 역사에서 다양한 관점을 가진 경제학자들이 큰 영향력을 발휘했다는 일반적인 인식에서 비롯된다. 하일브로너(Heilbroner; 2000)는 다음과 같이 지적한다.

> 위대한 경제학자들은 군대를 지휘하지 않았고, 사람들을 죽음으로 내몰지 않았으며, 제국을 통치하지 않았고, 역사를 만드는 결정에 거의 참여하지 않았다. 그들 중 몇몇은 명성을 얻었지만, 국민적 영웅이 된 사람은 없었고, 몇몇은 학대를 받았지만, 국민 악당이 된 사람은 없었다. 그러나 그들이 한 일은 화려한 영광을 누린 많은 정치가들의 행동보다 역사에 더 결정적이었고, 국경을 오가는 군대의 이동보다 더 심오했으며, 왕과 입법부의 칙령보다 선악에 더 강력한 힘을 발휘했다. 바로 사람들의 마음을 움직이고 흔들었다는 점이다.

이 장에서는 경제학의 중요한 설명력과 경제학이 우리의 모든 문제를 해결할 수 있다는 주장을 제시하는 다양한 접근법을 비교하고 대조한다. 이 장은 매우 다른 방식이지만 확장된 설명력을 주장하는 신고전학파와 맑스주의 분석 틀을 비교하는 것으로 시작한다. 이어서 인간의 핵심 문제를 해결하는 경제학의 힘에 대한 케인즈의 견해와 이것이 경제학의 중요성을 떨어뜨릴 수 있다는 그의 고찰에 대한 논의가 이어진다. 그러나 대안적 접근 방식에서는 경제 성장보다 인간의 복지와 지속 가능성에 초점을 맞춘 새로운 방향을 제시하는 등 문제를 경제학적 문제로 보고 있다.

16.2 경제학 제국주의

앞서 논의한 표준 신고전학파 경제 기법과 개념의 확장은 '경제학 제국주의'라고 명명된 광범위한 현상의 예이다(Lazear, 2000)

> 경제학은 사회과학일 뿐만 아니라 참된 과학이다. 물리 과학과 마찬가지로 경제학은 반박할 수 있는 함의를 도출하고 탄탄한 통계 기법을 사용하여 이러한 함의를 테스트하는 방법론을 사용한다. 특히, 경제학은 다른 사회과학과 구별되는 세 가지 요소를 강조한다. 경제학자들은 행동을 극대화하기 위해 노력하는 합리적 개인이라는 구도를 사용한다. 경제 모형은 모든 이론의 일부로서 균형의 중요성을 엄격히 고수한다. 마지막으로, 효율성에 초점을 맞춰 경제학자들은 다른 사회과학이 무시하고 있는 질문을 하게 된다. 이러한 요소 덕분에 경제학은 이전에는 학문의 영역 밖이라고 여겨지던 지적 영역을 침범할 수 있었다. (Lazear, 2000)

　　이 간결한 구절에는 이전 장(2장, 3장, 5장, 6장)에서 다루고 논의했던 여러 주제와 이슈가 포함되어 있다. 이 장에서는 개인이 합리적이고 최적화된 방식으로 행동한다는 개념, 균형의 중심적 역할, 효율성과 배분 문제와 같은 핵심 경제개념을 사회학, 정치학, 사회과학 등 일반적으로 다른 학문과 연관된 문제에 적용하는 방법을 설명한다. 이것이 이전에 경제학 외부로 간주되었던 지적 영역의 새로운 침입인지, 아니면 한계학파 혁명 이후 경제학에서 명백히 배제되었던 주제에 현재 지배적인 신고전학파 분석 틀을 적용하고 보다 수학적 경제학 접근법으로 전환한 것인지(Fine, 2002)는 현재 진행 중인 논쟁이다. 그러나 분명한 것은 라제어(Lazear)가 보기에 경제적 접근 방식은 방법뿐만 아니라 그에 따른 추가적인 통찰력이란 측면에서도 독특한 무언가를 제공한다는 점이다. 이것이 새로운 현상은 아니지만, 라제어의 발언 시기인 1990년대 말까지 신고전학파 경제학이 경제학계에서 지배적인 위치를 차지하고 있었음을 반영하고 있다. 또한, 사용된 언어(제국주의)는 다른 학문을 적극적으로 침략하고 식민지화하여 자신의 이미지로 재구성하려는 정치적 프로젝트, 즉 학문을 가리키는 말이기도 하다. 이 프로젝트는 (신고전학파) 경제학이 다른 사회과학에 비해 우월하다는 견해를 반영하는데, 이는 부분적으로는 이러한 핵심 원칙이 대부분의 경제학자들이 동의하는 엄격하고 비교적 통일된 기술적 틀을 가지고 있기 때문이다(Fourcade *et al.*, 2015).

　　이 접근법의 초기이자 가장 잘 알려진 제안자 중 한 명인 시카고학파의 경제학자 게리 베커(Gary Becker)는 신고전학파 경제분석 프리즘을 통해 범죄와 처벌, 결혼 불안정, 차별 및 가정의 내부 작동을 포함한 (이에 국한되지 않는) 다양한 문제를 조사했다(Becker, 1968, 1971, 1981; Becker *et al.*, 1977). 베커 자신이 경제학 제국주의라는 용어를 만들지는 않았지만, 베커(1973)가 경제 분석 틀의 적용과 거의 보편적인 설명력의 잠재력을 강조하고 이러한 문제에 대해 *그가 관계하면서* 비슷한 기준으로 보았던 것은 분명하다.

> 최근 몇 년 동안 경제학자들은 통화 시장 부문 밖에 있는 행동을 설명하기 위해 경제 이론을 더 대담하게 사용했으며 점점 더 많은 비경제학자들이 그들의 사례를 따르고 있다 … 실제로 경제 이론은 희소한 자원, 비시장영역 및 시장영역, 비화폐 및 화폐, 소규모 집단 및 경쟁과 관련된 모든 행동에 대해 통합된 분석 틀을 제공하는 방향으로 나아갈 것이다. (Becker, 1973)

　　가정 내 분업에 관한 베커의 연구는 경제학과 관련이 없는 주제에 경제 원리를 적용한 좋은 예이며, 신고전학파 경제학 분석 틀이 어떤 형태로 어떻게 적용되는지 설명하는 데 유용하다. 베커는 가족에 관한 논문(*Treatise on the Family*)에서 가정 내 분업의 이유, 특히 남성과 여성이 하는 일의 차이점을 조사하려 한다. 이 분석의 출발점은 1인 가구의 경우로, 개인이 '가정' 활동과 '시장' 활동 사이에 시간을 배분하여 가구의 상품 소비를 극대화하는 것을 선택한다. 이 최적화 분석 틀을 다음과 같은 방식으로 설정한다.

$$Z = Z(x, t'_h) = Z\left[\frac{a\hat{H}^1 t_w}{p_x}, \ t_h \Psi \hat{H}^2\right]$$

이 효용함수에서 총 가계소비(Z)는 임금을 벌기 위한 최적 자본량인 $\hat{H}^1$과 임금율 $a\hat{H}^1$, 시장재의 가격 p_x, 임금재에 할당된 시간 t_w과 가정재를 위한 최적 자본량인 $\hat{H}^2$에서 t_h는 가정재에 할당된 시간량, 그리고 Ψ는 가사 시간의 생산성이다. 이 최적화에 대한 해법은 가용 시간을 가계 또는 시장 부문에 할당할 수 있는 시간 제약이 있을 때(최적의 인적 자본수준을 유지하는 데 투자한 시간을 공제하면) 가계 부문의 한계 생산성이 시장 부문의 한계 생산성과 같을 때이다.

그런 다음 이 분석 틀을 한 가구에 여러 사람이 포함된 상황에 적용한다. 이 경우, N명의 구성원으로 이루어진 가구의 총 가계 소비는 단순히 각 가구원이 두 부문에서 소비한 임금과 가계 재화의 합계이며, 여기서 개인이 각 부문에서 소비한 최적의 자본량과 시간을 의미한다.

$$Z = Z\left(\sum_{i=1}^{n} x_i, \ \sum_{i=1}^{n} t'_{h_1}\right) = Z\left(\sum_{i=1}^{n} \frac{a\hat{H}_i^1 t_w}{p_x}, \sum_{i=1}^{n} \psi(H_i^2) t_{h_t}\right)$$

베커는 이 분석 틀의 다양한 함의를 논의하지만, 한 가지 중요한 함의는 각 개인의 부문 간 시간 배분은 각 개인의 인적 자본량(따라서 각 부문에서 시간을 얼마나 효과적으로 사용할 수 있는지에 따라 달라진다는 점)에 따라 달라진다는 것이다. 개인의 시간을 완벽하게 대체할 수 있는 경우, 총 소비량은 각 부문에 할당된 총 시간 수에 따라 달라진다. 그러나 개별 가구 구성원이 서로 다른 수준의 시장 및 가계 자본을 축적하는 경우, 총 소비는 각 부문별 시간이 가구 구성원에게 어떻게 분배되는지에 따라 달라진다. 가장 중요한 것은 바로 이 두 번째 시나리오이다. 인적 자본이 개인마다 다르면 시장이나 가계 부문에서 비교 우위를 점할 수 있다. 따라서 가계 총소비를 극대화하는 최적의 해법은 가계 부문의 한계 생산성이 시장 부문의 한계생산성과 같아지는 지점, 즉 가계 구성원들이 비교우위에 따라 각 부문에 시간을 공급하는 지점이며, 실제로 중요한 것은 각 부문에 할당된 자본과 시간의 투자에 대한 전문화 정도가 높아지는 것을 의미한다. 베커는 효율적인 가정에서는 구성원들이 가정 또는 시장 부문 중 한 분야에 완전히 전문화된다는 것을 보여준다. 이 최적화 문제는 생물학적 특성과 삶의 경험의 차이로 인해 여성의 경우 가정 내 인적 자본(자녀 돌보기 및 기타 가사 활동)을 축적하고 남성의 경우 인적 자본(고용 등)을 '시장화'하기 때문에 성별 노동 분업을 설명하는 데 사용된다. 따라서 여성은 가정 부문에서, 남성은 시장 부문에서 비교 우위를 가지고 있으므로 위에 제시된 논리에 따라 여성은 가정 부문에, 남성은 시장 부문에 모든 시간(및 인적 자본 투자)을 할애하는 것이 최적이다.

저자의 전문 분야 중 두 번째 사례는 사하라 사막 이남 아프리카의 후천성면역결핍증(HIV/AIDS) 유행에 따른 성행위 변화와 관련된 것으로, 에밀리 오스터(Emily Oster; 2012)는 후천성면역결핍증 바이러스(HIV) 감염 위험이 어느 정도 있는 경우 개인이 성 행위자 수를 선택하는 것과 관련된 요인을 설명하는 행동 모형을 만든다. 이 모형에서 개인은 후천성면역결핍증 바이러스(HIV)가 있는 세계에서 두 가지 '생애 기간'에 걸쳐 평생 효용을 극대화한다(Oster, 2012).

$$U_{tot} = u(\sigma_1) + p(1 - \sigma_1 \gamma \beta h)u(\sigma_2)$$

개인은 1기(σ_1)와 2기(σ_2)에 선택한 성 행위자의 수를 통해서만 효용을 얻고, 1기에 선택한 성 파트너의 수가 2기까지 생존할 확률에 어떤 영향을 미칠지에 대한 정보, 즉 일반적인 후천성 면역결핍증 바이러스(HIV) 감염률(h), 후천성 면역결핍증 바이러스(HIV) 감염률(β), 후천성 면역결핍증 바이러스(HIV) 감염률에 대한 인식(γ)을 고려하여 성 행위자의 수를 최적으로 선택한다. 2기에서는 성행위 상대방 선택이 후천성 면역결핍증 바이러스(HIV) 감염률과 무관하며, 이 경우 개인이 1기 이후에도 생존할 수 있다면 이론적으로는 추가로 성 행위자의 한계 효용이 양성이 아닐 때까지 원하는 만큼의 성 행위자를 선택할 수 있다. 이를 바탕으로 오스터(Oster; 2012)는 더 오래 살 가능성이 높은 사람은 1기 성행위 상대방 수를 줄일 유인이 더 크다고 예상한다. 이는 성행위 수준과 아동 사망률, 말라리아 및 산모 사망률, 비 후천성 면역결핍증 바이러스(HIV) 성인 사망률을 나타내는 데 사용되는 변수 사이의 관계를 추정하여 테스트한다. 이 모델이 주는 교훈은 사하라 이남 아프리카의 개인들은 외부 인센티브에 합리적으로 반응할 것이며, (성행위 상대방이 적은 것이 특징인) 건강 증진 투자를 촉진하는 열쇠는 에이즈와 관련이 없는 기대 수명을 늘리는 데 있다는 것이다.

이 예는 신고전학파 분석 틀 적용, 특히 비경제적 문제에 적용되는 최적화 모형이 작동 방식, 관련된 제약의 유형, 최적화해야 할 결과, 모형 내에서 내려야 하는 결정, 그에 따른 효율적인(경제적 의미에서) 해결책에 대한 일련의 가정을 기반으로 어떻게 구성되는지 보여준다. 이 접근 방식은 다양한 주제, 이슈 및 분야에 걸쳐 다양한 형태로 적용되었다. 이러한 방식으로 신고전학파 경제학은 다른 학문의 영역을 침범하여 일반적으로 제기되는 질문에 답할 뿐만 아니라 이러한 질문에 답하는 방법도 결정한다.

16.3 대안적 관점 – 맑스의 토대와 상부 구조

거의 모든 것을 설명할 수 있는 하나의 분석 틀을 살펴본 후, 이제 경제와 사회를 더 일반적으로 이해하려고 할 때 '경제'를 가장 중요하지는 않더라도 핵심으로 보는 대안적인 이론적 접근 방식으로 전환한다. 특정 기법에 따른 분석 틀의 적용과 달리 맑스주의적 접근법은 사회를 다른 수준의 추상화와 뚜렷이 다른 방식으로 설명하려고 시도한다.

4장에서 논의했듯이 마르크스는 자신의 분석에서 교환의 영역보다는 생산의 영역에 우선순위를 두었으며, 역사적 유물론의 렌즈를 통해 경제 및 사회 변화의 역동성과 동적 과정을 살펴보았다. 그 이유 중 하나는 마르크스가 인간을 하나의 종(種)으로 본 철학적 토대 때문이다. 그는 모든 종에게 장기적으로나 단기적으로나 직면하는 가장 중요한 문제는 매일 자신을 번식하는 방법과 종으로서 자신을 번식하는 방법(성적 생식)이라는 것을 인식했다. 이글턴(Eagleton)이 말했듯이, 이것은 '대부분의 경우 남성과 여성이 신경 써야 하는 문제'이다(Eagleton, 2000). 인간(한 종으로서의 인간)을 다른 자연계와 구별하는 중요한 특징 중 하나는 인간의 번식 방식이 시간이 흐르면서 변화해 온 반면, 대부분의 다른 종의 경우(전부는 아니더라도) 이는 상당히 고정된 상태로 유지되어 왔다는 점이다. 또한, 의식적인 사고가 이러한 변화를 가져온다. 맑스(1976)는 본능적으로 매년 복잡한 거미줄과 벌집을 짓는 거미와 벌의 행동을 인간의 행동과 비교한 유명한 구절에서 이를 설명한다.

> 거미는 직공의 작업과 유사한 작업을 수행하고, 벌은 봉방(蜂房)을 만드는 데 있어 많은 건축가를 부끄럽게 만든다. 그러나 최악의 건축가와 최고의 건축가를 구별하는 것은 건축가가 현실에 건축물을 세우기 전에 창의력을 통해 건축물을 세운다는 점이다(Marx, 1976).

이러한 방식으로 꿀벌은 벌집을 설계하는 과정에 의식적으로 관여하지 않기 때문에 수천 년 동안 거의 변화 없이 복잡한 벌집을 만들어 왔으며 앞으로도 계속 그렇게 할 것이다. 인간이 주로 동굴에서 수렵 채집 생활을 하던 시대부터 인간이 땅에 정착해 농업과 축산업에 종사하기 시작한 후기, 그리고 일상적인 필요와 욕구를 산업적 규모로 생산하는 최근까지 시간이 흐르면서 인간이 스스로를 재생산하는 방식이 크게 변화했기 때문에 종으로서의 인간에게는 해당되지 않는다. 이러한 정의적 특성은 마르크스와 엥겔스의 연구에서 생산 및 재생산 활동이 시간에 걸쳐 조직된 방식에 대한 관심을 전환시켜 생산이 사회적으로 조직된 방식의 차이로 표시되는 여러 가지 생산 방식을 식별하도록 이끌었다(따라서 역사 유물론적 역사 이해의 발전으로 이어졌다). 엥겔스가 '유물론적 역사 개념에 따르면, 역사에서 궁극적으로 결정적인 요소는 현실 생활의 생산과 재생산'이라고 지적한 것처럼 말이다(Engels, 1890).

현실 생활의 생산과 재생산은 생산의 힘(기술, 원자재, 노동력 등)과 생산의 관계(생산이 사회적으로 조직되는 방식), 이 두 가지 요소에 의해 형성된다(4장 참조). 맑스는 생산의 힘과 관계를 사회의 경제적 구조로 개념화했는데, 이를 '토대'라고 하며 사회의 다른 모든 측면을 결정하고 조건 짓는 요소이다.

> 삶의 사회적 생산에서 인간은 자신의 의지와 무관한 명확한 관계, 즉 물질적 생산력의 명확한 발전 단계에 해당하는 생산관계에 들어간다. 이러한 생산관계의 총합이 사회의 경제 구조를 구성하며, 그 위에 법적, 정치적 상부 구조가 형성되고 이에 상응하는 명확한 형태의 사회의식이 형성되는 실질적인 기반이 된다. 물질적 삶의 생산 양식은 일반적으로 사회적, 정치적, 지적 삶의 과정을 규정한다. 인간의 존재를 결정하는 것은 인간의 의식이 아니라 반대로 인간의 의식을 결정하는 것은 사회적 존재이다(Marx, 1993).

간단히 말해, 마르크스는 우리 주변의 세계, 제도, 습관, 관습이 한 사회로서 우리 자신을 생산하고 재생산하는 방식을 반영한다는 개념을 제시하고 있다. 이 시점에서 사회의 모든 측면은 현재의 생산 방식인 자본주의에 의해 영향을 받고 형성되고 있다. 맑스주의 문헌에서는 기본 구조와 상부 구조의 여러 계층이 정렬되는 방식, 다른 계층을 결정하는 정도, 상부 구조와 관련된 계층이 기본 구조에 영향을 미치고 조절하는 정도와 관련하여 이 도식에 대해 많은 논쟁(및 의견 불일치)이 있어 왔다. 또한, 토대 - 상부구조 비유는 지나치게 결정론적이고 기계론적이어서 정치적 투쟁과 행동이 필요한 것으로 간주되는 맑스 저작의 다른 요소와 관련된 주체 개념을 제거한다는 비판을 받아왔다. 이 논쟁은 여기서 다루지 않겠지만, 플레하노프(Plekhanov)가 제시한 분석 틀 한 가지 형태가 있다.

1. 생산력 상태
2. 이런 힘의 조건이 되는 경제적 관계
3. 주어진 경제적 토대 위에서 발전해 온 사회정치 체제
4. 사회적 인간의 정신은 부분적으로는 획득한 경제적 조건에 의해 직접적으로 결정되고 부분적으로는 그 토대 위에서 발생한 전체 사회 정치 시스템에 의해 결정된다.
5. 이러한 사고방식의 속성을 반영하는 다양한 이데올로기(Plekhanov, Selected Philosophical Works, vol. III, pp.167-168 in (Collier, 2008)

이 도식(schema)은 모든 수준이 서로 영향을 주고받기 때문에 결정론적인 것으로 간주되지 않는다. 그러나 최종심급에서는 경제 구조가 결정적인 요인으로 간주한다(Smith, 1984). 상부 구조는 또한 지배 계급의 이해관계에 따라 생산 방식에서 발생하는 모순(맑스가 필연적이라고 본 모순)을 관리한다는 측면에서 중요한 역할을 한다(Eagleton, 2000).

그렇다면, 맑스가 '상부 구조'가 토대에 의해 결정된다고 본다는 것은 실제로 무엇을 의미할까? 하부 구조(토대)와 상부 구조의 관계를 보여주는 좋은 예로 자본주의 경제에서 교육과 학교 교육 시스템의 역할을 들 수 있다. 맑스주의 도식에서 교육은 자본주의 사회의 원활한 기능을 지원하는 수단으로 간주되며, 이것이 자기 변화와 권한 부여의 수단으로서의 다른 교육 개념과는 달리 교육의 주요 기능이다. 첫째, 학교 시스템은 주로 사회(자본주의)에서 자신의 위치를 순종적으로 받아들이는 차세대 노동자를 배출함으로써 자본가 계급의 요구에 부응하도록 설계되었다. 이는 학교가 직장의 구조와 권력관계를 반영하여 학생들이 교사에게 종속되어 있고, 자신이 하는 일에 대한 통제권이 거의 없으며, 좋은 성과에 대한 보상과 함께 여러 가지 구체적이지만 서로 무관해 보이는 업무에 종사하는 환경(Bowles and Gintis, 2002)이 되도록 함으로써 이루어진다. 둘째, 교육 시스템은 경제적 상부 구조와 관련된 불평등을 재생산하는 동시에 학생들이 노력한 만큼 보상을 받는 공정성과 능력주의 시스템에 대한 환상을 심어준다. 이 논문은

교육 성과가 계급, 인종, 부모 소득과 같은 사회경제적 지표와 높은 상관관계가 있음을 시사하는 풍부한 증거에 대해 설명한다(Au, 2006). 마지막으로, 학교 교육시스템은 자본주의의 핵심 가치를 조장하고 공고히 하여 학생들이 경제 시스템을 받아들이도록 장려하는 중요한 이데올로기적 역할을 한다. 이런 식으로 교육 시스템은 자본주의 체제의 요구와 지배 계급의 이데올로기를 반영한다. 재학생들도 알겠지만, 최근에는 시장의 논리가 고등 교육에 점점 더 많이 적용되고 있다. 금융 위기와 정부 부채 수준에 대한 논쟁 이후, 대학은 점점 더 기업의 이익에 부합할 것으로 기대되고 있으며, 정부는 대학이 고용주가 요구하는 기술과 역량을 갖춘 졸업생을 배출할 것을 요구하고 학생들은 미래 소득에 대한 투자로 학비를 지불하기 위해 많은 돈을 빌리는 소비자로 재조명되고 있다. 역사적으로 고등교육 기관은 국가로부터 더 많은 자율성을 누려 왔지만, 고등교육은 이제 민간 부문의 요구와 논리를 더 밀접하게 반영하면서 이러한 자율성이 약화되고 있다(Naidoo, 2008). 토대 - 상부구조 비유를 적용할 수 있는 다른 이슈로는 법률 제도(집단적 재산권이 아닌 개인의 사유재산권을 주로 보호하도록 설계된)(Pashukanis, 1924/2003), 문화(예술, 음악 등)(Williams, 1980), 언어 및 종교 등이 있다.

두 번째 사례는 왜 맑스(그리고 알튀세르(Althusser)와 같은 다른 학자들)가 마지막 사례에서 생산력을 결정 요인으로 보는지, 그리고 토대 구조와 상부 구조의 상호 연결성을 강조하는 데 도움이 된다. 생산력, 특히 기술 변화는 생산관계의 재편과 더 높은 수준의 다른 제도적 변화의 출발점으로 간주된다. 이는 맑스가 글을 쓰던 시기로 인해 특히 관심을 가졌던 산업혁명의 출현 시기에 일어난 일이었다. 증기기관의 발명은 이전보다 더 많은 양의 상품을 더 빠르게 운송할 수 있는 철도망의 급속한 확장, 새로운 시장 개척, 새로운 시장에서 판매할 수 있는 상품(특히 부패하기 쉬운 상품)의 범위 확대 등 여러 가지 발전을 가능하게 했다. 또한, 작업장 내에서도 증기 동력이 활용되어 이전에는 사람의 육체적 노동력으로만 소규모로 수행할 수 있었던 작업을 기계로 더 큰 규모와 효율로 수행할 수 있게 되면서 생산성이 급격히 향상되었다. 이러한 새로운 능력은 대규모 산업 공장의 확대로 이어지고, 소규모 소자본가들은 폐업하고 공식적인 임금 고용에 들어가게 되면서 생산이 제한된 소수의 대기업에 집중되는 결과를 초래한다. 이는 생산력의 중요한 기술 발전이 생산의 조직화 방식(생산관계)에 어떤 영향을 미쳤는지를 보여준다. 그러나 대규모 산업 기업의 고용이 보편화되면서 노동자로부터 노동력을 추출하고 노동자의 생산성을 통제하고 감시하는 기술 등 새롭게 확립된 생산관계의 영향을 받아 기술 발전이 이루어졌다. 이러한 방식으로 (닭이 먼저냐 달걀이 먼저냐 방식의 논쟁으로 되돌아가지 않고), 토대와 상부 구조의 서로 다른 계층이 서로 영향을 미치며, 이는 위계적이고 결정론적인 분석 틀이 아니라는 점을 강조한다.

이러한 방식으로 맑스의 사상은 우리 주변 세계를 역동적 의미에서 이해할 수 있는 이론적 틀(역사적 유물론)을 제공하고, 사회가 어떻게 진화하고 변화하는지, 이 과정에서 경제 영역의 중심적 중요성을 설명하는 데 도움이 되는 거대담론(meta-narrative)을 제공할 수 있다. 이 분석 틀은 많은 것에 적용할 수 있지만, 왜 냉장고에는 조명이 있고 냉동고에는 없는지에 대한 해답을 주지는 못한다. 그러나 우리 주변 세계를 형성하는 데 있어 경제 시스템의 중요성을 강조하며, 개인이 아닌 사회 전체를 분석 단위로 삼고 개인의 선택이 아닌 사회 시스템의 작동에 초점을 맞춘다는 점에서 신고전학파 분석 틀의 적용과는 구별되는 설명력을 가지고 있다(이전 장에서 논의한 바와 같이).

16.4 경제 문제 해결 – 다음 단계는?

1930년대 대공황 당시 케인즈는 경제 문제를 영구적으로 해결될 수 있는 가능성에 대해 생각했다. 케인즈가 정의한 경제 문제는 맑스와 비슷한 노선을 취하고 있는데, 경제 문제는 '생존을 위한 투쟁은 인류뿐만 아니라 가장 원시적인 형태의 생명이 시작된 이래로 지금까지 인류의 가장 시급한 문제였다'(Keynes, 1931)고 규정한다. 맑스가 이 지속적인 투쟁을 통해 유물론적 역사 개념을 공식화한 반면, 케인즈는 인간(종으로서의 인간)이 100년 안에 이 문제를 완전히 해결할 수 있다고 주장한다. 케인즈가 '우리 손주 세대의 경제적 가능성(*Economics Possibilities for our Grandchildren*)'을 집필할 당시에는 대공황이 한창이었지만, 최근 수십 년 동안 인구 규모가 크게 증가했음에도 불구하고 산업 국가의 생산 능력과 효율성, 생활 수준은 크게 향상되었다. 이러한 이득은 수천 년 동안의 상대적 침체와 대조를 이루었는데, 이러한 급격한 변화의 원천은 기술 발전과 자본의 축적, 그리고 식민지 확장의 결과로 축적된 이익과 이러한 이익을 재투자한 것에 있었다.

이러한 힘은 지속적이고 괄목할 만한 생산량 증가로 이어진다. 예를 들어 케인즈는 1919년과 1925년 사이에 미국의 공장 생산량이 40% 증가했다고 지적한다. 상대적으로 낮은 수준의 확장으로 보일지라도 자본 축적이 매년 2%씩 증가하면 100년 안에 자본스톡이 5~7배 증가하는 상황을 초래할 수 있는데, 케인스는 이 힘을 복리의 법칙에 기인한다고 설명한다(Keynes, 1931). 케인즈는 기술 변화에 대한 강조를 통해 '농업, 광업, 제조업의 모든 작업을 우리가 익숙한 인간의 노력의 4분의 1로 수행할 수 있을 것'이라고 믿었다 (같은 책). 따라서 케인스는 이 정도의 발전으로 인해 100년 후(2030년)에는 생활 수준이 4~8배 높아져 경제 문제인 생존을 위한 투쟁이 해결될 것이라고 예상했다. 이러한 점에서, 케인즈는 인간의 욕구를 충족 가능한 욕구(생존을 위한 투쟁과 관련된 욕구)와 여전히 충족되지 않을 수 있는 욕구(상대적이며 주로 타인보다 우월감을 느끼게 하는 역할을 하는 욕구)로 구분한다. 케인즈는 경제 문제 해결의 여러 가지 시사점 중 주당 근로 시간을 15시간(3교대 근무)으로 줄여 필요한 고용을 분산시켜 고용 수요 감소를 보완할 수 있다고 생각한다. 경제적 문제를 해결하려면 인간은 이제 '어떻게 하면 경제적 걱정으로부터의 자유를 누리고, 과학과 복리 이자가 가져다줄 여가를 이용하여 현명하고 쾌적하게 잘 살 수 있을 것인가 하는 그의 진짜, 영원한 문제'(같은 책)에 직면하게 될 것이다.

물론 케인스는 인간이 '즐기지 않고 노력'하도록 길들여져 있고 생존을 위한 투쟁의 일상에 익숙
해져 있기 때문에 적응의 어려움이 따를 수 있다는 점을 인식했다.

이러한 예측 중 일부는 이러한 이익이 균등하게 분배되지 못한 점, 새롭고 확대되는 소비
수요의 증가, 기계가 노동을 대체하는 문제 등 다양한 이유로 실현되지 못한 것이 분명하지만
(Carabelli and Cedrini, 2011), 일부 케인즈주의 경제학자에 의해 쓰여진 이 모호한 논문을 다
시 살펴볼 만한 이유가 있다(Skidelsky, 1992 in Carabelli and Cedrini, 2011). 특히, 케인즈는
사회에서 경제의 역할과 다른 종류의 인간 존재 가능성에 대한 몇 가지 중요한 일반적인 질문과
함께 현재의 경제 시스템이 작동하는 방식에 대한 비판적 설명을 제기한다.

> 부의 축적이 더 이상 사회적으로 중요하지 않게 되면 도덕 규범에 큰 변화가 있을 것이다. 우리는
> 200년 동안 우리를 괴롭혀온 많은 사이비 도덕 원칙을 제거할 수 있을 것이며, 이를 통해 가장 혐오스
> 러운 인간의 자질 중 일부를 최고의 미덕의 위치로 끌어올릴 수 있을 것이다. 우리는 돈을 벌려는
> 동기를 진정한 가치로 평가할 수 있는 여유를 가질 수 있을 것이다. 소유물로서의 돈에 대한 사랑은
> 삶의 즐거움과 현실을 위한 수단으로서의 돈에 대한 사랑과는 구별되는, 다소 역겨운 병적 성향, 즉
> 반범죄적이고 반병리적인 성향으로 인식되어 정신 질환 전문가에게 떨리는 마음으로 넘길 것이다.
> 부의 분배와 경제적 보상과 처벌에 영향을 미치는 모든 종류의 사회적 관습과 경제적 관행은 그 자체
> 로 불쾌하고 불공평하더라도 자본의 축적을 촉진하는 데 엄청나게 유용하기 때문에 우리가 지금 어떤
> 대가를 치르더라도 마침내 자유롭게 버릴 수 있을 것이다(같은 책).

이 구절은 시스템으로서의 자본주의가 작동하는 방식에 대한 케인즈의 불안감을 담고 있으
며, 경제 시스템의 변화는 불가피하며 또한 바람직하다는 점을 강조한다. 부의 축적이 중요하지
않은 시기의 경우에는 자본주의 시스템에 내재되어 있고 실제로 자본 축적을 지원하는 데 필요
한 자원과 부에 대한 접근성 측면의 불평등은 일시적이고 어쩌면 필요악으로 간주된다. 케인즈
의 견해는 또한 삶의 목적과 관련된 보다 광범위하고 철학적 질문에 대해 다시 생각하게 할 뿐
만 아니라 돈에 대한 추구와 사랑 등 현 시스템에 내재된 사회경제적 도덕과 가치에 대한 성찰
을 다시 생각하게 한다. 실제로 이 짧은 글은 소비가 효용을 제공할 수 있는 무한한 잠재력, 높
은 수준의 소비를 행복과 물질적 소유의 축적과 동일시하는 등 신고학파 이론의 핵심 교리에
대해 비판적으로 조명한다(Carabelli and Cedrini, 2011).

이 짧은 글에 반영된 주제는 어느 정도는 의도하지 않았지만 맑스 사상과 유사하다. 맑스도
케인즈와 마찬가지로 기술 변화가 변화의 동력으로서 매우 중요하다고 생각했다. 또한, 맑스는
경제 문제의 해결이 사회주의로의 전환에 선행되어야 하며, 자본주의의 생산력이 성숙하고 한
종으로서의 인간이 물질적으로 스스로를 부양할 수 있을 때에만 보다 공평한 분배와 사회생활의
방향을 물질 생산의 고된 노동에서 보다 인간적인 자기 충족 활동으로 전환할 수 있다는 견해를
공유하기도 했다. 마지막으로, 맑스는 부의 분배와 자원에 대한 접근성의 불평등이 생산 확대를
위한 투자를 가능하게 하는 핵심인 축적 과정을 뒷받침한다는 점도 이해했다. 실제로 맑스는 자

본주의 체제가 가져온 생산 능력의 변화를 어느 정도 인정했고, 심지어는 감탄하기도 했다.

> 부르주아지는 생산 수단을 끊임없이 혁신하지 않고는 존재할 수 없으며, 이에 따라 생산관계와 사회 전체 관계를 혁신하지 않고는 존재할 수 없다. 반대로, 오래된 생산 방식을 변경되지 않은 형태로 보존하는 것은 모든 초기 산업 계층의 첫 번째 존재 조건이었다. 끊임없는 생산의 혁명, 모든 사회적 조건의 끊임없는 교란, 영원한 불확실성과 동요는 부르주아 시대를 이전의 모든 시대와 구별되게 한다 (Marx and Engels, 2002).

따라서, 경제학의 설명력에 대한 주장과는 달리 케인즈와 맑스는 경제학이 인간이 직면한 가장 만연하고 중심적인 문제를 해결할 수 있는 잠재력을 이해했고, 이는 생존을 위한 투쟁의 압박에서 벗어나 다른 종류의 세계로 발전할 수 있는 발판을 마련해 줄 것이라고 생각했다. 케인즈에게 이 목표를 달성하고 '좋은 삶'의 시대를 여는 것은 경제와 경제학자의 중요성, 즉 '치과와 같은 전문가들의 문제'(Keynes, 1931)의 격하를 수반하기 때문에 경제학자들이 이 문제를 동시에 해결하는 데 성공한다면 그들은 불필요한 존재가 될 것이다!

16.5 경제학이 문제이다

자본 축적과 기술 변화의 성장이 경제 문제를 해결할 수 있다는 케인즈의 견해와 달리, 자본주의 경제에서 성장에 초점을 맞추는 것은 생태경제학파의 비판을 받아왔다(14장 참조). 이 비판은 자본주의 경제의 경제 성장과 환경 변화 사이의 관계를 논의하고, 주로 지속적인 경제 성장을 제공하도록(또는 제공하려고 시도하는) 구조화된 경제에서 벗어나 성장을 유일한 목적으로 하지 않고 더 넓은 의미에서 복지를 개선하는 데 더 초점을 맞춘 경제, 심지어 성장을 멈추고 더 낮은 성장수준의 정상상태로 축소되는 경제로 경제의 근본적인 방향 전환을 제안한다. 물론 14장에서 논의했듯이 환경과 생산의 물리적 한계에 대한 우려는 맬더스(Malthus) 시기부터 제기되어 온 문제로 새로운 문제가 아니다. '탈성장 (degrowth)'에 관한 문헌은 1970년대 초로 거슬러 올라가지만, 여러 대안적 경제 관점과 마찬가지로 2008년 금융위기 이후 다시 되살아났다(Kallis et al., 2012). 탈성장 문헌에는 다양한 견해가 존재하지만(van den Bergh, 2011 참조), 핵심적으로 다루고 논의되는 몇 가지 이슈가 있다. 이 접근법의 기본 논리는 현재의 경제 시스템이 무한 경제 성장에 의존하고 있지만 경제 성장 자체가 지속 가능하지 않으며 궁극적으로 위험하고 잠재적으로 재앙적인 수준의 기후 및 환경 변화를 초래할 뿐만 아니라 인간의 삶이 의존하는 자원 기반을 잠식할 것이라는 것이다. 따라서 경제 시스템은 탈성장(경제가 더 이상 성장하지 않거나 관리 가능한 안정 상태로 축소되는 것) 또는 저성장(경제 성장이 더 이상 경제의 중심 관심사가 아니지만 경제 성장 자체를 항상 나쁜 것으로 보지 않는 것)을 지향하는 새로운 패러다임으로 재편될 필요가 있다.

　　대부분의 분석의 출발점은 자본주의 경제가 경제 성장에 초점을 맞추도록 조직되어 있으며, 이로 인해 여러 가지 문제가 발생하고 일부 왜곡된 결과가 발생한다는 사실이다. 경제는 금융 수준, 실물 경제 수준, 생태적 수준이라는 세 가지 주요 수준으로 볼 수 있다 (Alier, 2009; Kallis et al., 2012). 최근 몇 년 동안 금융 수준이 눈에 띄게 많아졌지만, 대출을 통한 규모의 확대와 이에 따른 미래의 부채 의무는 이러한 부채를 상환할 수단을 제공하기 위해 실물 경제의 지속적인 확장에 의존하게 된다. 실물 경제 자체는 천연자원과 에너지의 가용성에 의존하므로 생태학적 수준에 따라 영향을 받는다. 금융위기에 대한 대안적 설명으로, 실물경제가 더 이상 경제에 쌓인 부채 수준을 지탱할 수 없고 이러한 부채를 상환하는 데 필요한 GDP 성장 수준이 생태적으로 지속 불가능하다는 사실에 기인한 것으로, 그러한 방식으로 설정된 시스템에서 위기의 불가피성을 제시하고 있다(Alier, 2009). 이러한 수준의 상호의존성은 또한 소비를 줄이는 것과 같은 부채를 다루는 다른 전략이 투자 둔화, 실업률 증가 및 그에 따른 수요 감소를 통해 더 많은 문제를 야기하므로 부채 상환을 위한 유일한 방법은 성장을 통해서만 부채를 해결할 수 있음을 의미한다. 반대로, 무한 경제 성장에 의존하는 시스템에서는 일정 수준 이상의 소득이 증가하더라도 소득 증가와 이에 따른 소비 확대 가능성이 경제구성원의 행복 증가로 이어지지는 않는다(Easterlin et al., 2010). 따라서 경제 성장을 지원하는 데 더 많은 관심이 집중되고 있지만, 경제 성장 자체는 더 일반적인 복리에 거의 영향을 미치지 못하고 있다. 탈성장 문헌에서 경제 성장의 교리와 관련이 있고 다루어야 할 두 번째 핵심 주제는 소비주의 문화와 신고전학파 경제인 개념과 달리 물질적 욕망으로는 만족할 수 없는 개념이라는 것이다. 실제로 탈성장 문헌에서는 (다른 견해와 마찬가지로) 이 개념을 사회적으로 고안된 개념으로 보고 있으며, 지속적인 확장에 의존하는 경제 시스템에서 필요한 중요한 요소로 보고 있다.

　　이스털린 역설(Easterlin paradox)은 그 자체로도 경제 성장의 바람직성이나 목적에 대한 의문을 불러일으킨다. 그러나 탈성장 이론에 따르면 경제 성장은 좋지도 복지를 향상시키는 것도 아닌 환경에 큰 부정적 영향을 미치며, 환경 파괴의 빠른 속도와 지구 환경 목표(대기 중 탄소량 등) 달성을 어렵게 하는 주요 요인 중 하나라고 한다. 경제 성장을 위해서는 유한한 자연 자원 공급이 계속 증가하고, 이산화탄소와 같이 처리가 필요하지만 무한한 산업 생산 폐기물과 부산물의 양이 증가해야 하기 때문이다. 세르주 라투슈(Serge Latouche)는 '인간은 자연이 폐기물을 새로운 자원으로 전환하는 속도보다 더 빠르게 자원을 폐기물로 바꾸고 있다'고 지적한다 (Latouche, 2009). 또한, 위의 내용을 바탕으로 경제 성장이 인간의 복지에 미치는 영향이 제한적이라는 점에서 경제 성장에 초점을 맞추는 것은 천연자원 고갈 및 환경 파괴와 함께 통제 불능의 시스템, 인간의 필요와 분리된 시스템, '추락을 향해 가고 있는 시스템'으로 특징 지워진다. 우리는 운전자도, 후진 기어도, 브레이크도 없는 고성능 자동차를 타고 있으며 '무슨 일이 일어나고 있는지 잘 알고 있으면서도' 지구의 한계에 부딪히게 될 것이다(Latouche, 2009). 이는 시장의 지배력, 그리고 이 인간 기관이 어떻게 독자적인 삶을 살게 되었는지에 대한 다른 관점을 어느 정도 반영한다.

다양한 시나리오의 모형화에 따르면 환경 목표를 달성하기 위해 현재 수준의 경제 성장에 대처하는 데 필요한 기술 변화의 속도는 현재 기술 발전 속도보다 최대 10배 빠른 것으로 나타났다(Jackson, 2009). 이는 장기적으로 경제 성장이 환경적으로 지속 가능하지 않다는 결론으로 이어진다. 또 다른 우려는 유한한 자연자원의 재고가 GDP의 표준 측정에서 생산 공정에 투입되는 자원으로 고려되지 않고, 자원이 활용됨에 따라 자연자원 재고가 감소하는 것을 고려하지 않아 성장 수치가 왜곡되고 과도하게 부풀려진다는 점이다.

이 문제에 대한 해결책은 더 이상 성장이 필요 없는 낮은 수준의 안정 상태에 도달하기 위해 성장률 둔화 또는 마이너스 성장에 대처하기 위한 경제의 방향 전환 및 구조 조정과 관련되어 있다. 이러한 재편 과정은 실업, 수요 부족, 국가 재정에 대한 부정적 영향과 같은 잠재적으로 해로운 영향을 미칠 수 있지만, 대체로 단기적으로는 친환경 기술에 대한 신규 투자(따라서 고용 유지), 노동 시간 단축, 재료 소비 감소, 생산성과 수익성은 낮지만 노동 강도 및 만족도가 높은 분야에 대한 투자에 집중함으로써 해결할 수 있다(Kallis et al., 2012). 장기적으로 경제에 대한 보다 급진적인 변화는 사람과 지구의 필요보다 경제 시스템의 필요를 우선시하지 않는 (Muraca, 2013) 새로운 형태의 재산과 소유권, 공동체적 삶의 형태(Kallis et al., 2012)를 포함할 수 있다. 라투슈는 재평가(Revalue), 재개념화(Reconceptualise), 구조조정(Restructure), 재배포(Redistribute), 재배치(Relocalise),감축(Reduce), 재사용(Reuse), 재활용(Recycle)의 8개 R에 기반한 프로그램을 통해 성장의 선순환이 아닌 수축의 선순환을 제안한다(Latouche, 2009).

경제 성장을 해롭고 지속 불가능한 것으로 보는 이러한 관점은 위에서 설명한 케인즈주의적 관점과 같은 경제 성장에 대한 다른 관점과는 대조적이다. 화이트헤드(Whitehead, 2013)가 지적했듯이 고전학파 경제학, 심지어 신고전학파 경제학에서 경제 성장은 경제가 건전한 상태에 있다는 신호로 간주된다(Whitehead, 2013). 이는 경제학에서 가장 당연하게 여겨지는 현상조차도 의문을 제기하는 것이 중요하다는 점을 강조하는 것이다. 탈성장 문헌과 복지의 원천으로서 소비의 역할에 관한 견해(5장 참조), 그리고 더 넓은 의미에서 복리(wellbeing)에 대해 생각할 필요성 사이에는 몇 가지 유사점도 있다. 탈성장 문헌의 경우, 현 경제 시스템에 대한 케인즈의 발언을 반영하여 시스템을 재조정하려면 소비와 관련된 경제적, 사회적 가치의 변화가 필수적이라고 주장한다. 더 나아가, 이러한 생각은 우리가 살고 싶은 사회의 종류, 인간의 본질, 소비주의와 같은 경제적 가치가 반드시 보편 적인 것이 아니라 초월할 수 있고 어쩌면 초월해야 하는 일시적인 존재 상태라는 사실과 관련된 보다 철학적 질문을 생각하게 한다. 고전학파 경제학자 시대부터 경제학은 항상 철학적 사상의 영향을 받았기 때문에 이러한 질문은 경제학에서 낯설지 않은 것이다. 앞서 설명한 것처럼 스미스와 맑스는 모두 자신의 작업을 뒷받침하기 위해 철학을 활용했다.

16.6 결론

이 장에서는 여러 경제학자들의 논의를 통해 대안적 경제 관점들이 경제학의 설명력, 경제학과 자본주의가 기본적인 경제 문제를 구체적으로 해결할 수 있는 능력(여부)과 관련하여 경쟁적인 주장을 하고 있으며, 경제학의 역할과 경제학이 현재 누리고 있는 두드러진 위치를 갖지 못하는 시대의 가능성에 관한 질문을 제기함으로써 다른 종류의 미래에 대한 가능성을 제시하고 있음을 설명했다. 이전 장과 마찬가지로 이 장에서는 경제학의 역할에 대해 서로 다른 접근 방식이 어떻게 다른 결론에 도달하는지를 강조했다. 또한, 사회생활과 인간이라는 존재의 의미, 인간이 스스로 상상할 수 있는 미래에 대한 광범위한 철학적 질문에 대한 성찰을 가능하게 한다. 이런 심오한 질문은 인간 본성에 대한 근본적인 고민에 관심을 가졌던 스미스를 비롯한 많은 경제학자들이 수세기 동안 경제학에 관한 논쟁의 중심에 있었음을 보여준다. 이러한 논쟁은 앞으로도 계속될 것이지만, 이 책이 이러한 질문에 대해 다양한 관점이 할 말이 있고, 경제에 대해 한 가지가 아닌 다양한 사고방식을 이해하는 데 가치가 있다는 견해를 확산하는 데 설득력이 있기를 바란다.

토론거리 및 세미나 활동

- '경제학은 거의 모든 것을 설명한다'는 주장에 동의하는가?
- 경제학자의 목표를 스스로 쓸모없게 만들어야 할까?
- 경제적인 문제와 사고방식만 지나치게 강조하고, 인간이 '좋은 삶'을 사는 데 도움이 되는 비경제적인 요인에 대한 생각은 부족한 것은 아닐까?
- 생산성 향상을 소비를 늘리는 대신 일을 줄이는데 사용해야 할까?
- 경제성장은 항상 유익한 것일까?

영화 혹은 책 괴짜경제학 한 절을 보라. 그 책(영화)에서 취한 접근 방식이 어느 정도 영향을 미치는지 토론해 보자.

- 어떤 종류의 쟁점이 등장했는지 나열해봄
- 해결 방법 및
- 그 접근 방식의 한계

맑스였다면 같은 문제에 어떻게 접근했을까?

더 읽을 거리

탈성장 및 생태경제학에 흥미있는 학생들은
• Tim Jackson (2009) *Properity without growth*. London: Earthscan.

광범위한 정치경제서 경제학의 협소한 문제로 이행에 대해 상세히 논의하려면
• Dimitris Milonakis and Ben Fine (2009) *From Political Economy to Economics,* London: Routledge.

참고문헌

Alier, J. M. (2009). Socially sustainable economic de-growth. *Development and Change*, 40(6), 1099-1119.

Au, W. (2006). Against economic determinism: Revisiting the roots of neo-Marxism in critical educational theory. *Journal for Critical Education Policy Studies*, 4(2), 28-55.

Becker, G. S. (1968). Crime and punishment: An economic approach. *Journal of Political Economy*, 76(2), 169-217.

Becker, G. S. (1971). *The economics of discrimination*. Chicago/London: University of Chicago Press.

Becker, G. S. (1973). A theory of marriage: Part I. *Journal of Political Economy*, 81(4), 813-846.

Becker, G. S. (1981). *A treatise on the family*. Cambridge, MA: Harvard University Press.

Becker, G. S., Landes, E. M., & Michael, R. T. (1977). An economic analysis of marital instability. *Journal of Political Economy*, 85(6), 1141-1187.

Bowles, S., & Gintis, H. (2002). Schooling in capitalist America revisited. *Sociology of Education*, 75(1), 1-18.

Carabelli, A., & Cedrini, M. (2011). The economic problem of happiness: Keynes on happiness and economics. *Forum for Social Economics*, 40(3), 335-359.

Collier, A. (2008). *Marx: A beginner's guide*. Oxford: Oneworld Publications.

Dubner, S., & Levitt, S. (2006). *Freakonomics: A rogue economist explores the hidden side of everything*. New York: William Morrow.

Eagleton, T. (2000). Base and superstructure revisited. *New Literary History*, 31(2), 231-240.

Easterlin, R. A., McVey, L. A., Switek, M., Sawangfa, O., & Zweig, J. S. (2010). The happinessincome paradox revisited. *Proceedings of the National Academy of Sciences*, 107(52), 22463-22468.

Engels, F. (1890). Engels to J. Bloch in Königsberg. *Marx-Engels Correspondence*. www.marxists.org

Fine, B. (2002). 'Economic imperialism': A view from the periphery. *Review of Radical Political Economics*, 34(2), 187-201.

Fourcade, M., Ollion, E., & Algan, Y. (2015). The superiority of economists. *Journal of Economic Perspectives*, 29(1), 89-114.

Frank, R. H. (2008). *The economic naturalist: Why economics explains almost everything*. London: Virgin Books.

Harford, T. (2007). *The undercover economist*. London: Little, Brown Book Group.

Heilbroner, R. L. (2000). *The wordly philosphers: The lives, times, and ideas of the great economic thinkers*. London: Penguin.

Jackson, T. (2009). *Prosperity without growth: Economics for a finite planet*. London: Earthscan.

Kallis, G., Kerschner, C., & Martinez-Alier, J. (2012). The economics of degrowth. *Ecological Economics*, 84, 172-180.

Keynes, J. M. (1931). *Economic possibilities for our grandchildren*. Essays of persuasion. J. M. Keynes. London: Macmillan.

Latouche, S. (2009). *Farewell to growth*. Cambridge: Polity Press.

Lazear, E. P. (2000). Economic imperialism. *The Quarterly Journal of Economics*, 115(1), 99-146.

Marx, K. (1976). *Capital, Volume I*. London: Penguin Books.

Marx, K. (1993). *A contribution to the critique of political economy*. http://www.marxists.org

Marx, K., & Engels, F. (2002). *The communist manifesto*. London: Penguin.

Milonakis, D., & Fine, B. (2009). *From political economy to economics*. London: Routledge.

Muraca, B. (2013). Decroissance: A project for a radical transformation of society. *Environmental Values*, 22(2), 147-169.

Naidoo, R. (2008). The competitive state and the mobilised market: Higher education policy reform in the United Kingdom (1980-2007). *Critique Internationale*, 39(2), 47-65.

Oster, E. (2012, January). HIV and sexual behaviour change: Why not Africa? *Journal of Health Economics*, 31, 35-49.

Pashukanis, E. (1924/2003). *The general theory of law and Marxism*, London: Transaction Publishers.

Smith, S. B. (1984). Considerations on Marx's base and superstructure. *Social Science Quarterly* (University of Texas Press), 65(4), 940-954.

van den Bergh, J. C. J. M. (2011). Environment versus growth-A criticism of 'degrowth' and a plea for 'a-growth'. *Ecological Economics*, 70(5), 881-890.

Whitehead, M. (2013). Editorial: Degrowth or regrowth? *Environmental Values*, 22(2), 141-145.

Williams, R. (1980). *Base and superstructure in Marxist cultural theory. Problems in materialism and culture: Selected essays*. R. Williams. London: Verso.

역자소개

김 남 수

고려대학교 경제학과를 입학하여 동대학에서 석박사를 마쳤다. 경제학 이론이 나온 맥락과 배경, 그리고 그 활용에 관심을 가지고 연구와 강의를 하고 있지만 아직 해답을 찾지 못하고 있다. 지루한 과정중에 읽은 책을 독자들에게 소개하는 차원에서 번역을 하고 있는 길을 택하고 있지만 갈길이 먼것 같은 느낌이다.

▌역자 약력
- 1967년 경북봉화생
- 고려대학교 정경대학 경제학사
- 고려대학교 경제학 석사
- 고려대학교 경제학 박사
- 1992-1994 한국금융연구원 연구원 재직
- 1994-2019 한국소비자원 연구위원 재직
- 2012-2015 고려대학교 경제학과 시간강사
- 2023 고려대학교 경제학과 시간강사
- 2024 한양대학교 중국통상학부 시간강사 재직

경제학에서 묻고 싶은 질문으로 본

경제학사

RECHARTING THE HISTORY OF ECONOMIC THOUGHT

2024년 8월 9일 | 1판 1쇄 인쇄
2024년 8월 16일 | 1판 1쇄 발행

지 은 이 | 김남수
발 행 인 | 김은중
발 행 처 | 서울경제경영출판사
북 디 자 인 | (주)우일미디어디지텍

주   소 | 03767 서울특별시 서대문구 신촌로 205, 506호
전   화 | 02)313-2682
팩   스 | 02)313-8860
등   록 | 1998년 1월 22일 제5-63호

ISBN : 979-11-6282-127-5   정가 28,000원